Um pé na cozinha

F✷SF✷R✷

TAÍS DE SANT'ANNA MACHADO

Um pé na cozinha

Um olhar sócio-histórico para o trabalho
de cozinheiras negras no Brasil

Prefácio
LOURENCE ALVES

Para Vó Cenira, que não gostava de cozinhar e criou condições — onde não existiam — para que a cozinha não fosse um lugar inescapável para as mulheres negras que a sucederam.

Para Angélica Moreira, uma das cozinheiras e pesquisadoras mais sábias e generosas deste país.

Para Benê Ricardo, Cleonice Gonçalves, Elisa Inês da Silva, Margareth Virtuoso e tantas outras cozinheiras negras para quem este livro chegou tarde, mas que seguraram minhas mãos e sopraram tantas ideias em meus ouvidos.

elas deviam ser apenas as mãos que mantêm o fogo aceso.
conservar olhos baixos e braços ocupados em carregar pesadas panelas,
os nós dos dedos queimados como os de suas mães e avós.

elas deviam ser apenas as mãos que mexem o doce que borbulha no tacho.
paralisar de terror sentindo a mão do patrão por debaixo da saia,
matar e depenar a galinha do quintal e manter as coisas como são.

elas deviam ser apenas as mãos que lavam os ladrinhos esfumaçados.
emudecer diante do ordenado que não merecia esse nome,
ouvir desaforos, levar pontapés e servir os convidados com um sorriso.

mas elas nunca foram.

na cozinha, as mãos negras calejadas pensavam e tramavam futuros.
as Marias, Annas, Esperanças, Virtuosas Vitálias
cuidavam-se e, por vezes, até riam baixinho

e eles sabiam.

disseram-nas "mães pretas" quase como súplica,
porque o medo lhes corroía por dentro a cada refeição.
sabiam que a conversa sempre esteve na cozinha.

e lá dentro, a Anastácia, que eles insistiam chamar de tia,
era tia amorosa de muitos sobrinhos.
mas não deles.

pra vocês sempre foi Dona Anastácia.

Taís de Sant'Anna Machado, *O porvir de Anastácia*

11 PREFÁCIO
    Lourence Alves

20 APRESENTAÇÃO
23 Uma mão a mais de barro no jarro que eu sou

32 PREÂMBULO
    Vivendo na brecha

    PARTE I — "COZINHA NÃO ERA LUGAR DE GENTE"
37 "Um pé na cozinha": intimidade monstruosa e o trabalho culinário essencial de mulheres negras no período escravista
98 INTERLÚDIO I
    Maria de São Pedro e o cozinheiro gringo
102 Cozinheiras negras, *chefs de cuisine* brancos: o trabalho culinário profissional no Brasil no século 20

    PARTE II — A CONVERSA SEMPRE ESTEVE NA COZINHA
165 INTERLÚDIO II
    Benê Ricardo, a vanguardista
170 "Eu sou negra, conforme-se com isso": experiências e percepções críticas de chefs e cozinheiras negras na gastronomia
243 INTERLÚDIO III
    Cenira, a dissimulação e o peru natalino
246 A cozinha como um espaço geográfico de mulheres negras

305 Considerações finais: um trabalho por, sobre e para mulheres negras

ANEXO
314 As cozinheiras

318 AGRADECIMENTOS
321 NOTAS
369 REFERÊNCIAS BIBLIOGRÁFICAS
386 CRÉDITOS DAS IMAGENS
388 ÍNDICE REMISSIVO

Prefácio

As mulheres negras alimentam o Brasil do seio à mesa desde que aqui chegaram, forçadamente, pelos lancinantes processos de escravização empreendidos pelos europeus no continente africano. Esse abastecimento nutritivo continuou sendo de vital importância mesmo com o "término formal da escravidão" e segue como parte constitutiva da cozinha brasileira. Todavia, o apagamento da importância basilar que tais mulheres tiveram e ainda têm na formação de nossa ou nossas culinárias, em âmbitos regionais ou nacional, é lugar-comum na maioria das narrativas gastronômicas do país. Este livro apresenta um levantamento sócio-histórico da cozinha brasileira a partir daquelas que são as legítimas detentoras de seus saberes e construtoras de seus sabores, técnicas e afetos.

A urgência do estudo apresentado neste livro era gigantesca e que bom que finalmente ele existe, afinal, como bem afirmou Maria Beatriz Nascimento, uma dentre tantas teóricas negras que dão suporte à presente obra: "É tempo de falarmos de nós mesmos não como 'contribuintes' nem como vítimas de uma formação histórico-social, mas como participantes dessa formação".* Aqui, a autora nos propor-

---

* Maria Beatriz Nascimento, *Maria Beatriz Nascimento, quilombola e intelectual: possibilidades nos dias da destruição*. São Paulo: Diáspora Africana; Filhos da África, 2018, pp. 54-5.

ciona essa decisiva mudança de chave ao trazer à tona a trajetória de mulheres negras na cozinha brasileira por meio de suas histórias, imagens, angústias, mas principalmente ao destacar suas estratégias de agenciamento de si diante das mais diversas violências sofridas.

O equilíbrio de elementos de acidez, amargor, doçura e salgado é conhecido como receita de sucesso para um bom prato. Assim como a harmonia de elementos fundamentais é o caminho para o êxito de um bom livro. Ambos se fazem por meio de vários ingredientes, técnicas, utensílios e aprendizados. Posso garantir que este livro consegue balancear com maestria tais elementos. Desde a pesquisa e a seleção acurada das fontes, passando pelos métodos de análise e pelas escolhas teóricas, até a estética narrativa e a condução de trajetórias dolorosas com afeto, cuidado e amor, oferece a leitoras e leitores um menu completo.

Começando com a "Carta de Esperança Garcia" e culminando em relatos contemporâneos de chefs, temos diante de nós o desvelar de um saibo fibroso e amargo na construção da gastronomia brasileira.

Os métodos utilizados para a análise dessas fontes, de tão variada tipologia, merecem destaque pela forma como abrem caminhos em nosso denso quintal atlântico. A autora explora documentos oficiais, fotografias, obras literárias, relatos de viajantes, obras de folcloristas, entrevistas, além de pesquisas clássicas e contemporâneas, analisando o conteúdo à luz de bases epistemológicas do feminismo negro e de estudos críticos sobre alimentação. Tudo isso é coccionado com ingredientes frescos e de qualidade, resultando num banquete farto, saboroso e com sal balanceado.

À guisa de prova desse suculento molho-fonte, ponho à mesa, como exemplo, a análise do depoimento de um viajante inglês que relata sua passagem por uma casa de família no interior do Brasil. Nesse relato, destaco o elogioso comentário dirigido à dona da casa sobre o primor dos doces que lhe são oferecidos. Segundo ele, a mulher, profundamente ofendida, buscou deixar claro que não tinha nenhuma participação em qualquer tipo de afazer ou função doméstica e/ou culinária, pois tinha uma mulher negra encarregada desse tipo de serviço. Tentando se desculpar pelo comentário inconveniente, o viajante argumenta que as senhoras inglesas tinham por hábito a supervisão dos preparos, no que a senhora deixa claro que esse não é um hábito em sua casa.

Dois pontos fundamentais podem ser destacados para reflexão a partir desse episódio. O primeiro, analisado com profundidade pela autora, é sobre o ideal de feminilidade caracterizado como fragilidade, distanciamento dos serviços braçais, delicadeza, que estão associados à brancura e não contemplam mulheres negras. O segundo é o importantíssimo caminho de análise de desconstrução de uma ideia, arraigada em narrativas clássicas da cozinha brasileira, de que as mulheres brancas foram as agentes transmissoras dos conhecimentos culinários às mulheres negras. Essa construção imagética está no cerne de muitos estudos da cozinha brasileira, especialmente na doçaria, fazendo parte também da base de narrativas sobre cozinhas regionais. Fato é que o discurso hegemônico de entendimento da construção da cozinha brasileira sempre colocou as mulheres brancas no lugar das detentoras dos saberes e das técnicas, ao passo que às mulheres negras sempre se reservou um lugar de serviço e execução, desprovido de sapiência técnica.

Os apagamentos também são destaque no livro ao trazer à tona a personagem (não tão) fictícia Tia Nastácia, negra, por meio da análise das memórias, dos livros e de uma fotografia de Monteiro Lobato. A autora nos mostra como a subjugação dos conhecimentos e a estereotipação das trabalhadoras negras são responsáveis pelo enraizamento no imaginário coletivo de personas, "negras velhas" e "incautas", incapazes de criar e/ou autorar suas próprias receitas e fazeres culinários. Não podemos esquecer que é Dona Benta, branca, quem intitula os livros das receitas do Sítio do Picapau Amarelo.

Cruzando essas fontes com o conceito de *mãe preta* fundamentado por Lélia Gonzalez, este livro oferece um caminho teórico conceitual de leitura das representações sociais historicamente atribuídas às mulheres negras na cozinha brasileira. Por meio da oralidade, a partir de relatos e memórias de mulheres negras que construíram suas vidas à beira do fogão nos anos iniciais do pós-abolição, a autora apresenta as estratégias condimentadas que essas mulheres encontraram para obter algum reconhecimento de seus ofícios, como a reivindicação do termo "cozinheiras de forno e fogão".

Embora a autora deixe claro que sua formação tenha se dado no campo da sociologia, me sinto tranquila em afirmar que esta é uma obra de pesquisa histórica em alimentação, que trata de forma cuidadosa e aprofundada a investigação de fontes primárias e secundárias. É uma ferramenta útil a todas e todos que se interessem e/ou pretendem pesquisar de maneira histórica a alimentação no Brasil. Nas páginas seguintes, você encontrará fontes e métodos de análise que oferecem uma leitura da cozinha brasileira a partir das mãos negras, em que são lidas "como agentes de conhecimento da realidade de nossa própria vida", pessoas e histórias reais que talvez lhe causem alguma identificação. "Nem super-heroínas destemidas capazes de conquistar o mundo nem vítimas oprimidas que precisam ser salvas", mas parte da história, do presente, alicerces para a construção de futuros plurais. Este livro é um trabalho de pesquisa fundamental para os estudos críticos em alimentação.

Taís de Sant'Anna Machado faz uma escolha política ao privilegiar mulheres negras como referências teóricas para dar corpo a sua obra, oferecendo a possibilidade de mergulhar numa bibliografia rica e complexa. As autoras e os autores preparados neste grande banquete, oferecido agora, são insumos ricos para o fomento de novas pesquisas. Este livro é um caderno de receitas, não na concepção clássica, que lista ingredientes e modos de preparo, mas nos moldes de um caderno de fundamento, tal qual as mais velhas dos terreiros, que guardam seus saberes a sete chaves. Estes escritos nos trazem caminhos, nunca antes compilados, para a condução de novos estudos no campo da alimentação, comprometidos com uma narrativa crítica à colonialidade. Podemos dizer então que as bases teóricas que os sustentam possuem a acidez necessária para despertar suas papilas e provocar vontade de devorar a obra até o fim.

Não poderia deixar de trazer uma pequena degustação do que você vai encontrar, por isso destaco algumas autoras e conceitos que elenquei como o *crème de la crème* deste repasto. Entre tantos desafios para a elaboração de pesquisas históricas em alimentação, principalmente quando se trata de estudos críticos que envolvem histórias negras, um dos maiores talvez seja o acesso e a obtenção de fontes, em especial originais completos. Por conta disso, muitas vezes o que há disponível para pesquisa são interpretações de fontes atravessadas pelo olhar de alguém, em geral um homem branco. Sem contar que muitos artefatos passíveis de pesquisa histórica são documentos oficiais, administrativos, jurídicos, isto é, produtos de instituições da colonialidade que trazem em si marcas de silenciamento e de ausência de respostas para muitas de nossas questões. Por isso, o conceito de *fabulação crítica*, proposto por Saidiya Hartman na forma como é trazido neste livro, apresenta um importante caminho de possibilidades para lidar com esses vazios.

Outro destaque conceitual utilizado com primor aqui é a associação entre o conceito de *genocídio social e econômico* de Abdias Nascimento e o de *sobrevida da escravidão*, também de Hartman, peças-chave para a compreensão do quadro de violência que funda e permanece como a essência em nossa cozinha. Salpicando esses conceitos com toques reflexivos de Lélia Gonzalez e de uma extensa discussão historiográfica que mobiliza autoras e pesquisas sobre o trabalho culinário no Brasil, o livro apresenta um cenário doloroso, porém articulado, no qual essas mulheres encontram caminhos diante das agruras. Machado nos mostra os signos de permanência, intimamente ligados ao não enfrentamento conveniente das bases coloniais, que não apenas criam, mas se mantêm alicerçados na cozinha brasileira, seja no âmbito doméstico, informal e nas ruas seja formalizado no que chamamos hoje de gastronomia. Aqui o caminho de leitura das estruturas racistas no Brasil se dá "pela porta dos fundos", à beira do fogão.

Parafraseando a autora, *Um pé na cozinha* apresenta esse lugar como um microcosmo da sociedade brasileira e do mercado de trabalho no âmbito dos serviços de alimentação, de forma que busca analisar a partir disso "como *a imagem de controle da mãe preta* é utilizada para avaliar o comportamento de trabalhadoras negras em geral e como elas são forçadas a desenvolver uma etiqueta racial profissional para sobreviver e, talvez, prosperar no campo do trabalho". As categorias conceituais que suportam a análise são as especiarias que garantem ao livro um paladar diferenciado.

O conceito de *intimidade monstruosa* de Christina Sharpe é a estratégia para a montagem desse cenário-prato. Escutando as mulheres negras que habitaram a cozinha, a autora consegue captar as subjetividades constituídas pela escravidão transatlântica e elaborar "um estudo diaspórico atento, mas não dependente de nações e nacionalismos, e que está ligado, de diferentes formas durante a escravidão e as liberdades contemporâneas, por intimidades monstruosas, definidas como um conjunto de performances conhecidas e desconhecidas e horrores habitados, desejos e posições produzidos, reproduzidos, que circulam e são transmitidos e respirados como ar e muitas vezes não são reconhecidos como monstruosos". Cabe destacar que a perversidade da "intimidade monstruosa" não está circunscrita nas paredes da cozinha, tanto doméstica quanto comercial, mas também nas experiências de comércio autônomo de alimentos, no "viver de si" experienciado por muitas mulheres negras. Isso nos mostra que se trata de uma amálgama constitutiva do imaginário social brasileiro acerca de nossa cozinha, que não se dissipa com a gastronomização dos serviços de alimentação, mas se ressignifica.

O elemento que destaco como a doçura nesse cardápio não está restrito à ideia de "sobremesa". A estética narrativa e a poética do texto é o toque-traço que costura todo o livro, mostrando a possibilidade de escrever em primeira pessoa, ainda que apareça em terceira. Não há sujeitos ocultos, distanciamento linguístico ou plurais incompreensíveis. É um papo direto e reto, que dá o recado desde a introdução, na qual a pesquisa é desenhada e a "cozinha" da cozinha nos é apresentada com seus apontamentos teórico-metodológicos.

A força e a potência da coletividade do feminismo negro emergem em cada linha. A poética é o recurso estratégico de subversão, como Audre Lorde nos ensina, para enfrentar o silenciamento; é a colher de pau que movimenta o conteúdo da panela.

Um pé na cozinha é composto de quatro capítulos, divididos entre a parte I, uma suculenta e bem servida "entrada", que mostra como a "cozinha não era lugar de gente", e a parte II, prato principal untuoso e sobremesa melada, que comprova que, a despeito das tentativas de apagamento, "a conversa sempre esteve na cozinha".

Cada parte é organizada em dois capítulos. No primeiro, a intimidade monstruosa do trabalho culinário essencial de mulheres negras é apresentada por uma trilha histórica "porta adentro" e "porta afora", uma pesquisa histórica acurada que percorre periódicos da hemeroteca da Biblioteca Nacional, relatos de viajantes, documentos oficiais, historiografia clássica e estudos contemporâneos. Esses são os ingredientes que compõem o mosaico investigativo dessa sócio-história da cozinha brasileira, preparada e servida por mãos negras. O segundo capítulo, "Cozinheiras negras, *chefs de cuisine* brancos: o trabalho culinário profissional no Brasil no século 20", avança no tempo, mostrando o cenário e o desafio do pós-abolição. Cruzando dois eixos fundamentais de análise, o "estereótipo branco da 'mãe preta' cozinheira" e "a brancura como atributo de qualidade de mão de obra", a autora revela a permanência contemporânea das violências no cotidiano de mulheres negras na cozinha. Um cardápio com duas entradas amargas, difíceis de engolir.

A poética está não só no texto, mas também na construção estética e na organização do livro. Entre os capítulos a autora nos brinda com "interlúdios", que destacam histórias com o propósito de ilustrar e também provocar o paladar dos comensais. São trajetórias de cozinheiras de importância na construção da culinária brasileira que, infelizmente, não figuram com o devido destaque nas narrativas mais consumidas na gastronomia. É o caso, por exemplo, de Bené Ricardo, a primeira mulher no Brasil a conseguir se profissionalizar como cozinheira: uma mulher negra. Esse causo-petisco é o aperitivo narrativo que dá início à segunda parte do livro, que, por meio de "experiências e percepções críticas de chefs e cozinheiras negras na gastronomia", traz como prato principal "a construção de um campo gastronômico brasileiro no século 21 e o (não) lugar reservado às cozinheiras negras". O terceiro capítulo, "'Eu sou negra, conforme-se com isso'" é a representação da prática culinária negra em si, por meio da análise sociológica do trabalho e da vida de mulheres negras, elaborada a partir de entrevistas.

Digo com firmeza que se trata de um prato principal tecnicamente executado. A análise do conteúdo das entrevistas, após a contextualização-alicerce dos capítulos, é cozida neste como fundamentos de método/modo de preparo. Os trechos de falas destacados são os ingredientes para a análise e a composição do prato, de forma que o resultado servido-ofertado evidencia a necessidade urgente dos estudos críticos em alimentação nas pesquisas sobre a cozinha brasileira.

O tripé arcaico brancos-negros-indígenas precisa ser repensado, uma vez que "não há como haver uma conjunção harmônica de contribuições culinárias das 'três raças' quando uma população negra, de maioria feminina, escravizada por portugueses e seus descendentes, foi forçada a trabalhar na cozinha". Esse caminho narrativo de herança colonial é o sustentáculo para a ideologia de saberes, técnicas, ingredientes dos colonizados e escravizados no lugar do exótico, "selvagens", "bárbaros" ou "inferiores", como uma extensão da percepção da humanidade desses sujeitos e do valor de suas vidas.

No quarto capítulo, a autora serve uma análise rica de imagens, como o desfecho-sobremesa perfeito para esse banquete. Mais uma metodologia que se apresenta como ferramenta analítica possível para o desenvolvimento de estudos críticos de alimentação. A sobremesa apresentada é a representação crítica de um dos artefatos centrais da colonialidade, o açúcar. O desfecho doce é oxúnico, feito com uma refinada elaboração técnica, exclusiva daquelas que sabem que "tudo pode ser dito com uma colher de mel na boca". Em suas análises imagéticas, a autora parte de seus incômodos e apresenta caminhos humanizados para o uso de fotografias para além de "objetos de pesquisa". Ela confronta capturas e olhares da colonialidade para mulheres negras e desloca nossos corpos do lugar de objeto para o lugar de sujeitas de ação. Como ela mesma destaca, "o exercício visual no início deste capítulo é importante para destacar como a reflexão sobre a agência e a resistência de mulheres negras exige novas abordagens e o desenvolvimento de novos vocabulários nas ciências sociais".

Essa segunda parte é quase um novo livro que emerge. Talvez seja o reflexo do desejo inicial de redação e pesquisa da autora, um debruçar analítico, por meio da escuta (entrevistas) e do olhar (imagens), sobre o papel fundamental de mulheres negras na construção da cozinha brasileira. Contudo, quem percorre todo o caminho do livro, quem degusta cada passo deste menu, respeitando a sequência dos pratos, entende que a segunda parte, em especial o último capítulo-epílogo, prescinde da contextualização primorosa dos dois primeiros capítulos. De minha parte, afirmo que até a publicação desta obra nunca chegou em minhas mãos uma que trouxesse em si um exame histórico tão acurado e plural acerca da cozinha brasileira, sem o privilégio e o exclusivismo da perspectiva dos colonizadores em sua narrativa e conteúdo.

Este não é um livro de fácil digestão, não apenas pelo momento em que foi escrito e por todos os atravessamentos que uma pandemia mundial trouxe para a população de um país. As milhares de vidas ceifadas, o difícil cenário político-econômico e seus desdobramentos são parte de um caldo amargo que é ingrediente base desta obra. Não é coincidência o fato de termos tido como uma das primeiras vítimas da Covid-19 uma mulher negra, trabalhadora doméstica, com caminhos de vida tão parecidos com os das mulheres que compõem a história da cozinha brasileira retratadas neste livro.

Esta obra apresenta uma história social e crítica do trabalho de mulheres negras na cozinha a partir de processos históricos mais amplos e de trajetórias individuais. É um livro necessário. Uma bibliografia que precisa estar presente na base de todos os cursos de formação em gastronomia do Brasil. Trata-se de uma investigação que se debruça sobre registros e rastros biográficos diversos, imagéticos, textuais e orais de cozinheiras e chefs negras, garimpados de diferentes temporalidades. É uma análise sócio-histórica do trabalho culinário que se baseia nas contribuições do campo da epistemologia feminista negra, da historiografia, e que tem como foco a agência de mulheres negras e dos estudos críticos e interseccionais sobre alimentação.

LOURENCE ALVES
É cozinheira, filha de Iemanjá e ativista da afrobrasilidade.
Doutora em nutrição, historiadora e bacharel em gastronomia,
é pesquisadora e professora de gastronomia e negritude.

Apresentação

Um pé na cozinha é uma análise social e crítica da longa história do trabalho culinário de mulheres negras no Brasil. A cozinha — assim como o trabalho realizado nesse ambiente — é pensada como ferramenta para entender a história da sociedade brasileira a partir de um olhar bastante revelador: o de cozinheiras negras. Faço isso por meio de uma investigação dos processos históricos, econômicos e políticos ocorridos desde o século 18 até a atualidade que resultaram na naturalização da presença de mulheres negras na cozinha, refletida na expressão popular "um pé na cozinha" e no estereótipo da mãe preta cozinheira. Nesse processo, exponho os detalhes das relações de poder e de violência racial que se estabelecem entre patrões e patroas brancas e trabalhadoras negras, e como essas relações sempre estiveram bem distantes da história de harmonia racial geralmente contada sobre a formação da cozinha brasileira. Interessa-me marcar como o ofício de cozinheiras negras, executado em condições precárias, exaustivas e miseravelmente remuneradas, é (e sempre foi) essencial para a acumulação de capital e a manutenção do estilo de vida confortável de classes médias e altas.

Contudo, não se trata apenas de denunciar os horrores e a brutalidade com que cozinheiras negras foram tratadas ou as condições impossíveis de sobrevivência a que foram e são submetidas. Este livro também mostra que é fundamental refletir sobre a cozinha como um espaço geográfico de mulheres negras, ampliando definições de agência e de resistência com base nas trajetórias de cozinheiras que são comumente lidas apenas como subservientes ou passivas. Defendo a relevância de pensar o trabalho culinário como uma ferramenta de ação social e política dessas trabalhadoras, considerando a forma como elas ousam se definir a despeito e a partir dele, e os diversos modos com que o utilizam para construir e manter laços familiares e comunitários na população negra. Na verdade, são as cozinheiras negras que executam o trabalho mais radical de todos: o de garantir um futuro para uma população que "não deveria ter sobrevivido".

Este livro foi adaptado de minha pesquisa de doutorado em Sociologia, na Universidade de Brasília. Para analisar as questões propostas, construí uma história social e crítica do trabalho dessas mulheres na cozinha a partir de processos históricos mais amplos, articulando-o a trajetórias individuais. Para isso, tenho como base diversos registros e rastros biográficos e entrevistas com cozinheiras e chefs negras. Minha análise sócio-histórica se baseia nas contribuições do campo da epistemologia feminista negra, da historiografia que tem como foco a agência de mulheres negras e dos estudos críticos e interseccionais sobre alimentação.

No momento em que escrevo esta apresentação, após pouco mais de dois anos de pandemia e quase quatro anos de um mandato presidencial de extrema-direita, os mecanismos de exclusão social e de violência racial que afetam mulheres negras e marcam a história deste país se sofisticam. Enquanto minha tese estava sendo escrita, mais de 500 mil pessoas morreram durante a pandemia de Covid-19. No fim da produção do livro, esse número chegou a quase 700 mil, e os estudos têm mostrado como a taxa de mortalidade de trabalhadoras negras foi maior do que qualquer outro grupo nas ocupações que exigem menor instrução.[1] Ademais, de acordo com pesquisas recentes sobre a segurança alimentar no Brasil,[2] em 2022, apenas quatro em cada dez domicílios conseguem manter o acesso pleno à alimentação. Entre as famílias chefiadas por pessoas negras, a situação é ainda mais grave: 65% convivem com a insegurança alimentar, e no último ano dobrou a quantidade de lares em situação de insegurança alimentar grave, ou seja, que vivem com fome.

Por isso, é importante marcar que este livro, que expõe as condições perversas de vida e de trabalho a que cozinheiras negras — e a população negra em geral — foram submetidas, é publicado em um momento em que a brutalidade dessa história de longa duração se atualiza. Desejo que o pensamento crítico de mulheres negras, que evoco aqui, nos faça sempre lembrar quais vozes queremos amplificar e que ações políticas queremos apoiar na construção contínua de um país menos desigual e mais justo.

Uma mão a mais de barro no jarro que eu sou

Que caminho tão escuro
E tão cheio de areia
Aonde Preto Velho foi morar
Com Nossa Senhora das Candeias
Sete flores me acompanham
Sete velas me alumeiam
Aonde Preto Velho foi morar
Com Nossa Senhora das Candeias
                    Ponto para Preto Velho[1]

Sim, subordinação, subjugação, subalternização. Literalmente 'debaixo da terra', populações racializadas são pessoas enterradas. Mas também há muita coisa acontecendo no subterrâneo. Não só caixões, mas sementes, raízes e rizomas. E talvez até túneis e outras linhas de fuga para novos mundos, onde formas alternativas de parentesco têm espaço para crescer e nutrir outras formas de vida e formas de viver.
RUHA BENJAMIN[2]

Era uma noite quente de sexta-feira naquela cidade litorânea quando cheguei para uma das primeiras entrevistas deste livro. O encontro com a entrevistada foi marcado em seu restaurante, um lugar bonito em uma das áreas nobres da cidade que, naquele horário, ainda começava a receber os primeiros clientes para mais uma noite de funcionamento. Pouco tempo depois, o estabelecimento estaria cheio de pessoas, a maioria brancas, aproveitando a boa comida e o ambiente acolhedor criado pela chef. Ela me recebeu de maneira calorosa, e, para minha sorte, além da generosidade de ter aberto um espaço em sua rotina de trabalho de catorze horas diárias, é uma dessas pessoas que gostam muito de conversar e estava muito animada com a proposta de minha pesquisa. Durante as quatro horas que se seguiram, entre breves interrupções para atender às necessidades urgentes do restaurante, foi ela quem conduziu a entrevista, e o roteiro de perguntas em minhas mãos, preparado com antecedência, ficou de lado.

Entre os muitos assuntos de que tratamos, que me fizeram perceber que meu conjunto de questões era muito limitado para entender a profusão de temas vindos de sua experiência como chef — como havia acontecido com outras entrevistadas —, estavam as situações de discriminação racial que ela tinha vivido e suas estratégias para lidar com o racismo no campo da gastronomia. Em algum momento, conversamos sobre os diferentes modos de enfrentamento dessas situações por parte de mulheres negras e, como exemplo, contei que havia histórias graves de racismo em outras entrevistas — sem entrar em detalhes —, mas que, a pedido de algumas entrevistadas, essa parte das histórias não poderia entrar no meu trabalho. Minha frustração era perceptível porque essas situações continham detalhes preciosos e cruéis que me permitiriam tornar visível a profundidade da violência racial da área, algo que pode ocorrer com facilidade por causa do caráter em geral invisível do trabalho na cozinha. Foi então que a entrevistada me disse algo que, na época, pareceu apenas um acalanto: "Tudo bem, mas você ouviu. Isso é um tijolo a mais na mulher que você é aí, né, é uma mão a mais de barro no jarro que você é".

Naquele momento eu ainda não entendia a profundidade da sabedoria dessas palavras. Ao realizar as primeiras entrevistas para minha pesquisa de doutorado, adaptada para este livro, ainda não tinha a dimensão total de como o silêncio — ou a opção de falar das situações apenas entre outras mulheres negras e não tornar essas histórias públicas — era essencial para a sobrevivência e o possível reconhecimento do trabalho da maior parte das trabalhadoras que entrevistei no campo da cozinha profissional. Não percebia ainda que aquele silêncio falava da sofisticação e da perversidade do racismo no Brasil e de como ele opera no mercado de trabalho. Mesmo que eu enxergasse que a escolha delas em quebrar o sigilo e descrever os detalhes da brutalidade de determinadas situações eram sinais de uma profunda confiança, mostrando que eu tive acesso a algo muito precioso, ainda acreditava que precisava de todos os pormenores das histórias para provar, de maneira exaustiva, que racismo, sexismo e classismo marcam profundamente as condições de trabalho de mulheres negras na gastronomia.

Na verdade, o que eu não entendia é que aquela obstinação falava mais de minhas próprias experiências e estratégias para lidar com os efeitos da mesma estrutura sobre a avaliação de meu trabalho — enquanto uma pesquisadora negra que escolheu como tema a vida de cozinheiras negras. Lendo sobre a experiência da antropóloga dos estudos críticos da alimentação Ashanté M. Reese, me identifiquei com o processo de ampliação de seu olhar em campo:

> Minhas suposições refletiam uma compreensão estática e unidirecional [...] isso apesar do fato de eu, uma mulher negra, ter vivido minha vida entre outras pessoas negras que, mesmo no contexto do racismo antinegritude, não existem em uma série unidirecional de eventos em que não temos voz sobre alguns dos contornos de nossas vidas.[3]

A determinação em provar que o racismo antinegritude era uma das marcas mais importantes do trabalho na cozinha profissional, algo que é negado de maneira profunda na gastronomia, estava me impedindo de enxergar a vida daquelas mulheres negras em sua complexidade. Por isso, o olhar sensível à diversidade de questões levantadas por elas permitia que eu me aproximasse de suas formas de pensar criticamente a sociedade brasileira a partir do olhar vindo da cozinha e das tecnologias de sobrevivência que foram forçadas a desenvolver. Observar o que escolhiam falar e o que deixavam que eu contasse evidenciava como preferiam enfatizar suas conquistas e o mais importante: como se recusavam a ser resumidas à dor, à injustiça ou à violência. Como minha entrevistada me alertou, eu nunca mais fui a mesma. As vozes colhidas neste livro e o peso do silêncio que ecoa delas se tornaram parte de meu processo de autodefinição como pesquisadora.

A maneira como essa investigação me tomou se reflete no fato de que este trabalho era menos ambicioso quando começou. Meu interesse inicial, o de entender a invisibilidade de mulheres negras no campo da gastronomia ao mesmo tempo que eram identificadas como a imagem da cozinheira nacional, parece-me ingênuo a essa altura. Algo me dizia que o fato de a Dona Benta ser a personagem-autora do livro de culinária mais famoso do Brasil, mas não a Tia Nastácia, podia ter algo a ver com isso, e que a dificuldade de encontrar entrevistadas negras que trabalhassem como chefs ou como cozinheiras profissionais publicamente prestigiadas ajudava a provar meu ponto. Até aí, eu estava certa. O que ainda não sabia era que a gastronomia e as chefs negras se tornariam apenas uma das partes deste estudo.

As entrevistas com essas profissionais negras descortinaram experiências de trabalho para as quais, à primeira vista, eu não conseguia encontrar ferramentas teóricas ou metodológicas adequadas para explicar. Estudos recentes sobre as políticas de reconhecimento na gastronomia revelam o caráter elitista do ofício, a violência sexista no cotidiano de trabalho e a permanência da importância de um repertório de técnicas, ingredientes e profissionais franceses no campo.[4] Porém, esses aspectos ainda não pareciam dar conta das condições de trabalho narradas pelas entrevistadas. Como explicar, por exemplo, que as mulheres negras que ocupavam cargos de chefia na cozinha, mesmo as que encontraram brechas e se formaram nos cursos mais prestigiados e/ou estagiaram nos melhores restaurantes, não conseguiam ao menos ser reconhecidas como chefs e eram tratadas como trabalhadoras domésticas? Com o tempo e mais leituras, entendi que meu escopo precisava mudar: meu objetivo, então, se tornou construir uma proposta de genealogia do trabalho culinário feminino e negro no Brasil. Sem pensar nessa história criticamente, como um contraponto ao caráter romantizador do papel de cozinheiras negras e de suas condições de trabalho — o que ainda é bastante comum em estudos da área —, não seria possível entender as experiências contemporâneas das chefs e das cozinheiras profissionais que entrevistei. Elas são uma pequena parte de uma história de longa duração do trabalho íntimo, invisibilizado e essencial de mulheres negras na cozinha, bem como da persistência do pensamento crítico, da agência e das diferentes formas de resistência dessas trabalhadoras.

Foi assim que o mergulho no arquivo e nos trabalhos historiográficos se tornou incontornável, mas parecia uma tarefa impossível para uma socióloga que, vale dizer já como uma justificativa antecipada a todas as historiadoras por minhas falhas, não tem uma formação no campo. O fato de que o último ano de escrita da tese que originou este livro se deu enquanto eu tentava sobreviver a uma pandemia e algumas outras dores profundas não tornou o trabalho mais fácil, também. Mas, como uma amiga definiu bem, este trabalho foi uma boia de salvação em meio a tudo isso. Houve dias em que pareceu uma âncora, mas a verdade é que esta pesquisa foi sempre uma boia. Enquanto o futuro parecia se desfazer e as estruturas do racismo antinegritude, do sexismo e do classismo afetavam de maneira ainda mais profunda a vida de trabalhadoras negras, havia algo dentro de mim que me mantinha obcecada pelas histórias, que parecia me dizer como elas queriam ser encontradas e como demandavam ser contadas. Algo em minha intuição — que, vale dizer, foi minha principal companheira no vazio do mundo acadêmico no qual a pandemia me lançou, na contramão de tudo que me disseram ser importante para a "neutralidade científica" das aulas de metodologia das ciências sociais. O sentido do fio da história que eu escavava e que também se revelava para mim continuou me movendo e foi o que garantiu que este trabalho fosse terminado enquanto eu escrevia da vala. Foi o que me manteve escrevendo enquanto mais e mais mulheres negras morriam de mortes evitáveis — com muitas cozinheiras entre nossas perdas irreparáveis.

Dito isso, é importante ressaltar que essa mudança de abordagem de minha pesquisa significou definir que o conteúdo de registros e rastros biográficos, além das entrevistas, se tornaria o fio estruturante da análise que proponho. É a partir desse material empírico composto de registros de arquivo, petições, cartas, diários, autobiografias, entrevistas, histórias familiares e obras literárias que escolho mobilizar a teoria social, e não o contrário. Preciso reconhecer que essa é a razão pela qual meu trabalho me levou a lugares que não previa, porque, em um trabalho sociológico que tem a ambição de tratar de dois séculos e meio de história, é importante alertar: este é um trabalho assombrado — especialmente em tempos de pandemia, quando foi escrito. É esse caráter, que foi se revelando à medida que eu escrevia, que fundamenta as escolhas do material de pesquisa e das ferramentas teórico-metodológicas de meu trabalho. Para entender a vida daquelas que ainda estão aqui, o trabalho foi construído a partir dos espectros e das memórias de mulheres negras que, como visto por Christina Sharpe, "[...] são extraordinárias principalmente porque sobreviveram a uma brutalidade que ainda não pode ser apreendida, que não acabou, e que se pode dizer que ainda estamos sobrevivendo a (e morrendo de) [...]".[5]

Assim, a pesquisa se baseia na ideia de que o mundo em que vivem as chefs, as cozinheiras profissionais e outras mulheres negras, que permanecem sendo obrigadas a cozinhar, que podem escolher não o fazer e, ainda, outras que cozinham por prazer — como eu, neta de uma copeira e cozinheira –, conserva antigas estruturas de violência racial, de gênero e de classe, que são capazes de se atualizar e operar com eficiência na contemporaneidade.[6] Entretanto, a busca por essas conexões históricas também teve a intenção de enfatizar que os novos lugares ocupados por cozinheiras negras, e mesmo sua existência no presente, são possibilitados por tecnologias de sobrevivência desenvolvidas pelas trabalhadoras que as antecederam. Ainda que a genealogia proposta aqui tenha como um de seus principais objetivos destacar as condições de sobrevivência impossíveis a que cozinheiras negras foram submetidas pelas elites e pelo Estado brasileiro ao longo do tempo, é central enfatizar sua agência e resistência no passado e no presente. De maneira similar ao proposto pela pesquisadora Rafia Zafar,[7] minha ideia é pensar na cozinha como um espaço de ação social de mulheres negras que nos ajuda a entender como elas sempre buscaram agir com o pouco que tinham ao alcance, como ousaram se autodefinir diante de imagens estereotipadas e violentas de si mesmas, construídas por seus algozes, criando espaços negros de cuidado, de sociabilidade e de ação social e política.

Vale dizer que a tarefa de encontrar e escolher rastros e histórias de vida para estruturar o livro também foi complexa, e aceitar que muitas memórias de trabalhadoras extraordinárias ficariam de fora foi ainda mais difícil. Graças ao confinamento de mulheres negras ao trabalho na cozinha e à falta de estudos dedicados ao tema,

1. Mulheres negras vendendo acarajés em Salvador, c. 1950;
2. Meninas e adolescentes negras brincando em Salvador, em 1956

existem muitos pontos de análise possíveis e muitas vozes que poderiam ser consideradas. Essa é uma das limitações deste livro, como de qualquer outro com espaço e tempo restritos: há muitas histórias que ficam de fora. Assim, resta a mim ter a esperança de que meu trabalho seja um começo apenas; que o conjunto diminuto de histórias selecionadas aqui seja capaz de evidenciar a potência da trajetória de cozinheiras negras e de suas percepções críticas como repositórios fundamentais para entender como funciona o tecido social brasileiro.

Julgo que cabe a uma introdução também delimitar o que este livro não é, especialmente porque meus anos de pesquisa me mostraram que há expectativas das mais diversas em relação a esse tema e, infelizmente, muitas delas estão fundamentadas em um ideal de democracia racial e no estereótipo da mãe preta cozinheira.

De início, é importante reiterar que não me proponho a construir uma história romantizada da formação da cozinha brasileira a partir da imagem de cozinheiras negras heroicas e abnegadas. Na verdade, um de meus objetivos é exatamente o oposto: enxergar os bastidores do trabalho na cozinha a partir do que revelam sobre as estruturas de poder, a violência, a expropriação econômica e a acumulação de capital nas quais se baseia a sociedade brasileira e, de modo complementar, pensar na agência dessas trabalhadoras negras em sua complexidade, o que quer dizer refletir sobre suas ações diante das opções restritas que tinham e têm à disposição e da violência que marca seu cotidiano — o que pode resultar em escolhas difíceis e até mesmo contraditórias.

Em segundo lugar, este não é um trabalho sobre o compêndio de técnicas e receitas culinárias criadas por cozinheiras negras brasileiras, ainda que seja parte importante do que produziram. Entendo que isso configuraria outro estudo, atento às contribuições importantes de mulheres que foram confinadas ao espaço da cozinha durante a maior parte do período analisado neste livro, mas que também utilizaram o trabalho culinário e criaram beleza para garantir sua sobrevivência e a dos seus. Porém, mais do que esse conteúdo, o que me interessa aqui é observar como a imagem estereotipada dessas mulheres tenta minimizar o quão essencial é seu trabalho, a genialidade de seu conhecimento culinário e a percepção crítica que cozinheiras negras desenvolvem sobre as hierarquias sociais do mundo em que vivem — um olhar que fundamenta sua ação social e política no mundo.

O livro está estruturado em quatro capítulos, entremeados por um preâmbulo e três interlúdios, e organizados em duas partes. No preâmbulo e nos interlúdios, descrevo uma cena do cotidiano da vida de cozinheiras negras que retrata as questões serão mencionadas nos capítulos seguintes. Na primeira parte, "Cozinha não era lugar de gente", estão os dois capítulos que constroem uma genealogia das condições de trabalho de mulheres negras na cozinha até a primeira metade do século 20. Faço isso a partir da análise de diversos materiais em que pude encontrar registros e rastros biográficos de cozinheiras e estudos no campo das ciências sociais e da história que ajudam a elucidar o contexto em que viviam. Ademais, analiso a construção da figura da mãe preta cozinheira e o que ela efetivamente reflete, dada a importância dessa imagem ao longo do trabalho. O primeiro capítulo, "'Um pé na cozinha': intimidade monstruosa e o trabalho culinário essencial de mulheres negras no período escravista", analisa as condições de trabalho de mulheres negras no âmbito doméstico e no espaço público até as décadas finais do século 19. O segundo capítulo, "Cozinheiras negras, *chefs de cuisine* brancos: o trabalho culinário profissional no Brasil no século 20", se dedica à análise da construção de um mercado de trabalho culinário e gastronômico no pós-abolição e no século 20 e ao papel reservado às cozinheiras negras nesse processo.

Na segunda parte do livro, "A conversa sempre esteve na cozinha", a análise se aprofunda nas trajetórias individuais de chefs e cozinheiras negras. No terceiro capítulo, "'Eu sou negra, conforme-se com isso': experiências e percepções críticas de chefs e cozinheiras negras na gastronomia", me dedico às mudanças nas políticas de reconhecimento da gastronomia no fim do século 20 e no início do século 21, o não lugar de mulheres negras em cargos de chefia e sua percepção crítica sobre o campo. No quarto capítulo, "A cozinha como um espaço geográfico de mulheres negras", a temporalidade do trabalho se torna circular e, a partir de registros históricos e entrevistas de cozinheiras negras, proponho novas formas de pensar agência e resistência a partir daquelas que foram definidas como o emblema da subserviência e da passividade, mas que, na verdade, permaneceram executando o trabalho mais radical de todos, de diferentes maneiras: o de tecer e alimentar um futuro para a população negra.

PREÂMBULO

Vivendo na brecha

No intervalo, eu pedi permissão à irmã para sair, fui comprar um vestido. Que alegria interior. Pretendia ter vários vestidos.
A dona Agostinha fez o vestido. Godê. Que bom ver nossos desejos realizados! Aquele vestido tinha o efeito de uma magia em meu subconsciente. Era semelhante a uma reconstituinte em minha vaidade feminina.
Interrogava a mim mesma: "Será que vou ficar bonita quando for usá-lo?". Para usá-lo deveria comparecer a uma festa. Ou usá-lo para passear com um namorado.
Eu estava duplamente feliz. Agora, sim, eu poderia comparecer aos bailes sem constrangimento.
Peguei a vassoura e saí dançando pela cozinha, que era espaçosa. Eu tinha impressão de que estava usando meu vestido. Quando rodopiei, encontrei os olhos da irmã Irineia, fitando-me. Eram uns olhos grandes ovalados. Pretos e brilhantes, como se fossem envernizados. Parei de repente, encostei a vassoura e fui ver as panelas.
A irmã disse-me:
— Creio que a senhora devia ser bailarina, e não cozinheira. Esqueci o vestido, as festas e dediquei-me aos meus afazeres. [...]
Para ser sincera, comecei a sentir falta das diversões, então decidi sair. Poderia ganhar menos em outra casa, mas poderia sair aos domingos, ir ao cinema, passear. Pedi a conta. Depois que deixei o emprego, compreendi minha insensatez...[1]

O pequeno trecho de *Diário de Bitita,* de Carolina Maria de Jesus,[2] nos permite acessar as aspirações de uma cozinheira negra que, diante de um salário digno, podia finalmente realizar seus desejos de juventude: ter vestidos para frequentar os bailes da cidade. Um dos mais importantes registros sobre as condições de vida da população negra no pós-abolição no Brasil, do ponto de vista de uma mulher negra, o excerto biográfico de Carolina deixa ver como o cotidiano exaustivo das tarefas na cozinha não a impedia de sonhar com a saia ampla de seu novo vestido godê rodopiando no salão. Mas também a violência rotinizada daquele trabalho, visível na imagem da jovem negra dançando com a vassoura, aproveitando a "magia em seu subconsciente", sendo interrompida pelo olhar cortante da freira-patroa e, mesmo retornando prontamente ao trabalho, isso não a impedia de ter que ouvir comentários que tinham a intenção de ridicularizá-la.

Esse episódio termina com Carolina deixando o trabalho mais bem remunerado de cozinheira da cidade por querer se divertir, uma decisão julgada por seus familiares. Apesar de se arrepender mais tarde, por causa da dificuldade de encontrar outro emprego e acabar numa casa em que trabalhava em regime de semiescravidão, Carolina conta da possibilidade de realizar um sonho com o dinheiro do antigo trabalho: ir ao cinema com seu vestido novo. Pensando nas aspirações e realizações de cozinheiras negras e na violência e nas condições de miséria em que viviam, começo este livro. Com a imagem de Carolina Maria de Jesus sorrindo e rodopiando pela cozinha, sob os olhares reprovadores de irmãs Irineias, sonhando com a fruição e a beleza da vida que lhe foram sistematicamente negadas pelo confinamento a condições impossíveis de sobrevivência.

PARTE I

"Cozinha não era lugar de gente"[1]

"Um pé na cozinha": intimidade monstruosa e o trabalho culinário essencial de mulheres negras no período escravista

Vozes-Mulheres

A voz de minha bisavó
ecoou criança
nos porões do navio.
Ecoou lamentos
de uma infância perdida.

A voz de minha avó
ecoou obediência
aos brancos-donos de tudo.

A voz de minha mãe
ecoou baixinho revolta
no fundo das cozinhas alheias
debaixo das trouxas
roupagens sujas dos brancos
pelo caminho empoeirado
rumo à favela.

A minha voz ainda
ecoa versos perplexos
com rimas de sangue
e fome.

A voz de minha filha
recolhe todas as nossas vozes
recolhe em si

*as vozes mudas caladas
engasgadas nas gargantas.*

*A voz de minha filha
recolhe em si
a fala e o ato.
O ontem — o hoje — o agora.
Na voz de minha filha
se fará ouvir a ressonância
O eco da vida-liberdade.*

CONCEIÇÃO EVARISTO[1]

Em 1770, em uma fazenda no interior do estado que viria a ser conhecido como Piauí, Esperança Garcia trabalhava como uma cozinheira escravizada. Suas mãos, provavelmente marcadas por queimaduras do trabalho no fogão à lenha e por feridas causadas pelas agressões de seu senhor, naquele momento tinham outra função. Não era apenas o trabalho na cozinha que fazia com que se sentisse exaurida, mas também outros aspectos de seu cotidiano: a violência com que ela e seu filho eram tratados, a separação forçada de parte de sua família e o impedimento de cumprir com suas obrigações religiosas. Naquele dia, Esperança escrevia uma carta ao governador da capitania de São José do Piauí, afirmando-se como uma súdita de plenos direitos:

> Eu sou uma escrava de Vossa Senhoria da administração do Capitão Antônio Vieira do Couto, casada. Desde que o capitão lá foi administrar que me tirou da fazenda algodões, onde vivia com o meu marido, para ser cozinheira da sua casa, ainda nela passo muito mal. A primeira é que há grandes trovoadas de pancadas em um filho meu sendo uma criança que lhe fez extrair sangue pela boca, em mim não posso explicar que sou um colchão de pancadas, tanto que caí uma vez do sobrado abaixo peiada; por misericórdia de Deus escapei. A segunda estou eu e mais minhas parceiras por confessar há três anos. E uma criança minha e duas mais por batizar. Peço a Vossa Senhoria pelo amor de Deus ponha aos olhos

em mim ordinando digo mandar ao procurador que mande para a fazenda aonde me tirou para eu viver com meu marido e batizar minha filha.[2]

Esperança é direta em sua petição, exigindo o fim dos abusos por parte do senhor, reclamando seu direito de exercer sua religião e a reunião de sua família. Mais do que os detalhes das diversas violências que ela e os seus sofriam, é importante destacar a percepção de si e do contexto em que vivia que o conteúdo da carta e a escolha de escrever uma petição revelam. Apesar de ser uma mulher escravizada, Esperança se vê no direito de reclamar, à autoridade máxima da capitania, não ser tratada com violência, não ser separada de sua família, proteger seu filho e o cumprimento dos sacramentos cristãos, reivindicações que vão de encontro ao direito de propriedade senhorial, que supostamente anularia todos os seus reclames. Como uma intérprete do sistema escravista e do direito português, sabia que sua condição de cristã poderia permitir a reivindicação da legitimidade de seu matrimônio, o que significava que não poderia ser separada de seu marido, poderia demandar o batismo de seus filhos e apelar para valores cristãos para exigir um tratamento menos violento.[3] Não há registros sobre a repercussão de sua carta para o governador, mas uma mulher escravizada de nome Esperança consta entre os escravizados da Fazenda Algodões no fim da década de 1770, casada com o também escravizado Ignácio Angola.

Iniciar o capítulo com a voz, as reivindicações e a estratégia dessa cozinheira negra no interior do Piauí no século 18 tem como objetivo defender outro olhar sobre a história de cozinheiras negras e, como consequência, de trabalhadoras negras em geral. A violência e a expropriação econômica que marcaram todos os aspectos dos trabalhos que mulheres negras foram forçadas a executar, bem como a proibição de seu acesso à educação, fizeram com que raramente pudessem deixar registros por escrito de suas próprias histórias. Ademais, o impacto da romantização sobre as condições de trabalho de seus ofícios, refletido em estereótipos de trabalhadoras negras criados por memorialistas brancos, especialmente no início do século 20, faz com que as histórias contadas a seu respeito, quando são consideradas por uma produção de conhecimento hegemônica, minimizem os horrores pelos quais passaram (e ainda passam) ou desconsiderem seu papel fundamental na história brasileira. Assim, histórias de cozinheiras negras como Esperança são raramente vistas como relevantes por áreas de conhecimento como as ciências sociais, tampouco sua agência, seu pensamento ou suas estratégias de sobrevivência e de resistência como trabalhadoras que são fundamentais para o funcionamento da sociedade desde o período colonial.

Por uma aparente brecha na história e no arquivo, Esperança, apesar de ser escravizada, deixou um registro escrito que nos permite enxergar seu cotidiano, sua percepção de si e do contexto em que vivia para tentar intervir nele — dentro dos limites de ação de sua condição. Em uma sociedade escravista que proibia a alfabetização de escravizados, registros históricos como a carta de Esperança Garcia são raros, mas essa escassez tem menos a ver com uma suposta passividade de mulheres negras do que com as condições brutais de vida a que foram submetidas. O que quero dizer é que a carta de Esperança é uma raridade, mas a percepção de uma mulher negra escravizada sobre o mundo em que vivia e a busca por brechas que lhe permitissem viver em condições menos violentas não são.

É a partir desse olhar que construo este capítulo, ao descrever o cotidiano de mulheres negras que trabalhavam na cozinha durante o período colonial e como negociavam, sobreviviam e sonhavam em condições de trabalho extenuantes, arriscadas, violentas e, não raro, fatais. Parto da expressão popular brasileira "um pé na cozinha", explorando de que maneira ela romantiza e naturaliza a história de uma intimidade monstruosa, conceito cunhado por Christina Sharpe[4] para definir os diferentes tipos de violência e sujeição aos quais mulheres negras foram submetidas desde o período colonial em espaços íntimos (como no trabalho doméstico), e que são comumente lidos ou reescritos como consentimento ou afeto em análises acadêmicas realizadas sobre suas vidas.[5] Como observado por Sharpe, a intimidade monstruosa consiste nos "[...] horrores cotidianos mundanos que não são reconhecidos como horrores".[6]

A COZINHA COMO UM ESPAÇO DE TRABALHO ESSENCIAL (E FORÇADO) DE MULHERES NEGRAS NO BRASIL

> *[...] novas formas de subjetividade são criadas não apenas para afrodescendentes na diáspora, mas também para africanos, europeus e outros. Locais extraordinários de dominação e intimidade, a escravidão e a travessia foram rupturas e uma suspensão do mundo conhecido que iniciaram enormes e contínuas violações psíquicas, temporais e corporais.*
>
> CHRISTINA SHARPE[7]

> *Fia, o ômi branco manda em tudo desde que me entendo por gente. Talvez tenha um lugar distante, pra lá do oceano que o preto tá no poder, mas a gente não sabe nada além daquilo que vê. Por isso o branco larga a carga e manda o preto pegar. Ele pega porque tem que pegar, mas num carrega. Dá pras mulher dele. As preta é as mula do mundo até onde eu vejo. Eu venho rezando pra num ser assim com tu. Ó, senhor, senhor, senhor!*
>
> ZORA NEALE HURSTON[8]

> *Foi o trabalho do negro que aqui sustentou, por séculos e sem desfalecimento, a nobreza e a prosperidade do Brasil; foi com o produto do seu trabalho que tivemos as instituições científicas, letras, artes, comércio, indústria etc. [...] competindo-lhe, portanto, um lugar de destaque como fator da civilização brasileira.*
>
> MANUEL QUERINO[9]

Cleonice Gonçalves, uma senhora negra de 63 anos de idade, era trabalhadora doméstica há cinquenta anos. Moradora da pequena cidade serrana de Miguel Pereira, no estado do Rio de Janeiro, trabalhava como cozinheira em uma residência no bairro do Leblon, na capital, havia mais de duas décadas.[10] A função especializada como cozinheira revela a condição econômica privilegiada de seus patrões, mas também uma posição especial que Cleonice provavelmente levou algum tempo para conquistar no trabalho doméstico. É possível que a ostentasse, bem como as habilidades culinárias que fizeram com que conseguisse aquele posto. Mas a especulação certeira sobre seu trabalho é que Cleonice não era remunerada à altura de suas habilidades ou da rotina exaustiva e arriscada do trabalho, sobretudo para uma senhora negra que começou a trabalhar quando adolescente. No entanto, era o trabalho na cozinha a fonte de renda para seu sustento e o de seu filho. Os parentes comentavam como Cleonice era batalhadora e generosa e como sempre lutou para dar as melhores condições de vida para sua família — sonhando com a possibilidade de terem uma vida mais confortável do que a dela.

Em um dia comum no mês de março de 2020, é plausível imaginar que, depois dos primeiros sintomas de coronavírus, Cleonice tenha tomado apenas um medicamento para diminuir a febre repentina enquanto deu continuidade à rotina atarefada de cozinhar para garantir o conforto da família para quem trabalhava no Leblon. Talvez tenha comentado com alguma outra trabalhadora da casa sobre o mal-estar, mas as duas podem ter chegado à conclusão de que era apenas uma virose. Em particular porque sua patroa, que havia acabado de retornar da Itália, não comunicou sobre sua suspeita de ter contraído coronavírus durante a viagem nem dispensou Cleonice do trabalho, apesar de ela se encaixar no grupo de risco. Cleonice talvez tenha ignorado o burburinho das manchetes porque escutou no transporte público que era "doença de rico", porque o presidente do país disse que a gripe não era isso tudo que diziam ou porque as correntes e as conversas no WhatsApp confirmavam que se tratava apenas de um alarde sem razão. Mas o mais provável é que estivesse apenas ocupada demais, como esteve durante a maior parte de sua vida, para se preocupar com a dor no corpo que a acometia.

O limite talvez tenha chegado quando os sintomas passaram a atrapalhar seu trabalho. Depois de contatar sua família sobre o desconforto, ela foi liberada e pegou um táxi para Miguel Pereira, para ser atendida pelo sistema público de saúde local. A empregadora entrou em contato com a família da cozinheira apenas no dia seguinte, para informar sobre seu diagnóstico de coronavírus e a possibilidade de ter contaminado Cleonice e a família dela, mas era tarde: Cleonice morreu na tarde daquele mesmo dia.

A reportagem de um programa televisivo dominical entrevistou o sobrinho de Cleonice, Lucas, que falou sobre a grande perda que a morte da tia representava para a família, exaltando suas qualidades.[11] As fotos apresentadas na TV pela família mostram Cleonice em comemorações familiares, com imagens da vida como mãe e tia amorosa que viveu para além do trabalho. No entanto, o repórter parece mais preocupado em resumir a vida de Cleonice dizendo que ela "viveu trabalhando e morreu de coronavírus" e em perguntar se o sobrinho culpava a patroa por sua contaminação e morte, sendo enfático sobre o fato de que a contaminação causada por ela era apenas uma "possibilidade". Diante da resposta negativa de Lucas, que provavelmente sabia das possíveis consequências legais de uma acusação como essa, a reportagem seguiu para entrevistar a secretária de Saúde de Miguel Pereira e contar a história de outras vítimas fatais. Assim, a empregadora, que, consciente do risco, contaminou Cleonice, omitiu a informação que poderia ter salvado sua vida e colocou em risco de contaminação todas as pessoas com quem teve contato, permaneceu anônima. O fato de uma cozinheira negra ter sido uma das primeiras vítimas do coronavírus no Brasil é elucidativo da continuidade da posição precária das trabalhadoras negras e da desigualdade da estrutura trabalhista brasileira.[12] O trabalho culinário de Cleonice era visto como essencial para a manutenção do estilo de vida confortável de sua empregadora, que incluía ter alguém à disposição exclusivamente para cozinhar, mesmo em um contexto de pandemia. A defesa dessa estrutura desigual como política estatal se torna ainda mais evidente quando observamos a inclusão, por parte de alguns estados e municípios, do trabalho doméstico como essencial em meio à pandemia: "atividade cuja interrupção coloque em perigo iminente a sobrevivência, a saúde ou a segurança da população".[13] A morte de Cleonice e a definição do trabalho doméstico remunerado como essencial mostram que mulheres negras estão fora do segmento da população que deve ter sua sobrevivência, saúde e segurança protegidas.[14]

As condições de vida (e da morte) de Cleonice apontam para a continuidade da negação de direitos que marca uma longa história do trabalho feminino e negro no Brasil. O trabalho culinário é apenas uma de suas faces, entre outras funções relacionadas majoritariamente ao trabalho doméstico. Estudos no campo atestam que mulheres negras foram continuamente restritas ao trabalho doméstico em razão não apenas de uma exclusão econômica e educacional, mas especialmente pela existência de uma política racializada e de gênero no mercado de trabalho que torna a feminilidade e a negritude "inaptas" para o exercício de outras funções.[15] O trabalho na cozinha é uma das formas mais ilustrativas de enxergar como a manutenção do funcionamento da sociedade brasileira e de sua economia depende (e sempre dependeu) de mulheres negras em condições primeiramente escravizadas e, mais tarde, precárias e miseráveis, e do não reconhecimento dessa dependência.

A cozinha é uma metáfora para entender o lugar e o papel essencial de mulheres negras na história brasileira e o esforço sistemático de invisibilização de sua importância por parte das elites e de autoridades governamentais. Interessa-me pensar como a cozinha se tornou uma metonímia para tratar do trabalho doméstico, o que se torna evidente na diversidade de usos feitos sobre essa relação. Ela é utilizada contemporaneamente por movimentos sociais negros que denunciam o confinamento da população negra a esse espaço marcado pela violência, exaustão e miséria, e afirmam seu compromisso em rompê-lo. De maneira complementar, a cozinha também é utilizada por ataques racistas que, diante de conquistas de direitos da população negra, afirmam ser esse o único lugar reservado a ela.[16] Como já discutido, considero a expressão "um pé na cozinha" elucidativa da naturalização da presença de pessoas negras nesse lugar, bem como da efetividade de narrativas que romantizam as condições desse trabalho e de suas vidas — e de como o racismo antinegritude opera no Brasil.

Um caso emblemático é o do ex-presidente branco Fernando Henrique Cardoso. Em entrevista em 1994, então candidato à presidência, Cardoso se defendeu da provocação de outro candidato, que dizia que ele governaria com "mãos brancas" afirmando ser "mulato".[17] Para tratar de sua origem mestiça, no entanto, Cardoso utilizou a expressão: "Eu sempre disse isso, sempre brinquei comigo mesmo. Tenho um pé na cozinha. Eu não tenho preconceito".[18] A despeito do cinismo da declaração, profundamente repudiada por diversas entidades do movimento negro à época, gostaria de chamar a atenção sobre como a expressão substitui a necessidade de mencionar a existência de uma ancestralidade negra e invisibiliza a violência sexual comum a relacionamentos inter-raciais. Na verdade, o que parece revelar é que cozinha e população negra tornam-se praticamente sinônimos. O posicionamento é tão profundo que se reflete na linguagem — o lugar se autonomiza a ponto de o espaço e a pessoa se tornarem a mesma "coisa".

Assim, com uma breve história crítica do trabalho culinário de mulheres negras, destaco como este foi essencial para o funcionamento da sociedade brasileira desde tempos coloniais e que, como outras funções exercidas por pessoas negras, escravizadas ou não, esse trabalho sempre foi desvalorizado e executado em condições precárias, exaustivas ou com risco de morte. Ao mesmo tempo, saliento como essas cozinheiras negras sempre tentaram utilizar o trabalho na cozinha para interpretar a sociedade e conquistar melhores condições de vida para si e para as futuras gerações, a partir de diversas estratégias.

É necessário pontuar que a historiografia do trabalho de mulheres negras brasileiras ainda está sendo escrita — especialmente uma que considere sua agência ou se apoie em suas próprias perspectivas. Uma análise sobre os contornos de seu trabalho ainda esbarra na abordagem tradicional que desconsidera esses aspectos, e revisões críticas sobre a história social do trabalho argumentam que o formato pelo qual o tema é comumente estudado resulta em análises enviesadas ou na invisibilização do trabalho empreendido por pessoas negras, sobretudo por mulheres negras. Por um lado, podemos destacar a tendência do campo de estudos em se apoiar em uma dicotomia entre as noções de trabalho escravo e de trabalho livre, centrando-se principalmente sobre o último.[19] Evidenciando uma acepção da noção de trabalho vinculada ao assalariamento, é comum que as análises tenham como marco histórico o período do pós-abolição:

> Identificada com a história do trabalho livre (assalariado), a história social do trabalho no Brasil contém, em si mesma, um processo de exclusão: nela não figura o trabalhador escravo. Milhares de trabalhadores que, durante séculos, tocaram a produção e geraram a riqueza no Brasil ficam ocultos, desaparecem num piscar de olhos. A oposição irreconciliável entre escravidão e liberdade cristalizou-se como um postulado quase sempre inquestionado, e o final do século 19 passou a configurar o assim chamado período de substituição do escravo (negro) pelo trabalhador livre (branco e imigrante), "o período da transição", da "formação do mercado de trabalho livre" no Brasil.[20]

Por outro lado, a abordagem histórica do trabalho feminino no Brasil tende a fixar períodos como o pós-abolição, o pós-guerra ou a década de 1970 como marcos da entrada das mulheres no mercado de trabalho. De modo similar, as críticas sobre essa visão historiográfica a respeito do trabalho feminino tensionam essa narrativa ao refletir sobre a trajetória de mulheres negras e/ou pobres:

> A maior parte das mulheres sempre trabalhou. Suas trajetórias no mundo do trabalho não se iniciaram no pós-abolição, no pós-guerra ou nos anos 1970. Os primeiros dados oficiais de que se têm conhecimento apontam que, em 1872, elas representavam 45,5% da força de trabalho. Nesta época, [...] a partir do Censo Demográfico 1872, as mulheres estavam empregadas predominantemente na agropecuária (35%), nos serviços domésticos em lar alheio (33%) ou no serviço de costura por conta própria (20%).[21]

Desse modo, é bastante comum que a historiografia tradicional, ao privilegiar experiências específicas de trabalho, como as trajetórias do trabalho livre ou de mulheres brancas e/ou classe média, invisibiliza as condições e o papel do trabalho escravo, doméstico ou informal na história brasileira. E a invisibilização é apenas uma das consequências dessa abordagem, uma vez que, nessa lacuna historiográfica, cabem também narrativas de romantização do trabalho de mulheres negras, minimizando as condições violentas e arriscadas de seus ofícios e a construção de estereótipos que naturalizam essas condições. É assim que uma estrutura de produção do conhecimento marcada pelo racismo antinegritude e pelo sexismo, ao tratar do trabalho de mulheres negras, parece oscilar entre a invisibilidade e a visibilidade desse trabalho — e, mais importante para meu argumento aqui, esse jogo também relativiza como esse trabalho garante a produção de riqueza e é essencial para o funcionamento da sociedade brasileira.

Considerando as limitações da historiografia tradicional, me apoio na corrente historiográfica brasileira que, com base em críticas ao tratamento dado pela historiografia tradicional à população negra, como as contribuições de Beatriz Nascimento,[22] tem considerado a agência de escravizados e escravizadas em sua análise dos arquivos desde a década de 1980.[23] Vasculhando registros históricos pouco analisados com esse olhar, como registros policiais ou obituários, essa corrente tem reescrito a história brasileira levando em consideração os diferentes papéis essenciais exercidos pela população escravizada e, mais tarde, pela população negra, para a acumulação de capital e para o funcionamento de uma sociedade hierarquizada como a brasileira, e, nesse contexto, como essa população interpreta uma estrutura social que lhe é diretamente desfavorável, navegando e buscando brechas para garantir sua subsistência e, em alguns casos, até mesmo sua ascensão.

É a partir dessa lente que analiso os registros biográficos de cozinheiras negras que pude encontrar, como já fiz com Esperança Garcia e Cleonice Gonçalves. Como a maior parte desses registros são rastros, me utilizo da ferramenta metodológica da "fabulação crítica", proposta pela historiadora Saidiya Hartman em um ensaio que fabula sobre a vida de uma garota assassinada em um navio negreiro. A única informação disponível é seu nome, listado no processo judicial que julgava seu assassino:

A intenção dessa prática não é dar voz ao escravo, mas antes imaginar o que não pode ser verificado, um domínio de experiência que está situado entre duas zonas de morte — morte social e corporal — e considerar as vidas precárias que são visíveis apenas no momento de seu desaparecimento. É uma escrita impossível que tenta dizer o que resiste a ser dito (uma vez que garotas mortas são incapazes de falar). É uma História de um passado irrecuperável; é uma narrativa do que talvez tivesse sido ou poderia ter sido; é uma História escrita com e contra o arquivo.[24]

A intenção não é afirmar que esta é a história de cozinheiras negras no Brasil, sobretudo quando me baseio em muitos vestígios. Como Hartman, também acredito que se trata de uma história irrecuperável.

No entanto, não se trata de compor uma história completa, mas [...] de iluminar o modo como nossa era está presa à dela. Uma relação que outros podem descrever como um tipo de melancolia, mas que prefiro descrever como a sobrevida da propriedade, quero dizer: o detrito de vidas às quais ainda precisamos atentar, um passado que ainda não passou e um estado de emergência contínuo em que a vida negra permanece em perigo.[25]

Isso justifica o esforço (e os erros e as limitações) de tentar refletir sobre suas vidas a partir do contexto em que viveram e sobre sua agência. Como fiz com a história de Esperança Garcia e a de Cleonice Gonçalves, a análise a seguir pretende pensar em possibilidades sobre suas vidas, a partir de contextos que nos oferecem documentos, como os registros históricos de viajantes ou textos de folcloristas, bem como notícias sobre acidentes ou anúncios de trabalho. As reflexões do capítulo também se amparam na premissa de Patricia Hill Collins para defender a complexidade da agência e da resistência de mulheres negras: "O que proponho [...] é apresentar as mulheres negras como agentes de conhecimento da realidade de nossa própria vida [...] Para mim, as mulheres negras não são nem super-heroínas destemidas capazes de conquistar o mundo, nem vítimas oprimidas que precisam ser salvas".[26]

Por fim, vale destacar a dimensão quantitativa e a importância do trabalho culinário de mulheres negras no período colonial. Durante mais de três séculos, estima-se que 5,5 milhões de africanos escravizados foram traficados para o Brasil, o maior número entre todas as nações que exploraram mão de obra escravizada.[27, 28] Nesse período, mulheres africanas escravizadas (e suas descendentes) foram forçadas a trabalhar em âmbito doméstico e, entre outras tarefas, eram responsáveis pela cozinha. De modo direto, para evidenciar como esse trabalho foi imprescindível durante o período escravista: durante quase três séculos, a maior parte da mão de obra que produziu a alimentação brasileira era feminina, negra e escravizada.[29] Entre escravizadas que tinham o cozinhar como uma de suas muitas tarefas ou aquelas destacadas apenas para esse serviço, situação mais comum em casas mais abastadas, a cozinha se constituiu, desde então, como um espaço de trabalho de mulheres negras. Esse trabalho culinário não se restringiu ao espaço da casa, sendo também executado fora dela por mulheres escravizadas que trabalhavam no sistema de ganho, além de livres e libertas, que exerciam diversas atividades comerciais relacionadas à alimentação. E, durante o século 20, mulheres negras permaneceram como maioria no trabalho doméstico, executando o trabalho culinário, entre outras tarefas, além de continuarem trabalhando em estabelecimentos comerciais.

Nas próximas seções, analisarei este trabalho a partir de suas duas esferas de execução, essenciais para entender a diferença entre elas: o trabalho culinário executado em âmbito doméstico ("porta adentro") e o executado na rua ("porta afora"). Apesar de separá-los para sistematizar a análise, é importante destacar que esses arranjos de trabalho dificilmente existiam de forma apartada na realidade, sendo bastante comum que as cozinheiras transitassem entre o mundo privado, nas casas pertencentes às famílias senhoriais brancas, e o espaço público da rua, ocupado por trabalhadores e trabalhadoras pobres e racializados, especialmente negros, como veremos a seguir.

"IR PARA A COZINHA ERA DESDOURO":* O TRABALHO CULINÁRIO PORTA ADENTRO

O branco inventou que o negro
Quando não suja na entrada
Vai sujar na saída, ê
Imagina só [...]

Na verdade, a mão escrava
Passava a vida limpando
O que o branco sujava, ê
Imagina só
O que o branco sujava, ê
Imagina só
O que o negro penava, ê

Mesmo depois de abolida a escravidão
Negra é a mão
De quem faz a limpeza [...]

Negra é a vida consumida ao pé do fogão
Negra é a mão
Nos preparando a mesa
Limpando as manchas do mundo com água e sabão
Negra é a mão
De imaculada nobreza [...]

GILBERTO GIL[30]

A mulher negra escravizada dentro da casa [...] muitas vezes em uma posição material melhor do que as mulheres negras do campo, está, no entanto, posicionada em meio às brutalidades íntimas cotidianas da dominação doméstica branca, dentro de uma arquitetura

---

* Expressão utilizada por Hildegardes Vianna para definir a degradação que o trabalho culinário representava, além das péssimas condições de vida das cozinheiras. (Todas as notas são da autora.)

> *psíquica e material de onde pode não haver escapatória dessas brutalidades, a não ser em sua mente.*
> CHRISTINA SHARPE[31]

Registros e pesquisas sobre o trabalho de mulheres negras nas cozinhas rurais no período escravista são bastante escassos. Por essa razão, o trabalho histórico deste livro não se concentra no ambiente que era familiar a Esperança Garcia. No entanto, é possível encontrar mais material sobre o meio urbano, especialmente em grandes cidades como Salvador, Rio de Janeiro, São Paulo e Recife.[32] Reconhecendo que existem diferenças no cotidiano de mulheres negras em diferentes espaços urbanos, uma vez que cada uma das cidades tem histórias e dinâmicas bastante próprias, escolho me concentrar aqui nos aspectos similares identificados pelas pesquisas. De início, é importante apontar que o trabalho culinário doméstico e comercial de mulheres negras (fossem elas africanas ou crioulas, escravizadas, livres ou libertas) era essencial para o funcionamento das cidades coloniais em virtude de sua estrutura precária. Como observado por Sandra Graham sobre o Rio de Janeiro:

> Até 1860, as casas do Rio de Janeiro não eram equipadas com água encanada nem com sistema de esgoto. Sendo moradores da cidade, os habitantes não produziam a maior parte dos alimentos que consumiam e nos trópicos, sem geladeiras, não podiam estocar víveres, em qualquer quantidade ou variedade. Em vez disso, os moradores contavam com as criadas para carregar água, lavar roupa nos chafarizes públicos ou mercados.[33]

Essa breve descrição da vida urbana no período escravista nos permite ver como a manutenção de atividades cotidianas dependia do trabalho de mulheres negras em seus detalhes mais fundamentais (e pouco valorizados e reconhecidos). É assim que, durante o período colonial, os registros históricos revelam que as trabalhadoras negras executavam diversas tarefas envolvendo a comida em âmbito doméstico, na rua ou, provavelmente o que era mais comum, no trânsito entre a casa e a rua.[34]

Graças à ausência de registros sobre o cotidiano de trabalho a partir do relato das cozinheiras escravizadas, proponho refletir sobre essas condições a partir de relatos indiretos e descrições do ambiente das cozinhas coloniais. Os relatos de viajantes estrangeiros, folcloristas brasileiros, médicos e sanitaristas são particularmente elucidativos, ainda que consideremos os vieses sobre sua descrição do ambiente de trabalho das cozinheiras domésticas. Um olhar exotizador (e racista) era bastante comum nesses relatos, não só entre estrangeiros; e médicos e sanitaristas buscavam defender seus projetos higienistas enfatizando as condições insalubres de higiene do ambiente da cozinha.[35] É assim que o relato do viajante inglês John Mawe nos permite acessar a precariedade da cozinha de casas de campo em São Paulo, no início do século 19:

> Para dar uma ideia da cozinha, que deveria ser a parte mais limpa e asseada da habitação, o leitor pode imaginar um compartimento imundo com chão lamacento, desnivelado, intercalado de poças d'água, onde em lugares diversos há fogueiras cercadas por três pedras redondas onde pousam as panelas de barro em que cozinham a carne; como a madeira verde é o principal combustível, o lugar fica cheio de fumaça, que, não havendo chaminé, atravessa as portas e se espalha pelos outros compartimentos, deixando tudo enegrecido pela fuligem. Lamento ter que afirmar que muitas cozinhas das pessoas abastadas em nada diferem destas.[36]

Com o objetivo de defender uma restruturação do ambiente das casas recifenses a partir de um padrão higienista, em 1855, a avaliação do médico higienista Joaquim D'Aquino Fonseca sobre a estrutura das cozinhas também nos deixa ver em que condições precárias e adoecedoras para as trabalhadoras negras o trabalho culinário era realizado:

> As cozinhas, construídas como são entre nós, expõem aqueles, que nelas passam grande parte do dia, a moléstias, quase todas são pequenas, escuras, não ventiladas e fumantes, de sorte que concorrem poderosamente para a mortalidade dos escravos, que de ordinário sucumbem à tísica pulmonar. Se as cozinhas são situadas no centro das habitações, como se encontram em

casas de algumas ruas, os males [...] ainda mais funestos são; porque, além do ar viciado que se respira, o fumo introduz-se também nos pulmões.[37]

Em relato sobre as cozinhas em casas de Salvador no início do século 20, o médico higienista Otávio Torres da Silva mostra que, meio século depois, as condições precárias não diferiam muito:

> Ao descrever uma cozinha, Torres da Silva nos fala de um lugar mal iluminado, contendo tão somente um fogão e uma pia de lavar utensílios. Os fogões, a lenha ou a carvão, enegreciam suas paredes formando uma crosta de fuligem oleosa, da sua mistura com os vapores das panelas. Quando possuía algum mobiliário, este era composto apenas de uma mesa de feitio tosco, que servia para engomar, tratar carnes, lavar pratos e outros misteres. Teias de aranha, picumã, vidros e janelas igualmente enegrecidos, chão de tijolo ou de chão batido, tornavam a cozinha um lugar definitivamente pouco atraente.[38]

É digno de nota que esses estudos, apesar de se referirem a diversas cidades em períodos históricos diferentes, descrevem um ambiente similar, que parece ter mudado pouco ao longo dos séculos. O fogão a lenha, mencionado como um dos utensílios de trabalho que mais prejudicavam a saúde das cozinheiras, por exemplo, só é substituído majoritariamente por fogões a gás nas residências urbanas das classes médias e altas a partir da metade do século 20 em razão do custo, mas especialmente com a verticalização das cidades e a proibição de sua utilização em apartamentos. Isso mostra que essa mudança, provavelmente, não está relacionada a uma preocupação com a saúde das cozinheiras.[39] Em outro ponto da pesquisa de Graham, ela descreve a situação também insalubre de uma cozinha carioca do final do século 19:

> [...] as condições em que trabalhavam raramente correspondiam aos padrões recomendáveis. Poucas cozinhas tinham uma despensa "bem ventilada, com chão de cimento". Em vez de um guarda-comida pendente do teto, uma proteção mínima contra formigas, baratas e moscas, ou ganchos nos quais dependurar a carne seca e o toicinho, as criadas se debatiam com

alimentos azedos, rançosos ou mofados. Embora algumas domésticas trabalhassem em cozinhas onde as paredes eram "[...] cobertas de azulejos, o chão assoalhado", e onde a janela dava para um "belo e grande jardim", muitas outras deparavam com cozinhas "sem teto nem piso", ou com algumas em que o lixo empilhado no pátio "emanava" miasmas perigosos. Elas lutavam contra a "lama negra" dos quintais de terra batida, que não escoavam a água direito; ou, então, a cozinha em que trabalhavam não ficava longe da "fossa aberta, entupida de imundície".[40]

Somando-se às condições estruturais das cozinhas, os registros sobre o cotidiano de trabalho mostram como envolvia o manejo de muitos utensílios pesados, difíceis de manipular e em condições precárias. É preciso considerar que praticamente todos os pratos exigiam diversas etapas de preparação dos próprios ingredientes, em decorrência de uma produção industrial alimentar ainda incipiente. Como observado mais uma vez por Graham:

> [...] utensílios comuns exigiam tanta força quanto habilidade. Sobre uma laje de mármore, uma cozinheira ou criada da casa enrolava massa ou pão sovado; com moedores de metal, ela moía carne ou nozes. Para o trabalho mais pesado da moagem de milho ou café, usava um sólido pilão de madeira, cuja parte de baixo tinha cerca de noventa centímetros de altura e a mão, até bem mais de um metro. Nenhuma cozinha funcionava sem um estoque de jarras de barro para água. [...] As criadas sabiam que até mesmo as menores eram pesadas quando cheias, frágeis e quebradiças quando vazias.[41]

E em outro trecho:

> Até os pratos mais comuns requeriam preparações laboriosas e sanguinolentas. Com um corte pequeno e preciso na veia do pescoço do frango, a cozinheira o matava e sangrava rapidamente, chamuscava-o, depenava-o e, então, aprontava-o para cozinhar. Ou, em uma tábua de cozinha, cortava e retirava dos ossos fatias de carne para assar. Durante horas, cozinhava lentamente o açúcar mascavo em largos tachos de cobre, mexendo e experimentando até chegar ao ponto em que aquela massa escura de melaço

se convertia em açúcar branco e seco. Cuidadosamente, escolhia o arroz, jogando fora grãozinhos de sujeira e lavando-o várias vezes. Com uma garrafa, esmigalhava os torrões duros de sal, tornando-o fino. Ou, ainda, batia o feijão para separar os grãos de sua fina vagem seca.[42]

Os registros históricos das cozinhas de Salvador, no início do século 20, investigados pela historiadora Maria Aparecida Sanches, descrevem um cotidiano similar:

> Os trabalhos da cozinha demandavam uma variedade de atividades complicadas e cansativas. Acender o fogão, testar a temperatura do forno, segundo o tipo de comida a ser assada, matar e limpar aves, que a esse tempo eram compradas vivas, lidar com grandes e, muitas vezes, pesadas panelas de ferro, barro e cobre, em uma cozinha que ainda não possuía os benefícios da água encanada, demandavam um considerável gasto de tempo.[43]

Os anúncios de trabalho dos séculos 18, 19 e início do 20 também deixam pistas sobre as exigências desumanas às cozinheiras, mesmo quando livres ou libertas. Havia algumas especificações mais comuns, como a exigência de que a cozinheira residisse na casa onde trabalharia e a preferência por mulheres de meia-idade, que não tivessem marido ou filhos.[44] Era evidente a expectativa de que elas estivessem à disposição para o trabalho a qualquer hora e de que sua existência girasse apenas em torno de sua execução, o que fazia com que relações familiares ou de afeto das cozinheiras fossem vistas como um incômodo desnecessário ao trabalho. A exigência por determinada faixa etária também evidencia as estratégias de senhores e empregadores para evitar a existência (ou a criação) de laços familiares e amorosos, mas também a garantia de certa experiência na cozinha e no trânsito entre a casa e a rua. A expectativa de que o trabalho preenchesse todo seu cotidiano também é perceptível nos registros de folcloristas, que apontam ser comum que essas mulheres, além de trabalharem durante o dia inteiro nesses espaços, dormiam no chão da cozinha em esteiras ou outras estruturas improvisadas.[45] Tratando das condições de trabalho de outras trabalhadoras domésticas em Salvador no início do século 20, a folclorista baiana Hildegardes Vianna nos permite imaginar quais eram as condições de descanso de cozinheiras no período colonial:

> Dormir no emprego era o que constituía problema. A não ser nas casas com cômodos suficientes, a ama dormia no chão. Arranjava uma tábua por causa da frieza do chão, uma esteira de catolé, uns retalhos de cobertores e chales velhos, armando a cama na cozinha, na sala de jantar ou na entrada da porta da rua, para receber de manhãzinha, o pão, o leite e o mingau. Ainda era despertada durante a noite para solicitações fúteis e desumanas, o que lhe acarretava um constante déficit de sono.[46]

Por causa dessas condições exaustivas de trabalho, é possível imaginar não só o adoecimento das cozinheiras em um ambiente insalubre, mas também como "acidentes"* eram bastante comuns nas cozinhas. É de pressupor que a lida com o fogo e a manipulação de utensílios cortantes e pesados (e, muitas vezes, em condições precárias), aliada ao esgotamento, causava queimaduras graves, fraturas, cortes e amputações, ainda que não fossem comumente reportados. No entanto, registros como os de um jornal em Salvador, no início do século 20, nos possibilita ter uma ideia do que acontecia:

> Feliciana Maria da Conceição, parda, 32 anos, ao cortar as folhas com que prepararia o caruru do almoço, decepou a falange do indicador com a afiadíssima faca da cozinha. A também cozinheira Dionísia Maria da Conceição, preta, de 48 anos, fraturou o fêmur ao escorregar e cair no chão da cozinha em que trabalhava. Maria Cesaria estava a atiçar o lume do fogão para iniciar os preparativos do jantar, quando uma faísca de carvão incendiou-lhe as vestes, produzindo queimaduras pelo corpo.[47]

Neste ponto, vale destacar que uma análise de fontes primárias como os jornais do período permite ver o olhar patronal (e racista)

---

* Utilizo aspas porque acredito que acidente não é o termo correto para definir o que ocorria, uma vez que, mais do que um "descuido", as condições de trabalho a que eram submetidas eram tão arriscadas que as cozinheiras estavam muito propensas a se ferir ou mesmo morrer.

que caracteriza esse tipo de material. Não raro era o fato de que as publicações responsabilizavam as próprias trabalhadoras pelos ferimentos ou mortes, como em outra notícia em um jornal de Salvador da mesma época:

> Os descuidos no trabalho — Maria Quiteria da Silva, preta de 12 annos de edade. creada de servir e residente à rua Ruy Barbosa, quando, ante-hotem se entregava aos misteres de sua profissão lavando a louça na casa em que é empregada. Fê-lo com tanta desídia que teve necessidade de procurar o hospital Santa Isabel afim de receber curativos nos ferimentos produzidos por estilhaços dos objetos que lavava.[48]

Esse tipo de abordagem também evidencia como os acidentes sofridos por trabalhadoras domésticas eram pouco reportados. A pouca idade de Maria Quitéria e a rotina extenuante de trabalho, prováveis razões para o acidente em que se feriu, são encobertas pela acusação de "desídia", desleixo, descuido na execução de suas tarefas. Como observado por Sanches, é importante analisar como acusações como essa refletem a narrativa racista da indolência e da preguiça que caracterizava o discurso das elites brancas e das autoridades governamentais sobre o trabalho negro desde o período escravista, além do nível de sofisticação da violência comum ao trabalho doméstico.[49] As pesquisas a esse respeito demonstram como esse tipo de discurso foi e tem sido útil na naturalização das condições aviltantes de trabalho da população negra, ao mesmo tempo que a responsabiliza e a estigmatiza por essas mesmas condições que causam os "acidentes".[50]

A diferença de tratamento da questão se torna ainda mais evidente diante de um episódio que marcou a vida de Laudelina de Campos Melo, importante líder sindical do movimento de trabalhadoras domésticas. A história de um acidente que vitimou sua tia, uma cozinheira profissional, no início do século 20:

> Eu tinha uma tia que trabalhava num hotel de Poços de Caldas, numa pensão. Ela estava fritando um porco inteiro [...], ela escorou com um pedaço de madeira o tacho. Queimou a madeira e, quando ela chegou

perto do fogão pra mexer, o tacho virou contra ela. Ela ficou dois anos na cama queimada, viva só de uma parte. A outra parte estava morta. Na época em que ela estava queimada, ela estava de dieta, ela tinha tido meu primo. Aí meu primo ficou pequeno, não tinha ainda um ano. Minha mãe conseguiu uma amiga que tinha filho pequeno da mesma idade dele, e levava todo dia ele quatro vezes no dia pra mamar.[51]

A descrição vívida de Laudelina, décadas depois, mostra como sua vida foi afetada pelo que aconteceu com a tia, cujo nome infelizmente não sabemos. Os detalhes descritos por ela deixam ver a precariedade das condições para a execução do trabalho na cozinha, em que um grande tacho de óleo fervente para a fritura em imersão de um porco tinha de estar equilibrado em uma estrutura improvisada de madeira; a lenta e dolorosa morte da tia; e, depois do ocorrido, tanto seu desamparo quanto o de seu bebê, que dependeu do auxílio de familiares e de conhecidos para sobreviver. Apesar de não ser uma cozinheira escravizada, a história da tia de Laudelina evidencia como as condições mortais de trabalho se estendem no pós-abolição. Além disso, o relato permite ver como, quando acidentes como esse eram reportados nos jornais, a descrição pretensamente impessoal ou a narrativa de culpabilização das cozinheiras encobriam os riscos envolvidos no trabalho ou as consequências devastadoras que tinham para as trabalhadoras e suas famílias, dependendo da gravidade do ocorrido.

É digno de nota que há outra dimensão da violência contra cozinheiras domésticas, escravizadas ou não, fora do cotidiano do trabalho culinário. Para todas as trabalhadoras domésticas, a violência sexual era uma constante — e o direito senhorial a ela foi uma das ferramentas mais importantes de controle, sujeição e manutenção do sistema escravista no Brasil, especialmente no século 19, com as restrições ao tráfico.[52] O fato de não ter encontrado muitos registros históricos desse tipo de violência no caso de trabalhadoras que eram declaradamente cozinheiras não significa que não ocorriam, mas que os casos não eram reportados, pelo temor de represálias ou pela simples constatação de que eram desconsiderados pelas autoridades. No período da escravização, o estupro de uma "propriedade" não era considerado por lei e, no pós-abolição, o testemunho de mulheres negras, ditas como lascivas ou imorais e, por isso, quase nunca vistas como vítimas desse tipo de violência, era facilmente invalidado.[53]

O tipo de condução dos casos de violência sexual impetrada pelos senhores brancos contra mulheres e meninas escravizadas no período colonial é visível no caso de uma menina negra escravizada de doze anos de idade, Honorata, estuprada por seu senhor em Pernambuco, em um processo publicado em uma revista especializada de 1884.[54] O inquérito é aberto e levado a julgamento apenas porque um subdelegado se sensibilizou diante da situação "horrenda" dos ferimentos da menina. O estuprador não negava tê-lo feito, mas alegava que não cabia intervenção pública no caso, uma vez que feriria a autoridade senhorial. Não estando o estupro da escravizada definido como crime no Código Criminal do fim do século 19, o estuprador foi absolvido. Na palavra de um dos julgadores: "O defloramento ou estupro, não compreendido no art. 222 do Cód. Crim., de uma escrava menor de 17 anos por seu senhor, é sem dúvida um ato contrário aos bons costumes, imoral, revoltante e digno de severa punição: no estado, porém da nossa legislação, escapa infelizmente à sanção penal".[55]

A continuidade dessa dinâmica de violência sexual contra trabalhadoras negras no pós-abolição pode ser observada no trabalho de Lorena Féres da Silva Telles.[56] A pesquisadora constata como o silêncio em torno dessa violência se reflete nos contratos de trabalho de trabalhadoras domésticas livres e libertas no fim do século 19, em São Paulo, nos casos em que elas deixam o emprego "por não querer continuar". A história de Joana, uma trabalhadora de dezesseis anos que era virgem e foi estuprada pelo filho dos patrões, mostra como, apesar de haver uma previsão de crime sexual nesses casos, era comum que os agentes públicos da lei fossem indulgentes e a palavra das trabalhadoras negras fosse desconsiderada, uma vez que sua moralidade era sempre desacreditada por não serem as tradicionais "moças de família".[57]

Nesse sentido, o caráter especialmente degradante do trabalho na cozinha, entre outras tarefas do trabalho doméstico, se reflete em um relato comentado por Hildegardes Vianna.[58] Um escritor, conhecido da autora, destaca a conduta de sua bisavó, uma senhora distinta, no fim do século 19: "O baiano Menezes de Oliva [...] fazendo o perfil de sua bisavó, escreve: 'Não ia, sistematicamente, à cozinha. Dizia que a cozinha se fizera para negro e negra ruim; minha negra boa — proclamava em alto e bom som — eu não ponho no fogão'".[59] As condições do trabalho culinário doméstico eram tais que o permitiam ser visto como uma espécie de castigo para uma trabalhadora ou trabalhador que não fosse benquisto pelos patrões. As pesquisas históricas demonstram como o trabalho culinário (e o trabalho doméstico em geral) permanece vinculado à imagem do trabalho escravizado, seja entre libertas e livres, seja no período do pós-abolição, e, nesse sentido, era comumente considerado algo depreciativo para aquela que o executava.[60] Era comum que o trabalho culinário fosse considerado particularmente humilhante mesmo entre mulheres negras pobres no fim do século 19, como observado por Hildegardes Vianna sobre Salvador:

> Ir para a cozinha de alguém era destino triste. Com que orgulho muita gente repetia a plenos pulmões — Sou Sinha mas nunca fui na cozinha de ninguém! Sinha (sem acento agudo) era termo para as vendedeiras, ganhadeiras [...] e outras mulheres de saia de certa idade. Como não lhes cabia o Dona, Senhora ou mesmo o carinhoso Sinhá (com acento agudo) reservado para as brancas ou para quem tivesse quem lhe chorasse, ficavam com o Sinha.[61]

Assim, há indícios de que o cozinhar parece ter sido o mais degradante e exaustivo entre os trabalhos domésticos, e ceder a ele era a última opção entre mulheres que tinham pouca ou nenhuma margem de negociação de trabalho — o que indica o grau de degradação que representava. No entanto, apesar da aparente especificidade do cozinhar, a construção desse estigma se refere a uma questão mais ampla: o valor da ociosidade e o baixo status do trabalho manual durante o período escravista. Estudos sobre o tema demonstram como a ideia da indignidade do trabalho manual é uma herança portuguesa, aprofundada por sua exploração do trabalho escravizado, e como esse estigma tem desdobramentos ao longo do século 20.[62] A degradação racializada de determinados ofícios é visível quando mesmo trabalhadores brancos e pobres, que não tinham muitas opções, tentam evitar ocupações como o trabalho doméstico.[63] Entre as elites, a recusa ao trabalho manual se dava de tal forma que em Salvador, já no início do século 20, o ditado "trabalho é para cachorro e negro" ainda era bastante comum.[64]

É importante para este livro observar como esse estigma do trabalho manual tem impacto sobre construções de um ideal de feminilidade branca e do culto à domesticidade no Brasil, que revela como as relações de poder e de violência se estabeleceram não só entre homens brancos e mulheres, mas também de mulheres brancas com mulheres negras em âmbito doméstico desde o período colonial. Como observa Anne McClintock ao analisar as relações de gênero, raça e classe no sistema colonial:

> A domesticidade denota tanto um espaço (um alinhamento geográfico e arquitetônico) quanto uma relação social de poder [...] o culto da domesticidade envolve processos de metamorfose social e sujeição política das quais o gênero é a dimensão permanente, mas não a única.[65]

Interessa-me destacar como raça e classe atravessam a relação social de poder e de sujeição de senhoras brancas sobre cozinheiras negras, e como isso afeta a construção de suas subjetividades. Uma análise mais atenta do padrão hegemônico de feminilidade que se constrói durante o período escravista, que é branco, permite observar como ele só existe em relação a seu contraponto: as feminilidades racializadas, como a negra.* A reputação feminina estava vinculada

---

* Apesar de não ser meu objetivo aqui, é importante destacar que a mulher branca foi figura fundamental para o processo colonizador brasileiro, ainda que sujeita ao controle e à violência do homem branco em um sistema patriarcal. Como observado por Maria Odila Leite da Silva Dias: "O processo colonizador valorizava a mulher branca, a ponto de cristalizar-se a sua imagem, como próprio fulcro do projeto social de dominação dos portugueses [...] Tinham papéis estratégicos de reprodutoras e transmissoras das propriedades, no mandonismo local, volta e meia apareciam como chefes de alianças familiares [...] Os valores mais caros à ideologia do poder estavam impressos nas imagens das grandes damas: limpeza de sangue, socializadora dos filhos e dos escravos".

a aspectos como a reclusão (em casa, conventos e casas de recolhimento),[66] a conservação de uma casa harmoniosa e a hospitalidade doméstica.[67] É assim que aspectos da vida cotidiana de mulheres negras, como o trânsito entre a residência e a rua ou o trabalho manual doméstico, eram considerados degradantes para as mulheres brancas. No entanto, a conservação da reputação e da feminilidade das mulheres brancas dependia do trabalho forçado de mulheres negras em uma sociedade patriarcal escravista. O relato do viajante inglês John Mawe, do século 19, permite ver como isso ocorria. Em visita a uma opulenta residência rural em Minas Gerais, ele conheceu as mulheres da casa, algo que era raro de acontecer:

> Ele nos apresentou a sua esposa e filhas, e uma senhorita que estava de visita. Este foi um gesto inesperado de cortesia, que nenhum outro senhor de família havia direcionado para nós em todo o curso de nossa jornada. As poucas mulheres que ocasionalmente vimos em outras casas antes, geralmente se isolavam. [...] As senhoras apareceram com vestidos muito arrumados, de fabricação inglesa, com uma profusão de correntes de ouro sobre seus pescoços, que são sempre usadas ao receber ou fazer visitas. [...] Trouxeram vinho; as senhoras não quiseram beber: fizeram-nos saudações, apenas molhando a ponta dos lábios no copo. Depois do jantar, cobriram a mesa de doces feitos com frutas; quando, desejando fazer um elogio à dona da casa, falei sobre a excelência dos doces, e presumi que as frutas fossem preservadas sobre sua orientação imediata, ela assegurou-me ao contrário, acrescentando que sua negra era encarregada de todas as espécies de trabalho doméstico. Percebi, ou imaginei, que ela estava bastante ofendida com minha observação e, portanto, pedi desculpas, dizendo que não era incomum que as senhoras na Inglaterra se responsabilizassem, pessoalmente, pelas questões do cuidado com a casa.[68]

A aparente gafe cometida pelo convidado, que tentava elogiar a posição de comando da anfitriã, evidencia o prejuízo à reputação das senhoras brancas que poderia ser causado pela proximidade com o trabalho doméstico. A esposa do anfitrião faz questão de afirmar sua completa distância do trabalho manual, mesmo em uma posição de controle ou de supervisão. Não é possível ter certeza se, nesse caso, se tratava de um comportamento de fachada, mas os registros históricos sugerem que o grau dessa aversão está vinculado à posição da mulher branca na hierarquia escravista, sendo maior entre as senhoras mais abastadas, o que pode ser o caso da situação descrita. Em estudo sobre as "donas mineiras" do século 18, Maria Beatriz Nizza da Silva lembra que, para o estrato de senhoras da nobreza, esse distanciamento se refletia até mesmo na arquitetura colonial das casas mais opulentas, em que a cozinha estava fora do prédio principal.[69]

Apenas as senhoras de famílias mais ricas de fato conseguem conservar uma reputação calcada no ócio, na reclusão e na manutenção de uma casa impecável e de um padrão de hospitalidade doméstico suntuoso. No entanto, apesar do recorte de classe, esse ideal de feminilidade tem impacto sobre a sociedade como um todo, afetando também mulheres brancas de classe média ou pobres, que tentam mantê-lo ainda que em condições adversas.[70] E, mais importante para a questão que analiso aqui, a manutenção dessa reputação se mantinha apenas pelo trabalho forçado executado por mulheres negras, majoritariamente.

A relação de poder estabelecida no trabalho doméstico permite compreender como esse padrão de feminilidade branca se mantém, e o trabalho culinário é um exemplo emblemático disso, como vimos quando a bisavó do entrevistado afirmou "não ir à cozinha".[71] O comentário do historiador Heráclito Ferreira Filho[72] sobre as relações que se estabeleciam no trabalho culinário doméstico em Salvador, no início do século 20, nos deixa ver de que maneira a afirmação de uma feminilidade branca está articulada ao desprezo pelo trabalho ao "pé do fogão" e pelo desgaste físico e pela sujeira que causava.

> As patroas de elite frequentavam a cozinha somente em funções administrativas e fiscalizadoras, bem como as suas filhas casadoiras que nela iam só para o preparo de pratos que denotassem pendores domésticos sofisticados. Era necessário que as donzelas ostentassem mãos finas,

longe dos pesados afazeres do "pé do fogão". Estes estavam a cargo das cozinheiras, geralmente sujas de borralho e carvão, azeitadas de graxa das carnes, por isso conhecidas, ainda hoje, pejorativamente, como "graxeiras".[73]

Tratando de um período posterior ao observado por Mawe, Ferreira Filho aponta para uma possível mudança no comportamento de mulheres das classes mais altas no século 20. O trabalho de administrar e fiscalizar o serviço das cozinheiras surgiu como algo importante, além da necessidade de que essas mulheres soubessem cozinhar os pratos "sofisticados", quando em idade de se casar, como forma de demonstrar suas habilidades para o casamento. Além disso, tinham de "saber fazer para poder mandar", uma expressão comum no início do século 20 em Salvador.[74] Para pensar sobre essa relação, a análise da historiadora Emily Owens sobre o papel central de mulheres brancas no funcionamento da escravidão nos Estados Unidos é elucidativa de como o padrão de feminilidade branca sempre esteve atrelado à expropriação econômica e à violência contra mulheres negras:

> [...] a capacidade das mulheres brancas de serem senhoras, de manterem casas que eram materialmente intactas e belas estava completamente enredada com a capacidade dessas mesmas mulheres de bater, chutar e violar sexualmente as pessoas escravizadas que trabalhavam em suas casas.[75]

Tanto no século 19 como no 20, a conservação de mãos brancas finas, sem cicatrizes ou marcas de queimaduras como um símbolo da almejada feminilidade, dependia da existência de mãos negras femininas cuja pele foi engrossada pelo trabalho, cheias de marcas de um trabalho exaustivo e violento.*

---

* Retomando Gilberto Gil, em "A mão da limpeza": "Negra é a mão/ De quem faz a limpeza [...] Negra é a vida consumida ao pé do fogão// Negra é a mão/ Nos preparando a mesa/ Limpando as manchas do mundo com água e sabão/ Negra é a mão/ De imaculada nobreza.

O fato de esse trabalho ser essencial na manutenção das condições ociosas da feminilidade branca significa que também é imprescindível para garantir o estilo de vida de suas famílias. No Rio de Janeiro da segunda metade do século 19, o cotidiano alimentar em casas abastadas atesta a necessidade desse trabalho para a manutenção de um capital social e econômico:

> Dentro de casa, o trabalho se dava à volta da cozinha. [...] Uma criada preparava o café, que os brasileiros costumavam tomar ao levantar, e servia pão e fruta, que se seguiam no meio da manhã. Longas preparações resultavam no almoço, o qual começava com uma "sopeira fumegante colocada em frente à dona da casa" e terminava com os doces caseiros que os visitantes estrangeiros achavam tão exóticos: goiabada, frutas cristalizadas — geralmente abacaxi ou cereja — ou docinhos delicados, feitos com gemas, claras batidas e açúcar, segundo receitas portuguesas. Finalmente, o café forte e doce, sorvido rapidamente das xicrinhas. No fim da tarde, a criada servia um chá ou jantar leve. Havia pratos favoritos preparados toda semana em alguns lares: às quintas-feiras, feijoada; ou, às sextas-feiras, bacalhau, que havia ficado de molho de catorze a vinte horas em água mudada periodicamente. [...] Em grandes ocasiões, os brasileiros celebravam com festas verdadeiramente suntuosas [...] Os preparativos, que duravam dias, sem dúvida testavam os talentos até mesmo das mais habilidosas cozinheiras.[76]

As diversas tarefas que envolviam a produção de tantas refeições durante o dia, os utensílios e as condições precárias da cozinha, a necessidade de obter água e mantimentos, além da necessidade de processar diversos alimentos diariamente, dão a dimensão da rotina extenuante e arriscada de cozinheiras. O trecho também chama a atenção para a vida social das classes médias e altas durante o período colonial que, em especial até o século 18, girava em torno da casa — o que implicava a manutenção de padrões de sociabilidade específicos.[77] As cozinheiras não eram responsáveis apenas por prover a alimentação cotidiana, pois, como vimos no relato de Mawe, as refeições servidas para a família e eventuais convidados tinham um papel importante para a hospitalidade doméstica. O que quero destacar é que o trabalho de mulheres negras na cozinha garantia a criação e a manutenção de laços sociais e econômicos e, fundamentalmente, o status econômico da família.[78] Sobre Salvador, no início do século 20, vê-se como seu trabalho torna-se ainda mais penoso em momentos como esse:

> O hábito de receber parentes e amigos para os almoços de domingo tornava este dia estafante para as domésticas, que além de prepararem comida para um grande número de pessoas, tinham que arrumar a sala de jantar, colocar a mesa, servir o almoço, limpar a cozinha e lavar uma incontável quantidade de pratos, copos, talheres e tigelas. Logo cedo matavam-se as aves, comida de domingo, que deveriam ser depenadas em água quente, sapecadas no fogo para retirar canutilhos, temperadas, assadas ou cozidas em ensopado. Além da galinha, o menu domingueiro não estava completo sem o indispensável feijão, cozido com carne seca e linguiça, arroz e farinha.[79]

Nas residências de famílias pertencentes às classes mais baixas, ainda que a rotina de refeições pudesse ser mais simples, era bastante comum que o já extenuante trabalho culinário se somasse a todas as outras tarefas domésticas de manutenção do cotidiano, que incluíam a limpeza da casa ou a lavagem de roupas, por exemplo.[80]

A partir dos registros históricos analisados até aqui, me proponho a imaginar uma rotina típica das cozinheiras domésticas brasileiras do período colonial ao início do século 20, como forma de evidenciar o caráter brutal do cotidiano de trabalho descrito nesta seção. Há mudanças importantes na infraestrutura urbana ao longo desse período que possivelmente tiveram algum impacto sobre a rotina dessas mulheres, como melhorias na distribuição de água, no sistema de esgoto, na forma de abastecimento das cidades e na industrialização de insumos alimentícios,[81] mas essas mudanças só serão impactantes para um grupo mais amplo de cozinheiras ao longo do século 20 — antes disso, estiveram restritas às casas de famílias mais abastadas em determinados centros urbanos. Os diferentes arranjos de trabalho (como escravizada, escravizada ao ganho, liberta ou livre) também significavam diferenças importantes em seu cotidiano. Meu foco, no entanto, se atém às similaridades e às condições de trabalho mais comuns do ofício, considerando que poderiam ser um pouco melhores ou muito piores para algumas delas.

Pensar que as cozinheiras (escravizadas ou não) trabalhavam cerca de dezoito a vinte horas por dia e sete dias por semana é algo bem próximo da realidade dos registros encontrados, além de que podiam ter seus serviços solicitados a qualquer hora — o que concedia um caráter ininterrupto ao trabalho. Era comum que dormissem na própria cozinha em "camas" improvisadas durante as poucas horas que restavam, exceto as poucas que tinham a opção de não fazê-lo e podiam dormir "fora", um arranjo incomum mesmo entre as livres e libertas, de acordo com os anúncios de trabalho. A solidão forçada também era uma marca comum, uma vez que muitas delas eram impedidas de ter filhos, uma companhia ou mesmo contato com a família, algo que é visível nos mesmos anúncios.[82] As longas horas de trabalho se davam em um ambiente extremamente insalubre e envolviam o manuseio de pesadas panelas e objetos cortantes, a manipulação do fogo, longos e complicados preparos de pratos diversos e a tentativa de conservação da comida e de gêneros alimentícios. Na maior parte dos casos, a cozinheira tinha de articular a rotina de afazeres culinários a outros afazeres, como a limpeza da casa, a lavagem das roupas ou mesmo o cuidado de crianças.

Somava-se a essa rotina a violência dos patrões — de ordem física, moral e sexual — sem que houvesse qualquer instância de proteção das trabalhadoras. É preciso considerar também que esse trabalho era visto como degradante, mesmo por outras trabalhadoras negras, e como uma das únicas opções disponíveis — quando podiam escolher. Mesmo entre livres e libertas, o campo de opções era bastante restrito, e a cozinha, longe de uma escolha, podia ser a única possibilidade de sobrevivência. Assim, é possível ver como o trabalho na cozinha doméstica dava continuidade às condições desumanas do trabalho escravizado e como poderia ser visto como a pior opção ou um castigo para as trabalhadoras de quem a senhora não gostava.*[83]

No entanto, a maior parte dos registros históricos sobre seu cotidiano analisados até aqui nos é fornecida por olhares externos, que desconsideram sua agência e naturalizam as condições violentas e praticamente impossíveis de sobrevivência que marcavam suas vidas. Trabalhos historiográficos recentes têm lançado um novo olhar sobre esses registros históricos para identificar a agência e a resistência de mulheres negras. É o caso do estudo de Lorena Féres da Silva Telles, que analisa contratos de trabalho de livres e libertas no fim do século 19, em São Paulo.[84] Além da rotatividade intensa dessas mulheres em diferentes empregos (algo que era uma impossibilidade para escravizadas), os relatos dos empregadores deixam ver os atos de insubordinação dessas mulheres. É o caso da cozinheira africana Rosa Maria de Jezus, de 65 anos, cuja impertinência, em 1886, chocava a patroa Maria Monteiro, algo visível na justificativa de sua dispensa:

> Declaro que a preta Rosa é a não poder ser mais atrevida, para não poder ser mais, no dia 9 foi me preciso sahir e esta me dice eu não tão tomo conta de sua casa porque não sou sua escrava, desta maneira não quero ela nem de graça em rasão de sua velhice e de ser muito atrevida.[85]

Apesar da idade avançada, o que restringia suas oportunidades de trabalho, Rosa Maria de Jezus ousava estabelecer limites em relação às tarefas que executaria e, por tal conduta, era vista como "atrevida" pelos patrões. Sua fala parece deixar claro que esses limites eram im-

---

* No próximo capítulo, tratarei de um pequeno grupo de cozinheiras domésticas para quem o ofício podia ser menos degradante e podia significar mais prestígio: as cozinheiras especializadas. Conhecidas também como cozinheiras de forno e fogão, representavam um ganho maior para seus senhores, quando escravizadas ao ganho, e, quando livres e libertas, podiam receber ordenados maiores que o de outras trabalhadoras domésticas.

portantes para que mostrasse que não era uma escravizada, mas uma trabalhadora que tentava reivindicar seus direitos. Fazia isso mesmo diante do risco de que tal postura lhe custasse o emprego, o que de fato aconteceu, e de que houvesse dificuldade de uma recolocação profissional, sendo ela uma mulher mais velha.

Um olhar ainda mais aprofundado sobre a maneira como essas cozinheiras domésticas agiam nas brechas nos é dado por cartas deixadas por Theodora, uma cozinheira africana escravizada que também residia em São Paulo.[86] No momento em que sua história foi registrada, Theodora já era uma senhora, mas, apesar da avançada idade para uma mulher escravizada que já havia trabalhado tanto, ela ainda aspirava transformar sua vida. Nascida nas primeiras décadas do século 19 no continente africano, foi traficada para o Brasil com o marido, Luís da Cunha, para trabalhar no interior de São Paulo, e, mais tarde, foi separada dele e de seu filho, Inocêncio, e levada como cozinheira para a capital, na residência do cônego José da Terra Pinheiro. Na década de 1860, sonhava com a alforria, com a reunião de sua família e com cumprir uma promessa feita a certa santa de retornar ao continente africano antes de morrer. Esses detalhes de sua vida e de suas aspirações se tornaram parte do arquivo de processos criminais da cidade de São Paulo em 1867, quando Theodora foi interrogada por suspeita de participação em um roubo na casa de seu senhor. Cartas ditadas por ela, que era analfabeta, foram redigidas pelo principal suspeito do crime e tornaram-se parte do processo — infelizmente não foram enviadas pelo escriba para seu marido ou seu filho, como combinado por pagamento.

Diferente de Esperança quase um século antes, Theodora não é quem escreve as cartas, por não ser alfabetizada. No entanto, é possível acessar sua percepção de si e da sociedade que a rodeia e como buscava navegar no contexto em que vivia. A circulação pela cidade que seu trabalho como cozinheira requeria, como vimos, provavelmente fez com que conhecesse Claro Antônio dos Santos, um escravizado de ganho letrado. O inquérito policial também nos faz saber que Theodora frequentava a casa do senhor de Claro, o cônego Fidélis, com o objetivo de aprender a ler e escrever. Assim, utilizava-se do trânsito entre a casa e a rua, que era arriscado e cansativo, especialmente para uma escravizada mais velha, em seu benefício, acessando serviços e favores para tentar se comunicar com sua família e obter a alforria. A carta ao marido é emblemática:

> Meu marido Luis, São Paulo
> Muito hei de estimar que Vance esteja com saúde/ eu estou aqui na cidade/ eu vos escrevo para Vance se lembrar daquela promeça que nos fizemos/ eu hei de procurar por voce/ mando muita lembrança para voce/ e ajunta um dinheiro la/ se puder vir falar comigo venha/ senão puder me manda a resposta e dinheiro vá juntando la mesmo/ se cazo me arranjar por aqui mando propia la. Dessa vossa mulher, Theodora, escrava do connio terra que foi vendida na vacaria.[87]

As cartas revelam a esposa buscando pelo marido e por notícias dele e a lembrança da promessa que fizeram de permanecerem juntos e retornarem ao continente africano, que, em outra carta, diz esperar "[...] cumprir inda que esteja com cabelos brancos".[88] Assim, seriam os dois responsáveis pela reunião e pela obtenção de suas alforrias. E não é apenas o marido que ela cobra, mas também seu senhor:

> Meu senhor:
> Eu tive um aviso de noite/ vinha e me falava que cumprisse a promessa que prometi de voltar para minha terra/ esta conga que fala comigo diz que se eu morrendo aqui não cumprirei promessa que nem eu enxu. Vance não cumpri desta promessa porque meu pai foi culpado de eu ser vendida/ porque deus não quer que se aparte conga de preto de angola/ meu senhor vance é responsado de juntar cem/ eu isso quero de me forra/ que vance me de licença para eu tirar ismola nos domingos para ir dando para senhor/ eu já tenho 4 mil reis e vance já tem 9 mil reis na sua mão iscrava de vance Tiodora.[89]

É estratégico que Theodora se remeta à mensagem, que lhe vem em sonho, de uma figura sagrada de sua terra natal,[90] cobrando o cumprimento de sua promessa de retorno, uma vez que seu senhor é um cônego. Ressalta também a vontade de Deus que ela (conga) não seja apartada de seu marido (preto de angola). Vale destacar o entendimento do mundo letrado em que vivia, como Esperança, assegurando deixar registrada por escrito a quantia para sua alforria, que já estava nas mãos do senhor, bem como requerer a possibilidade de pedir esmolas aos domingos (um dia possível de folga), com o objetivo de obter renda para alforria.

Infelizmente não se sabe se Theodora conseguiu contatar o marido por outros meios, se foi capaz de recompor sua família e retornar à terra natal. As cartas revelam a dor de ser separada de sua família, a angústia de ainda não ter conseguido cumprir a promessa de retornar à sua terra natal, de onde foi tirada à força. No entanto, revelam também a agência e a luta por autodefinição de uma cozinheira escravizada que, assim como Esperança Garcia, não é uma exceção. Mesmo sendo forçadas a um trabalho degradante, em condições brutais, as cartas de Theodora e de Esperança revelam como cozinheiras negras mantinham uma definição de si e dos seus (mesmo em um período em que não tinham direito a nenhum tipo de relação afetiva ou familiar). Ainda que fosse uma cozinheira escravizada, o que significa que provavelmente passava a maior parte do tempo trabalhando solitariamente em uma cozinha pequena, aspirando a fumaça do fogão a lenha enquanto executava outras tarefas domésticas (em razão das condições econômicas de seu senhor), utilizava-se dos breves momentos de trânsito entre a casa e a rua que suas tarefas lhe davam. Era isso que possibilitava o contato com outros escravizados, libertos e livres, o que fez com que acionasse redes para tentar se comunicar com sua família ou que reivindicasse a possibilidade de conseguir renda com esmolas. Mesmo em condições impraticáveis, cozinheiras negras domésticas tentavam viver nas brechas que encontravam.

"NÓS TAMBÉM SOMOS GENTE; POR SERMOS PRETAS, NÃO PENSEM QUE HAVEMOS DE NOS CALAR":* O TRABALHO CULINÁRIO PORTA AFORA

O trabalho culinário executado por mulheres negras era essencial não apenas em âmbito doméstico. Durante todo o período colonial, sendo escravizadas ou não, elas trabalharam com a produção e a venda de alimentos, no trânsito entre a casa e a rua.[91] A produção era importante como forma de prover as famílias com itens de subsistência cotidianos, algo crucial em uma época em que o abastecimento das cidades era precário. A venda, por sua vez, era importante para a complementação da renda de famílias abastadas e fundamental para famílias de classes mais baixas, o que demonstra a importância do trabalho dessas mulheres na produção de rendimentos para seus senhores e senhoras em meio urbano. Recorro mais uma vez aos relatos de viajantes para observar como esse trânsito se dava em diferentes cidades. É o caso do professor português Luiz dos Santos Vilhena, que vivia em Salvador no século 18, ultrajado diante da intensa circulação de escravizados de casas de famílias ricas para vender alimentos afro-brasileiros nas ruas:

> Não deixa de ser digno de reparo ver que das casas mais opulentas desta cidade, onde andam os contratos e negociações de maior parte saem de 8, 10, ou mais negros a vender pelas ruas, a pregar as cousas más e vis como sejam mocotós, isto é, mãos de vaca, carurus, vatapás, mingaus, pamonhas, canjicas, isto é, papas de milho, acaçás, acarajés, arroz de coco, feijão de coco, angus, pão de ló de arroz, o mesmo de milho, roletes de cana, queimados [...].[92]

---

* Trecho de nota de Mãe Maria, quitandeira, publicada no jornal *Diário do Rio de Janeiro*, de 20 de novembro de 1873, registro coletado por Fernando Vieira de Freitas, *Das kitandas de Luanda aos tabuleiros das Terras de São Sebastião: conflito em torno do comércio das quitandeiras negras no Rio de Janeiro do século XIX*. Rio de Janeiro: UFRJ, 2015. Dissertação (Mestrado em Planejamento Urbano e Regional). Disponível em: <http://objdig.ufrj.br/42/teses/858668.pdf>. Acesso em: 4 nov. 2020.

Outro relato de uma viajante francesa no Rio de Janeiro no século 19, Adèle Toussaint-Samson, ao tentar desbancar a ideia de que todas as senhoras brasileiras brancas eram ociosas, deixa ver de que maneira o trabalho de produção e de venda de itens alimentícios por mulheres escravizadas era importante na renda na casa senhorial.[93] Toussaint-Samson mostra como, na intimidade, a senhora trabalhava no gerenciamento dessas atividades. Apesar de "não fazer nada", "mandava fazer":[94]

> Uma das opiniões mais geralmente acreditadas acerca da brasileira é que ela é preguiçosa e conserva-se ociosa todo o dia. É um engano. A brasileira não faz nada por si mesma, mas manda fazer; põe o maior empenho em não ser vista nunca em ocupação qualquer. Entretanto, quem for admitido à intimidade, achá-la-á pela manhã de tamancas, sem meias, com um penteador de cassa por vestido, presidindo à fabricação de doces, cocada, arrumando-os nos tabuleiros de pretos e pretas, que os levam a vender pela cidade.[95]

Em trabalho sobre as condições de vida de mulheres negras em São Paulo no fim do século 19, Lorena Féres da Silva Telles destaca a importância da exploração de escravizadas, libertas e livres por senhoras brancas de classes mais baixas: "Vendedoras de doces, de frutas e hortaliças, as quitandeiras africanas, livres e escravas, sustentavam a si mesmas e às suas senhoras [...]".[96]

Esses excertos são o preâmbulo para pensar sobre o trabalho culinário de mulheres negras executado "porta afora" no período colonial e no início do século 20. É importante lembrar que a circulação entre os dois mundos era cotidiana para a maioria das cozinheiras domésticas, como observamos na seção anterior, mesmo que a maior parte de seu trabalho se concentrasse na casa. O trabalho na cozinha exigia a obtenção de insumos como gêneros alimentícios, lenha e água, e apenas as casas mais abastadas poderiam se dar ao luxo de usar o serviço de outros trabalhadores escravizados para tal. Como destacado por João José Reis, era bastante comum que as escravizadas transitassem entre o trabalho doméstico, o trabalho de produção de alimentos e o trabalho comercial, o que tornava sua rotina ainda mais exaustiva:

> [...] compravam o alimento nos mercados e nas feiras para depois prepará-lo na cozinha senhorial e, em seguida, retornavam às ruas para vender comida pronta e outros produtos. Assim, após cumprirem as tarefas do serviço doméstico, saíam para o ganho na rua, uma típica dupla jornada escravista.[97]

E, enquanto algumas delas permaneciam nesse trânsito, outras trabalhavam apenas na rua — e sua presença ostensiva, documentada por diversos registros históricos, demonstra como seu trabalho era imprescindível também nessa esfera. A precária estrutura urbana fazia com que a manutenção do cotidiano das cidades dependesse do trabalho de mulheres negras na produção,[98] distribuição e comercialização de diversos produtos, como gêneros alimentícios e comida.[99] Mais uma vez, devido a raridade de registros escritos por essas mulheres, recorro a fontes variadas, como relatos de viajantes, notícias e códigos de postura governamentais, que nos permitem enxergar pequenos detalhes da rotina de sua vida e seus diversos arranjos de trabalho.

Os registros históricos sobre o caráter essencial das funções que exercem são particularmente antigos, datando dos anos iniciais da invasão portuguesa, em que os aglomerados urbanos eram ainda mais insalubres. O estudo de Fernando Vieira de Freitas sobre o ofício das quitandeiras no Rio de Janeiro observa como isso ocorria:

> Era comum nos idos dos séculos XVI e XVII ver negras de tabuleiro e vendedores de peixe reunidos à beira-mar nas proximidades do Terreiro do Ó, mais tarde chamado de Largo do Paço (atual Praça XV), nas imediações da Candelária. [...] o pequeno comércio varejista cumpria papel de destaque no provimento de alimentos para a população local, carente de estruturas mais dinâmicas de distribuição de víveres de primeira necessidade.[100]

De modo similar, Câmara Cascudo relata a venda de "peixes à noite" em Salvador por "negras" no século 16[101] e Gerlaine Martini destaca como as "'pretas' deviam ter licença para vender nas ruas" de Salvador já no século 17.[102] A despeito de diferenças importantes na estrutura e no comércio das cidades coloniais, por causa de formações históricas distintas, é importante destacar que o mais comum é que o abastecimento dependesse quase exclusivamente do trabalho de africanos e africanas escravizados nos diversos aglomerados urbanos do período. Assim, a presença de seus tabuleiros nas ruas é registrada em cidades como Rio de Janeiro, Salvador, São Paulo, Recife, São Luís e em cidades das Minas Gerais, apenas para citar algumas.

Os estudos sobre o trabalho comercial de africanas e crioulas durante o período colonial identificam a relação desse trabalho com uma herança comercial africana e feminina.[103] A análise de Freitas sobre a origem do termo fornece um olhar mais detalhado sobre a questão:

> Antes de aportar no Brasil, Kitanda foi o termo utilizado para denominar os mercados e as feiras da região centro-ocidental da África, especialmente entre os povos de origem quimbundo. Era um mercado caracterizado pelo comércio de rua realizado quase exclusivamente por mulheres e que se baseava na venda de legumes, frutas, doces, peixe seco, comida preparada, carnes e outros gêneros primários, além de eventualmente incluírem tecidos, fumo, aguardente e outras miudezas, abastecendo de secos e molhados os aglomerados urbanos.[104]

Como apontado pelo mesmo autor, não se trata de uma simples transferência do ofício e de suas habilidades para a colônia, mas de uma reconstrução/renegociação na Diáspora, sendo um exemplo disso o fato de que, no Brasil, esse trabalho foi executado por mulheres de diversas origens do continente africano.[105]

No trânsito entre a casa de famílias majoritariamente brancas e a rua, ou apenas trabalhando "porta afora", estavam escravizadas ou escravizadas postas ao ganho, inicialmente. Nos dois últimos séculos da escravidão no Brasil, no entanto, com o aumento do número de mulheres libertas e livres, fossem elas africanas ou crioulas, estas também passam a trabalhar na rua. É importante refletir sobre como o trabalho na rua era comumente preferível ao trabalho doméstico para essas mulheres. A despeito de haver uma discussão relevante no campo dos estudos do trabalho sobre as condições de proteção que o trabalho doméstico poderia oferecer para mulheres negras durante o período colonial e no início do século 20, em razão da violência urbana e do prejuízo à reputação feminina que a circulação na rua implicava, uma análise fundamentada na reflexão sobre as condições do trabalho doméstico na seção anterior mostra que a casa era comumente um espaço tão ou mais violento para essas trabalhadoras — de uma violência perpetrada por senhoras e senhores escravizadores.

Além disso, as pesquisas sobre a vida das mulheres negras envolvidas com o comércio em diferentes cidades coloniais mostram como o trabalho na rua poderia significar a possibilidade de acumular pecúlio para a compra de sua própria alforria e a de familiares. E, não menos importante, a possibilidade de ter uma vida mais autônoma, distante da violência da casa senhorial (que perpassava todos os aspectos de seu cotidiano) e mais próxima de redes de apoio de outras pessoas africanas ou crioulas — como irmandades, terreiros de candomblé ou mesmo a possibilidade de manter os laços familiares, no caso de livres e libertas.*[106] No caso das escravizadas, angariar renda só era possível quando eram postas ao ganho e, no caso de livres e libertas, os ganhos no trabalho na rua eram comumente superiores ao do trabalho doméstico.[107]

Assim, julgo importante demarcar que o trabalho na rua era uma opção que podia ser identificada como mais vantajosa para as trabalhadoras negras escravizadas, livres e libertas à época, visto que a única outra ocupação disponível para elas era o trabalho doméstico, nas condições brutais descritas na seção anterior. O fato de que até mesmo para livres e libertas havia a possibilidade de não haver uma remuneração, em arranjos em que elas trabalhavam em troca de moradia ou comida (uma relação que diferia muito pouco da escravidão), ou, o que era bastante comum, que não recebessem o suficiente para

---

* Como vimos na seção anterior, era comum que os anúncios tivessem preferência por uma trabalhadora sem filhos ou sem nenhum tipo de vínculo familiar, de maneira que sua vida estivesse centrada apenas no trabalho.

sua subsistência, o que implicava ter que aceitar morar no trabalho e não ter limite de horário para a execução de tarefas, atesta como o trabalho doméstico podia ser a última opção dessas mulheres. A rua era um espaço de risco, mas a casa raramente oferecia proteção às trabalhadoras negras escravizadas, libertas ou livres. E, como trabalhos recentes têm refletido, a rua se constituía como um espaço de territorialidade negra: "Não é à toa que nas ruas da cidade se formam os laços de resistência à escravidão, que forjam a cidade negra [...] O desprezo senhorial em relação ao espaço público foi articulado em favor de uma apropriação negra da rua".[108]

Ainda que dados estatísticos que fundamentam o argumento em torno da preferência de trabalhadoras negras pelo trabalho na rua sejam raros, registros históricos como o censo em uma freguesia de Salvador, em 1849, que demonstra que 79% das mulheres libertas trabalhavam no comércio de rua, dão pistas nesse sentido.[109] De modo similar, os estudos sobre o ofício de quitandeiras no Rio de Janeiro mostram que, a partir de uma análise dos registros mercantis da cidade no fim do século 18, as quitandeiras eram o grupo de comerciantes mais expressivo na cidade.[110] Interessa aqui analisar essa distinção importante entre o cotidiano comum de cozinheiras que trabalhavam apenas em âmbito doméstico e cozinheiras que faziam esse trabalho entre a casa e a rua ou apenas na rua. Nesse sentido, o estudo de Dias demonstra que, em São Paulo, no século 18: "[...] o maior jornal de escravas de ganho eram de cozinheiras peritas ou vendedoras ambulantes, que oscilavam entre 250 e 500 réis".[111] De modo complementar, Telles analisa como o aluguel dessas mulheres era vantajoso para seus senhores, uma vez que "As escravas alugadas como cozinheiras peritas e comerciantes ambulantes rendiam aos senhores o mais alto aluguel mensal, à época, entre 7 500 e 15 mil réis".[112] A pesquisa de João José Reis evidencia que, entre as libertas de Salvador no mesmo século, a estimativa do rendimento da maior parte das vendedoras de comida pronta (como aberém e acaçá) era destacadamente superior ao de uma cozinheira doméstica.[113]

Os relatos de viajantes também dão dimensão da presença ostensiva de mulheres negras mercando nas ruas das cidades brasileiras durante o período colonial. Concentro-me aqui nos relatos que evidenciam o trabalho culinário dessas mulheres. É o caso dos comentários depreciativos do cônsul inglês James Wetherell sobre as ruas de Salvador no século 19:

> De manhã, ao se passar pelas ruas da Cidade Baixa o nariz do transeunte é assaltado por uma profusão de cheiros, que positivamente nada têm a ver com os da "Arábia bem aventurada"! De todo lado as atividades culinárias dos pretos estão em andamento [...] formam mais um prato que "exala o mesmo cheiro execrável".[114]

Ainda sobre Salvador, o trabalho de Cecília Moreira Soares revela a centralidade que a venda de comida pronta tinha para o ofício de quitandeiras durante o período colonial:

> Mas o que as ganhadeiras mais vendiam mesmo era sobretudo comida, e em segundo plano tecidos e miudezas. Nas quitandas, como eram chamadas as pequenas vendas e barracas, forneciam "peixes, carne mal assada a que dão o nome de moqueca, toucinho, baleia no tempo da pesca, hortaliças etc.". Nos tabuleiros, que podiam ser fixos em pontos das ruas ou carregados na cabeça, eram oferecidos outros tantos produtos e utensílios, como "pastéis, fitas, linhas, linho e outros objetos necessários ao uso caseiro" [...] Da lista de produtos vendidos pela cidade pelas negras libertas recenseadas na freguesia de Santana, em 1849, incluíam-se peixe, banana, tecidos, verduras, frutas, sapato, mingau, acaçá e aberém.[115]

No caso do Rio de Janeiro, as descrições de registros pictográficos feitos no século 19 também permitem observar a presença de trabalhadoras negras mercando diversos tipos de produtos, como comida pronta. É o caso de Jean-Baptiste Debret, cuja descrição de uma pintura de vendedoras de angu nos faz ver a importância de seu trabalho para o cotidiano dos moradores da cidade e fornece elementos importantes sobre seu cotidiano:

É ainda na classe de negras livres que se encontram as cozinheiras vendedoras de angu. Tudo o que elas precisam [...] são duas enormes panelas de ferro fundido colocadas em fogões portáteis; um pedaço de lã ou tecido de algodão, colocado na tampa de cada uma, coroa este aparelho culinário, ao qual acrescentam duas grandes colheres de madeira com cabos longos. [...] O trabalhador de grande apetite fica satisfeito com uma porção de 3 vinténs [...], e a menor porção de 1 vintém [...] se equipara ao volume de duas colheres comuns, que são suficientes para os indigentes e aqueles que comem menos. Encontram-se os anjos comerciantes nas praças, perto dos mercados, ou em suas lojas, depois cheias de legumes e frutas. A venda deste alimento comestível, mantido quente, começa pela manhã, das 6 às 10 da manhã, e continua do meio-dia às 2 da manhã, quando todos os trabalhadores escravos que não são alimentados por seus senhores se reúnem ao seu redor. O escravo, mais ou menos mal vestido, de uma família indigente e às vezes grande, também é visto tomando uma porção de 4 vinténs [...]; e este alimento substancial, ao qual são acrescentadas algumas bananas ou laranjas, é suficiente para a existência de 5 ou 6 indivíduos no Rio de Janeiro.[116, 117]

O relato depreciativo do viajante francês Louis-François Tollenare sobre Recife, no século 19, também nos possibilita observar sua presença e o trabalho culinário executado nas ruas da cidade:

[...] negras percorrem as ruas oferecendo à venda lenços e outras fazendas que trazem em cestos sobre a cabeça [...] Um pequeno mercado junto de uma igreja oferece à minha vista montões de raízes de mandioca, bananas, ananases, cajus, mangas e laranjas. As vendedeiras, mui sucintamente vestidas, algumas de cachimbo ao queixo, preparam grosseiros manjares para o povo [...].[118]

Elucidativos também são os registros das reclamações de alguns moradores das cidades sobre a atividade comercial dessas mulheres. Richard Graham observa que na Salvador do século 19: "Um contemporâneo queixou-se de que as ruas de Salvador 'se acham atulhadas de negras vendedeiras [...] que impedem o uso público aos moradores'".[119]

Maria Odila Leite da Silva Dias, estudando o trabalho de mulheres escravizadas e pobres em São Paulo, no século 19, observa que: "As quitandeiras espalhavam pelo chão seus trastes, vendendo um pequeno comércio de vinténs para escravos. O comércio ambulante foi aos poucos tomando becos e travessas [...]".[120]

Porém, sua presença fica ainda mais evidente nos códigos de postura dos governos. O contínuo controle que as diferentes autoridades governamentais tentaram estabelecer sobre o trabalho comercial de mulheres negras durante todo o período colonial revela sua insistente presença nas cidades. Códigos de postura foram identificados desde o século 17 em Salvador[121] e no Rio de Janeiro,[122] mas é bastante provável que o controle seja mais antigo, ainda que não se tenham identificado registros, por causa da antiguidade do ofício. Outro exemplo importante é a região das Minas, uma vez que "posturas e leis repressivas contra as escravas de tabuleiro remontavam às primeiras décadas de exploração do ouro".[123] Escravizadas, libertas e livres trabalhando na rua sempre foram identificadas pelas autoridades coloniais como um risco à "harmonia" da sociedade escravista.

> Nas Minas, após 1728, eram vistas como elementos perigosos dada a liberdade com que circulavam pelas lavras, entrando e saindo dos arraiais, possivelmente contrabandeando ouro e levando informações e alimentos para negros quilombolas. Já em 1719, referindo-se a uma ameaça generalizada de sublevação dos escravos, o Conde de Assumar apontava escravas e negras forras como eventuais elos na conspiração. Em São Paulo, as autoridades também trataram de limitar a liberdade do movimento de negras vendedoras, tendo em vista o perigo de contatos entre escravos e principalmente escravos fugidos: medidas sucessivas proibiam-nas de sair da cidade "pontes à fora", fechar as vendas depois das 6, das 7, ou das 9 horas. Infrutíferas ou impossíveis de serem postas em prática, as posturas concernentes aos horários associavam-se às disposições contra o ajuntamento noturno de escravos, nas casinhas ou em vendas clandestinas.[124]

Fosse em razão de sua circulação "mais fácil" pela cidade ou do fato de que suas quitandas eram comumente pontos de encontro de grupos de escravizados, livres e libertos, elas sempre foram vistas com desconfiança pelas autoridades e pela elite. É interessante pensar que as quitandas de cozinheiras, que geralmente implicavam um consumo imediato dos produtos, favoreciam os ajuntamentos de outros trabalhadores negros de maneira especial e podiam ser ainda mais vigiadas. Como observado por Bruna Portella de Novaes, seu trabalho é importante para instituir uma territorialidade negra na rua:

> Retomaremos o papel das trabalhadoras de rua, quitandeiras e vendedoras ambulantes, como sujeitos de integração de uma vida comunitária negra. Estabeleciam-se em espaços específicos, aproveitando a circulação de pessoas para captar sua clientela. A venda de comidas prontas para consumo também atraía a presença de outros trabalhadores negros [...] A sua forma de trabalhar utilizava o espaço público da rua e, mais ainda, o transformava em espaço de convivência.[125]

E os registros indicam que essa suspeita sobre as trabalhadoras negras na rua não era, em muitos casos, infundada. Para além de acumular pecúlio, elas efetivamente utilizaram sua circulação pelas ruas para formar ou se inserir em redes de sociabilidade, apoio e revolta, algo que não era possível quando trabalhavam isoladas na casa senhorial.* Em São Paulo, Dias analisa como uma estrutura de suporte e comunicação se dava por meio do ofício das quitandeiras:

> A urdidura dos contatos sociais dos escravos, seus pontos de encontro e de circulação de informações eram organizados em torno do pequeno comércio clandestino, e contra este se voltaram posturas, decretos e leis nem sempre muito fáceis de serem implementados. Muitas dessas medidas repressivas focalizavam em especial os movimentos das mulheres escravas, vendedoras, em virtude do papel importante que desempenhavam na vida comunitária dos escravos [...]. Basicamente, o pequeno comércio dos escravos destinava-se a supri-los com gêneros de primeira necessidade,

---

* Na seção anterior, vimos como Theodora, uma cozinheira doméstica, utilizou de seu acesso à rua.

aguardente e fumo, a preços mais acessíveis. Além do aspecto clandestino do desvio de gêneros do comércio legalmente organizado, alarmavam os moradores da cidade os contatos, que se estabeleciam, entre escravos fugidos e quilombolas, que desde o início da escravidão urbana existiram nos arredores da cidade.[126]

No caso de Salvador, por exemplo, ganhadeiras e comerciantes foram identificadas como participantes de diversos levantes, como a Revolta dos Malês, o que implicou uma política mais repressiva sobre o trânsito dessas mulheres na cidade, especialmente quando eram africanas (parte de uma política de desafricanização da cidade).[127] Ainda que não seja possível definir se ela efetivamente participou da Revolta dos Malês, um caso digno de nota é Luiza Mahin, mãe do poeta, jornalista e advogado abolicionista Luiz Gama. Luiza foi descrita por ele em uma carta como uma quitandeira africana que morava na Bahia e se envolvia com planos de insurreição negra no século 19:

> Sou filho natural de uma negra, africana livre, da Costa Mina (Nagô de Nação), de nome Luiza Mahin, pagã, que sempre recusou o batismo e a doutrina cristã.
>
> Minha mãe era baixa de estatura, magra, bonita, a cor era de um preto retinto e sem lustro, tinha os dentes alvíssimos como a neve, era muito altiva, geniosa, insofrida e vingativa.
>
> Dava-se ao comércio — era quitandeira, muito laboriosa, e mais de uma vez, na Bahia, foi presa como suspeita de envolver-se em planos de insurreições de escravos, que não tiveram efeito.[128]

É importante dizer que a tentativa de controle das autoridades era em geral frustrada, por causa da importância do trabalho dessas mulheres para o abastecimento e a distribuição de itens pela cidade. Apesar da vigilância ser constante, os estudos analisam como era comum que as medidas mais duras de controle constantemente recuassem ou que a fiscalização afrouxasse, e como esse trabalho, por ser imprescindível, tinha de ser tolerado pelas autoridades.[129] Ademais, em episódios como a Greve da Praça das Marinhas, no Rio de Janeiro, torna-se evidente que o controle governamental também recuava em consequência da ação de quitandeiras, como a organização de paralisações de seu serviço essencial como protesto a medidas que prejudicavam seu ofício.[130, 131] Assim, muitas vezes com sucesso, as mulheres negras que trabalhavam na rua sempre tentavam negociar e burlar as restrições ao exercício de seus ofícios estabelecidas pelos códigos de posturas governamentais, que frequentemente estabeleciam parâmetros burocráticos demorados e altas taxações que dificultavam a obtenção de licenças, além de práticas públicas de punição àquelas que comerciassem fora das condições estabelecidas.[132] Um exemplo de como os trabalhadores e as trabalhadoras de rua sempre tensionaram essas medidas é o caso do estabelecimento da exigência de um "passaporte" para pessoas negras envolvidas com o trabalho na rua em Salvador, no século 19, que recebeu uma emenda imediata para excetuar aquelas que trabalhassem com gêneros de primeira necessidade.[133]

Nesse contexto, julgo ser importante analisar as condições precárias de trabalho dessas mulheres, que se combinam a esse ostensivo controle das autoridades, como fiz na seção anterior com as cozinheiras domésticas. Para isso, é necessário pensar sobre as condições de vida nas ruas das cidades coloniais brasileiras, na existência de uma hierarquia social e racial, e também na influência do culto à domesticidade da época, como vimos. Mais uma vez, retorno a estudos recentes no campo da história que se centram em suas vidas e sua agência. Isso porque a narrativa hegemônica sobre suas vidas é comumente informada por relatos românticos e/ou racistas de viajantes sobre o cotidiano das cidades, sendo seus registros pictóricos (sobretudo os do século 19) utilizados como emblema da harmonia racial e do fato de que a escravidão teria sido mais branda no Brasil. Nesse sentido, retorno às imagens de Debret.[134]

Julgo importante mobilizar essas imagens, assim como fiz com os relatos de viajantes, para observar as condições de vida dessas mulheres. No entanto, com base em estudos críticos das representações da escravidão feitas por artistas europeus no Brasil, considero ser necessário refletir sobre a vida urbana que esse tipo de pintura

3. *Negras vendedoras de angu*, de Jean-Baptiste Debret

4. *Negras vendedoras, de sonhos, manoé, aluá*, de Jean-Baptiste Debret

tinha interesse de projetar.[135] Jean-Baptiste Debret, um pintor histórico francês de orientação neoclássica, é parte da Missão Artística Francesa, bastante conhecida por retratar os caminhos para a civilização possível nos trópicos, entre outros aspectos.*[136] Assim, chama a atenção o ar de serenidade ou de placidez dessas trabalhadoras em seu cotidiano, apesar das condições precárias de trabalho retratadas, o que reflete a orientação estética que era parte do projeto das obras de Debret.

A descrição da Figura 3 trata essas cozinheiras mercantes como "anjos comerciantes",[137] ressaltando o trabalho social de mulheres

---

* É importante destacar que Debret foi escolhido aqui apenas a título de exemplo, em razão de sua projeção especial de trabalhadoras negras que vendiam comida, mas essa análise crítica caberia à obra de outros pintores e fotógrafos do período colonial.

negras que vendiam comida a preços módicos para outros trabalhadores nas ruas — quando, por exemplo, no caso dos escravizados, era comum que os senhores não os alimentassem.[138] Na figura 4, podemos observar a mesma placidez na expressão dos rostos de mulheres que circulavam pela cidade vendendo iguarias. É interessante pensar de que maneira as imagens não retratam a tensão sobre a circulação dessas trabalhadoras que se refletia nos códigos de postura ou o incômodo das elites das cidades, que protestavam sobre a presença dessas mulheres nas ruas. Na verdade, elas parecem inofensivas e tranquilas na execução de suas tarefas, algo que encobre sua história de envolvimento com as redes de comunicação, fugas e rebeliões na cidade, como também já destaquei.

Estudos recentes evidenciam, a partir de registros históricos, que o cotidiano dessas trabalhadoras era difícil e exaustivo. Os arranjos de trabalho eram diversos entre escravizadas ao ganho, libertas e livres, e me concentro especialmente no século 19, momento em que esses grupos coexistiram de maneira mais destacada nas ruas. Entre os arranjos mais comuns, existiam aquelas que eram cozinheiras domésticas, mas que também trabalhavam mercando produtos alimentícios nas ruas; outras que podiam residir nas residências dos senhores, onde produziam a mercadoria que seria vendida, mas trabalhavam de maneira mais concentrada no comércio nas ruas e, quando escravizadas, podiam ser forçadas a trabalhar para seus senhores ou alugadas a terceiros; e também as que trabalhavam nas ruas e tinham moradia própria, onde cozinhavam, algo que era mais comum entre livres e libertas, mas que também poderia ser permitido a algumas escravizadas ao ganho, que eram forçadas a retornar à residência senhorial apenas para entregar o pagamento.[139]

Quaisquer que fossem os arranjos, em maior ou menor grau, essas mulheres não podiam escapar a uma rotina também brutal de trabalho, com a diferença importante de que conseguiam acumular algum capital em relação às cozinheiras domésticas. O trabalho de Richard Graham permite ver, por exemplo, a extensão e as condições da circulação de trabalhadoras negras pela cidade de Salvador, no século 19:

> Centenas delas iam de porta em porta, cruzando e recruzando a rua, oferecendo seus produtos, à procura de compradores [...] Havia poucas calçadas ou ruas pavimentadas naquela época. A poeira e a lama predominavam [...] em 1852, um viajante descreveu as ruas como "irregulares, mal pavimentadas, geralmente estreitas, com uma sarjeta no meio para onde são jogados as imundícies e o lixo das casas adjacentes". Era por onde andavam as ambulantes, parando pra vender e depois reequilibrando o fardo antes de seguir [...] Tipicamente, carregavam seus artigos na cabeça. [...] Era trabalho duro. Não é de surpreender que muitas vendedoras expusessem seus artigos numa esteira ou banca, esperando os fregueses.[140]

As condições precárias de circulação revelam não apenas a necessidade do trabalho dessas mulheres na distribuição de mercadorias, sobretudo em uma cidade íngreme como Salvador, mas também as dificuldades que enfrentavam para fazê-lo. É evidente que esse trânsito afetava, em especial, as mulheres que trabalhavam de modo itinerante, levando muitas delas a tentar estabelecer um ponto fixo para a venda (a quitanda) em locais de grande circulação nas cidades, algo que era controlado ostensivamente pelas autoridades em seus códigos de postura. Em análise sobre pesquisas acadêmicas a respeito do cotidiano de quitandeiras em diferentes cidades do Brasil, Freitas observa:

> Em todos as quitandeiras são apresentadas como mulheres que ocupavam lugares estratégicos, aproveitando a funcionalidade do pequeno mercado nas grandes cidades, fato não desconsiderado pela municipalidade. Ao mesmo tempo prevalecia a tônica da repressão. Em todos os cenários os órgãos oficiais buscaram regular e controlar o pequeno comércio através de taxas, do estabelecimento de horários e lugares para comerciar, da fiscalização dos alimentos, da proibição do comércio de determinados gêneros, entre outras normas, confirmando o caráter racial das políticas higienistas.[141]

Mais uma vez, é importante pensar que essa regulação e esse controle são indicativos do comportamento disruptivo dessas trabalhadoras negras, que podiam insistir em se posicionar em locais estratégicos ou ignorar os horários e os lugares estabelecidos para comerciar. Até o século 19, como vimos, a rua permanece um espaço negro, fundamentalmente, e as mulheres que vendiam comida tinham um espaço especial na negociação com as autoridades graças a importância de seu trabalho para o cotidiano da cidade. Refletindo sobre as habilidades necessárias para uma quitandeira ou uma vendedora ambulante em Salvador entre os séculos 18 e 19, Richard Graham analisa a complexidade do ofício e como dependia de uma série de fatores para ser bem-sucedido:

> É provável que seu êxito nas vendas dependesse menos da energia física que gastava do que da esperteza com que escolhia as ruas onde vender, e da hora do dia, assim como da sua personalidade. Precisava ter voz forte para anunciar seus artigos. Especialmente as quitandeiras, que ficavam sempre no mesmo lugar, tinham de estabelecer uma relação duradoura com os fregueses. Todas as vendedoras precisavam saber pechinchar, tanto para comprar dos fornecedores como para vender aos compradores. Pechinchar exigia, como sempre em qualquer lugar, tanto o conhecimento de sua etiqueta — só fazer ofertas sérias — como uma aguda consciência da abundância ou escassez da mercadoria a qualquer momento. Ao lidarem com fornecedores e fregueses, as vendedoras tinham de ter múltiplas transações em mente ao mesmo tempo e calcular com rapidez o lucro necessário, levando em conta também tempo e trabalho. Precisavam ter muito cuidado com o que compravam, para manter uma boa reputação pela qualidade dos artigos vendidos, e portanto não podiam se dar ao desleixo de ser ingênuas. As vendedoras ambulantes tinham de vender na hora certa, para evitar a deterioração da mercadoria que levavam, mas sem vender barato demais. Isso era especialmente importante porque, como elas próprias transportavam a mercadoria, seu valor tinha de ser alto em relação ao volume e ao peso, o que permite supor que fossem frágeis e perecíveis. Todas as vendedoras de rua precisavam manter-se sempre alertas contra furtos e proteger sua mercadoria dos efeitos da chuva, do sol e do vento. Devido a acirrada concorrência, tinham de satisfazer-se com uma pequena margem de lucro, pois os números sugerem que muitas estavam dispostas a se submeter a esse trabalho.[142]

O longo trecho evidencia a argúcia e a inteligência necessárias para o exercício da atividade e, apesar de se referir a Salvador, a maior parte desses apontamentos provavelmente se aplica ao exercício do ofício em outras cidades coloniais brasileiras. É importante destacar que, em razão da competição acirrada e de uma estrutura social hierárquica em que mulheres negras estavam nas piores condições, esse rendimento ainda era, na maior parte dos casos, insuficiente para garantir uma vida tranquila,[143] apesar de ser mais rentável que o trabalho doméstico, em especial para livres e libertas. Como observado pelo mesmo autor, "Para a maioria das mulheres forras e livres, pode-se ter certeza de que vender na rua rendia apenas o suficiente para a sobrevivência numa base diária, e não sobrava nada para adquirir escravos ou economizar para a doença ou a velhice".[144] E, vale lembrar, ainda que fossem bastante hábeis nas negociações, sua posição social as colocava em desvantagem em algumas situações de cobrança:

> Vendedoras ambulantes analfabetas não deixavam registros escritos de seus negócios. Quando vendiam fiado a famílias, certamente podiam ter dificuldade para receber a dívida. Quando o comprador enganava uma vendedora, que recurso tinha ela? Mas, se uma vendedora deixasse de pagar uma dívida, suspeito que logo se espalharia a notícia, de fornecedor a fornecedor, com terríveis consequências para ela. Estar no degrau mais baixo da escada do crédito tinha seu preço.[145]

Em sua pesquisa, Graham também analisa como a moradia própria, fora do controle e da violência da casa senhorial, era uma prioridade para as recém-alforriadas. No entanto, as condições de moradia dessas mulheres negras eram profundamente precárias:

> Muitas vendedoras viviam como o restante dos pobres livres e dos escravos da cidade: amontoadas em cômodos logo abaixo do nível da rua, com pequenas janelas que asseguravam um pouco de ventilação e mal permitiam ver os pés dos passantes. Tipicamente, esses espaços alugados não tinham paredes divisórias, só o chão nu. A mobília reduzia-se a esteiras de palha, enroladas de dia e desenroladas no chão à noite. Escravas que viviam com

seus senhores ou senhoras — as que vendiam doces, por exemplo — com frequência ocupavam quartos sem janela nos andares mais altos, mas as que viviam por conta própria enchiam esses alojamentos de subsolo.[146]

É essencial refletir sobre o fato de que, para o caso das cozinheiras de rua, era nesses espaços onde pelo menos parte do trabalho culinário ocorria. Assim como as condições insalubres das cozinhas domésticas das casas senhoriais, as condições de trabalho nesses lugares eram tão ruins ou ainda piores — o que provavelmente também causava "acidentes". Falando sobre as condições de moradia e de trabalho das vendedoras de mingau em Salvador no século 19 e início do século 20, Hildegardes Vianna nos permite vislumbrar o ambiente em que muitas das cozinheiras de rua viviam:

> Vendedeiras de mingau, vendedeiras de cuscuz, todas elas tinham um mesmo lidar. Acordavam antes das quatro da madrugada. Moravam num porão, socavão ou numa casinha, numa das muitas rocinhas [...] Muitas faziam a sua *venda* no mesmo cômodo em que dormiam. Tinham seus fogareiros, seus tachos e "bumbas meu boi", suas colheres de pau, pilão, ralo grande com cabo de madeira, e pedra, alguidares, gamelões, cuscuzeiros e um verdadeiro arsenal. Trempes e fornos que nem sempre mereciam o nome de trempe e de forno.[147]

Para além da vigilância em torno do "ajuntamento de negros" que as vendedoras de comida promoviam, havia o olhar depreciativo das elites e criminalizador por parte das autoridades sobre a comida que vendiam. É o caso de Salvador, onde, como vimos, havia uma política intencional de desafricanização das ruas já no século 19:

> As ambulantes ofereciam comida pronta também, sobretudo carne levemente grelhada e cortada em pedacinhos para beliscar, assada num braseiro na rua. A câmara municipal achava que a carne que vendiam era, muito provavelmente, "corrompida". [...] As ambulantes também serviam carne de baleia, que "levavam para vender já cozida e enrolada em folhas de bananeira", assim como carne de porco cozida, linguiça e

peixe grelhado. Entre os alimentos preparados havia numerosos pratos desconhecidos do paladar europeu, mas ainda hoje disponíveis, como caruru, vatapás, pamonha, coco, canjica, acaçá, acarajé, ubobó, pratos feitos de ingredientes como farinha de mandioca, arroz, milho, feijão fradinho, camarão seco e amendoim, preparados com quiabo, cebola, alho e tomate. Essas comidas eram cozidas com azeite de dendê e temperos de origem africana [...].[148]

O ofício já era observado com desconfiança e desprezo, e a identificação de técnicas culinárias e iguarias de ascendência africana agravava essa visão. Essa conduta vai se nacionalizar no século 20 — retomaremos a questão no próximo capítulo. Vale pensar que essa variedade de pratos implicava uma rotina extenuante na compra de insumos, na preparação, no transporte e na comercialização:

> O preparo de muitas iguarias para a mercancia, contudo, antes de terem a matéria-prima beneficiada pela indústria, demandava esforços e conhecimentos particulares. Segredos cochichados de geração para geração por uma legião de parentas, comadres e amigas. O milho e o arroz do mingau, depois de bem catados, eram moídos numa pedra retangular com a superfície marcada por sulcos e uma "mão" — a peça suplementar que favorecia o atrito, também de pedra e de formato roliço. [...] Acarajé ou abará, bolos feitos de feijão, por exemplo, eram envoltos em folhas novas de bananeiras e assim comercializados. A aquisição de tais folhas exigia longas excursões por matagais, onde as mulheres armadas de "uma faca amolada amarrada na ponta de uma varinha" buscavam as melhores touceiras. Longas caminhadas e uma jornada de trabalho que começava antes do nascer do sol faziam parte do cotidiano dessas mulheres. As vendedoras de carne de baleia partiam de Itapuã em direção às feiras e mercados no centro da cidade "antes que o sol esquentasse".[149]

Outro ponto importante é que o trabalho de comércio na rua também prejudicava sua possibilidade de exercer a maternidade. Como vimos, os anúncios de trabalho comumente exigiam que as cozinheiras domésticas não tivessem filhos, uma vedação que não se aplicava a quitandeiras libertas e livres, mas o cotidiano longo e exaustivo do trabalho prejudicava o cuidado com os filhos, evidentemente. É possível imaginar que os filhos mais velhos ajudavam nas atividades ou executavam outros ofícios. Entretanto, quando tinham bebês e crianças pequenas, parte delas trazia os filhos consigo, o que provavelmente prejudicava a execução de suas atividades, pois demandavam cuidados. No jornal *Diário de Notícias* de 1896, em Salvador, sua presença é registrada em tom depreciativo: "quitandeira vem acompanhada de um ou dois filhos menores, que mais tarde são deitados em um pedaço de esteira nauseabunda, nus ou cobertos com um pano sujo, para dormirem o sono da inocência".[150] No entanto, não havia muita escolha, sobretudo porque a ausência ou a falta de supervisão de suas crianças poderia ser fatal, como no caso da menininha Joana, da cidade de Cachoeira, no estado da Bahia:

> A menor Joana, filha de uma ganhadeira em Cachoeira, conta o registro policial, "tendo ficado só em casa [...] e aproximando-se do fogão, incendiaram-se-lhe os vestidos, sem que ninguém socorresse por atribuir os vizinhos a effeitos de castigos domésticos os gritos que ela dava". A menina, desesperada, atirou-se para a rua por uma janela, falecendo devido à gravidade das queimaduras.[151]

É possível imaginar o desespero da mãe ao retornar para casa e descobrir que sua ausência, que sem dúvida não era uma escolha, havia custado a vida da filha. A aparente autonomia ou as melhores condições de vida de ganhadeiras e quitandeiras só existe na comparação com cozinheiras domésticas, uma vez que também eram marcadas por condições atrozes de vida para as trabalhadoras e os seus — cuja sobrevivência dependia de seu trabalho.

De modo complementar, é necessário pensar que um trabalho pesado e repetitivo como esse também deixava sequelas nas cozinheiras e nas vendedoras de rua. Assim como os acidentes e as sequelas do trabalho doméstico, são raros os registros das consequências à saúde física dessas trabalhadoras e, mais uma vez, esse silêncio fala mais sobre a naturalização das condições violentas e precárias a que eram submetidas, o que dificultava seu registro. No entanto, é possível identificar as consequências a longo prazo desse cotidiano a partir de rastros de registros variados. Richard Graham observa que "Algumas vendedoras sofriam de inchaço nos pés e de hérnias por carregarem muito peso".[152] Tratando do ofício das vendedoras de mingau ou de cuscuz, Hildegardes Vianna observa o efeito do trabalho repetitivo e extenuante em suas mãos:

> Depois do ralar, enquanto o pó assentava, vinha o coco com seu fatigante roteiro de quebrar, tirar do casco, descascar a parte escura, lavar e ralar. As vendedeiras de mingau ou cuscuz tinham as unhas praticamente roídas e os polegares escalavrados de tanto ralar coco. Além disso, aquele interminável mexer com o colherão de pau, esperando abrir a fervura, acabar a "espuma", tomar o ponto não podia conservar mãos de princesa.[153]

Por causa da escassez de registros sobre a vida de cozinheiras negras, julgo que vale a pena a consulta a outro tipo de arquivo: obras literárias inspiradas em histórias orais. Mais uma vez, não se trata de um material que pode ser utilizado como uma descrição fidedigna ou totalizante de suas vidas, mas como a possibilidade de revelar elementos sobre seu cotidiano. Esse é o caso da literatura do escritor baiano Jorge Amado, que se caracteriza pela presença de personagens negros e a descrição de seu cotidiano. Interessa-me especialmente o romance *Jubiabá*, publicado em 1935, que, entre outros temas, trata das condições de vida da população negra em Salvador no pós-abolição.[154] Meu foco é a personagem Luísa, uma vendedora de mungunzá e mingau de puba nas ruas da cidade, que carrega em latas num tabuleiro apoiado na cabeça e que sofre com dores que vão piorando com o tempo, até que a deixam fora de si. Enquanto parte dos personagens acredita que se trata de uma doença espiritual, uma senhora negra, mais velha, é enfática: "Ela tem dor de cabeça é de levar essas latas fervendo toda noite pro terreiro. Vai esquentando a cabeça".[155] É digno de nota que o diagnóstico venha de uma mulher negra mais velha, que provavelmente viveu a escravidão e, por isso, sabe que o trabalho extenuante de Luísa deixava sequelas. Em trecho posterior, em um acesso de "loucura"[156] de Luísa, mais uma mulher comenta: "Isso é de carregar aquelas latas na cabeça... Eu sei de uma mulher que também enlouqueceu por causa disto...".[157]

A análise dos registros históricos apresentados até aqui demonstra que, apesar de poderem viver melhor em razão do rendimento obtido com o trabalho na rua, as condições de vida e de trabalho das ganhadeiras e das quitandeiras negras também eram precárias, arriscadas e exaustivas. Escravizadas ao ganho comumente acumulavam as tarefas domésticas e as obrigações comerciais, com o agravante de que tinham que entregar parte substancial de seus vencimentos para seus senhores e senhoras. Libertas e livres, por sua vez, estavam quase sempre mais distantes do controle senhorial e mantinham seu rendimento para si,* mas, assim como as escravizadas de ganho, tinham de lidar com o controle das autoridades governamentais, que afetavam ainda mais sua situação de trabalho já demasiadamente insalubre. É possível imaginar que a jornada de trabalho de uma cozinheira trabalhando na rua oscilasse entre catorze e vinte horas por dia, entre a compra de insumos para cozinhar, o preparo, o transporte para a venda e a tentativa de conservação dos alimentos, a montagem da estrutura de venda na rua (quando vendiam em determinado ponto), as estratégias de atração de possíveis clientes, a negociação, a venda em si, o transporte de volta e o recomeço do ciclo de atividades. Além disso, tinham de lidar com possíveis intercorrências, como a fiscalização de autoridades, a obtenção de licenças, as restrições impostas pelos códigos de postura, o cuidado com os filhos que as acompanhavam ou o auxílio aos filhos que exerciam outras funções na rua.

É necessário considerar que essas mulheres continuavam tendo de exercer atividades de manutenção da vida cotidiana, como as diversas tarefas de trabalho doméstico pelas quais eram responsáveis em suas próprias residências (especialmente no caso de livres e liber-

---

* Vale lembrar que alguns arranjos de alforria condicionavam essas mulheres a continuar prestando serviços de toda ordem para seus antigos senhores, ou mesmo continuar pagando algum tipo de rendimento. Ver Camillia Cowling (ed.), *Concebendo a liberdade: mulheres de cor, gênero e a abolição da escravidão nas cidades de Havana e Rio de Janeiro*. Campinas: Unicamp, 2018.

tas), como a limpeza, a lavagem de roupas e o cuidado com filhos e/ou companheiro. Vale lembrar também que a rua era um lugar perigoso e violento para mulheres negras circulando sozinhas e, mesmo que tivessem experiência nessa circulação, eram comumente assediadas e podiam sofrer violência sexual.

Entretanto, mesmo que a descrição do cotidiano de trabalho dessas cozinheiras negras evidencie sua dura rotina, este ainda era preferível ao trabalho culinário doméstico, sua única outra opção durante o período colonial, uma situação que perdura, para a maior parte das mulheres negras, durante o século 20, como veremos mais à frente.

Até este ponto, trabalhei com registros históricos nos quais as quitandeiras são faladas e suas rotinas são descritas. A escassez desses registros evidencia a violência e a precariedade que marcava suas vidas, e a intencionalidade, por parte das autoridades e da elite, em invisibilizar sua existência e a importância de seu trabalho. Assim, o apanhado de informações históricas feito neste capítulo envolve rastros de suas vidas, a partir de licenças para venda, relatos e pinturas de viajantes, memórias resgatadas por folcloristas e por um filho ilustre, além de inferências de pesquisadores sobre seu cotidiano a partir de informações mais gerais do contexto em que viviam. No entanto, gostaria de fechar este capítulo com uma breve reflexão de um registro especial da pesquisa de Fernando Vieira de Freitas,[158] que identificou a fala de uma quitandeira mina em um jornal carioca de 1873, que se intitula Mãe Maria.[159] Ela defendia sua classe de acusações depreciativas:

> [...] Nós também somos gente; por sermos pretas, não pensem que havemos de nos calar. Estão enganados com as minas, somos em grande número e temos, algumas de nós, bem boas patacas. Vamos também fazer nossa revolução, para o que já temos de olho um bom advogado, que não desdenha nossos direitos por causa da cor, e ainda menos nosso coco,* que vale tanto como o dos brancos.

* A expressão coco se referia a dinheiro.

É o que faltava agora, servirem-se do nosso nome para questões de lixo. Somos quitandeiras, temos nisto muita honra. Se é crime gostarem de nós, porque é que há tanto mulatinho por este mundo? Nós é que vamos bolir com os senhores brancos? São eles mesmos que bolem com a gente. Quantos brancos não há casados com pretas? O Sr. Comendador Matta não era preto e não foi casado com branca?

Nós vendemos nossa quitanda, não ofendemos a ninguém, para que nos piscam o olho quando nos compram maçãs? Todos gritam quando se julgam ofendidos, agora seu Fortunato fica todo inflamado [...] Desaforo de brancos que gostam de quebrar nos pratos onde comem.

Vamos todas nós fazer também nossa revolução e havemos de mostrar se não prestamos para alguma coisa. Temos muito jimbo e bastante protetores. Pensam que por sermos negras que não valemos nada, todos podem limpar suas mãos em cima da gente? Estão enganados. Livrem-se muitos figurões que nos dê o calundu, que mais de quatro tem de se arrepender de bolir com nossa língua.

— Mãe Maria, filha de pai João.[160]

O senso de dignidade e o esforço em defender uma autodefinição de si e de sua estigmatizada classe são aspectos que chamam a atenção à primeira vista, em especial depois de tratarmos das difíceis condições de vida dessas mulheres. A nota evidencia diversos aspectos da vida cotidiana das quitandeiras, como a ambiguidade do assédio sexual que sofriam na profissão, ao mesmo tempo que tinham de lidar com o desprezo geral da opinião pública por causa de seu ofício e de sua cor.

Esse último ponto, aliás, evidencia a percepção que Mãe Maria tinha da hierarquia racializada (e do racismo antinegritude) que marcava a sociedade em que vivia no fim do século 19, no Rio de Janeiro, e que se tornaria ainda mais visível nas décadas seguintes. E ela trata dessa questão a partir de uma experiência de vida específica e bastante reduzida, que também é fundamental para entender a carta: as quitandeiras que acumularam pecúlio e ascenderam socialmente. A nota revela como sua ascensão não significava acesso ao status, ou mesmo aos direitos que outras pessoas de classe média ou ricas tinham, como a defesa de um advogado. O fato de mencionar as relações de proteção e de ter encontrado um advogado que não via um valor diferente no dinheiro de mulheres negras também aponta para as brechas que elas tinham que encontrar para poder se defender. Nesse sentido, é importante pensar na rede de favores ou de retribuições financeiras que a autora da nota teve de acionar para que a carta fosse publicada. Se tinham dificuldade com um advogado, é possível imaginar que uma publicação no jornal poderia também não ser simples em razão de quem eram e do ofício que exerciam.

Essa análise sobre Mãe Maria torna possível refletir sobre uma questão central quando me proponho aqui a tratar da agência e da resistência de mulheres negras. Para além de evidenciar a violência e a expropriação econômica, as palavras da nota de Mãe Maria, das cartas de Theodora e da petição de Esperança Garcia, quando comparadas às leituras do mundo de uma historiografia que não considera mulheres negras como agentes, dentro das limitações impostas pela condição de suas vidas, fazem com que esses documentos pareçam pontos fora da curva. Teriam sido mulheres excepcionais, à frente de seu tempo, descoladas da realidade em que viviam. No entanto, um olhar sensível para a subjetividade de mulheres negras permite observar que elas integram diferentes grupos, e a interação com outros indivíduos, com outras mulheres negras, ensinou sobre o mundo em que viviam, como ele as desfavorecia e quais eram as brechas possíveis para materializar melhores condições de vida. Esses documentos são um pequeno reflexo de um pensamento crítico feminino negro ainda pouco reconhecido pelas ciências sociais no Brasil. Composto de uma comunidade que agia de maneira discreta como uma estratégia de sobrevivência, esse pensamento criou irmandades, cantos de trabalho e terreiros de candomblé, além de associações espontâneas e temporárias.

Porém, a maior parte das mulheres negras envolvidas nessas redes permanece anônima hoje, de maneira similar ao fato de que são poucas as cozinheiras porta adentro e porta afora que é possível identificar. O anonimato delas, no entanto, não implica aquiescência. Interessa-me observar neste livro como, entre as cozinheiras negras, "a aparência do silêncio e da passividade não só enganou, mas frequentemente teve a intenção de enganar. Sob o véu do consentimento há uma história oculta de conflito desorganizado e cotidiano".[161] Tentando sobreviver ao cotidiano de uma intimidade monstruosa no contexto da escravidão, foram capazes de construir e preservar uma autodefinição que ia de encontro ao tratamento desumano. Além disso, agiram e se movimentaram em uma sociedade que tornava sua sobrevivência impossível, entre a violência e a expropriação econômica em prol do enriquecimento senhorial e as restrições impostas pelos códigos de conduta de autoridades governamentais a seus negócios. Reconhecendo a tarefa ambiciosa que assumi, este capítulo buscou mostrar como, a partir de registros históricos escassos e de uma recente historiografia atenta ao cotidiano da vida de mulheres negras escravizadas, libertas e livres no Brasil, é possível enxergar que essa história sempre existiu. E que cabe ainda ser reconhecida.

INTERLÚDIO I

Maria de São Pedro e o cozinheiro gringo

5. Maria de São Pedro em sua barraca,
fotografada por Pierre Verger entre 1948 e 1951

Maria de São Pedro nasceu na zona rural da cidade de Santo Amaro da Purificação, estado da Bahia, em 1901. A menina experienciou as condições de vida de parte da população negra no pós-abolição em regiões como o Recôncavo Baiano, que, antes conhecidas pela prosperidade (e pelo escravismo), viviam uma amarga decadência econômica.[1] Vivendo em uma fazenda, foi trabalhadora doméstica e ama de leite de uma família rica da cidade ainda adolescente, como tantas outras meninas negras na época.[2]

Esse contexto ajuda a entender algumas das razões pelas quais ela decidiu se mudar para Salvador em busca de melhores oportunidades de trabalho.[3] Não se sabe exatamente quando ou em que circunstâncias deixou o trabalho doméstico, mas, após ter sido abandonada por um de seus companheiros, abriu uma quitanda de gêneros alimentícios para garantir o sustento da família no início do século 20[4] — como outras mulheres negras antes dela, que tentavam escapar do confinamento e das condições violentas e de miséria do trabalho doméstico. Teve catorze filhos e também era responsável pelo cuidado das irmãs, tendo o apoio de "tia Miúda" para cuidar das crianças menores enquanto as maiores ajudavam no trabalho.[5] Em 1925, montou uma barraca em uma antiga feira da capital baiana para vender "comida de azeite",* o que os conhecidos afirmam que sabia fazer muito bem.

A qualidade da comida a tornou bastante conhecida, aclamada entre conhecidos intelectuais e políticos da Bahia, de outros estados e até de outros países.[6] Seu trabalho, sua fama e o apoio político de clientes importantes possibilitaram a migração do negócio para outros pontos mais movimentados e mais bem estruturados na cidade — chegando até o ponto atual, um restaurante amplo no "novo" Mercado Modelo.** Além disso, foi convidada a fazer banquetes em eventos e ocasiões ilustres, como diversas recepções no Palácio da Aclamação, em Salvador, a casa de governadores do estado da Bahia, em festas em celebração à baianidade organizadas em boates de São Paulo e até mesmo na posse do presidente Getúlio Vargas, em 1951, no Rio de Janeiro.[7]

No entanto, um convite em especial se destaca: o banquete de quatrocentos anos da fundação da cidade de São Paulo, oferecido pela família Matarazzo, em 1954. Não se tratava de uma ocasião célebre inédita na vida de Maria de São Pedro, que, do alto de seus 52 anos, já tinha bastante experiência — fosse cozinhando em condições mais precárias na barraca da feira que deu início a tudo, fosse lidando com clientes e paladares ilustres em seu restaurante, ou

---

* A expressão se refere à comida que tem azeite de dendê como um de seus principais ingredientes — um símbolo da comida que se tornaria conhecida como "baiana".

** O adjetivo "novo" se explica em função da existência de outro Mercado Modelo, edificado em 1912, mas que foi demolido após um incêndio em 1969 (BAHIATURSA. Mercado Modelo. Disponível em: <http://bahia.com.br/atracao/mercado-modelo>. Acesso em: 28 jul. 2012). O novo prédio foi construído em 1971. Maria de São Pedro era dona de um restaurante também no antigo mercado.

ainda em outros momentos em que trabalhou como banqueteira para famílias abastadas.* Porém, na ocasião, havia uma figura na cozinha da família paulista que naquele tempo era bastante comum em casas como aquela: um cozinheiro "gringo". É possível pensar na senhora da Imagem 5, de dedo em riste, na história contada por Odorico Tavares, um importante jornalista e cliente assíduo de seu restaurante:

> Maria de São Pedro — disse Odorico — viajou de avião, com ajudantes e uma tonelada de ingredientes, dendê, camarão, pimenta malagueta, gengibre, coco, castanha, alguidares e colheres de pau. Chegando à casa dos Matarazzo, enquanto começava a dar ordens às ajudantes de cozinha, eis que surge o cozinheiro de dona Yolanda, querendo bisbilhotar suas panelas. Maria chamou a dona de casa e disse categórica: ou o cozinheiro gringo ou eu. Dona Yolanda não teve dúvidas, botou o gringo para correr e Maria reinou absoluta no banquete.[8]

Podemos apenas imaginar se era a própria Maria de São Pedro quem narrava a história para seus clientes, orgulhosa de poder impor respeito diante de um "cozinheiro gringo", utilizando-a como um certificado da qualidade de seu trabalho culinário. Também é possível supor que talvez aquele não fosse o primeiro embate dela com cozinheiros gringos ou mesmo de locais considerados mais modernos que a Bahia decadente onde Maria de São Pedro cresceu, visto que ela estava acostumada a esse tipo de trabalho. No entanto, tendo sido trabalhadora doméstica, ama de leite e cozinheira, Maria de São Pedro possivelmente percebia como o reconhecimento de seu trabalho na cozinha podia ser diferente do de cozinheiros como o "gringo" e, por essa razão, considerava aquele um triunfo em sua história profissional. A possível vaidade em contar essa história, ou o fato de o jorna-

---

* A expressão "banqueteira" se refere às profissionais autônomas que eram contratadas por famílias abastadas ou de classe média para preparar grandes refeições, geralmente em ocasiões comemorativas. O uso da expressão é comum ainda hoje.

lista considerá-la um caso pitoresco, evidencia a história racializada, de gênero e de classe que marca a cozinha profissional no século 20, que analiso no próximo capítulo.*

---

* Infelizmente, Maria de São Pedro morreria quatro anos depois, aos 57 anos, deixando seu restaurante — que funciona até hoje no segundo andar do Mercado Modelo, em Salvador — para os filhos e os netos.

Cozinheiras negras, *chefs de cuisine* brancos: o trabalho culinário profissional no Brasil no século 20

> *Pensar em intimidades monstruosas no pós-escravidão significa examinar aquelas subjetividades constituídas pela escravidão transatlântica em diante e conectadas, como agora, pelos horrores mundanos cotidianos que não são reconhecidos como horrores. Significa articular um estudo diaspórico atento, mas não dependente de nações e nacionalismos, e que está ligado, de diferentes formas durante a escravidão e as liberdades contemporâneas, por intimidades monstruosas, definidas como um conjunto de performances conhecidas e desconhecidas e horrores habitados, desejos e posições produzidos, reproduzidos, que circulam e são transmitidos e respirados como ar e muitas vezes não são reconhecidos como monstruosos.*
>
> CHRISTINA SHARPE[1]

A virada do século 20 trouxe importantes mudanças para a sociedade escravista mais durável das Américas, com impactos fundamentais na história do trabalho culinário de mulheres negras. Na agenda republicana em curso desde o final do século 19, destacam-se as ações que tinham foco no rearranjo das relações sociais no pós-abolição, com o objetivo de manter hierarquias sociais, econômicas e políticas do período escravista, além dos esforços para modernizar o país e das diversas políticas de branqueamento da nação.[2] Esses processos, que se influenciam e acontecem juntos, mantêm a exclusão social e de expropriação econômica da população negra. Após séculos de enriquecimento de uma população majoritariamente branca por meio do trabalho escravizado, descendentes de escravizados não tiveram acesso a políticas de reparação, sendo forçados a permanecer em trabalhos mal remunerados, arriscados e degradantes, impedidos de votar e de ter acesso a educação, assistência à saúde ou qualquer direito básico — isso tudo à luz de um sistema legal e jurídico do país republicano, pautado em uma suposta igualdade dos cidadãos.[3] Partindo de Abdias Nascimento,[4] utilizo a ideia de genocídio econômico e social da população negra para definir as condições de trabalho e de subsistência a que mulheres negras foram submetidas ao longo do século 20, ressaltando a atuação do Estado brasileiro e das elites em sua manutenção. Analiso isso com mais detalhes e com foco na continuidade do caráter essencial do trabalho de cozinheiras negras em âmbito doméstico e fora dele.

Em um contexto que prejudicava a população negra de todas as maneiras, trabalhadoras negras continuaram buscando formas de garantir sua sobrevivência e materializar um futuro mais promissor para as gerações seguintes. A cozinha permaneceu um espaço possível para alcançar esses objetivos, apesar da permanência de condições de trabalho bem próximas ao período escravista, com a diferença de que patrões e patroas ofereciam agora uma remuneração miserável. Mesmo com a falta de dados estatísticos detalhados, considerando seu percentual populacional[5] e a continuidade de um cenário de exclusão social e da expropriação econômica que fez com que permanecessem como maioria entre as trabalhadoras domésticas,[6] é possível afirmar: mulheres negras provavelmente continuaram sendo as principais cozinheiras brasileiras durante o século 20. Em paralelo, o prestígio de um novo profissional vai se consolidando no trabalho culinário, especialmente entre as elites: o *chef de cuisine*.*

A intenção deste capítulo é pensar essas duas figuras em conjunto e como emblemas de duas temporalidades coexistindo durante a primeira metade do século 20. De um lado, as cozinheiras negras, que, sendo impedidas de acessar outros trabalhos, permaneceram traba-

---

* Esse prestígio só é possível graças às ações estatais e privadas a favor do branqueamento populacional e da consolidação de um ideal de valor da brancura no mercado de trabalho.

lhando em cozinhas domésticas, pequenos negócios e restaurantes, lidando com as condições de vida e de trabalho mantidas pela "sobrevida da escravidão":[7]

> Se a escravidão persiste como uma questão na vida política da América negra, não é por causa de uma obsessão antiquária com os dias passados ou o peso de uma memória muito longa, mas porque as vidas negras ainda são imperializadas e desvalorizadas por um cálculo racial e uma aritmética política que foram consolidados há séculos atrás. Esta é a sobrevida da escravidão — oportunidades de vida distorcidas, acesso limitado à saúde e educação, morte prematura, encarceramento e empobrecimento.[8]

De outro lado, os chefs "gringos", que se tornariam reconhecidos por um suposto conhecimento culinário mais elevado e sofisticado que mais tarde seria reconhecido como gastronomia, um signo da modernidade europeia que se encaixava perfeitamente nas aspirações da elite urbana emergente brasileira. Os chefs eram costumeiramente homens europeus, muitas vezes franceses e italianos, que vinham para trabalhar em hotéis, restaurantes, ou na oferta de serviços de produção de alimentos para as classes mais abastadas, acessando, assim, melhores condições de trabalho e de remuneração na cozinha.

Dando continuidade à análise da história de longa duração do trabalho culinário de mulheres negras no Brasil, no início deste capítulo analiso em que termos ocorre a manutenção da conexão entre trabalho culinário doméstico e a imagem de trabalhadoras negras no decorrer do século 20. Num primeiro momento, a partir de pesquisas históricas e excertos biográficos, investigo como são forçadas a permanecer como trabalhadoras essenciais na manutenção do capital social e econômico das elites e classes médias brasileiras, ainda sob circunstâncias extenuantes e violentas e, a partir desse período, miseravelmente remuneradas. De modo complementar, analiso como estereótipos criados por memorialistas brancos naturalizaram ou invisibilizaram essas condições de trabalho, uma narrativa que tem impactos duradouros sobre as vidas de cozinheiras negras e, não menos importante, sobre uma política de memória nacional em torno dessas trabalhadoras (e de mulheres negras em geral).

Na segunda seção, examino a chegada da figura do chef ao Brasil e a consolidação da gastronomia como campo legítimo do saber culinário no século 20, observando como sua afirmação tem a ver com a oposição que estabelece com o trabalho culinário executado majoritariamente por mulheres negras, parte de uma política racializada de modernização e valorização da brancura que se fortalece no país no início do século 20.

A SOBREVIDA DA ESCRAVIDÃO NO SÉCULO 20: HISTÓRIAS DE VIDA DE COZINHEIRAS NEGRAS E O ESTEREÓTIPO BRANCO DA "MÃE PRETA" COZINHEIRA

> *Porque para sobreviver na boca deste dragão que chamamos de América, temos que aprender esta primeira e mais vital lição — que nós nunca deveríamos ter sobrevivido. Não como seres humanos.*
> AUDRE LORDE[9]

> *A história do Brasil foi uma história escrita por mãos brancas. [...] Então ela não foi somente omissa, mas foi mais terrível ainda porque na parte em que ela não foi omissa, ela negligencia fatos muito importantes e deforma muito a história do negro.*
> BEATRIZ DO NASCIMENTO[10]

> *Não digam que eu fui rebotalho,*
> *Que vivia à margem da vida*
> *Digam que eu procurava por trabalho*
> *Mas sempre fui preterida.*
> CAROLINA MARIA DE JESUS[11]

Sabemos pouco sobre Elisa. Ou Angelina, sua filha. Ou sobre Lara, sua neta. As informações sobre ter sido uma cozinheira-chefe em uma escola em Campinas (SP) só se tornaram amplamente conhecidas quando de sua morte por coronavírus, aos 73 anos de idade.[12] O obituário aparentemente elogioso escrito por ex-alunos e uma ex-diretora de uma das escolas onde trabalhou nos diz pouco sobre sua vida.[13] O texto permite saber que seu nome era Elisa Inês da Silva e que havia trabalhado na escola Marechal Mallet, em Campinas, interior de São Paulo, há pelo menos três décadas, quando os ex-alunos que escrevem a carta estudaram na instituição, e que permaneceu lá por mais de dez anos. Chamavam-lhe Isa, e sua filha, Angelina Teresa, de quem era inseparável, estudou na escola enquanto a mãe trabalhava na cozinha. O obituário diz que Elisa era uma mulher negra, assim como sua filha, "[...] minorias no colégio, mas maiorais nos corações",[14] além de dizer que Elisa usava um turbante e tinha "[...] as cicatrizes de uma vida sofrida na alma e no corpo".[15] O texto exalta suas habilidades culinárias, mesmo diante dos ingredientes simples fornecidos para a alimentação escolar, e sua memória, por não esquecer do nome dos alunos apesar do tempo decorrido.

Porém, entre os elogios, algo chama a atenção: a ênfase na mulher afetuosa, bem-humorada, prestativa e acolhedora que Elisa era na escola. O texto cria cenas em que conseguimos imaginar a trabalhadora sempre a postos para acolher os alunos e dar uma guloseima extra, ou à espera da diretora para servir uma xícara de chá assim que chegava, ou pronta para exercer funções fora de suas atribuições como cozinheira-chefe (como evitar que estudantes fugissem da instituição). Os pronomes de tratamento também se destacam por indicar uma relação de proximidade e de posse: a "tia Isa", para os alunos, ou a "nossa Isa", para a ex-diretora. A imagem que o texto cria é a de uma mulher angelical, feliz, "alto-astral", cuja "vida sofrida" é apenas mencionada.

É possível que Elisa tenha sido, de fato, uma mulher sorridente que gostava de cozinhar e de cuidar das crianças da escola. No entanto, o fato de essa imagem ser constituída só por aqueles para quem trabalhava levanta algumas questões a respeito da imagem de uma cozinheira negra perfeita em servir a todos e cuidar de todos. A que e a quem serve a figura de uma trabalhadora negra que é apenas alegre, acolhedora e subserviente? A partir dessa pergunta, outros elementos também chamam a atenção. Ao tratar da morte da filha de Elisa, que também morreu em decorrência do coronavírus, os autores destacam: "Realmente deve ter sido a primeira vez que imaginamos Tia Isa profundamente triste. Pensamos que deve ter sido a primeira vez em anos que essa mulher chorou".[16] Ao pensar em uma situação extrema, em que a tristeza de uma mãe seria inevitável, o que escapa é como o texto é muito mais sobre aqueles que o escrevem, por ter sido a primeira vez que a imaginaram profundamente triste. Mas será que uma mulher que teve uma "vida sofrida", como foi mencionado, não sentiu tristeza antes desse momento? Ou será que foi a primeira vez que os alunos e a diretora imaginaram Elisa tendo sentimentos que não cabiam na imagem confortável da trabalhadora feliz e satisfeita com suas diversas tarefas? Em outro ponto do texto, mais um trecho se destaca: "Quando olhávamos para aquela mulher, com seu inseparável turbante na cabeça, só enxergávamos alegria".[17] A incapacidade de enxergar, mais uma vez, fala mais sobre os autores do texto e o lugar preciso e inofensivo que definem para trabalhadoras negras como Elisa.

Angelina, sua filha, talvez fosse uma das únicas pessoas que poderia falar mais sobre ela. Sobre as pequenas coisas que geralmente estão num obituário, como sua personalidade, as coisas que gostava de fazer, os sonhos que realizou e que tinha para a filha, os amores que viveu. E, quem sabe, ainda que possa não ser comum em um obituário, o que lhe causava raiva, suas frustrações, as dificuldades de viver na cidade que foi a última do país a abolir a escravidão, as injustiças e as violências pelas quais passou — e as quais sobreviveu. Até mesmo dos cuidados de avó com Lara, filha de Angelina, que não é mencionada no obituário de Elisa, mas sobre a qual pude encontrar a informação em uma reportagem e no obituário de Angelina.[18]

Ao refletir sobre as diferentes faces que Elisa poderia ter, lembrar que a escola foi apenas um de seus trabalhos — e que ela morreu quando já era aposentada — torna visível como o olhar do obituário parece bastante limitado. E a partir da história do trabalho de cozinheiras negras de que tratei até aqui, como o texto pode ser útil para defini-las injustamente como alegres e satisfeitas diante de rotinas de trabalho exaustivas, precárias, arriscadas e miseravelmente remuneradas. Nesse sentido, escolhi o obituário de Elisa como um preâmbulo para pensar sobre um período importante da história de longa duração que estou compondo nesta primeira parte. Quero entender como, no início do século 20, em meio à continuidade de condições de trabalho brutais para mulheres negras, uma narrativa nacional de harmonia racial é construída por um grupo de intelectuais majoritariamente brancos, que utiliza a imagem de trabalhadoras negras, como as cozinheiras, para compor sua fantasia sobre a formação idílica da nação. Essa narrativa compõe uma política de memória sobre mulheres negras construída por narradores, em grande medida brancos, até a contemporaneidade, como o obituário da vida de Elisa revela. Além disso, o que é importante para este capítulo, tem a função de naturalizar uma história de violência e expropriação econômica de cozinheiras negras ao criar estereótipos que as reduzem ao lugar do trabalho e da subserviência — e de passividade (e até mesmo satisfação) diante das circunstâncias em que foram forçadas a viver.

A seção está organizada de modo a analisar, em primeiro lugar, a continuidade das condições do trabalho culinário de mulheres negras no pós-abolição a partir de pesquisas históricas e excertos biográficos de cozinheiras negras em diferentes regiões do país, tendo como foco marcas de sua exclusão social e expropriação econômica. Quero observar de que maneira o Estado e as elites brancas mantêm mulheres negras confinadas ao trabalho doméstico em condições miseráveis ou dificultam que exerçam outras atividades de melhor remuneração ou consideradas menos degradantes. Para evidenciar a profundidade do racismo antinegritude, do sexismo e do classismo na construção da nação brasileira, proponho a reflexão sobre como o estereótipo da mãe preta cozinheira, construído no início do século 20 como parte da narrativa de harmonia racial brasileira, romantiza uma intimidade monstruosa do trabalho de mulheres negras. Ademais, como aprisiona a imagem da cozinheira negra em um passado escravista. Em contraste, trago uma reflexão de como os relatos das cozinheiras negras desestabilizam as memórias românticas brancas do passado e denunciam as condições monstruosas e perversas de seu cotidiano.

Retomo também a análise de pesquisas históricas recentes sobre a vida de trabalhadoras negras, dessa vez no período do pós-abolição.[19] Para pensar a continuidade das condições de trabalho do período colonial, a análise de Flávio Gomes e Olívia Maria Gomes da Cunha sintetiza a questão:

> Em muitos casos, a liberdade não significou o avesso da escravidão. Em outros, a sujeição, a subordinação e a desumanização, que davam inteligibilidade à experiência do cativeiro, foram requalificadas num contexto posterior ao término formal da escravidão, no qual relações de trabalho, de hierarquia e de poder abrigaram identidades sociais, se não idênticas, similares àquelas que determinada historiografia qualificou como exclusivas ou características das relações senhor-escravo.[20]

É o caso das cozinheiras negras que trabalhavam em âmbito doméstico ou em pequenas atividades comerciais. Para que tal requalificação da desumanização e da subordinação pudesse acontecer, novos processos sociais e políticos são postos em curso pelo Estado e pelas elites brancas durante esse período, inserindo novas camadas de precariedade à vida de trabalhadoras negras. Uma delas é a consolidação de um processo de racialização das relações sociais que marcou o fim do século 19, como observado por Wlamyra Albuquerque,[21] para manter as distinções sociais do antigo sistema escravista e a autoridade de senhoras e senhores escravizadores: "a manutenção de certos esquemas hierárquicos foi o principal saldo do longo e tortuoso percurso que levou a sociedade brasileira à extinção legal do cativeiro em 1888".[22] Ainda, a institucionalidade da desigualdade racial no pós-abolição foi encoberta por uma ética do silêncio racial nos documentos oficiais[23] — muitas vezes confundida como uma proposta de equidade racial, especialmente na comparação com a estrutura legal estadunidense.[24]

Pensando sobre as construções de diferenças raciais na época, é interessante refletir sobre raça e racismo antinegritude como tecnologias que, segundo Ruha Benjamin, requerem "manutenção e atualização rotineiras".[25] Uma das mais marcantes atualizações para a vida de mulheres negras foi (e ainda é) a permanência da racialização das ocupações que vimos no primeiro capítulo, que se aprofunda com a política de branqueamento populacional, da força de trabalho e das cidades que marcou o fim do século 19 e o início do século 20, acompanhando o empenho de modernização do país.[26]

É uma política patrocinada pelo Estado brasileiro e pelas elites, e tem impactos importantes sobre o acesso de pessoas negras ao mercado de trabalho em cargos de melhor remuneração ou de maior prestígio. Como observado por Raissa Roussenq Alves:

> Graças à política de branqueamento promovida pelo Estado brasileiro com mais intensidade desde o final do século XIX, e em maior ou menor grau pelas províncias, 2,5 milhões de europeus migraram para o país entre 1890 e 1914, dentre os quais 987 mil tiveram suas passagens subsidiadas com recursos públicos. Nova onda migratória relevante ocorreu durante a Primeira Guerra Mundial, com a entrada de 847 mil europeus em território nacional. Em São Paulo, maior foco da imigração europeia, a população estrangeira era de 830 mil, em 1920, ao passo que havia 650 mil afro-brasileiros. No início da década de 1900, a mão de obra na indústria e na construção era composta por 80% a 90% de imigrantes. Apesar de parte da população negra ocupar empregos fixos em fábricas ou na construção de linhas de bonde ou rede elétrica, a maioria encontrava-se no serviço doméstico ou no trabalho informal. No Rio de Janeiro, a população negra permaneceu numericamente superior à de imigrantes europeus, mantendo sua posição no mercado de trabalho assalariado, como trabalhadores de transporte, estivadores e operários fabris. Entretanto, os europeus gozavam de preferência no comércio e nos ofícios especializados.[27]

Vale destacar que, apesar de ser mais marcante nesses postos de trabalho, a profundidade da ideologia de branqueamento pode ser observada até no trabalho doméstico. Na verdade, nesses anúncios é que é possível encontrar exigências ligadas à cor de maneira mais explícita.*²⁸ Em um dos poucos estudos que analisam a preferência de empregadores por trabalhadores domésticos brancos na primeira metade do século 20, Oracy Nogueira entrevistou patrões paulistas e observou como trabalhadores negros e negras eram preteridos em funções com maior visibilidade ou contato com o público:

> "Copeira queremos branca. O resto — arrumadeira e cozinheira — não importa que seja de cor. Porque, para servir mesa, branca sempre dá um aspecto melhor". [...] "Para copeira preferimos branca. Para cozinhar não damos preferência a branca ou preta." [...]
> Em cinco casas disseram que pra cozinhar preferem preta, porém para os demais serviços [...] procuravam sempre brancos. [...]
> Um comerciante de restaurante, português, que procurava cozinheira branca, respondeu: "Sempre tenho tido (empregadas pretas), mas uma preta trabalhou três dias e fez um papel danado. Mas, não adianta: só mesmo preta se adapta à cozinha..."²⁹

Ainda que o estudo se refira a São Paulo, o estado que foi o maior foco da política migratória e, nesse sentido, onde os patrões poderiam ser mais exigentes por haver um contingente maior de trabalhadores brancos, o ideal da brancura como atributo de qualidade de mão de obra se instaura no país todo. Como observa Bruna Portella de Novaes:

> Branquear a nação, branquear as ruas, branquear o trabalho, uma ideologia do branco como superior a nortear políticas e propostas de cidade e de controle. Mesmo que não tenha sido plenamente bem-sucedido — as cidades continuam sendo muito negras, e o mercado de trabalho não prescinde dos trabalhadores negros —, o ideal branco prossegue como um valor subjacente, e se articula com o etiquetamento da vida negra como desviante [...]³⁰

---

* Isso com certeza não significa que o princípio seletivo "da cor" não existia para outras funções. Provavelmente, indica apenas que a hierarquia racial estava já bastante estabelecida nesses cargos e não era necessário indicar a preferência por pessoas brancas. Ver Caetana Damasceno, *Segredos da boa aparência: da "cor" à "boa aparência" no mundo do trabalho carioca (1930-1950)*. Seropédica: Ed. da UFRJ, 2010.

Como uma consequência disso, ao longo da primeira metade do século uma nova tecnologia racista de seleção aparece no mercado de trabalho: a exigência da "boa aparência". Uma estratégia eufemista, ela responde em parte à promulgação da lei Afonso Arinos de 3 de julho de 1951, que tornava contravenção penal a discriminação racial.[31] Como afirma Lélia Gonzalez, em texto de 1980:

> Aquele papo do "exige-se boa aparência", dos anúncios de empregos, a gente pode traduzir por: "negra não serve". Secretária, recepcionista de grandes empresas, balconista de butique elegante, comissária de bordo, etc. e tal, são profissões que exigem contato com o tal público "exigente" (leia-se: racista). Afinal de contas, para a cabeça desse "público", a trabalhadora negra tem que ficar no "seu lugar": ocultada, invisível, "na cozinha".[32]

O que interessa analisar nessas diferentes formas de racialização e de tecnologias do racismo antinegritude é o fato de que, como observa Gonzalez sobre a política de seleção da boa aparência, a negritude e a feminilidade, combinadas, foram definidas como atributos de inaptidão para o exercício de tarefas menos degradantes ou mais bem remuneradas no pós-abolição e durante o século 20. Assim, essa estrutura de seleção racial e de gênero manteve mulheres negras confinadas ao trabalho doméstico e a outros trabalhos pouco valorizados e miseravelmente pagos. Gonzalez destaca que a cozinha seria o único lugar aceitável para a trabalhadora negra, o "seu lugar" dentro dessa política de boa aparência. Com isso, mostra a continuidade da associação metafórica entre trabalhadoras negras e a cozinha no Brasil, apontada no primeiro capítulo, que se mantém por meio de novas políticas racializadas, de gênero e de classe que se articulam no pós-abolição.

Para tornar palpáveis o confinamento ao trabalho doméstico ou informal e as condições do genocídio social e econômico a que foram submetidas as trabalhadoras negras, é importante pensar nas condições de trabalho que encontraram no pós-abolição. Estudos sobre a pobreza feminina durante o século 19 revelam como em cidades como São

Paulo mulheres livres e libertas eram preteridas em ofícios com melhor remuneração, sendo forçadas a ficar no trabalho doméstico ou em atividades comerciais informais nas ruas da cidade.[33] No pós-abolição, o controle do trabalho na rua se torna mais ostensivo, e o poder público de diversas cidades passa a restringir ainda mais as atividades comerciais de mulheres, a maioria negras, por causa das políticas de modernização e branqueamento das cidades.[34] A melhoria das condições de abastecimento urbano também tem impacto na tolerância do poder público em relação a esse trabalho, visto que deixa de ser tão essencial como nos séculos anteriores. A presença dessas trabalhadoras na paisagem urbana passa a ser vista como signo de um passado colonial que não era mais condizente com o padrão de modernidade que buscava se construir para o país, onde as ruas se transformariam em um espaço de fruição e lazer para famílias majoritariamente brancas.[35] Analisando o conteúdo dos discursos de modernização e de embranquecimento da cidade de Salvador, Bruna Portela Novaes destaca o lugar especial das quitandas de mulheres negras:

> O comércio de rua era um ponto frequente nesses discursos. No caso das festas populares, são as quitandas que vendem as comidas africanas e a cachaça entorpecedora dos espíritos dos populares. A elite local não se permitiria degustar de uma culinária tão repleta de significados, que acarretaria uma imagem de tolerância de costumes africanos e lembrava a herança escravista. A figura da negra vendedora de quitutes era símbolo recorrente de uma cidade colonial, atrasada, africanizada. Se recurso simbólico ou realidade, não podemos afirmar. Em todo caso, a presença dessa personagem nas ruas era a metonímia da presença negra. Havia um esforço em não permitir que se representasse a Bahia, pelos olhos estrangeiros, como uma negra "gorda, de turbante e fazedora de angu" ou como a "mulher do saião".[36]

Com o trabalho informal nas ruas ainda mais controlado, mulheres negras sofriam mais restrições para trabalhar autonomamente, de maneira que o trabalho doméstico pode ter se tornado o único trabalho disponível para muitas delas. No entanto, a alta rotatividade de trabalhadoras domésticas em estados que mantinham algum tipo de registro, como São Paulo, evidencia sua tentativa constante de encontrar condições de trabalho menos violentas ou mais bem remuneradas.[37] De modo complementar, a proposta, por parte de autoridades governamentais e legislativas de diferentes estados, de políticas de regulação sobre os contratos e a conduta de trabalhadores e trabalhadoras domésticas no pós-abolição é uma interferência inédita, que tinha como principal objetivo manter as condições de trabalho que caracterizavam a intimidade monstruosa analisada no primeiro capítulo.[38]

As medidas definidas por decreto em São Paulo, em 1886, garantiam, por exemplo, poucos e restritos direitos aos trabalhadores e trabalhadoras domésticas, pois eram focadas em estabelecer um padrão de controle e disciplina que garantisse a autoridade patronal e a criminalização desses trabalhadores — que deveriam ser fiscalizados pela polícia.[39] Legislações como essa, somadas aos códigos de postura que regulavam o trabalho de rua, demonstram a necessidade, no pós-abolição, de códigos de conduta para que a população negra "soubesse o seu lugar": próximo ao da escravidão.[40, 41]

A partir dos registros biográficos de mulheres negras que trabalhavam na cozinha, é possível identificar a manutenção de condições impossíveis de sobrevivência e a política institucionalizada de genocídio social e econômico de mulheres negras (e da população negra em geral) ao longo do século 20. Esse é o caso do relato biográfico de dona Risoleta,[42] nascida no interior do estado de São Paulo em 1900, pouco mais de uma década após a abolição. Os rastros do sistema escravista são bastante visíveis em sua trajetória, e não apenas na descrição que faz de seu pai, um homem que havia sido escravizado, ou de sua mãe, nascida ingênua, mas no fato de que começou no trabalho doméstico com oito anos de idade, na casa da sinhá-moça* de seu pai, em troca da possibilidade de aprender a trabalhar,[43] ler e escrever.

---

* A própria expressão pertence ao mundo das relações escravistas: se refere à filha do senhor de escravos que havia sido dono de seu pai (o "branco dele"), em Ecléa Bosi, "D. Risoleta". In: _____. *Memória e sociedade*. São Paulo: Companhia das Letras, 1994. p. 377.

Dona Risoleta não sabia informar se seu pai recebia algum tipo de remuneração pelo trabalho da filha, mas o ouvia dizer que não fazia questão do dinheiro, e sim de sua alfabetização.[44] O relato de Risoleta evidencia a permanência das condições extenuantes e arriscadas do trabalho doméstico:

> Levantava de madrugada, trabalhava o dia inteirinho, de noite acendia cinco ferros de carvão para engomar a roupa de linho que tinha que passar tudo úmido: eu largava um ferro e pegava outro, largava um, pegava outro. [...] O ferro era pesado, não era ferro de estufa: o linho tinha que passar muito bem, com ferro bem quente. [...] eu levantava às quatro da manhã, trabalhava o dia inteirinho, fazia pão. Só tinha eu de empregada e uma preta bem velha, mais velha do que estou agora, com o dedão do pé torto, na beira do fogão, arcadinha. Eu tinha dó dela, botava o caixão de sabão na beira e trepava para alcançar o fogão de lenha e fazia comida pra ela. [...] Depois das onze horas a patroa me chamava para aprender a ler e eu começava a cochilar: "Vou contar pro seu pai que você não quer estudar". "Não é que eu não quero estudar, meus olhos que não querem ficar abertos, tou com tanto sono...".[45]

Apesar de ser criança, considerar que Risoleta trabalhava cerca de dezesseis a dezoito horas por dia não é uma estimativa descabida. A descrição mostra como a rotina da menina envolvia manipular o forno a lenha para fazer pão e o fogão a lenha para ajudar uma cozinheira idosa, com quem dividia o trabalho e cujo corpo provavelmente apresentava as sequelas e as limitações físicas da rotina exaustiva de trabalho de toda uma vida. Vale pensar como parecia haver uma expectativa de que uma menina negra de apenas oito anos de idade soubesse cozinhar, quase como uma aptidão natural para o trabalho culinário, ainda que essa questão não seja verbalizada por dona Risoleta, o que talvez apenas evidencie a naturalização desse fato. Ademais, é importante ressaltar como a manutenção da casa e do estilo de vida da sinhá-moça, uma década após a abolição, dependia do trabalho (não remunerado) de uma menina de oito anos de idade e de uma senhora de oitenta anos.[46] E, quando a rotina quase ininterrupta de trabalho da qual a patroa era dependente extenuava a menina e a impedia de se manter acordada durante as aulas, "dona Lalá" ameaçava contar para o pai de Risoleta que ela é quem não queria aprender.

Com o tempo, apesar de continuar executando diversas tarefas domésticas, sua habilidade culinária passa a se destacar, uma capacidade que dona Risoleta assume com vaidade: "Quando eu tinha treze anos, me perguntavam na rua: 'O que você está fazendo?'. 'Sou cozinheira de forno e fogão'. Se eu ia num lugar e comia um bolo, chegava em casa eu fazia igualzinho, sem receita, sem nada, só porque eu comi".[47] O trecho demonstra a perícia que já havia desenvolvido na adolescência, que lhe permitia executar uma receita com perfeição a partir de seu paladar. Porém, o orgulho de dona Risoleta também se reflete em assumir para si o título de um ofício especializado na cozinha, num posto que atestava a competência culinária desde o período da escravidão: o de cozinheira de forno e fogão.

Ao longo do século 19, estudos apontam que as cozinheiras peritas, "perfeitas cozinheiras" e cozinheiras de forno e fogão, eram muito requisitadas em anúncios de trabalho, de venda ou de aluguel, além daqueles em que as próprias cozinheiras livres e libertas se ofereciam para o serviço.[48] Uma breve pesquisa no arquivo digital da Biblioteca Nacional mostra que, entre os periódicos do acervo, o primeiro anúncio em que se registra a expressão é de 1829, na venda de uma escravizada que, entre diversas outras habilidades domésticas, tem a qualidade de seu trabalho culinário destacado.[49] O título de "cozinheira de forno e fogão" refletia a capacidade de manejar com maestria os dois instrumentos, o que seria indicativo da extrema habilidade da trabalhadora em questão. A análise do arquivo permitiu observar que suas habilidades como boas compradoras, doceiras, refinadoras de açúcar e quitandeiras também podiam ser enfatizadas. Como contraponto, a maior parte das trabalhadoras domésticas eram anunciadas como cozinheiras "do trivial", significando que eram capazes de executar alguns pratos simples, na maioria das vezes utilizando apenas o fogão.[50] Por causa de sua habilidade, as cozinheiras de forno e fogão podiam trabalhar em casas de famílias de "fino tratamento"* e, apesar de terem que dar conta de outras tarefas domésticas, geralmente, havia a possibilidade de uma dedicação maior às tarefas culinárias.**

Mesmo considerando a jornada extenuante e arriscada comum a todas as funções do trabalho doméstico, é importante destacar que o reconhecimento da especialização culinária dessas trabalhadoras podia permitir remunerações mais elevadas ou melhores oportunidades de emprego.[51] Além disso, podia possibilitar que trabalhassem de maneira autônoma, isto é, que pudessem "viver de si", como as cozinheiras que cozinhavam esporadicamente em eventos em casas de família abastadas ou que tinham pequenos empreendimentos, vendendo comida nas ruas ou mantendo pequenas pensões. É provável que a distância da violência cotidiana do trabalho doméstico significasse para essas mulheres acessar condições de trabalho mais favoráveis que as da maioria das trabalhadoras domésticas. O uso da denominação especializada de cozinheira de forno e fogão se estendeu durante o século 20, mesmo depois que os equipamentos da cozinha mudaram, de acordo com pesquisa realizada em jornais de todo o Brasil disponíveis no acervo digital da Biblioteca Nacional.[52] Também significava a possibilidade de uma melhor remuneração — a maior parte dos anúncios informa que "paga-se bem".

A afirmação de dona Risoleta como cozinheira de forno e fogão, apesar de não condizer com sua realidade de trabalho quando adolescente,[53] pode ser indicativa da vaidade que tinha em relação à sua habilidade culinária ou, ainda mais importante, da necessidade que sentia de afirmar um status mais elevado no trabalho doméstico. De qualquer modo, é preciso pensar nessa vaidade em seus próprios termos: que, no universo em que vivia, diante das poucas oportunidades e das péssimas condições de trabalho disponíveis para mulheres negras com os mes-

---

* Expressão comum nos anúncios da época para designar as famílias brancas abastadas.

** Isso não significava uma rotina de trabalho muito menos exaustiva, embora pareça um "benefício" em relação ao trabalho doméstico em geral. Como vimos no primeiro capítulo, cozinhar envolvia uma gama de tarefas penosas e complexas, o que significava uma jornada praticamente ininterrupta de trabalho que, não raro, exigia que as cozinheiras dormissem no chão das cozinhas.

mos atributos que ela, cozinheiras de forno e fogão podiam deter um status mais elevado entre as funções do trabalho doméstico, por causa da melhor remuneração ou de condições mais favoráveis para empregar-se. Ademais, essa vaidade também podia ser estratégica: afirmar-se como cozinheira de forno e fogão para pessoas que perguntavam, à época, sobre sua ocupação, era também a possibilidade de conseguir eventualmente um trabalho remunerado, sabendo da demanda comum por um serviço especializado de cozinha.

No âmbito da rotina do trabalho culinário doméstico no pós-abolição, os detalhes dados por dona Risoleta indicam que havia pouca ou nenhuma mudança na rotina extenuante, arriscada e precária do período da escravidão:

> Nunca pude acompanhar as notícias, assistir às festas e movimentos da cidade enquanto trabalhava. A gente ficava seis meses sem ver a rua! Sempre tinha serviço e sábado e domingo era o dia que se trabalhava mais: ia fazer doces, biscoitinhos, sequilhinhos porque domingo a família toda reunia. Eles almoçavam e jantavam domingo um arroz de forno muito bonito, frango assado, pernil assado, ou aqueles pastéis que quando acabava de fazer a gente já não tinha nem vontade de sair.[54]

O trecho evidencia como a mesa farta do almoço de domingo de famílias brancas abastadas exigia uma carga tal de afazeres na cozinha que fazia com que a vida de dona Risoleta girasse apenas em torno da execução desse trabalho. A rotina praticamente ininterrupta, na qual "sempre tinha serviço", tornava impossível para ela viver experiências que eram básicas na vida de patrões e patroas, como ter uma vida social ou acompanhar as notícias do mundo em que viviam. Em outro ponto do relato biográfico, dona Risoleta explica que não tinha direito a férias e a folga era apenas no domingo à tarde, um dos dias de trabalho mais intensos e, mesmo assim, só depois de deixar "a mesa do lanche pronta".[55] Ainda, ela descreve sua insatisfação em relação à remuneração, quando passou a recebê-la, deixando claro que não garantia ao menos a satisfação de necessidades básicas: "Quanta injustiça! Às vezes, uma ou outra patroa tinha o coração no peito, deixava um dinheirinho pras empregadas que trabalharam com ela mais de trinta, quarenta anos [...] A gente ganhava uma bagatela que não dava pra nada, nem pra se vestir [...]".[56] A menção ao longo período em que recebia uma remuneração miserável, sem ao menos uma compensação depois de tanto tempo, mostra-se ainda mais monstruosa quando sabemos que, aos 47 anos de idade, depois de 39 anos trabalhando na cozinha, dona Risoleta ficou cega. A razão da catarata foi a exposição às altas temperaturas do forno e do fogão e, por isso, já dependia do cuidado de suas filhas havia quase três décadas no momento da entrevista.

Também revelador do cotidiano do trabalho culinário doméstico no pós-abolição é o relato de outra mulher negra que foi cozinheira: Carolina Maria de Jesus. Em *Diário de Bitita*,[57] um de seus textos autobiográficos, a escritora, que nasceu em 1914, trata de sua infância, adolescência e início da vida adulta em cidades no interior de Minas Gerais. O retrato que Carolina faz do trabalho de cozinheiras e trabalhadoras domésticas que observava quando era criança deixa ver a similaridade com a rotina descrita por dona Risoleta:

> As mulheres pobres não tinham tempo disponível para cuidar de seus lares. Às seis da manhã, elas deviam estar na casa das patroas para acender o fogo e preparar a refeição matinal. Que coisa horrível! As que tinham mães deixavam com elas seus filhos e seus lares.
>
> As empregadas eram obrigadas a cozinhar, lavar e passar. As refeições deveriam ser preparadas com artifícios: cestinhas de tomates recheadas com maionese, cestinhas de batatas recheadas com presunto moído, azeitonas, etc. As refeições eram servidas assim: primeiro uma sopa; após a sopa, servia-se arroz, feijão, carne, salada. Quando serviam peixes, usavam-se outros pratos e outros talheres. Por fim, a sobremesa e o café.
>
> Quantas louças e talheres e panelas para serem lavados! E tinha que arear os talheres. Lavar os ladrilhos, enxugá-los com panos. Deixavam o trabalho às onze da noite.[58]

A complexidade dos pratos que tinham que fazer dependia de uma rotina longa e extenuante de trabalho — que, segundo Carolina, durava cerca de quinze horas diárias. É interessante observar o contraste que ela cria entre a beleza e o capricho exigido em refeições com "cestinhas de tomates recheadas com maionese", além da rotina intensa de limpeza para manter talheres areados e ladrilhos lavados na cozinha das patroas, e as condições dos lares das próprias cozinheiras,[59] que não podiam ser cuidados em decorrência da exaustão e da falta de tempo causada por seu trabalho em casas alheias. Em outro trecho, Carolina também deixa ver a relação de poder que as patroas estabeleciam com as cozinheiras, cuja sobrevivência estava sempre em risco em uma relação que poderia ser rompida por um pequeno deslize da trabalhadora:[60]

> Quando as cozinheiras sentiam sono, iam lavar o rosto na água fria para despertá-lo. O único medo era o de salgar a comida e a patroa dar a conta. Eram muitas pessoas para trabalhar e pouquíssimos os locais para trabalhar. A patroa era tratada como se fosse uma santa no altar. Se as patroas estivessem nervosas, as empregadas deveriam dizer:
> — Sim, senhora.
> Se estivessem amáveis tinham que dizer:
> — Sim, senhora.[61]

A condição das trabalhadoras negras no pós-abolição pode ser resumida pela autora: havia muitas cozinheiras para poucos postos de trabalho. Assim precisavam continuar nos trabalhos e tinham de tolerar situações comuns de abuso e violência de patroas e patrões, uma vez que poderiam ser facilmente demitidas e substituídas. Porém, Carolina chama a atenção para o fato de que o reconhecimento como "boas" cozinheiras podia significar uma melhor remuneração em relação a outras funções do trabalho doméstico. Ademais, no contexto de fome em que a maior parte da população negra vivia à época, o fato de que as cozinheiras poderiam ter a possibilidade de levar os restos de comida para casa também era uma "vantagem"* em face

---

* As aspas buscam chamar a atenção para o fato de que a possibilidade de levar os restos de comida para casa ser vista como uma vantagem ou um benefício apenas

de outras funções. Essa foi sem dúvida uma das estratégias das cozinheiras para garantir o alimento dos filhos:[62]

> A comida que sobrava, elas podiam levar para as suas casas. E nas suas casas, os seus filhos, que elas chamavam de negrinhos, ficavam acordados esperando mamãe chegar com a comida gostosa das casas ricas. No jantar, as cozinheiras faziam mais comida, para sobrar. A comida que os patrões comiam no almoço, não comiam no jantar.[63]

Outro ponto da história de Carolina é que, como dona Risoleta, suas experiências profissionais revelam que era esperado que ela soubesse cozinhar — como se esta fosse uma aptidão natural de mulheres negras. Evidenciando a continuidade da naturalização de mulheres negras no espaço da cozinha, o caso a seguir revela a violência que resulta da surpresa dos patrões ao descobrir que este não era o caso:

> Tive sorte, fui trabalhar numa casa rica. Que palacete suntuoso! [...]
> Eu ia ser cozinheira. Cozinhei. O primeiro dia, o patrão reclamou. Pediu mais capricho. A comida não estava gostosa. Fiquei apavorada. Eu que pretendia ser uma boa cozinheira. Eu era morosa. Não conseguia lavar toda a louça e cuidar da comida. A patroa me dizia:
> — Parece que você não tem prática de trabalhar. Ande depressa, porque você tem que matar um frango.
> Eu não sabia matar aves. Mas mesmo assim matei. Não consegui cortar os pedaços. A patroa reclamou. Com muita luta, o jantar ficou pronto.
> Eu queria sair do emprego. Percebi que não dava conta do trabalho. E não sabia cozinhar à altura. Comecei a ouvir vozes iradas:
> — Ordinária.
> — Cadela, nojenta! [...][64]

Tempos depois, Carolina consegue o posto de cozinheira em uma Santa Casa, onde o ordenado de cozinheira era o mais alto da cida-

---

→ escancara a situação de miséria e expropriação econômica a que foi submetida a população negra no pós-abolição.

de.[65] A autora conta da rotina exaustiva, da constância dos comentários depreciativos de uma das irmãs da instituição sobre seu comportamento e como ela teve que desenvolver suas habilidades culinárias a partir da leitura de um livro de técnicas e receitas. Apesar da remuneração singular que, durante um tempo, lhe "prendeu como um freio", ela toma a decisão de deixar o emprego: "Para ser sincera, comecei a sentir falta das diversões, então decidi sair. Poderia ganhar menos em outra casa, mas poderia sair aos domingos, ir ao cinema, passear. Pedi a conta. Depois que deixei o emprego, compreendi a minha insensatez...".[66] Como dona Risoleta, Carolina mostra como o trabalho culinário exigia um nível de trabalho e dedicação que não lhe permitia ter uma vida social, convívio familiar ou qualquer tipo de lazer. No entanto, em seu arrependimento de deixar um trabalho bem remunerado, fica evidente que, diante das condições praticamente impossíveis de sobrevivência, estas não eram coisas às quais poderia aspirar, em razão da dificuldade de encontrar outro trabalho — especialmente com uma remuneração como aquela.

O relato biográfico de Lenira Maria de Carvalho, nascida em 1932 em um engenho no interior do estado de Alagoas, oferece uma visão sobre o trabalho culinário doméstico de outro ponto de vista: o da filha da cozinheira.[67] Uma das lideranças sindicais do movimento de trabalhadoras domésticas, Lenira conta sobre o cotidiano de trabalho de sua mãe* na década de 1930 e as condições de vida de sua família:

> O serviço doméstico era muito pesado. Minha mãe cuidava da cozinha e da limpeza. Às vezes alguma moradora do engenho era chamada para ajudá-la, quando tinha que fazer muito doce. [...] Minha mãe dormia muito tarde e acordava muito cedo, porque tinha muita coisa pra fazer. Na casa-grande havia um quarto e uma cama que eram dela. Como havia ainda eu e minha outra irmã, dormíamos as três numa cama só. Muitas vezes, eu e minha irmã dormíamos sem comer. A família da casa-grande jantava muito tarde e a gente só podia comer depois que os ricos fizessem

---

* Infelizmente, Lenira Maria de Carvalho não cita o nome de sua mãe no seu livro *A luta que me fez crescer* (Recife: DED; BAGAÇO, 2000).

a ceia (eles chamavam jantar de ceia). Eu nunca entendi por que minha mãe não podia nos alimentar antes da gente adormecer, numa casa onde havia tanta comida![68]

O trecho expõe um dos aspectos do caráter mais monstruoso das condições desse trabalho: o fato de que os filhos da cozinheira negra podiam dormir com fome. Com o relato de Carolina,[69] observamos como a possibilidade de levar a sobra de comida dos patrões era algo visto como "vantajoso", mas o caso de Lenira revela que nem mesmo morar na casa dos patrões, onde a comida (preparada por sua mãe) era abundante, era garantia de não dormir com fome. A regra de que a comida não poderia ser consumida antes da família branca, algo que não poderia ser flexibilizado nem mesmo para crianças, evidencia o valor de vidas negras e a profundidade da intimidade monstruosa desse trabalho. Qual deveria ser o sentimento de sua mãe, depois de uma jornada exaustiva de trabalho culinário, ao voltar para o quarto e ver a imagem de suas duas filhas, sabendo que adormeceram sentindo fome?[70]

Vale a pena destacar um último excerto biográfico, que evidencia a similaridade das condições de trabalho de cozinheiras negras, mas também as diferenças possíveis em um contexto profissional urbano. É o caso de dona Inez,[71] que trabalhava em diferentes cidades do estado de São Paulo desde criança:

D. Inez narra que, com oito anos,
"Já era empregada doméstica na casa dos Freire, em Santos, mas diziam que era como filha, porque meu pai tinha me dado para eles. Lá eu limpava, lavava e cozinhava, sem receber nada porque era como filha. Minha avó, vendo a situação, me tirou dos Freire; fui morar na Mooca, na casa da minha avó, mas também em sua casa eu limpava, arrumava, era marmiteira e vendia doces pela rua. E nunca mais parei de trabalhar: de doméstica na casa dos outros e na minha casa. Chegava a trabalhar mais de 16 horas por dia. Às vezes, ia ao baile das cozinheiras[72] no sábado e no domingo, quando tinha folga na casa em que trabalhava; arrumava um bico e ia fazer o almoço de domingo em outra casa de família para ganhar uns tostões a mais. E ainda trabalho. [...] Ah, ia me esquecendo,

mas quero contar de qualquer jeito: você sabia que, em 1930, nesta cidade, tinha patroa que usava chicote, e a gente ficava quieta!".[73]

A vida de dona Inez nos mostra mais detalhes da intimidade monstruosa do trabalho doméstico à época, como trabalhar sem remuneração na casa dos "Freire", expropriação que era justificada pelos patrões porque ela seria "como filha". Sua avó, talvez por ter vivido algo similar ou ter observado esse "arranjo familiar" perverso tantas vezes, faz questão de resgatar a neta — mas, provavelmente pela dificuldade da própria avó de se manter nesse contexto de remunerações miseráveis para mulheres negras, dona Inez precisa continuar trabalhando para ajudar em casa. A diversidade de ofícios que executou, a jornada exaustiva de trabalho que durava mais de dezesseis horas por dia, sete dias por semana, revelam como ela tinha que se submeter a uma carga de trabalho desumana para garantir uma sobrevivência mínima. Além disso, uma das formas de sobrevida da escravidão no trabalho doméstico se sobressai ao fim de seu relato, ao denunciar a patroa que torturava e agredia trabalhadoras domésticas com um chicote. Ter ficado "quieta" sobre esse episódio durante décadas expõe a profundidade da violência a que cozinheiras negras eram expostas e a necessidade de se calarem a respeito disso, afinal, como já disse Carolina Maria de Jesus, "eram muitas pessoas para trabalhar e pouquíssimos os locais para trabalhar".[74]

Porém, há outro aspecto importante na fala de dona Inez, que diferencia seu relato biográfico de partes do relato de dona Risoleta,[75] de Carolina Maria de Jesus[76] e de Lenira Maria de Carvalho,[77] que falam sobre o trabalho culinário em fazendas ou pequenas cidades. As diversas funções do trabalho culinário que dona Inez exerceu revelam a diferença que residir em grandes centros urbanos no início do século 20 podia representar na vida das cozinheiras negras, já que havia outras possibilidades de trabalho para essas profissionais. Seu relato deixa ver a continuidade do comércio de alimentos nas ruas, apesar da fiscalização mais ostensiva das autoridades, além da possibilidade de um serviço culinário esporádico para os almoços de domingo em casas abastadas ou o fornecimento de refeições como marmiteira. Isso também é perceptível na vida de Maria de São Pedro, cozinheira cuja vida tratei no interlúdio anterior a este capítulo, que vendia comida em feiras de Salvador e trabalhava como banqueteira em eventos de anfitriões importantes, como políticos e intelectuais da elite.[78] Ou dona Risoleta, que passou a viver em São Paulo no mesmo período que dona Inez e conseguiu abrir uma pensão onde oferecia refeições para famílias "chiques", apesar da descrença de sua patroa.[79] É importante pensar que a possibilidade de trabalhar com a produção de alimentos de maneira autônoma teve influência sobre a migração de jovens negras da zona rural para a zona urbana em busca de melhores condições de vida, como veremos nos próximos capítulos.

Tendo como pano de fundo os relatos das próprias cozinheiras negras, é importante analisar uma narrativa que se constrói na primeira metade do século 20 e que as afeta por fundar uma política de memória nacional sobre seu ofício: a construção do estereótipo da mãe preta.[80] Parte da literatura memorialista, pré-modernista e modernista do início do século, de autoria de homens majoritariamente brancos e de elite, esse tipo de material é responsável por consolidar um ideário fantasioso de harmonia racial na formação da nação, que se tornará fundamental para a política de modernização[81] e de integração nacional da década de 1930.[82, 83] A partir da análise das personagens criadas por diferentes obras, é possível observar os detalhes desse tropo literário:

> [...] a mãe preta é a escrava a quem se destinam os cuidados "físicos" (versus "morais") do filho-família: a amamentação, a higiene corporal. Tais cuidados são, contudo, na construção desse mito, representados à luz dos sentimentos "nobres" de lealdade aos senhores e de devoção maternal aos filhos brancos de criação. Em outras palavras, não por obrigação ou resignação, mas por um gesto altruísta de servilismo, bondade e afeição maternal, a mãe preta dedica-se aos cuidados de "seus" meninos aristocráticos. Velha, corpulenta, supersticiosa, e fervorosamente católica, a mãe preta não representa perigo algum de degradação moral da família por meio da cópula com o senhor ou o "sinhozinho" brancos; além disso, sua índole fiel, mais devota às demandas da casa-grande que aos interesses da própria senzala, distancia-a igualmente da figura do escravo revoltado e vingativo.[84]

Entre os esforços de intelectuais modernistas de "resgatar",* defender e preservar tradições nacionais e construir uma ideia de identidade nacional ou de "brasilidade", a cozinha surge como um espaço privilegiado.[85] Pratos ou iguarias considerados regionais são alçados ao lugar de nacionais ou brasileiros, como emblemas da riqueza e, ao mesmo tempo, da homogeneidade cultural do país. Interessa-me observar como essa construção reserva às cozinheiras negras um papel especial — como um dos tipos do estereótipo de mãe preta. A legitimação de determinada cultura brasileira criada pelo movimento modernista, vista por alguns estudiosos como algo positivo por considerar repertórios culturais identificados como africanos e indígenas, cria um lugar particular para essas populações. A exaltação das tradições de um passado colonial escravista, de maneira a mostrar como as três raças contribuíram de maneira harmônica para a formação de uma identidade nacional, passa por criar um papel para as populações não brancas. Como observa Sônia Roncador, tendo como foco a imagem da mulher negra construída nessas narrativas:

> No caso específico da mãe preta, é possível questionar o próprio projeto modernista legitimador, pois que se trata, como já disse, da valorização de um outro mitificado; ou seja, suas marcas sociais e raciais de marginalidade (violência, sexualidade) são removidas ou ao menos atenuadas, para que ele (o outro) possa servir à narrativa utópica da confraternização inter-racial no patriarcado.[86]

A alegoria da cozinheira negra em obras memorialistas e modernistas é representativa dessa mitificação, atenuando as marcas da violência e da expropriação econômica destacadas até aqui. A mate-

---

* A escolha pelo uso de aspas tem a ver com o questionamento dessa ideia: as tradições estavam perdidas para quem? Para as populações negras e indígenas, muitas delas permaneciam em seu cotidiano. Ademais, parece conceber aspectos de uma cultura negra e indígena como algo prestes a se perder, que precisa de salvação e tutela. E quem ganha com esse resgate? Retomarei a questão no terceiro capítulo, pensando nas reapropriações feitas em torno dessa ideia no século 21.

rialização dessas fantasias brancas sobre o trabalho culinário de mulheres negras se mostra de maneira mais contundente na obra de dois autores do período: Monteiro Lobato e Gilberto Freyre, escolhidos por mim para uma análise mais detida.[87]

Entre as diversas personagens negras construídas à época, a cozinheira "Tia Nastácia" é emblemática.[88] Da série de livros infantis *Sítio do Picapau Amarelo*, de Monteiro Lobato, escrita entre 1920 e 1947, Tia Nastácia é uma trabalhadora/agregada no sítio, responsável por todas as tarefas domésticas. A personagem teria sido inspirada em uma mulher que trabalhava como ama do filho do autor: "Tive em casa uma Anastácia, ama do meu filho Edgar. Uma preta alta, muito boa, muito resmunguenta, hábil quituteira".[89, 90]

6. Retrato de Anastácia e Guilherme, filho de Monteiro Lobato, na Fazenda São José, de propriedade do autor

7. Capa da 32ª edição de *Histórias de Tia Nastácia*, de 1995, com Tia Nastácia, Pedrinho, Narizinho e Emília

As analogias feitas pelo autor entre Tia Nastácia e um passado escravista são diversas, como o fato de que Tia Nastácia utiliza o vocativo "Sinhá" para se referir à Dona Benta, proprietária do sítio, ou sua comparação com escravizadas que haviam sido exploradas pela família do escritor.[91] Ademais, Tia Nastácia não tem família, não se sabe se é assalariada e não parece ter nenhuma outra vida além do trabalho no sítio. Esses atributos da personagem caem como uma luva na imagem utópica de harmonia racial do pós-abolição e de uma suposta valorização da cultura popular (e negra) brasileira que o *Sítio do Picapau Amarelo* representa.

Sua habilidade culinária poderia ser considerada um atributo positivo nos diversos livros da série, sendo a cozinha o espaço em que é mais comum encontrá-la.[92] É corriqueiro que a personagem apareça nas histórias com um prato de quitutes para servir à família branca ou que Dona Benta saia da cena para dar ordens à cozinheira. Essa consideração sobre sua habilidade, no entanto, parece limitada a um repertório específico, destacado pelo autor como "brasileiro" e rural,[93] como seus famosos bolinhos de chuva ou o lombo assado. E mais: o suposto reconhecimento dessa habilidade se articula com o destaque para sua "ignorância", que seria característica do povo brasileiro.[94] A ambiguidade dessa construção se observa nas diversas falas humilhantes da personagem Emília, a boneca falante, sobre tia Nastácia:[95]

> Tia Nastácia, essa é a ignorância em pessoa. Isto é... ignorante, propriamente, não. Ciência e mais coisas dos livros, isso ela ignora completamente. Mas nas coisas práticas da vida é uma verdadeira sábia. Para um tempero de lombo, um frango assado, um bolinho, para curar uma cortadura, para remendar meu pé quando a macela está fugindo, para lavar e passar roupa — para as mil coisas de todos os dias, é uma danada! Eu vivo brigando com ela e tenho-lhe dito muitos desaforos — mas não é de coração. Lá por dentro gosto ainda mais dela do que dos seus afamados bolinhos. Só não compreendo por que Deus faz uma criatura tão boa e prestimosa nascer preta como carvão.[96]

Para além do racismo antinegritude da citação, ou da tentativa de suavização da violência da humilhação de trechos como esse ("não é de coração"), chama a atenção a hierarquia do conhecimento que está posta, demonstrando a limitação do reconhecimento de seu conhecimento culinário, entre outras habilidades do trabalho doméstico. O mesmo ocorre em *Histórias de Tia Nastácia*, o único volume da série em que a personagem tem um papel mais central, sendo a contadora de histórias do folclore nacional.[97] A estranheza das crianças diante das histórias que denominam "toscas" ou "idiotas como o povo" ou o fato de Dona Benta ser requisitada com frequência para explicar por que as histórias "não têm pé nem cabeça", e ela fazer comparações com a literatura europeia para facilitar o entendimento da audiência, permitem observar como o reconhecimento de qualquer tipo de saber ou habilidade de pessoas "pretas como carvão" como Tia Nastácia, como a culinária ou as histórias orais, encontram limites na obra de Monteiro Lobato e também no movimento modernista. A fala de Dona Benta evidencia seu olhar sobre o conhecimento popular e como o vincula à negritude:

O povo... Que é o povo? São essas pobres tias velhas, como Nastácia, sem cultura nenhuma, que nem ler sabem e que outra coisa não fazem senão ouvir as histórias de outras criaturas igualmente ignorantes, e passá-las para outros ouvidos, mais adulteradas ainda.[98]

É emblemático que em *Histórias de Tia Nastácia*, cansada das interrupções, a personagem deixa o posto de contadora de histórias para voltar à cozinha e cuidar do jantar, enquanto Dona Benta assume sua função, e suas histórias de um folclore estrangeiro são elogiadas pelas crianças. Rafaela Deiab resume bem o caráter desse olhar, analisando as personagens negras cozinheiras agregadas e contadoras de história de diversos livros do período:

[...] essas negras velhas são associadas a "conhecimentos específicos" — populares ou tradicionais — fossem as narrativas folclóricas, fosse uma culinária típica. Elas são, portanto, versadas nessa sabedoria que em meados da década de 1930 auxiliava a composição da chamada "cultura nacional". Essas "negras cozinheiras" iniciavam as crianças nas características típicas do país; são nessa medida "civilizadoras". No entanto, elas também são ignorantes da "alta cultura", "das ciências", "da modernidade" que igualmente compunham essa "civilização". Nessa medida, surgem como "negras velhas", "incautas" e crentes num "misticismo popular", que a essa altura se tornava motivo de chacota.[99]

A limitação do reconhecimento das habilidades culinárias dessas "negras velhas" e "incautas" torna-se ainda mais visível quando consideramos a história do livro de receitas inspirado em uma das personagens da série: Dona Benta. A despeito de não cozinhar nas histórias, um dos livros de receita mais famosos do Brasil leva seu nome como um certificado de qualidade.[100, 101] Sua primeira edição é de 1940, publicada à época pela editora de Monteiro Lobato e de seu sócio, e, desde então, teve mais de 1 milhão de cópias vendidas em quase oitenta edições.[102, 103] O livro tornou-se conhecido como um dos mais importantes — se não o mais importante — manuais de cozinha doméstica no Brasil, mas não há menção a Tia Nastácia em seu interior. Analisar o conteúdo dos livros de Lobato e a estrutura em torno da construção da personagem nos mostra como o reconhecimento de determinada habilidade culinária combina com a afirmação de uma ideia de ignorância da população negra. Como resultado, revela como o suposto reconhecimento não pode ser transferido para um material autoral como um livro. Vale lembrar que, ainda que Tia Nastácia seja uma personagem fictícia, Dona Benta também é, mas apenas uma delas é escolhida para personificar a legitimidade de um compêndio de receitas.[104]

Entre os autores da época, a obra de Gilberto Freyre também se destaca pela centralidade dada ao tema da alimentação e à importância do trabalho da cozinheira negra em sua narrativa sobre a formação da sociedade brasileira.[105] O trabalho de Freyre não é literário como o de Lobato, pois o autor tem formação na área das ciências sociais, em uma corrente culturalista, o que confere um caráter diferente a seus escritos. No entanto, suas obras se aproximam por eles serem filiados ao modernismo (no caso de Freyre) e ao pré-modernismo (no caso de Lobato), e especialmente pelo esforço dos dois autores em construir uma identidade nacional em que a construção do estereótipo da mãe preta é central. Ademais, apesar de não serem literários, os escritos de Freyre são, em sua maioria, ensaios baseados em fatos históricos coletados pelo autor e, principalmente, em suas próprias experiências, o que lhe garante certa liberdade na escrita.

Em primeiro lugar, é importante pontuar que suas análises sobre a composição da culinária brasileira se encaixam em um quadro argumentativo mais amplo de enaltecimento da mestiçagem[106] e de construção de uma narrativa de harmonia inter-racial que teria marcado a história do Brasil desde a escravidão.[107] A cozinha, nesse sentido, aparece como um espaço privilegiado da fusão que caracterizaria a identidade nacional. A cozinheira negra, "mestra da cozinha colonial", tem uma posição central na mediação entre essas três contribuições em razão da longevidade de seu trabalho na cozinha:

Dentro da extrema especialização de escravos no serviço doméstico das casas-grandes, reservaram-se sempre dois, às vezes três indivíduos, aos trabalhos de cozinha. De ordinário, grandes pretalhonas; às vezes negros incapazes de serviço bruto, mas sem rival no preparo de quitutes e doces. [...] Foram estes, os grandes mestres da cozinha colonial; continuaram a ser os da moderna cozinha brasileira.[108]

O lugar da cozinheira negra escravizada como mestre da cozinha brasileira é parte da agenda do autor de ressignificação e valorização da herança cultural de um passado escravista, de suas reminiscências no início do século 20, defendendo a necessidade de preservar esses aspectos fundamentais de um ideário de "brasilidade". A cozinha seria um espaço para isso, como no trecho do Manifesto Regionalista, publicado em 1926:

> Não é só o arroz doce: todos os pratos tradicionais e regionais do Nordeste estão sob a ameaça de desaparecer, vencidos pelos estrangeiros e pelos do Rio [...] Toda essa tradição está em declínio ou, pelo menos, em crise, no Nordeste. E uma cozinha em crise significa uma civilização inteira em perigo: o perigo de descaracterizar-se.[109]

O trecho revela como há uma disputa regional refletida em sua obra, uma vez que integrava uma elite nordestina aristocrática que, àquela altura, vivia uma amarga decadência econômica e política havia algumas décadas. O reconhecimento das memórias dessa elite como repositório de uma cultura autenticamente nacional poderia significar a recuperação de parte desse prestígio. É assim que, ao longo de sua obra, Freyre elege o Nordeste como o lugar representativo de características autenticamente brasileiras, devido à continuidade de um passado colonial e de suas características patriarcais e escravistas.

No entanto, assim como Monteiro Lobato, o reconhecimento do domínio culinário das cozinheiras negras tem termos bastante singulares. O trecho do Manifesto Regionalista é elucidativo e revelador do lugar de tutela e de salvaguarda que escritores modernistas como Freyre tomam para si:

> [...] no Nordeste, o preparo do doce, do bolo, do quitute de tabuleiro, feito por mãos negras e pardas com uma perícia que se iguala, e às vezes excede,

a das sinhás brancas. Pois há comidas que não são as mesmas compradas nos tabuleiros que feitas em casa. Arroz doce, por exemplo, é quase sempre mais gostoso feito por mão de negra de tabuleiro que em casa. E o mesmo é certo de outros doces e de outros quitutes. Do peixe frito, por exemplo, que só tem graça feito por preta de tabuleiro. Da tapioca molhada, que "de rua" e servida em folha de bananeira é que é mais gostosa. Do sarapatel: outro prato que em mercado ou quitanda é mais saboroso do que em casa finamente burguesa [...] as negras de tabuleiro e de quitanda como que guardam maçonicamente segredos que não se transmitem às sinhás brancas do mesmo modo que entre as casas ilustres [...] daí o fato de se sucederem gerações de quituteiras quase como gerações de artistas da Idade Média: donas de segredos que não transmitem aos estranhos.[110]

A comparação "elogiosa" com as gerações de artistas da Idade Média ou o enaltecimento da perícia culinária de "negras e pardas" (que se iguala e somente "às vezes" excede a de sinhás brancas) acompanha o reconhecimento de sua habilidade em determinado repertório de receitas, relacionadas a uma herança culinária do período escravista. Interessa ainda mais observar o incômodo do autor diante da recusa de "negras de tabuleiro e de quitanda" de compartilhar seus segredos culinários, transmitindo-os apenas para as gerações seguintes, na medida em que faz ver como o autor acredita que elas não têm o direito de recusar. Seu conhecimento e suas técnicas culinárias deveriam ser, ao contrário, de domínio público, a despeito do sustento dessas cozinheiras depender desses saberes. É esclarecedor articular a percepção de Freyre sobre a autoria culinária de mulheres negras com o apagamento de Tia Nastácia do livro de receitas inspirado em Dona Benta, organizado por Monteiro Lobato, pois parece indicar como o estereótipo da mãe preta cozinheira na obra dos autores (e outros modernistas) tem mais utilidade na criação de uma imagem benevolente da escravidão e das relações raciais no Brasil do que, efetivamente, em um reconhecimento que poderia ser revertido em melhores condições de vida para as cozinheiras negras de sua época.

O conteúdo das obras de Monteiro Lobato e de Gilberto Freyre é comumente utilizado como fonte de pesquisa de estudos no campo da alimentação que refletem sobre a formação de uma culinária brasileira.[111] Há quase uma fórmula consolidada para falar do tema, que bebe da obra de autores como Freyre e Lobato: a relação entre portugueses, "negros" e "índios" é o que forma uma culinária nacional mestiça e multicultural.[112] No entanto, é raro que os trabalhos reflitam sobre o lugar reservado a esses grupos nas obras dos dois autores, a que contexto social e político respondiam ou como se trata de leituras enviesadas de um passado escravista e de suas reminiscências. Esse uso de suas obras revela a legitimidade que autores como Freyre e Lobato tiveram e ainda têm para definir uma identidade nacional ancorada em uma fantasia das relações raciais no Brasil e o lugar que estabelecem para a população negra nessa narrativa. A leitura que faço aqui busca destacar a continuidade do racismo antinegritude que essa lógica de produção de conhecimento acrítica pode promover no campo de estudos da alimentação.

Não há como haver uma conjunção harmônica de contribuições culinárias das "três raças" quando uma população negra, de maioria feminina, escravizada por portugueses e seus descendentes, foi forçada a trabalhar na cozinha,* quando seus conhecimentos, ingredientes e técnicas culinárias foram considerados "selvagens", "bárbaros" ou "inferiores" durante o período colonial, como uma extensão da percepção da humanidade dessas mulheres e do valor de suas vidas. Com isso, o que afirmo aqui não é que essa relação de violência e invisibilização foi capaz de apagar o repertório de conhecimento culinário indígena ou de ascendência africana, pois sem dúvida que não, mas é importante reconhecer que as contribuições das "três raças" para a cozinha nacional têm posições hierárquicas completamente distintas em um sistema de supremacia branca como o que se instalou no Brasil durante o período escravista e também ao longo do século 20, como veremos a seguir e nos próximos capítulos.

---

* Apesar de não mencionar no trecho, é importante registrar também o trabalho de mulheres indígenas escravizadas nas cozinhas, mais conhecidas como escravizadas "carijós", que ainda merece um estudo cuidadoso. Ver Giovana Xavier, Juliana Barreto Farias e Flávio Gomes, *Mulheres negras no Brasil pós-escravista e do pós-emancipação*. São Paulo: Selo Negro, 2012.

Nesse sentido, é importante destacar que os escritos de Freyre e Lobato falam mais sobre o lugar da brancura no pós-abolição, isto é, sobre quem eram, o lugar que detinham e o poder de suas palavras em uma sociedade de passado colonial. Os detalhes da imagem da mãe preta cozinheira evidenciam como suas obras refletem os homens brancos de uma elite aristocrata que são também reminiscências desse passado da escravidão, que criam uma narrativa romantizada da formação racial nacional porque seu capital social e econômico depende da continuidade do trabalho negro em condições precárias e miseravelmente remuneradas. Vale pensar, por exemplo, que, enquanto escreviam livros em que o estereótipo da mãe preta é central para a fábula da democracia racial, sua escrita só era possível pela manutenção do estilo de vida confortável de famílias brancas abastadas, bastante semelhante ao do período colonial.[113] A imagem da mãe preta cozinheira nada mais é que uma estratégia de sujeitos brancos no pós-abolição que, além de esconderem seu lugar num tecido social de origem escravista e como se beneficiam dele, tentam ocultar a história de trabalhadoras negras "[...] que são extraordinárias principalmente porque sobreviveram a uma brutalidade que ainda não pode ser apreendida, que ainda não acabou, e que se pode dizer que ainda estamos sobrevivendo (em e morrendo de) [...]".[114] Assim, homens brancos naturalizam e estetizam a intimidade monstruosa da exploração do trabalho de mulheres negras e as condições do genocídio social e econômico a que foram submetidas usando a imagem da mãe preta como uma "distração",*[115] com o objetivo de manter sua posição social e suas condições confortáveis de vida no pós-abolição.

* Vale adicionar que, em meio à naturalização das condições de trabalho e de vida, há um aspecto da violência que é especialmente encoberto pela imagem da mãe preta: a sexual (ver Kimberly Wallace-Sanders, *Mammy: A Century of Race, Gender and Southern Memory*. Ann Arbor, MI: University of Michigan Press, 2008). Vincular a imagem das cozinheiras à de mulheres negras mais velhas que, por diversos atributos, não seriam consideradas atraentes para um padrão hegemônico de beleza da brancura é uma maneira eficaz de ocultar e negar a longa e contínua história de abuso e de violência sexual de senhores e patrões que marca o trabalho doméstico de mulheres negras desde o período escravista (ver Katrina Dyonne Thompson, "Taking Care a White Babies, That's What I Do". In: Claire Oberon Garcia, Vershawn Ashanti Young e Charise Pimentel (Orgs.). *From Uncle Tom's Cabin to The Help: Critical Perspectives on White-Authored Narratives of Black Life*. Nova York: Palgrave Macmillan, 2014. pp. 57-72).

No entanto, os excertos biográficos de cozinheiras negras, ao evidenciarem as condições do trabalho e as percepções delas a respeito disso, mostram como a permanência de mulheres negras no trabalho culinário doméstico (e, em alguns casos, até na mesma casa onde trabalharam enquanto escravizadas) tinha pouco a ver com escolha ou gratidão, mas com a necessidade extrema de sobreviver.[116] Trata-se de uma história de trabalho e sujeição que, diante da construção da imagem da mãe preta cozinheira, pretende ser encoberta no passado por autores como Freyre e Lobato, de modo que assim permaneça no presente e no futuro.

Porém, para além de uma análise crítica do trabalho dos dois autores, interessa-me especialmente analisar como a difusão da imagem da mãe preta cozinheira em obras como a de Monteiro Lobato e Gilberto Freyre mantém a imagem de cozinheiras negras atrelada a um passado escravista, como reminiscências de uma época antiga. Trata-se de um olhar mais amplo sobre as diversas "contribuições culturais" de populações negras e indígenas identificadas por folcloristas, memorialistas e modernistas no pós-abolição, como estudos recentes a respeito do Carnaval apontam.[117] Esse olhar é parte das estratégias de ideologias de branqueamento e de modernização do país e também da própria ideia de miscigenação — uma vez que seu caráter positivo só era reconhecido se a mistura se direcionasse ao branqueamento —, segundo as quais a população negra estava em vias de desaparecer.[118] Em um país de maioria negra no século 21,[119] é evidente que isso não ocorreu. Todavia, materiais como o obituário de Elisa Inês da Silva, feito por ex-alunos e pela ex-diretora da escola onde trabalhou como cozinheira-chefe,[120] revelam alguns dos efeitos contemporâneos do olhar instaurado pela disseminação da imagem da mãe preta cozinheira.

Para me aprofundar nessa questão e entender as outras camadas envolvidas no uso dessa imagem, recorro ao conceito de "imagens de controle", proposto por Patricia Hill-Collins, fundamental para entender a construção do tropo da mãe preta cozinheira e suas consequências na vida dessas trabalhadoras:

A ideologia dominante na era da escravidão estimulou a criação de várias imagens de controle inter-relacionadas e socialmente construídas da condição de mulher negra que refletiam o interesse do grupo dominante em manter a subordinação das mulheres negras. [...] A primeira [...] é a da *mammy* — a serviçal fiel e obediente. Criada para justificar a exploração econômica das escravas domésticas e mantida para explicar o confinamento das mulheres negras ao serviço doméstico, a imagem da *mammy* representa o padrão normativo usado para avaliar o comportamento das mulheres negras em geral. Ao amar, alimentar e cuidar dos filhos e das "famílias" brancas melhor que dos seus, a *mammy* simboliza as percepções do grupo dominante sobre a relação ideal das mulheres negras com o poder da elite masculina branca. Mesmo que seja querida, e tenha autoridade considerável em sua "família" branca, a *mammy* conhece seu "lugar" como serviçal obediente. Ela aceita sua subordinação.[121]

A despeito das diferenças importantes na história do trabalho de mulheres negras no Brasil e nos Estados Unidos,[122] os processos de construção de imagens da mãe preta e da *mammy* têm similaridades, como o trecho aponta. E o que mais interessa a este trabalho: como essa imagem de controle pode se constituir como um padrão normativo para avaliar o comportamento de trabalhadoras negras, algo importante na vida de cozinheiras profissionais e chefs negras que analisarei nos próximos capítulos. Sobre seus desdobramentos no contexto brasileiro, a análise de Lélia Gonzalez, em texto da década de 1980, expõe as diversas consequências da disseminação de imagens como esta:

> Uma das grandes denúncias que fazemos, em termos de sociedade brasileira, é que nós negros só somos vistos como corpos, e a mulher negra é vista como corpo superexplorado, que é a trabalhadora do campo, a boia-fria, ou a boia-fria que já está na cidade, ou a doméstica, ou, então, é vista como mulata, quer dizer, é um corpo superexplorado, sexualmente falando. Nunca somos vistas como pessoas e há reprodução dessa situação mesmo no interior da comunidade negra. Sempre somos vistas como corpos geradores ou de prazer ou de trabalho braçal.[123]

A desumanização observada pela autora evidencia de que maneira mulheres negras permaneceram sendo vistas apenas como um corpo, numa divisão de raça e de gênero que, durante o século 20, as imaginava sempre disponíveis para o trabalho ou para o prazer de famílias majoritariamente brancas. Trata-se de uma construção amparada ideologicamente na imagem da mãe preta e, como vimos antes, também em termos jurídicos e políticos, diante da ação intencional do Estado brasileiro e das elites em manter mulheres negras confinadas ao trabalho doméstico, em condições de sobrevivência praticamente impossíveis.[124]

Enquanto cozinheiras negras são aprisionadas em um passado escravista no pós-abolição em diversos sentidos, há outro processo histórico ocorrendo no campo da cozinha profissional de maneira concomitante e complementar, que se apoiava nas políticas de branqueamento e modernização do país. A seguir, analisarei o desenvolvimento do campo da gastronomia no Brasil ao longo do século 20 e a consolidação do chef como a autoridade nesse campo de trabalho, instaurando um novo léxico de raça, gênero e classe para o conhecimento culinário e criando restrições para o exercício do ofício por cozinheiras negras.

BRANCURA COMO ATRIBUTO DE QUALIDADE DE MÃO DE OBRA NO INÍCIO DO SÉCULO 20: NOVAS CATEGORIAS PROFISSIONAIS NA COZINHA, O COZINHEIRO "GRINGO" E A GASTRONOMIA NO BRASIL

> *Cozinhar é indubitavelmente uma arte superior, e um chef competente é tão artista em seu ramo de trabalho quanto um pintor ou escultor [...].*
> GEORGES AUGUSTE ESCOFFIER[125]

> *Nós temos a África em*
> *nossas cozinhas*
> *Como a América em nossas selvas*
> *E a Europa em nossos salões.*
> CÂMARA CASCUDO[126]

> *Chegamos hoje a um ponto em que, para a menor coisa, recorremos a muitas ciências sem o saber. A pobre tia Nastácia, quando vai assar um frango, recorre a uma porção de ciências, embora não o perceba. Para pegar o frango, para matá-lo, para depená-lo, para limpá-lo, para recheá-lo, para assá--lo, ela emprega inúmeros conhecimentos científicos, adquiridos no passado e transmitidos de geração em geração.*
>
> MONTEIRO LOBATO[127]

Dona Risoleta estava na cidade de São Paulo há alguns anos. Nascida em 1900, era trabalhadora doméstica desde os oito anos de idade em diferentes "casas de família" e executava as mais diversas tarefas, da limpeza da casa ao cuidado com as roupas, mas era conhecida especialmente por sua habilidade na cozinha. Com a morte dos pais e, mais tarde, do marido, veio do interior do estado para a capital para trabalhar em uma nova casa. Porém, com dois filhos e sem um companheiro, percebia que a remuneração como trabalhadora doméstica não era suficiente nem mesmo para garantir itens básicos de sobrevivência, como moradia, alimentação e, o que era muito importante para ela, a educação de seus filhos.[128] Foi assim que decidiu que "daria pensão": montaria um estabelecimento que combinava hospedagem com o fornecimento de refeições, algo bastante comum na cidade no início do século 20.[129] No entanto, sua patroa ridicularizou a decisão:

> Quando disse que ia sair do emprego, minha patroa não queria deixar eu sair: "Onde já se viu uma cozinheira como você dar pensão?". "Ah, dona, mas eu não vou cozinhar pra cachorro, vou cozinhar pra gente mesmo." Queria educar minha filha e com ordenadinho de casa de patrão...[130]

A cozinheira "como ela" era uma mulher negra, pobre, vinda do interior, que sempre trabalhara como doméstica e cujo pai tinha sido escravizado e a mãe ingênua —* algo bastante diferente do perfil de imigrantes europeias que costumavam "dar pensão" no estado que recebeu o maior contingente de imigrantes europeus entre o fim do século 19 e o início do século 20 no Brasil.[131] No julgamento da patroa, a aspiração pela autonomia e os rendimentos de um negócio próprio não seriam para alguém "como ela", apesar de Risoleta ser reconhecida por sua habilidade culinária ou pelo fato de que os afazeres domésticos para a manutenção de uma pensão serem similares aos das casas onde trabalhou desde criança. Mesmo diante da tentativa da empregadora de controlá-la, humilhá-la, de modo a mantê-la no emprego, dona Risoleta sabia, depois de tantos anos no trabalho doméstico, que não era possível esperar uma remuneração digna, apesar de saber quão fundamental seu trabalho era: "Nunca fui recompensada e sempre carreguei a casa das patroas nas minhas costas. Davam um ordenadinho e ainda achavam que estavam pagando muito".[132]

Quando abre a pensão, seu relato deixa ver que, além de um rendimento melhor, que possibilitaria o estudo da filha, o negócio lhe concedia algo mais:

> Aluguei uma casa no Paraíso, rua Abílio Soares, 165. Ali eu era dona Risoleta, todos me chamavam de dona Risoleta. Nunca pus um anúncio da pensão, e uma freguesa fazia outra, as famílias chiques das redondezas da Granja Julieta até lá perto do Mercado Grande vinham buscar minha comida. Quando eram onze horas tinha o almoço pronto, mas era almoço, não era comidinha não. Fazia torta, empada, arroz de forno, leitoa assada, pernil. Queimar panela pra fazer um feijão eu não ia não. Queria fazer comida mesmo, mas para família que gostasse de comer bem. Antigamente fazia suflê, e rocambole disso e daquilo, enfim, saía muita coisa![133, 134]

A transformação em "dona" Risoleta — o mesmo vocativo que usava para a patroa, como vimos — [135] significava acessar um status de propriedade, de dignidade e de reconhecimento de suas habilida-

---

* Ingênua era a nascida livre de mãe escravizada após a Lei do Ventre Livre (Lei nº 2040, de 28 de setembro de 1871).

des culinárias que não poderia ter no trabalho doméstico. O sucesso de seu negócio era comprovado pelo fato de que, diferentemente de outros estabelecimentos, seu serviço não necessitava nem mesmo de anúncios (que abundavam nos jornais da época).[136] Ela é enfática ao mostrar que não se tratava de um reconhecimento qualquer, mas o de famílias abastadas, "que comem bem". A vaidade de fazer "comida mesmo" mostra sua destreza culinária em um repertório de diversos pratos cuja feitura era complexa e que remetem ao cotidiano alimentar de famílias abastadas em um passado colonial não tão distante.

Esse episódio da vida de dona Risoleta e os atravessamentos de raça, gênero e classe que se tornam evidentes são representativos de outros processos de mudança pelos quais passava a sociedade brasileira no início do século 20. A afirmação categórica da patroa denota o lugar que a população de elite e de classe média, majoritariamente branca, esperava que dona Risoleta e trabalhadoras negras como ela ocupassem no pós-abolição: o trabalho doméstico, nas condições expostas antes. Sua aspiração em ocupar outra posição, em que exerceria as mesmas funções, mas em que estaria por sua própria conta, auferindo um rendimento muito superior, estaria em desacordo com "seu lugar" estabelecido nas hierarquias racializadas da época. Sua breve história nos introduz na análise de outro mundo de relações de trabalho e de serviços que, no bojo do crescimento urbano, se desenvolve nos grandes centros ao longo do século 19 e na primeira metade do século 20: a hospitalidade pública, como hotéis e restaurantes. Vivendo em São Paulo, que já era uma importante cidade na região Sudeste, que se desenvolvera, entre outras razões, por causa da exploração de mão de obra escravizada no cultivo do café, dona Risoleta via a oportunidade de se inserir nessa nova estrutura de hospitalidade que servia às necessidades de abastecimento e de hospedagem de uma cidade "moderna" em crescimento.[137]

A capital paulistana era um dos exemplos bem-acabados de outra temporalidade que as elites e o Estado brasileiro tentavam instaurar no Brasil "atrasado", tendo a modernização, a europeização e o branqueamento como ideologias que definiam iniciativas governamentais e privadas no início do século 20.[138] Chamo a atenção aqui para o campo crescente da hospitalidade pública porque este assumiu o espaço de sociabilidade que antes pertencia à hospitalidade doméstica, em que cozinheiras negras tinham um papel central. Alberto Heráclito Ferreira Filho analisa esse processo nas ações governamentais em Salvador, que enfrentava a crise e a decadência após ter perdido seu posto de centralidade para os centros urbanos da região Sudeste:

> [...] tentava curar as chagas do "passado colonial", que haviam transformado, paradoxalmente, os vestígios do nobre e opulento passado colonial baiano na expressão de sua decadência, frente à nova ordem modernizadora. [...] Aos sombrios e decadentes casarões coloniais, às ruas estreitas e insalubres, à ameaça constante de epidemias e endemias, aos ineficientes serviços de transportes e saneamento urbanos, acrescentavam-se a predominante tez escura da população, os costumes africanizados largamente difundidos, a "licenciosidade" das mulheres pobres, a omissão dos homens frente à criação dos filhos. Higienizar o espaço público era tarefa que exigia novos padrões de sociabilidade, com vistas à reorganização radical da família, do trabalho e dos costumes. Nessa perspectiva, o projeto de reforma urbana, para além do sentido manifesto de melhorar a qualidade de vida da população, tinha fortes bases ideológicas e morais. Para Seabra e Calmon: a reforma da cidade tinha como objetivo preparar o espaço público para o livre-tráfego das famílias, uma vez que estas eram elementos fundamentais na produção de cidadãos saudáveis, cônscios das suas obrigações patrióticas.[139]

O trecho deixa visível como o projeto modernizador se centrava na transformação do espaço urbano, tornando a rua um espaço de circulação e de fruição para as elites e as classes médias. As famílias para quem o espaço público se abriria tinham a cor da nova ordem modernizadora: a brancura. No âmago do desenvolvimento econômico e político do país nos séculos 19 e 20, as capitais sudestinas Rio de Janeiro e São Paulo assistiam a um crescimento vertiginoso da população e ao desenvolvimento de novos espaços de sociabilidade para as famílias brancas de elite e das classes médias nas ruas, baseados nos moldes das modernas cidades europeias. Entre eles, estavam hotéis e restaurantes, como mostra a análise de Edson Silva de Farias sobre o Rio de Janeiro, ao longo do século 19:

> [...] a popularização do termo francês *hotel* seguiu tanto a crescente publicidade [...] desses estabelecimentos, quanto o aumento do volume de visitantes externos na cidade, em sintonia com a estratégia dos donos de pensões e outras casas de hospitalidade em adquirir com a adoção do termo o mesmo prestígio [...] O que, por sua vez, revela o confronto simbólico do "passado" e do "novo" [...]. O mesmo ocorre no âmbito do comércio de fornecimento de alimentação pronta e bebidas, remodelando seus ambientes de maneira mais suntuosa e adotando serviços considerados mais "refinados", já que identificados à popularização dos hábitos à mesa das cortes, algumas das casas de pasto* e pensões incorporam a designação igualmente francesa, *restaurant*.[140]

No caso de São Paulo, o processo de transição de uma hospitalidade doméstica para uma hospitalidade pública se acentua na segunda metade do século 19, como expõe o estudo de Lucília Siqueira:[141]

> [...] os hotéis reverberam o progressivo desenvolvimento da cidade de São Paulo, onde a hospedagem se fazia nas casas de particulares e por indicação pessoal até a metade do Oitocentos, quando o crescimento da atividade cafeeira veio incrementar a economia e o consumo na cidade com mais esta oferta de serviços.

Siqueira observa como os hotéis e as pensões se tornam importantes espaços de sociabilidade mesmo entre os moradores da cidade, que frequentam os estabelecimentos "para fazer as refeições, tomar umas bebidas com os amigos, namorar, realizar festas e recepções nos salões, encontrar meretrizes".[142] Dessa maneira, o que se observa é que, na virada do século, em centros urbanos como São Paulo, Rio de Janeiro e Salvador, estabelecimentos de hospitalidade pública, como hotéis, restaurantes e cafés, se desenvolvem como espaço de fruição e lazer

---

* Estabelecimento urbano que servia refeições no decorrer do dia durante o século 19. Ver Deborah Agulham Carvalho, *Das casas de pasto aos restaurantes: os sabores da velha Curitiba (1890-1940)*. Curitiba: UFPR, 2005, Dissertação (Mestrado em História). A denominação "restaurante", influenciada pelo francês *restaurant*, se tornou mais comum no século 20.

para as famílias das elites e das classes médias brasileiras, majoritariamente brancas. Vale lembrar que a produção e o consumo público de alimentos eram hábitos comuns nos centros urbanos coloniais, mas vistos com repugnância e como algo degradante para a respeitabilidade das famílias brancas — um hábito de "negros".[143, 144] A modernização da rua, antes um espaço de territorialidade negra, como observado por Bruna Portella de Novaes,[145] ensejou a construção de novos estabelecimentos para essa fruição, baseados em um modelo urbano europeu racialmente segregacionista.[146] Nesse contexto, os pequenos negócios de mulheres negras que sempre estiveram envolvidas com o comércio de alimento nas ruas eram continuamente removidos dos centros e das áreas nobres das cidades pelas autoridades governamentais, a exemplo da quitanda de Nhá Maria Café em São Paulo:

> [...] casa de sobrado com sacada de rótula, na mesma Rua das Casinhas n. 13, cujo pavimento térreo era estabelecido com quitanda D. Maria de Tal, popularmente conhecida por Nhá Maria Café, a qual todas as manhãs, para atender a numerosa freguesia, costumava fazer saborosas empadas de farinha de milho com piquira ou lambari e vendia cada uma a 20 réis e com uma tigelinha de café a 40 réis, à noite fazia o apreciado cuscuz de bagre e camarão de água doce, o qual ainda bem quente se acabava em poucos minutos.[147]

Os estabelecimentos modernos requeriam também novos cozinheiros, tão distantes quanto possível da figura das mulheres negras cozinheiras, vistas então como símbolos de um passado escravista ultrapassado. Esse distanciamento (e seus desdobramentos) é observado no registro da segunda metade do século 19 encontrado por Lorena Féres da Silva Telles, que, analisando a competição pelos cargos de trabalho enfrentada por mulheres negras em São Paulo no período, identifica a existência de novas categorias profissionais na cozinha dos hotéis mais caros:

> Europeus ingressavam na cozinha do Hotel de França, cujos pratos atendiam às refeições extradomésticas da burguesia, e fundavam uma nova

categoria profissional, tão qualificada, especializada e hierarquizada quanto masculina, branca e bem paga: Francisco Peligrino e Auguste Walkart, 2º e 3º chefes de cozinha, vencendo 50 e 100 mil réis, sob os auspícios de Pedro Pizocaro, 1º chefe de cozinha, que recebia o salário de 200 mil réis.[148,149]

Para efeito de comparação, durante o mesmo período na mesma cidade, cozinheiras peritas ou cozinheiras de forno e fogão, especializadas e com experiência no trabalho culinário, recebiam de 30 mil a 40 mil réis (e as cozinheiras costumavam receber o maior ordenado entre as trabalhadoras domésticas à época).[150] Uma cozinheira, Thomazia Mendes de Almeida, foi contratada pelo dono do estabelecimento para sua casa no mesmo período, recebendo apenas 25 mil réis.[151]

Para entender o aparecimento de novas categorias para o trabalho nas cozinhas de novos estabelecimentos de hospitalidade pública no início do século 20, bem como suas características masculinas, brancas, europeias e o status de servir às elites, julgo ser necessário fazer um breve recuo histórico sobre a composição de um novo campo de trabalho culinário que se afirmará como profissional ao longo dos séculos 19 e 20 no Brasil e na Europa. De início, vale destacar que uma breve pesquisa em periódicos do século 19 no acervo digital da Biblioteca Nacional, utilizando os termos "cozinheiro" e "cozinheira", evidencia a existência de uma ampla oferta de mão de obra masculina (de cor, entre escravizados e forros, mas também de brancos e europeus) para o trabalho especializado na cozinha. A compilação do número de ocorrências desses termos em jornais de diferentes estados mostra que, surpreendentemente, durante a maior parte do século 19, havia um maior número de registros da palavra "cozinheiro" do que "cozinheiras" nos periódicos.[152] Entre anúncios de trabalho, de venda ou de aluguel de escravizados e de trabalhadores oferecendo seu serviço, os anúncios apontam para diferenças importantes nas propostas ou demandas de condições de trabalho para os cozinheiros. Como as cozinheiras, muitos deles tinham que exercer outras funções além do trabalho culinário, mas a quantidade de anúncios que exigia que também dessem conta "de todo serviço de uma casa", como cuidar de crianças ou lavar roupas, é menor. Era mais comum que os requisitos fossem articular o ofício de cozinheiro com as funções de cocheiro, chacareiro ou ferreiro.

Vale a ressalva de que os anúncios de jornais oferecem um olhar enviesado sobre o mercado de trabalho culinário no Brasil no período, uma vez que a publicação e a leitura de periódicos era algo acessível apenas a um pequeno estrato de empregadores e trabalhadores que podiam se dar ao luxo de anunciar ou procurar colocação em jornais da época. Esses textos eram provavelmente uma forma excepcional de anunciar trabalho em uma área de serviços que funcionava, majoritariamente, com base na indicação — e, em um período escravista, como um trabalho intergeracional forçado de escravizados. Entretanto, para além de desvelar aspectos da divisão sexual do trabalho entre escravizados e escravizadas que trabalhavam na cozinha, julgo que esse viés é interessante por fornecer indícios que, entre casas de famílias de "fino tratamento", podia haver, em alguns casos, uma preferência por homens cozinheiros já no século 19.

Uma diferença importante se mostrou ao analisar anúncios demandando e oferecendo um trabalho culinário masculino ainda mais qualificado e especializado, à semelhança das cozinheiras de forno e fogão ou peritas. Identifiquei uma quantidade destacada de registros de homens trabalhando como "mestres cozinheiros"[153] ao longo do século 19. São anúncios de trabalho e oferta de mão de obra de trabalhadores europeus e brancos, mas também de venda e de aluguel de escravizados, além de propagandas de hotéis, pensões e restaurantes, nos quais sua presença era utilizada como atestado da qualidade das refeições para os "paladares exigentes". Os anúncios de trabalho permitem ver diferenças importantes entre a área de atuação desses profissionais e as cozinheiras de forno e fogão: além das cozinhas de famílias de "fino tratamento", mestres cozinheiros eram mais requisitados em embarcações, hotéis, casas de pasto e pensões. Os anúncios mostram, assim, a especialização e a qualificação desses profissionais, que "dão conta de tudo que se lhes entregar", como o anúncio de aluguel de um escravizado de 1839:

Aluga-se um preto mestre cozinheiro, tanto de forno, como de fogão, faz todas as qualidades de massas, e cozinha, tanto à ingleza, como à portugueza, também faz jelêas de todas as qualidades e dá conta de tudo que se lhe entregar [...][154]

Ou a venda, em 1840, que revela que o mestre cozinheiro era capaz de manejar grandes eventos sociais e tarefas complexas, como desossar aves perfeitamente e trabalhar com peixes:

Vende-se, na rua do Ouvidor n. 49, um preto perfeito mestre cozinheiro de forno, fogão e massas, o qual pode apresentar um jantar para cincoenta pessoas; desossa optimamente hum perú, ou outra qualquer ave, e prepara hum jantar de peixe com o maior aceio possível. Declara-se que não vende a negociantes de escravos.[155]

No caso de mestres cozinheiros brancos ou de cor (mas livres ou libertos), chama a atenção a oferta de serviços culinários esporádicos ou a oferta de produtos para encomenda. Identifiquei o primeiro anúncio com essas especificações em 1820, no Rio de Janeiro:

Luiz Rubin, Mestre Cozinheiro, Rua da Moeda nº 2, da parte esquerda, dá parte ao publico que elle vai à caza das pessoas, que o quizerem empregar para fazer jantares, &c., e também faz em sua caza qualquer cousa do seu officio, que se lhe encomenda, como pasteis, sobre mesa [...][156]

A pesquisa nos anúncios também permitiu observar o aparecimento dos primeiros mestres cozinheiros estrangeiros na primeira metade do século 20 e, o mais interessante para este trabalho, para quem e para que tipos de trabalhos culinários se candidatavam. O primeiro deles, um anúncio de 1827 em um jornal carioca, fornece os detalhes:

Trianon, Mestre Cozinheiro, chegado proximamente da França, annuncia ao respeitável público, que todos os Snrs. que se quizerem utilizar da dita pessoa seja para pasteis, e para toda a qualidade de massas, e juntamente de cozinha, de muito bom gosto, e com toda a limpeza e perfeição, tão bem se encarrega de comidas diariamente as horas justas; protesta que será tudo de muito bom gosto, e com limpeza, dirija-se a rua da Cadeia casa n. 36, pegado a uma botica nova.[157]

Destaca-se a ênfase na "limpeza", na "perfeição" e no "bom gosto". Por um lado, quanto à primeira característica, vale lembrar que, para além dos registros históricos que mostram que já havia uma patologização da comida de rua feita por mulheres negras no século anterior,[158] esta era uma época em que o discurso higienista, marcado pelo racismo antinegritude, se formava e ganhava destaque no Brasil — para o qual trabalhadores domésticos começavam a ser vistos como um risco à saúde das famílias distintas.[159] A perfeição e o bom gosto, por outro lado, denotam a distinção do trabalho culinário reivindicada pelo mestre cozinheiro francês recém-chegado. De modo similar, é elucidativo o anúncio de Antonio Giani em um jornal pernambucano de 1829, em que expunha sua habilidade culinária como boa o suficiente para "qualquer senhor", amparada também por seu conhecimento vasto de línguas estrangeiras:

> Romano de nação, mestre cozinheiro, inclusive em toda a qualidade de maças, e confeitorias se offrece para fazer jantares a todas as pessoas, que se quizerem utilizar do seu préstimo: como também está pronto para ser cozinheiro de qualquer Sr. Elle sabe falar Hespanhol, Franceza, Italiano e Portuguez.[160]

A análise desses registros permite observar como, no início do século 19, uma mão de obra masculina e europeia já se oferecia para trabalhos de prestígio em determinadas cozinhas de uma sociedade escravista: hotéis, cafés, pensões e restaurantes, além de casas de famílias abastadas e ofertando seus serviços culinários para ocasiões especiais (como "fazer jantares").

A categoria de "chefe de cozinha", propriamente, foi identificada em um hotel paulistano no início do século 20 por Lorena Féres da Silva Telles,[161] o que evidenciou a necessidade de quantificar e examinar as ocorrências da expressão nos periódicos do século 19 do arquivo digital da Biblioteca Nacional. O primeiro registro pôde ser encontrado em 1839, na propaganda de um restaurante em um jornal da Província do Grão-Pará, o *Correio Paraense: Diario Noticioso, Commercial e Literario*.[162] A partir de então, cresce o número de ocorrências em periódicos ao longo desse século,[163] entre ofertas de emprego, de estrangeiros e brasileiros oferecendo seus serviços, de propagandas de hotéis, restaurantes e cafés, além de uma pequena quantidade de crônicas de jornais. Vale frisar que também pude identificar alguns registros de caráter diferente, como a propaganda do livro de culinária *O cozinheiro imperial ou nova arte do cozinheiro e do copeiro em todos os seus ramos*, livro de técnicas culinárias e receitas europeias de autoria de "R.C.M., chefe de cozinha", lançado no Brasil em 1840, em que o ofício do autor é indicado como atestado da qualidade da obra.[164] Chama a atenção que o número de ocorrências se eleva especialmente nas duas últimas décadas do século 19, que concentram 88% do total de registros, o que pode indicar um uso mais comum do termo "chefe de cozinha" (e variantes) nesse período.

Essa breve exposição dos caracteres de gênero e de origem/nacionalidade dessa classe de cozinheiros, que ocupavam cargos mais prestigiosos, mais bem pagos e em condições possivelmente um pouco melhores* do que as experienciadas pelas trabalhadoras negras que foram o centro da análise até aqui, demonstra a necessidade de analisar a formação do campo de cozinha profissional na Europa no período. Isso porque os registros históricos evidenciam a influência de categorias profissionais de um campo de trabalho urbano e europeu sobre o contexto brasileiro. Assim, examino de modo mais detido a formação do campo profissional culinário em que a expressão chefe

---

* A cautela na afirmação de condições melhores de trabalho vem do fato de que, mesmo as associações dos cozinheiros franceses da alta cozinha, que será analisada nas próximas páginas, reivindicavam desde o século 19 melhores condições de trabalho, em razão do adoecimento e a morte prematura serem muito comuns entre os trabalhadores, causados por fatores como o calor sufocante e a exaustão. Ver Bianca Briguglio, *Cozinha é lugar de mulher?: a divisão sexual do trabalho em cozinhas profissionais*. Campinas, SP: Unicamp, 2020. Tese (Doutorado em Ciências Sociais). Disponível em: <http://repositorio.unicamp.br/Acervo/Detalhe/1129325>. Acesso em: 22 set. 2022.

de cozinha, ou *chef de cuisine*, se consolida: a gastronomia. Partindo de trabalhos recentes na área, que analisam o desenvolvimento do campo no exterior e no Brasil, o intuito é identificar como, em sua fundação, há um processo de masculinização dos ofícios culinários, uma conexão entre a profissionalização do trabalho culinário e a cozinha das elites e a defesa de um valor da brancura como qualidade de mão de obra.[165]

As pesquisas sobre a profissionalização do trabalho culinário na Europa revelam como esse é um processo anterior à formação da gastronomia. Esses estudos têm como ponto de partida as transformações de um mercado de trabalho que, antes marcado por uma presença majoritariamente feminina, se transforma com o processo de aristocratização da sociedade ao longo do século 16.[166] Como observado por Carlos Alberto Dória[167] sobre a criação de novos ofícios da alimentação à época:

> Já na Europa medieval e moderna, novos arranjos do mundo do trabalho vão se impondo, definindo a divisão do trabalho de outra maneira. Na tradição francesa [...] historiadores indicam vários momentos nos quais é notável o desenvolvimento em direção à substituição da mulher pelo homem no domínio culinário. Tanto na França como na Inglaterra, as guildas cuidaram de agrupar os "ofícios de alimentação" em algumas categorias, como boulangers, rotisseurs, charcutiers, pâtisseurs de pain d'épice. No reinado de Henrique IV, as guildas eram para maitre queux, cusiniers, portechappes e traiteurs, sendo os maitre queux os cozinheiros das grandes casas aristocráticas.[168]

Assim, o desenvolvimento de guildas e de associações de artesãos, como os envolvidos com atividades culinárias comerciais, faz parte de um processo de especialização do trabalho e de urbanização em algumas regiões da Europa, como a França.[169] Evidentemente, essa especialização tem impacto direto sobre a constituição de uma estrutura de produção de alimentos e abastecimento das cidades que, vale destacar, não incluía mulheres como produtoras.[170, 171] No entanto, para entender o acúmulo de prestígio de alguns profissionais na produção de alimentos, é preciso pensar sobre o caráter aristocrático que a alimentação assumiu à época, um importante mecanismo de distinção social que permitia a exibição da riqueza, como foi observado por Raffaella Sarti:

> [...] os banquetes tinham a função pública e política de ostentar e consolidar o poder do príncipe ou do rei. Em outras palavras, o poder expressava-se e reforçava-se também graças a estátuas de manteiga e fontes de vinho, e a nobreza era solicitada a engajar-se em uma competição que era combatida também graças aos banquetes com cem pratos e invenções mirabolantes.[172,173]

A mudança na composição do pessoal se dá especialmente nas cozinhas domésticas da corte e da aristocracia, visto que os homens passam a ser preferidos na preparação da comida e no serviço de mesa: "as várias atividades relacionadas [...] tinham que ser entregues a pessoas de confiança, que — em uma sociedade organizada sobre fortes hierarquias e assimetrias de gênero entre homens e mulheres [...] eram do sexo masculino".[174] Mulheres não eram consideradas "confiáveis", "inteligentes" ou mesmo "higiênicas" o suficiente para assumir o comando das cozinhas das cortes ou da aristocracia.[175] Sarti descreve um panorama das condições de gênero e estamento ou classe que se refletiam na produção e no consumo de alimentos em diferentes regiões da Europa nos séculos 17 e 18:

> Em países como França e Itália, a dimensão de gênero estava associada à posição social, no sentido de que a cozinha de elite era dominada por cozinheiros homens, enquanto no resto das famílias nas quais alguém preparava a comida, a cozinha estava sob o cuidado das mulheres. Na Inglaterra, as alternativas entre cozinha masculina e feminina de um lado e, de outro, entre cozinha de elite e cozinha "comum", se conjugaram, entre os séculos XVII E XVIII, também com a alternativa entre a cozinha francesa e a cozinha inglesa. A grande maioria da população, com efeito, comia à inglesa, alimentos preparados por mãos femininas: mãos das mulheres de família ou também de empregadas domésticas e

cozinheiras. A preparação da comida era considerada uma tarefa feminina e esperava-se uma certa competência na cozinha também por parte das senhoras de nível social médio e médio alto [...] No topo da sociedade, ao invés disso, comia-se à francesa e os cozinheiros eram domésticos de sexo masculino.[...].[176]

Assim, é importante destacar como, desde então, existia uma relação estreita entre o trabalho culinário de prestígio, realizado nas cozinhas de famílias nobres, e a ocupação masculina desses cargos, uma presença perceptível em registros históricos que tratam da composição do pessoal doméstico das casas da elite europeia.[177] Além disso, o trecho deixa ver a centralidade da França nesse campo específico, que analisaremos a seguir. Por ora, é necessário fazer a ressalva que, a despeito de auferir certo prestígio em face de outros trabalhadores domésticos, esse grupo de profissionais ainda tinha de enfrentar a falta de reconhecimento generalizado do trabalho doméstico: "Apesar de suas habilidades na cozinha, organização e gestão, bem como da arte exibida [...] eles ainda eram vistos como uma classe de criados sem mais reconhecimento do que qualquer outro ajudante contratado".[178]

Essa situação é transformada com a transição dessa mão de obra especializada que servia exclusivamente às elites para uma esfera pública de estabelecimentos de alta cozinha. Essa mudança se dá por diversos processos políticos e sociais que envolveram a formação de uma cena urbana francesa ao longo dos séculos 18 e 19:

A gastronomia foi um processo posterior, que surgiu após a Revolução Francesa, com a difusão e a expansão da alta culinária a partir dos cafés e restaurantes, novas instituições urbanas parisienses que se multiplicaram na primeira metade do século XIX [...] Com a dissolução da corte e dos salões da aristocracia, os cozinheiros que não acompanharam seus patrões no exílio migraram para os estabelecimentos comerciais. Foi nesse contexto de transformações políticas, sociais e ideológicas, assinalado pelo crescimento do público consumidor da cozinha culta, que a gastronomia se desenvolveu como uma modalidade de pensamento científico aplicado à cultura alimentar, criando um conjunto de regras que passou a operar sobre as maneiras e os hábitos dos consumidores. O termo gastronomia designando uma cozinha criativa, data de 1801, e a palavra gastrônomo, para nomear o status do consumidor dessa nova cozinha fina e elaborada, aparece em 1803 [...] Contrapondo-se aos excessos e exageros do Antigo Regime, a gastronomia desponta como uma nova norma de civilidade, um modelo de disciplina, controle e moderação.[179]

Utilizando o recurso de análise de biografias tão caro a este trabalho, julgo importante destacar a trajetória de Marie-Antoine Carême (1784-1833), considerado o primeiro chef a transitar entre as cozinhas domésticas de famílias abastadas e os restaurantes e a influenciar um movimento de profissionalização culinária mais amplo.[180] A despeito de haver outros cozinheiros de destaque que o antecederam,[181] Carême se sobressai na história da gastronomia por defender a ocupação de chef em seu status de profissional. Além de cozinheiro, defendia para a categoria o papel de pesquisador, cientista e artista, atributos que conferiam uma aura de autoridade e legitimidade para esses trabalhadores que era fundamental nas disputas profissionais de uma sociedade capitalista.[182] Vale ressaltar também que, vivendo a época do surgimento e do desenvolvimento dos restaurantes, o chef rompe com a relação existente entre alimentação e medicina nos estabelecimentos do gênero, promovendo a comida a uma construção estética e artística.[183] Ademais, é importante destacar que Carême publicou diversos livros divulgando a história da culinária francesa, suas receitas e métodos, publicações responsáveis por oferecer algumas das primeiras imagens dos bastidores das cozinhas domésticas da elite.[184] Como analisam as pesquisadoras da área, a constituição da gastronomia enquanto campo social autônomo, em que atores sociais competem pelo controle da produção e pelo poder de classificação e hierarquização dos bens produzidos,[185] tem a artificação do trabalho culinário e o apoio da literatura como bases. Como observado por Talitha Alessandra Ferreira:

[...] no século XIX, quando uma diversidade de agentes se utilizou do produto e registro literário para não somente impetrarem suas próprias regras, mas, ainda, colocarem-nas em circulação, delimitando nos livros e textos suas técnicas de cozinhar e suas receitas culinárias, definindo suas exigências voltadas ao bom gosto à mesa, à hospitalidade e à comensalidade, dentre outros postulados. [...] o campo da gastronomia nasceu, em alguma medida, privilegiado e assegurado pelas companhias da literatura e da arte. São estes, em verdade, os dois campos que emanaram forças, agências e poderes para a constituição do campo da gastronomia francesa.[186, 187]

Os livros de Carême, que conquistaram uma ampla audiência para os padrões da época, colaboraram com a divulgação de um modo francês de cozinhar e de comer apropriado para as elites e, como consequência, com a afirmação do caráter profissional da ocupação de chef. Assim, distanciava-se cada vez mais de uma cozinha doméstica e feminina:

> Esses escritos também serviram para reforçar a dicotomia entre a culinária elevada e racional dos homens — que eram professores — e a culinária simples e maternal das mulheres — que podiam ser educadas pelos livros desses talentosos chefs.[188]

Posteriormente, Georges Auguste Escoffier (1846-1935) tornou-se conhecido como uma das figuras mais importantes na consolidação da gastronomia como um campo cultural autônomo e o chef como uma categoria profissional de códigos bem definidos.[189] Diferente de Carême, Escoffier viveu uma época em que os restaurantes se estabeleciam como importantes instituições de sociabilidade e "bom" gosto. No entanto, ainda mais importante era o fato de que os chefs de seu tempo detinham mais poder e liberdade em seu trabalho nos restaurantes em comparação com sua antiga atuação nas cozinhas domésticas da elite. O restaurante Savoy, onde Escoffier trabalhava, se destacava por oferecer a exclusiva alta cozinha para seus frequentadores, mas a partir de um método de trabalho diferente:

> [...] Escoffier deixou seu tempo como chef do exército e reorganizou a cozinha de seu restaurante na hierarquia mais padronizada e orientada

para a estação que é hoje. Os chefs individuais não elaboravam mais os pratos do início ao fim. Em vez disso, as cozinhas eram administradas por vários cozinheiros, cada um contribuindo com um elemento diferente para um prato.[190]

Assim, uma estrutura hierarquizada e particionada de trabalho se tornava parâmetro para a profissionalização do trabalho culinário, ao passo que Escoffier destacava o valor da técnica e dos aspectos científicos como fundamentais para garantir a qualidade da produção das refeições servidas nos restaurantes. Todos esses elementos serviriam para apartar de vez a gastronomia da cozinha doméstica e selar seu vínculo com uma alimentação das elites, o que garantiu uma identidade de gênero diferente para o trabalho gastronômico. É importante destacar que a masculinização e a elitização da cozinha profissional só são possíveis a partir dessa relação de oposição narrativa: a gastronomia é tudo que o trabalho culinário doméstico, feminino e de classes mais baixas não é. Essa estratégia discursiva, que se torna parte da ideologia do trabalho gastronômico, é visível em um discurso do próprio Escoffier em 1895:

> Cozinhar é indubitavelmente uma arte superior, e um chef competente é tão artista em seu ramo particular de trabalho quanto um pintor ou escultor [...]. Nas tarefas domésticas cotidianas é muito difícil encontrarmos um homem se igualando, menos ainda excedendo, uma mulher, é a sua esfera na vida; mas cozinhar transcende muito um mero afazer doméstico, trata-se, como eu disse antes, de uma arte superior. A razão pela qual na culinária os louros são "apenas masculinos" não é difícil de encontrar. [...] O que acontece é que o homem é mais minucioso no seu trabalho, e a minúcia está na raiz de tudo o que é bom, como em tudo o mais. Um homem é mais atento sobre os vários detalhes que são necessários para produzir um prato verdadeiramente perfeito [...] Uma mulher, por outro lado, irá trabalhar com o que tem à mão. Isso é muito agradável e generoso de sua parte, sem dúvida, mas eventualmente estraga a sua comida e o prato não será um sucesso. Uma das principais faltas de uma mulher é sua ausência de atenção aos menores detalhes — a quantidade exata de especiarias, o

condimento mais adequado a cada prato; e essa é uma das principais razões pelas quais seus pratos parecem pálidos diante daqueles dos homens, o que torna seus pratos mais preferíveis que os delas em todas as ocasiões.[191]

A defesa de uma artificação do trabalho culinário se articula à ideia de rigor, de atenção aos detalhes, de perfeição, de adequação — e tudo isso seria parte de uma essência masculina. É assim que Escoffier articula um discurso de exclusão do trabalho culinário feminino da esfera profissional do trabalho culinário, reiterando seu confinamento a uma esfera doméstica, que "requer o improviso" e ocasiona "a falta de atenção aos detalhes". Sua fala evidencia o projeto de profissionalização empreendido pela gastronomia nos séculos 19 e 20 para justificar um monopólio da legitimidade masculina no trabalho culinário de maior prestígio, que tinha como um dos principais obstáculos sua aproximação de um trabalho doméstico feminino.[192]

O discurso de Escoffier, evidentemente, se direcionava a um público específico. Por um lado, se concentrava nos lares europeus e estadunidenses de elite ou de classe média, onde as mulheres eram confinadas ao trabalho doméstico não remunerado, e, por outro, se direcionava ao grupo de mulheres francesas desses lares que conseguiram acessar a educação formal e buscavam trabalho nas cozinhas dos restaurantes. Nesse sentido, são grupos muito diferentes das trabalhadoras negras, que são meu foco. No entanto, é importante pensar de que maneira essa ideologia chega a países como o Brasil, algo que parece se refletir em anúncios como o de Trianon, mestre cozinheiro recém-chegado da França no Brasil em 1827,[193] que reivindicava para si o "bom gosto" e a "perfeição" do trabalho culinário. Era uma importante estratégia de distinção em um mercado de trabalho marcado pela presença majoritária de cozinheiros e cozinheiras de cor, escravizados, livres e libertos.

Ao analisar o processo de mundialização da ideia da cozinha francesa como sinônimo de alta cozinha e de cozinha profissional, Amy Trubek analisa como esse processo já se consolidava no século 19:

> Existem três razões principais: o consumo nunca permaneceu exclusivamente entre a corte francesa e membros da elite, mas estendeu-se às

elites em toda a Europa; a culinária foi rigorosamente codificada com o desenvolvimento de dois gêneros escritos, livros de receitas e jornais e revistas de culinária: e, no século XIX, a alta cozinha francesa havia se tornado sinônimo de maestria profissional em toda a Europa e também nos Estados Unidos. Embora a França fosse sua pátria, desde o início a culinária profissional dependeu do patrocínio internacional e de locais em todo o mundo para sobreviver e florescer.[194]

Nesse contexto, a autora observa como a burguesia e a aristocracia, em diferentes partes do mundo, adotaram a visão de que apenas os franceses eram capazes de produzir a autêntica alta cozinha, o que significava que "jovens chefs podiam encontrar emprego facilmente fora da França".[195, 196] No contexto brasileiro, essa demanda das elites urbanas também foi apoiada pelo desenvolvimento do turismo (e de seus estabelecimentos de hospitalidade pública), o que alavancou o desenvolvimento da gastronomia no país no início do século 20.

> A belle époque é considerada pela maioria dos estudiosos [...] a era dourada da gastronomia francesa. Foi o momento em que que o campo gastronômico se fortaleceu em torno dos agentes franceses, os chefs se profissionalizaram e criaram um modelo de reprodução internacional da alta cozinha francesa. [...] A parceria mais famosa e paradigmática foi a que se estabeleceu entre o hoteleiro Cesar Ritz e o chef Auguste Escoffier [...] Iniciaram essa colaboração no Grande Hotel de Monte-Carlo, na década de 1880. A partir de 1890, trabalharam juntos em diversos projetos, entre os quais o dos hotéis Savoy e Carlton de Londres, o Ritz de Paris e o Ritz de Roma. A pedido da companhia de navegação alemã Hambourg Amerika Line, Escoffier criou os menus, contratou pessoal e equipou as cozinhas dos transatlânticos que faziam o percurso entre a Europa e os Estados Unidos. Codificou um modelo internacional de alta cozinha francesa que foi rigorosamente reproduzido em todos esses lugares. Nos espaços que dirigiu, o menu era sempre escrito em francês, a língua falada na cozinha também era o francês, e a maior parte dos funcionários eram franceses.[197]

O Hotel Copacabana Palace, por exemplo, inaugurado em 1923 para oferecer o melhor da "culinária internacional", tinha uma equipe que havia sido formada por Auguste Escoffier.[198] Assim, como já foi comentado na análise das ocorrências da expressão "chef" nos periódicos do século 19, é a partir dessa via de estabelecimentos de hospitalidade pública, voltados à elite que essa nova categoria profissional encontrará espaço em centros urbanos como Rio de Janeiro e São Paulo, cuja presença será constante ao longo de todo o século 20.[199]

Meu argumento aqui é o de que a mundialização da gastronomia como o campo por excelência de um trabalho culinário profissional se ampara em um léxico de gênero e de classe que, por sua origem, também tem contornos racializados. É importante destacar: a gastronomia, na maneira como se distingue francesa em sua essência[200] e como se dissemina no Brasil e no resto do mundo, tem o ideal de brancura como um de seus valores subjacentes. Isso se mostra, por exemplo, em anúncios como o de Trianon[201] e o fato de que sua qualificação como um mestre cozinheiro de "bom gosto" e "limpeza" reside apenas no fato de ser um cozinheiro recém-chegado da França.[202] Ou, como observado por Talitha Alessandra Ferreira, "nos profissionais que saíam da França e chegavam para trabalhar em outros países já sendo considerados exímios cozinheiros pelo fato de carregarem consigo um possível saber fazer gastronômico ligado à Cozinha Francesa".[203] Esse cenário tem desdobramentos diversos, que serão analisados nos próximos capítulos; mas, por ora, gostaria de tecer alguns comentários sobre a construção do valor de brancura e o processo de branqueamento no Brasil e seus efeitos sobre a condição de vida e trabalho de cozinheiras negras no início do século 20.

Estudos recentes têm demonstrado como o processo de branqueamento nesse período não se restringiu às políticas migratórias analisadas antes, voltadas a branquear fisicamente a população, mas como os esforços governamentais de modernização se construíram também em torno da educação e dos costumes para "criar brancura" no Brasil.[204, 205] Sendo a França um dos modelos europeus mais importantes para a ideologia da modernização urbana no início do século 20,[206] além de uma das principais populações-alvo para o projeto migratório de branqueamento,[207, 208] é evidente como a gastronomia, seu vocabulário e as categorias profissionais que instaura se tornaram símbolos desejados para o projeto de modernização do início do século 20. Assim, apesar do amplo mercado de trabalhadores de maioria negra na produção alimentar, uma ideologia que ampara que o status profissional e o reconhecimento da qualidade da mão de obra culinária sejam concedidos apenas a um pequeno grupo de homens brancos e estrangeiros é um encaixe perfeito com a ideologia do Estado e das elites brasileiras do período.

Nesse contexto, o trabalho culinário de homens e mulheres negras torna-se ainda mais invisível e desvalorizado, apesar de provavelmente nunca terem deixado de ser a maioria dos trabalhadores nas cozinhas profissionais no Brasil no período, exercendo funções miseravelmente remuneradas, extenuantes e em condições arriscadas.[209] A construção de uma esfera de hospitalidade pública no Brasil se apoiou na concessão de autoridade (e reconhecimento) a novas categorias profissionais europeias, como os chefes ou chefs, enquanto cozinheiras de forno e fogão* permaneceram identificadas como uma categoria do trabalho doméstico. Assim, as cozinheiras negras continuaram com remunerações irrisórias e pouco reconhecidas em razão da desvalorização — a despeito de sua experiência e qualificação culinárias.

Vale lembrar que a construção, no período, do ideal de brancura como atributo de qualidade de mão de obra está vinculada a ideias racistas de que os trabalhadores negros eram indolentes, sujos ou incapazes, uma narrativa comumente estendida às cozinheiras negras.[210] A afirmação da gastronomia como campo profissional da culinária depende desse olhar sobre aquelas que eram — e continuam sendo — as trabalhadoras essenciais da alimentação brasileira. Trata-se de uma ideologia racializada que tem diversos desdobramentos, como

---

* A categoria de mestre cozinheiro, observada antes, de acordo com a pesquisa no acervo digital da Biblioteca Nacional, vai diminuindo nos anúncios de trabalho no fim do século 19 e ao longo do século 20, o que provavelmente indica a centralidade e o status que a categoria de chef vai assumindo.

a expulsão das trabalhadoras das ruas e, a partir de princípios higienistas, a patologização da comida feita por elas. Como observado por Alberto Heráclito Ferreira Filho, analisando o conteúdo da postura governamental de Salvador do início do século 20:

> A qualidade da comida de rua passou a ser uma preocupação obsessiva. O suor desprendido na rotina profissional, particularmente dos pretos, pelo seu "odor nauseabundo", o contato manual com as iguarias vendidas e as condições de fabricação das comidas de rua, segundo o pensamento higienista em voga, era a porta de entrada para os miasmas e, posteriormente, dos micróbios e dos vírus, que tanto debilitavam a precária saúde dos baianos.*[211]

Assim, a história do desenvolvimento de restaurantes, cafés e hotéis e o reconhecimento dos chefs esteve articulada com a expulsão e a patologização da comida de rua de cozinheiras negras — que mantinham o cotidiano alimentar urbano havia séculos, como vimos no capítulo anterior.

Nesse contexto, a imagem analisada antes, da cozinheira negra em autores como Monteiro Lobato[212] e Gilberto Freyre[213] pode parecer positiva. Com o objetivo de conter os estrangeirismos e valorizar a culinária nacional, suas obras destacariam o papel central de cozinheiras negras na formação de uma culinária "autenticamente brasileira". No entanto, como já destacado, os termos em que essa visibilidade se dá ocultam intencionalmente as condições extenuantes e precárias do trabalho dessas mulheres e romantizam relações de poder e violência racial perpetradas por senhores e senhoras majoritariamente brancos. A limitação desse reconhecimento, ao observarmos os comentários depreciativos sobre as cozinheiras negras que o acompanham, mostra de que maneira o racismo antinegritude, o classismo e o sexismo estão na fundação desse estereótipo que entendo como uma imagem de controle.[214]

---

* Vale observar que o próprio autor parece corroborar a parte do caráter patologizador da comida de rua produzida e consumida por pessoas negras.

Os efeitos de imagens de controle como a da mãe preta sobre a vida de mulheres negras brasileiras na segunda metade do século 20 e no início do século 21 são analisados por diversas intelectuais negras.[215] Porém, em relação ao impacto sobre o reconhecimento e a valorização do trabalho de cozinheiras negras, Toni Tipton-Martin[216] faz uma análise do papel da *mammy* nos Estados Unidos que é especialmente interessante aqui. Ao examinar a edição, a publicação e a difusão de livros de receitas de autoria negra no país desde o século 19, a autora analisa como o estereótipo se reflete na visão sobre seu trabalho:

> A mensagem codificada pressupõe que chefs, cozinheiros e autores de livros de receitas negros — em virtude de sua raça e gênero — simplesmente nascem com bons instintos de cozinha; diminui o conhecimento, as habilidades e habilidades envolvidas em seu trabalho, e os retrata como trabalhadores passivos e ignorantes, incapazes de arte culinária. [...] É verdade que as mulheres negras fizeram a maior parte do trabalho nas cozinhas americanas de antigamente. É verdade também que o fizeram com a arte e a aptidão dos profissionais formados hoje, transmitindo oralmente o seu ofício [...][217]

Ao defender a qualificação, a complexidade e o valor do trabalho de cozinheiras negras, Tipton-Martin afirma como o estereótipo evidencia a negação da subjetividade e racionalidade dessas trabalhadoras e a passividade delas. Afirmar que mulheres negras teriam um "dom" para a cozinha, muito comum em estereótipos como os da *mammy* ou da mãe preta, revela a negação de sua capacidade de pensamento, criatividade e mesmo de aprendizado (ainda que forçado, muitas vezes) envolvido no ato de cozinhar — como dona Risoleta, aos oito anos de idade. Quando refletimos sobre o processo de reivindicação de parâmetros científicos, criativos, artísticos e rigorosos para o trabalho culinário empreendido pela gastronomia, é visível a exclusão de trabalhadoras que não são vistas nem mesmo como sujeitos racionais — algo que evidencia ainda mais os fundamentos do racismo antinegritude, do sexismo e do classismo que fundam o campo. A análise de Luiza Bairros sobre um programa televisivo de culinária brasileira na década de 1990, em que analisa uma apresentadora branca sendo auxiliada por uma cozinheira negra que tem de permanecer em silêncio, define a estrutura que exponho:

> [...] Entendermos a forma como a mulher negra foi mostrada naquele programa sobre culinária é paradigmática da contradição que enfrentamos nas várias esferas de relações sociais. A supressão ou aceitação condicional do nosso conhecimento é sempre uma possibilidade, mesmo nos contextos que dependem de nossa atuação.[218]

Se dona Risoleta não estava apta nem ao menos para ser dona de uma pensão, dado seu "defeito de cor",* o que diriam se tivesse a aspiração de ser uma chef? Tendo esse questionamento em mente, encerro esta parte do livro para então iniciar a análise dos atravessamentos de raça, gênero e classe nas histórias de vida de cozinheiras profissionais e chefs negras vivendo nesse novo mundo profissional do trabalho culinário na segunda metade do século 20 e no início do século 21.

---

* Uso aqui a expressão do livro homônimo de Ana Maria Gonçalves, *Um defeito de cor* (26. ed. Rio de Janeiro: Record, 2006).

PARTE II

A conversa sempre esteve na cozinha

INTERLÚDIO II

Benê Ricardo, a vanguardista

8. Benedita Ricardo na cozinha, com cerca de 67 anos de idade

Benedita Ricardo de Oliveira, mais conhecida como Benê Ricardo, nasceu em São José do Mato Dentro, zona rural de Ouro Fino, estado de Minas Gerais, em 1944.[*1] Perdeu a mãe, Luiza Ricardo de Oliveira, com apenas oito anos de idade em razão do tétano e foi morar com a avó, Eugênia Ponciano, que trabalhava como quituteira para as famílias da cidade. Poucos anos mais tarde, sua avó também faleceu. Aproveitando-se de seu desamparo, uma família da cidade levou a menina para sua residência em São Paulo e a incumbiu de executar todo o serviço doméstico da casa. Benê não recebia nenhum tipo de

---

* Agradeço imensamente à gentileza da pesquisadora Bianca Briguglio em ceder a entrevista que realizou com Benê Ricardo em 17 de outubro de 2017, uma vez que não houve tempo hábil para que eu pudesse entrevistá-la antes de seu falecimento, em 31 de março de 2018. A entrevista foi realizada para sua tese: *Cozinha é lugar de mulher? A divisão sexual do trabalho em cozinhas profissionais*. Campinas, SP: Unicamp, 2020. Tese (Doutorado em Ciências Sociais). Disponível em: <http://repositorio.unicamp.br/Acervo/Detalhe/1129325>. Acesso em: 22 set. 2022.

remuneração pela rotina extensa e exaustiva de trabalho, além de ser obrigada a comer os restos de comida da família e dormir do lado de fora da casa, no frio, com os cachorros. Vendo a situação precária em que vivia, uma vizinha conseguiu um trabalho um pouco melhor para a menina, que passou a trabalhar para uma família alemã. Os patrões retornaram a seu país de origem e, ainda menor de idade, Benê os acompanhou como trabalhadora doméstica, cozinheira e babá.

A experiência de trabalho doméstico na Alemanha permitiu que Benê entrasse em contato com técnicas e pratos da cozinha alemã. Quando retornou ao Brasil com a mesma família, sete anos depois, enviou uma receita para a revista *Claudia* para um concurso de receitas e, ao ganhar o prêmio de primeiro lugar, foi convidada para trabalhar na cozinha de testes. Decidiu deixar o trabalho de quase duas décadas quando os patrões se recusaram a aceitar que ela assumisse as duas funções e, mais tarde, por causa de um boicote a uma de suas receitas, também perdeu o trabalho na revista.

Foi quando uma conhecida da família de seus antigos patrões a convidou para trabalhar na cozinha de uma editora de receitas alemãs, que também oferecia jantares. Em uma dessas ocasiões, seu conhecimento culinário impressionou um convidado ilustre, que se surpreendeu com o fato de que uma cozinheira negra havia preparado o banquete: o presidente de ascendência alemã, Ernesto Geisel. Os elogios da autoridade máxima da República fizeram com que Benê chamasse a atenção de outro convidado, este envolvido com o primeiro curso de Primeiro Cozinheiro do país, mantido pelo Senac (Serviço Nacional de Aprendizagem Comercial) na cidade de Águas de São Pedro, estado de São Paulo. Era o então diretor da Federação Nacional do Comércio, que enxergou a oportunidade de ter uma professora de culinária alemã, convidando Benê para tal função e lhe oferecendo uma bolsa de estudos para o curso.[2] O curso era prestigioso, parte de uma importante mudança na formação de trabalhadores em cozinhas profissionais de elite, que deixava de ter um caráter apenas prático e passava a incluir a possibilidade de certificação em instituições de ensino como o Senac.[3]

Foi assim que, além de professora, Benê Ricardo se tornou vanguardista na gastronomia ao se formar como primeira cozinheira no país. O pioneirismo como uma mulher negra na cozinha profissional de elite do Grande Hotel de Águas de São Pedro, onde as aulas aconteciam, significava, no entanto, ingressar em um ambiente hostil. No fim da década de 1970, período em que estudou na instituição, o caráter masculino da formação profissional na cozinha se refletia no fato de que o curso, que funcionava em regime de internato, só dispunha de alojamento masculino. Apesar de ter sido avisada dessa limitação pelo próprio diretor, Benê decidiu apostar em um futuro mais ambicioso do que a cozinha doméstica e foi morar em uma pensão numa cidade vizinha ao lugar onde acontecia o curso. Para pagar sua moradia, Benê executaria serviços domésticos mais uma vez.[4]

O curso durou quatro anos e, nesse intervalo, além de morar fora do alojamento, Benê via que era excluída da sociabilidade partilhada pelos colegas homens do curso, sentindo que "[...] eles tinham um pouco de preconceito: além de ser mulher, negra". Além disso, eu adicionaria o fato de que, além de ser uma aluna, ela era uma professora negra. No entanto, apesar de não ter encontrado uma parceria com os colegas em um curso exigente, ainda foi capaz de articular sua formação como primeira cozinheira com o aprendizado de outras funções hoteleiras, como camareira de hotel e lavadeira, que pudessem ser úteis para o exercício de outros ofícios que não o de trabalhadora doméstica.

Quando se formou, em 1981, Benê foi encaminhada pela escola para trabalhos prestigiosos como o de primeira cozinheira em um restaurante famoso e em um hotel cinco estrelas da cidade de São Paulo. A cena de sua chegada para trabalhar é reveladora:

Um senhor lá da Avenida Ibirapuera, um restaurante muito famoso lá — acho que não tinha nem o shopping ainda, aquele shopping Ibirapuera... era lá perto. É. E eu cheguei para trabalhar e ele falou: "nossa, o Senac que me indicou a senhora". Cheguei lá, botei a minha carteira de trabalho, e os documentos que o Senac deu, e ele falou: "hoje você vai limpar a cozinha. Está suja. É que hoje ninguém trabalha, para limpar a cozinha". Eu falei: "é, a sua cozinha está precisando mesmo de limpeza". Limpei a coifa, lavei a cozinha, tirei tudo de dentro da geladeira — aquela imundice —, joguei fora. Quando terminei, ele falou: "a senhora está contratada". E falei: "só que eu fiz curso de gastronomia. Só que agora eu quero seguir como cozinheira. Não quero mais ser faxineira. Já fui muito. Agora não quero"; "não, fica, porque a gente vai...", "não quero. Tchau. O senhor deveria ter me respeitado. Mas sua cozinha estava precisando mesmo de uma limpeza".[5]

O choque do dono diante da imagem da mulher negra, de pele escura e com 1,80 metro de altura, enviada por uma instituição de prestígio como o Senac para o cargo de chefia de primeira cozinheira, é emblemático da expectativa de quem deveria ocupar esse posto. É importante observar o modo como Benê faz questão de apresentar os documentos da instituição que atestavam sua recomendação como uma aluna formada, o que evidencia a maneira pela qual ela percebia o poder daquela certificação em lhe garantir uma posição de autoridade que deveria ser reconhecida. Ela também identifica rapidamente como mandar alguém com sua qualificação limpar a cozinha como forma de avaliação do trabalho era uma tentativa de constrangê-la ou mesmo humilhá-la, uma ordem que revela que, mesmo com aquele diploma tão raro, o dono do restaurante ainda a via como uma trabalhadora doméstica. Ao decidir limpar a cozinha, Benê tem a chance de criticar a limpeza de um restaurante famoso e negar a vaga de trabalho — recusa que talvez nunca ou raramente pôde exercer na vida. Como alguém que sabia exatamente como o trabalho doméstico envolvia tarefas como cozinhar, mas também como era necessário aceitar a humilhação, a violência e a tortura por não poder escolher outro trabalho, o fato de que Benê pôde finalmente declinar e dizer "O senhor deveria ter me respeitado", afirmando seu valor profissional, mostra a conquista que aquela função na cozinha profissional representava à época.

A história da chef negra Benedita Ricardo de Oliveira, a primeira mulher a se formar no curso de Primeiro Cozinheiro do Brasil, revela como encontrar uma brecha no mundo da cozinha profissional de prestígio na segunda metade do século 20 era algo quase impossível ou fruto do acaso para mulheres negras. E não por sua falta de qualificação, mas por ser a gastronomia (ou a cozinha profissional) um mercado de trabalho marcado pelo valor da brancura e da masculinidade e, como resultado, que se fechava intencionalmente para mulheres negras, mesmo as certificadas para tal. No entanto, mesmo com todas as limitações e episódios violentos como esse relatado por Benê, o trabalho na gastronomia podia significar o acesso a melhores condições de trabalho para um grupo confinado ao trabalho culinário doméstico havia séculos. Nesta segunda parte, tratarei de histórias de chefs e cozinheiras profissionais negras na metade do século 20 e no início do século 21.

"Eu sou negra, conforme-se com isso": experiências e percepções críticas de chefs e cozinheiras negras na gastronomia*

A segunda metade do século 20 foi marcada pela consolidação da gastronomia como o campo legítimo do conhecimento culinário no Brasil — e os chefs como sua autoridade máxima. A despeito de haver registros sobre "chefes de cozinha" desde o século 19, como observado no capítulo "Cozinheiras negras, *chefs de cuisine* brancos", foi apenas no fim do século 20 que a legitimidade da gastronomia e dessa figura se popularizou. Em paralelo, as condições precárias de vida e de trabalho da maioria das mulheres negras não sofreram grandes transformações devido a continuidade de políticas governamentais de exclusão social da população negra. O trabalho doméstico e outras atividades informais, como o trabalho culinário, permaneceram como suas principais ocupações. Dessa maneira, o período manteve o abismo entre o universo do trabalho culinário exercido por um conjunto mais amplo de profissionais negras e o universo da gastronomia, em que o ofício culinário era considerado uma ocupação mais prestigiada e mais bem remunerada.

É interessante observar, de início, como essa separação se aprofundou com a legitimação do campo gastronômico no Brasil no período e, em consequência, com algumas mudanças na cozinha profissional: a chegada mais intensa de chefs franceses; a criação de cursos

---

* Trecho da entrevista com Margareth, chef negra, que será analisado de maneira mais detida no decorrer do capítulo.

de gastronomia e a entrada massiva de profissionais brasileiros de classe média e média alta no campo; e a definição de uma gastronomia brasileira. Entre esses novos profissionais, algumas mulheres negras conquistaram posições de chefia ou de destaque.[1] A história de Benedita Ricardo de Oliveira, cujo talento e o acaso permitiram que acessasse uma formação que não se destinava a mulheres como ela, como visto no Interlúdio II, evidencia como casos em que trabalhadoras domésticas conseguem acessar esse espaço são raros e as dificuldades que enfrentam.

Entretanto, nas últimas décadas temos outro grupo, o perfil majoritário das entrevistadas deste capítulo: mulheres negras, algumas de classe média, que escolhem a gastronomia como profissão não só para garantir sua subsistência, mas também para obter reconhecimento, prestígio, sendo até mesmo uma forma de realização pessoal e de prazer. Independente do tipo de acesso dessas trabalhadoras à cozinha profissional, as políticas de reconhecimento marcadas pelo valor da brancura e da masculinidade e pelo vínculo da gastronomia a uma cozinha de elite se revelam em suas trajetórias. Além disso, suas experiências mostram a força da imagem de controle da mãe preta cozinheira sobre a forma como são vistas no campo e como elas têm seu trabalho avaliado.

Para preservar a identidade das entrevistadas, utilizo pseudônimos nas entrevistas. O resumo das histórias de vida das cozinheiras negras profissionais cujos pseudônimos emprego estão em notas de rodapé.

A CONSTRUÇÃO DE UM CAMPO GASTRONÔMICO BRASILEIRO NO SÉCULO 21 E O (NÃO) LUGAR RESERVADO ÀS COZINHEIRAS NEGRAS

Estudos recentes no âmbito da história social da gastronomia, ao analisar o impacto de repertórios culinários nacionais construídos por folcloristas brasileiros no início do século 20,[2] destacam que esses compêndios não tiveram o impacto desejado em desbancar o valor da cozinha e dos hábitos alimentares estrangeiros entre as elites nacionais.[3] Como resultado, até a década de 1960, o que se denomina "gastronomia" ou "alta cozinha" ficou restrito a um compêndio de técnicas e ingredientes franceses em alguns restaurantes, sempre executados por chefs. Até então, havia termos muito estritos em torno da prática gastronômica desde o fim do século 19, importantes para a demarcação do campo:

> Entre as diretrizes principais, constavam: a) a presença obrigatória de caldos e molhos, fundamento da metodologia de Escoffier; b) a presença de ingredientes arquetípicos e caros, como as lagostas, os camarões, os peixes de rio, as caças nobres (como o faisão), os cremes, a manteiga, entre outros, geralmente franceses; c) o processo de sublimação dos ingredientes, que além dos molhos e caldos, podiam ser flambados, recheados, envoltos em massas folhadas; d) o luxo que se reproduzia na sala de refeições, no número de pratos do menu e na duração da refeição; e) o papel central do garçom no espetáculo de finalização do prato à frente do cliente, flambando, cortando as carnes, trinchando as aves, passando as comidas das travessas decoradas na cozinha para os pratos individuais.[4]

Vale lembrar que esse é também o período de popularização dos restaurantes nos centros urbanos brasileiros, como foi observado por Janine Collaço,[5] uma tendência que tornava ainda mais importante a proteção do que seria "gastronomia" e os estabelecimentos e profissionais que estavam autorizados a executá-la. No entanto, a partir do fim da década de 1960, a hegemonia da alta cozinha francesa começa a ser questionada com a influência de profissionais que contestam as técnicas restritas de cozinha da gastronomia e o papel reservado ao chef.[6] Denominado *Nouvelle Cuisine*, esse movimento

> [...] mudou radicalmente a culinária francesa através da transgressão, ou usando velhas técnicas com novos ingredientes de maneiras que quebraram as regras estabelecidas da alta cozinha francesa. Além disso, os

chefs começaram a importar tradições estrangeiras exóticas e fundi-las com a culinária francesa.[7]

Esse movimento foi influenciado pelas crescentes tensões entre a alta cozinha francesa e as novas tendências em outros campos criativos, como a literatura e o cinema, afetados pelo movimento político francês de Maio de 1968.[8,9] Não surpreende que uma das propostas centrais dos chefs da *Nouvelle Cuisine* era romper a ligação da gastronomia com o luxo e valorizar a "simplicidade", propondo a utilização de novos ingredientes e técnicas. De modo complementar, chama a atenção o modo como isso valoriza a autonomia e a inventividade do chef em seu ofício, abrindo espaço para um maior reconhecimento desse profissional e concedendo um caráter ainda mais criativo para a ocupação e distanciando-a de um mero trabalho manual.[10] À medida que essa nova ideologia se expande rapidamente nas décadas seguintes, destaca-se também uma valorização de repertórios culinários que serão definidos como "exóticos" e um processo de intercâmbio entre chefs franceses e chefs *"periféricos"* de diferentes países.[11]

No bojo dessas mudanças, é possível observar o processo de perda do monopólio francês sobre a gastronomia, ainda que não deixe de cumprir um papel fundamental (afinal de contas, o movimento ainda se chama *Nouvelle Cuisine*). Por isso, é interessante como, no fim do século 20, novas estruturas de legitimação e reconhecimento se constroem, amparando uma nova concorrência pela autoridade gastronômica,[12] marcada por um processo de destradicionalização.[13]

Neste ponto retorno ao Brasil para destacar um movimento mais acentuado de chefs franceses chegando ao país na década de 1970, acompanhando a implantação de novas redes internacionais de hotéis, mas também atuando na formação de novos campos gastronômicos fora da França.[14] Carlos Alberto Dória observa que os profissionais que chegavam a hotéis e restaurantes brasileiros faziam parte de uma linhagem de chefs franceses, composta de aprendizes, discípulos e até mesmo descendentes diretos:

A dinastia é clara quando seguimos o fio condutor que liga Antonin Carême (1783-1833) a Auguste Escoffier (1846-1935) e este aos mais modernos chefs europeus. Escoffier foi mestre de Fernand Point (1897-1955). Este, por sua vez, teve, entre os seus discípulos, Paul Bocuse, Alain Chapel, François Bise, Louis Outhier e Jean e Pierre Troigrois. Desses, o leque se abre gerando todos os demais chefs contemporâneos.[15]

Essa época é marcada pela vinda de chefs como Laurent Suadeau e a família Troigrois, para trabalhar em hotéis e restaurantes prestigiados em grandes cidades como Rio de Janeiro e São Paulo. Esse grupo é marcante porque será responsável por formar uma geração de chefs brasileiros, mantendo a tradição de formação e a aura de prestígio em torno da gastronomia. Em outras palavras, são os chefs franceses no Brasil que garantirão a manutenção da influência francesa em profissionais brasileiros, algo essencial para a preservação da autonomia e da autoridade do campo.[16]

Porém, antes de me deter nas características desse novo grupo de chefs, analiso as mudanças dos processos de formação e de capacitação no campo da cozinha profissional no Brasil, que também sofrem a influência dessa chegada. Refiro-me especialmente à criação de um novo tipo de curso profissional de cozinha no Brasil no mesmo período, com o intuito de formar profissionais nacionais "qualificados"* para atuar na cozinha de hotéis e restaurantes de prestígio, sob a supervisão de chefs estrangeiros. Pesquisas sobre o tema mostram que, até a década de 1960, o modo mais comum de se capacitar para atuar na cozinha profissional era a formação através do próprio trabalho,[17] o que começou a mudar, como a criação de uma nova legislação atesta:

---

* As aspas são utilizadas porque a definição de qualificação é contextual e tem sentido apenas pelo que foi definido pelo próprio campo da gastronomia como técnicas e saberes. É importante marcar a questão, pois entendo que cozinheiros e cozinheiras negras, por exemplo, em razão de sua experiência na cozinha, sempre foram profissionais extremamente qualificados para exercer seu ofício — ainda que as condições dessa formação tenham um caráter forçado, na maior parte das vezes.

Até 1965, a única forma de se tornar chef de cozinha no Brasil era por meio da formação no próprio trabalho. A partir de então, com o decreto número 44.864, de 28 de maio de 1965, o Governo do Estado de São Paulo, através de sua Secretaria de Turismo, "reconhece a validade do certificado de habilitação profissional do curso de cozinheiro". Passa a existir então, a possibilidade de formação básica de cozinheiro através da educação profissionalizante.[18]

Os cursos da área de hotelaria oferecidos pelo Senac, no estado de São Paulo, deixam ver importantes mudanças nessa capacitação. Durante um período da década de 1960, a instituição oferecia o curso de cozinheiro, mas sua falta de prestígio pode ser medida pelo fato de que era voltado especialmente para jovens vindos da Febem (Fundação Estadual do Bem-Estar do Menor de São Paulo), com uma estrutura de assistência voltada para as necessidades desse grupo, como alojamento, ajuda de custo e alimentação.[19] A trajetória de Benedita Ricardo[20] mostra que, durante a década de 1970, o curso havia se transformado, uma vez que ela se formaria como bolsista no curso de Primeiro Cozinheiro no Grande Hotel Senac Águas de São Pedro[21] e seria encaminhada para estagiar como primeira cozinheira em hotéis e restaurantes de prestígio na capital paulista. Sua trajetória revela a mudança de status que se construía em torno da profissão de chefia na cozinha e a importância que uma formação institucionalizada começava a ganhar no campo.

A década de 1990 foi caracterizada pela criação de um novo curso profissionalizante no Senac, o de Cozinheiro Chefe Internacional (CCI), em convênio com o estadunidense The Culinary Institute of America (CIA), uma das instituições de ensino de gastronomia de maior destaque fora da França. A pesquisadora Márcia Harumi Miyazaki observa que metade do corpo docente do curso era oriunda da própria CIA, e a outra metade era de chefs renomados que residiam no Brasil, entre estrangeiros e brasileiros.[22] A mensalidade do curso era de setecentos dólares, o que demonstra a mudança do público-alvo dos cursos da instituição,[23] já evidenciando algumas das transformações do valor do ofício de chefia na cozinha profissional no Brasil.

Dos 32 primeiros alunos [16 em cada período], apenas 02 não tinham um curso superior completo. 50% do grupo vinha do estado de São Paulo e o restante de estados como Paraná, Alagoas, Rio Grande do Norte e outros. Criou-se assim dentro do hotel escola um novo estrato social de cozinheiros: os pagantes, que aprendem bastantes coisas de cozinha e os do curso gratuito que aprendem o trivial da cozinha do hotel.[24]

Dessa forma, é visível a distinção que uma formação culinária de elite pretendia garantir para um seleto grupo de profissionais brasileiros na cozinha profissional. Ao mesmo tempo, é importante registrar que esse estrato prestigiado se capacita de forma simultânea a outro grupo, "não pagante", de modo que se garantia que houvesse profissionais formados para trabalhar de maneira subordinada ao primeiro. Essa distinção no processo de formação se consolida de forma ainda mais contundente com a criação dos primeiros cursos superiores de gastronomia no Brasil em 1999, concentrados especialmente nas regiões Sudeste e Sul do país e em instituições de ensino superior privadas.[25]

Em meio aos novos processos de aumento do prestígio da profissão de chefia na cozinha e de centralidade da figura do chef, a primeira geração de chefs brasileiros começa a se sobressair no fim da década de 1990. Afinados com a proposta de destradicionalização das técnicas culinárias francesas e de valorização de cozinhas "exóticas",* contribuições da *Nouvelle Cuisine*. Trata-se de um grupo de perfil bastante homogêneo, como observam pesquisas recentes: homens jovens das classes média e alta, formados em estágios e cursos no exterior, principalmente na Europa e nos Estados Unidos.**[26] Seguindo uma tendência

---

* As aspas aqui são utilizadas para questionar a qualificação de exotismo dada a determinadas cozinhas pela gastronomia, quando se trata apenas de repertórios culinários nacionais que não são franceses, na maior parte das vezes.

** Apesar dos trabalhos mencionados não destacarem essa informação, com esse perfil os profissionais são majoritariamente brancos, acompanhando a desigualdade racial da distribuição de renda no Brasil. Ver IPEA, *Retratos da desigualdade de gênero e raça*. Disponível em: <http://www.ipea.gov.br/retrato/indicadores.html>. Acesso em: 17 maio 2019; Adriana Saraiva, "Trabalho, renda e moradia: desigualdades entre brancos e pretos ou pardos persistem no país". *Agência IBGE Notícias*. Disponível em:

global de valorização da diversidade, esse grupo conquista um amplo reconhecimento nacional e internacional, especialmente pelo trabalho de construir um repertório culinário que define e defende como "gastronomia brasileira":

> [...] combinando o uso das técnicas e metodologias da gastronomia contemporânea com práticas e ingredientes das cozinhas regionais, praticamente esquecidos,* inventaram o que se passou a designar como nova gastronomia brasileira. Iniciam um trabalho de pesquisa e revitalização de produtos e cozinhas de diferentes regiões do Brasil, com um destaque para as tradições culinárias mineiras e nordestinas, e os produtos da Amazônia, que, por meio de um processo de retradicionalização (Giddens, 1991, 1997), ressurgem dentro de práticas culinárias distintas das receitas regionais às quais, até então, estavam atrelados.[27]

É assim que o início do século 21 é marcado por uma disseminação dos signos da gastronomia e da imagem de autoridade do chef no Brasil, que tem como um de seus principais desdobramentos a aparente modificação do caráter degradante do trabalho na cozinha profissional entre profissionais de classes média e alta. Há um papel importante da mídia em disseminar essa mudança de status, em especial a partir da década de 1990, quando há uma proliferação da ideia do prestígio da gastronomia e da autoridade do chef em jornais, revistas especializadas, livros, programas de rádio e de televisão e sites.[28]

A título de exemplo, no audiovisual, as mudanças no formato dos programas de culinária atestam esse processo. Na década de 1950, os primeiros programas de culinária das emissoras abertas [29, 30] eram

---

→ <https://agenciadenoticias.ibge.gov.br/agencia-noticias/2012-agencia-de-noticias/noticias/ 29433-trabalho-renda-e-moradia-desigualdades-entre-brancos-e-pretos-ou-pardos-persistem-no-pais>. Acesso em: 28 maio 2021.

* É importante a ressalva: esquecidos por quem? Uma afirmação mais adequada poderia ser a de que essas práticas e ingredientes foram menosprezados e ignorados por uma prática gastronômica no Brasil até então, e que esse menosprezo era fundamental para marcar o refinamento e a distinção dessa mesma prática.

marcados por mulheres brancas como apresentadoras e mulheres negras como assistentes silenciosas,[31] descrevendo o passo a passo de receitas a telespectadoras que chamavam de "minhas amigas", em um cenário feito para parecer uma cozinha doméstica. Na década de 2010, por sua vez, há a proliferação de programas apresentados por chefs nas emissoras abertas, fechadas e em plataformas de vídeo na internet, além de documentários, reality shows e programas de competição entre profissionais.* A disseminação dessas imagens e sentidos em torno da gastronomia é acompanhada por críticas de profissionais da área, como estudos recentes têm observado,[32] uma vez que parecem colaborar com um imaginário de romantização do trabalho nas cozinhas profissionais, o que é especialmente efetivo entre quem nunca conheceu o cotidiano de uma cozinha doméstica ou profissional, como jovens de classes média e alta. Sobre situação similar nos Estados Unidos, Gwen Hyman resume bem os efeitos dessa narrativa: "A cozinha se tornou, no imaginário popular, um reino não de exaustão e exploração, mas de energia e paixão".[33]

Os efeitos da proliferação do discurso midiático em torno da gastronomia podem ser observados, por exemplo, no crescimento vertiginoso de cursos superiores de gastronomia no país nesse período. De acordo com dados mantidos pelo Ministério da Educação,[34] na década de 1990 havia apenas um curso de gastronomia em atividade no país, em uma universidade privada. No fim da década de 2000, já eram 83, número que aumentou 326% até o fim da década de 2010, totalizando 354 cursos. Em 2021, o Ministério da Educação registrou o funcionamento de 357 cursos de gastronomia em atividade no Brasil. Vale destacar que a maior parte dos cursos é oferecida por instituições privadas e que apenas em 2005 começaram a ser criados cursos de gastronomia em universidades públicas, totalizando, em 2021, dezoito instituições federais e estaduais que oferecem a for-

---

* Apesar do formato da década de 1950 ainda existir na TV aberta, os chefs são figuras centrais nesses programas, como apresentadores, convidados recorrentes ou chefes da equipe de produção.

mação (5% do total). Ademais, apesar do grau tecnológico majoritário dos cursos, há treze instituições que oferecem bacharelado em gastronomia.[35]

Em cerca de três décadas, criou-se um amplo campo de formação em gastronomia no Brasil, apoiado majoritariamente por instituições privadas. Em seu estudo, Ferreira[36] analisa o dispêndio envolvido em cursos prestigiados da cidade de São Paulo, em que o custo total médio em torno de 50 mil reais para cursos tecnológicos, com duração de dois anos, evidencia que só os estratos mais altos (e brancos) da sociedade brasileira podem pagar essa formação.[37] Como observam Harris e Giuffre[38] sobre um processo parecido nos Estados Unidos: "Pela primeira vez, um grande contingente de alunos de escolas de culinária é da classe média e, em vez de ver a culinária como uma carreira com poucas opções, homens e mulheres jovens estão optando por aprender a cozinhar profissionalmente".[39]

Esse breve panorama das transformações da gastronomia, no exterior e no Brasil, tem como objetivo qualificar melhor o que é geralmente definido apenas como uma "popularização" da gastronomia no país a partir da década de 1990. É verdade que o uso dos termos "gastronomia" e "chef", antes concentrado em uma pequena parte da elite brasileira e concedido apenas a um restrito grupo de profissionais e de restaurantes, se ampliou para uma camada mais ampla da população. No entanto, esse processo de expansão não significa que o prestígio tenha se tornado mais acessível aos trabalhadores. Na verdade, funcionando como um campo cultural autônomo que envolve disputas de legitimidade entre diferentes atores e instituições,[40] a aparente popularização da gastronomia se articula com a construção de novas estruturas de distinção e exclusão. E, retomando o olhar de Ruha Benjamin, é importante atentar para a manutenção e a atualização rotineiras do racismo antinegritude como uma tecnologia e os "muitos meios pelos quais as formas anteriores de desigualdade são atualizadas".[41]

A situação vivenciada por Benê Ricardo descrita no Interlúdio II é emblemática de como o discurso da popularização da gastronomia pode camuflar a atualização do léxico racializado, de gênero e de classe do campo que vem sendo construído desde a década de 1970 — e como é capaz de afetar mulheres negras que encontram brechas e ocupam cargos de chefia. Sua trajetória profissional e educacional mostra como o acesso a um curso profissional de prestígio era bastante improvável para cozinheiras negras e como suas habilidades extraordinárias só foram reconhecidas em uma situação casual e provavelmente porque se tratava de um repertório europeu, que adquirira com o trabalho culinário doméstico.[42] O espanto do dono do restaurante diante da primeira cozinheira enviada pelo Senac revela o desencaixe entre a aparência dela e seu ofício, mesmo que aquela mulher negra tivesse todas as qualificações formais exigidas para o cargo num restaurante de prestígio. Ao exigir que Benê limpasse a cozinha como forma de avaliar sua capacidade para o cargo de chefia, o dono do restaurante mostrou que, apesar da comprovação de uma certificação rara e prestigiosa na época, continuava a vê-la como uma trabalhadora doméstica.[43]

As transformações observadas no início do século 21 poderiam resultar em um acesso mais amplo de mulheres negras à carreira de chefia na gastronomia, como a existência de mais cursos no Brasil e a abertura de mais espaços para a posição de chef. No entanto, o argumento aqui é, na verdade, que ocorre uma atualização do léxico racializado, de gênero e de classe da gastronomia que permanece dificultando o acesso, a permanência e o reconhecimento de outros profissionais que não sejam chefs homens, de classes média e alta e majoritariamente brancos. Uma exclusão que pretende se esconder a partir de uma ideia genérica de popularização do ofício ou de um discurso de defesa de uma gastronomia brasileira.

Para tornar palpável esse argumento, começo analisando a trajetória de chefs brasileiros que se destacaram no início do século 21. Nesse sentido, o estudo de Maria Lúcia Bueno[44] sobre o perfil e a trajetória de alguns profissionais dá algumas pistas. Bueno analisa como a gastronomia ainda se organiza como uma cultura autônoma no período para entender de que maneira políticas de reconhecimento restrito funcionam:

Embora visando a atingir o público e a mídia, trata-se do que Pierre Bourdieu designou como um mercado de bens restritos, por meio do qual o chef está sempre dialogando em primeira instância com seus pares, ou seja, os outros chefs, os teóricos de gastronomia e os críticos, que, na maior parte das vezes, atuam a partir de publicações de circulação restrita.[45]

O que Bueno descreve parece ser o contrário do que seria uma popularização da gastronomia: um arranjo bastante fechado de concessão de reconhecimento, com a participação ativa de diversos atores e instituições. A maneira como a autora expõe os passos do caminho para que chefs brasileiros tenham conquistado reconhecimento deixa ainda mais visíveis as condições privilegiadas necessárias para a condecoração de chefs no campo. Um exemplo disso é o fato de que o reconhecimento pelos pares frequentemente se dá por meio de experiências de estágio em restaurantes de prestígio ou no exterior:

> A principal condição para um reconhecimento mais amplo é o reconhecimento pelos pares, que acontece em duas etapas. A primeira, que precede a abertura do restaurante, consiste na realização de estágios, disputadíssimos, nas cozinhas dos chefs mais reputados no momento. Esses estágios, geralmente realizados após a formação em alguma escola, são momentos de aprendizagem (domínio dos códigos, metodologias e discursos) e de construção de uma rede de relações. A pesquisa que realizamos sobre os jovens chefs brasileiros com reconhecimento internacional aponta que a maior parte deles passou por esse percurso.[46]

Vencer a concorrência dessas vagas de estágio, em muitos casos, depende da indicação ou do apadrinhamento de nomes importantes na área.[47] Para caracterizar ainda melhor que grupo pode acessar essa moeda de reconhecimento e a construção de redes de apoio e indicação úteis ao longo de uma carreira, vale ressaltar que esses estágios não costumam ser remunerados. Estagiários de cozinhas profissionais costumam receber apenas algum tipo de ajuda de custo.[48]

Numa segunda etapa, após assumir o posto de chef em um restaurante ou à frente de seu próprio estabelecimento, o discurso do autor justificando a importância do seu trabalho e explicitando a relação de sua proposta com as ideologias correntes dentro do campo é fundamental e estratégico. Esse fato transparece na uniformidade do discurso de chefs de diferentes lugares, principalmente entre os mais jovens. Se, nos anos 1950, todos falavam a mesma língua, a da cozinha francesa clássica, hoje em dia, na era da *Slow Food*, as cozinhas são reconhecidas pela sua diversidade cultural, que deve ser construída com a incorporação de práticas e ingredientes locais, trabalhados a partir das técnicas e metodologias correntes no campo globalizado. Quanto mais original e mais singular for o resultado dessa hibridação, maior é o reconhecimento.[49]

Bueno ainda adiciona que o conhecimento da diversidade cultural depende de viagens como experiências formativas "[...] para lugares escondidos nos seus países, atrás de práticas locais e ingredientes esquecidos ou desconhecidos.* Essas pesquisas são responsáveis por parte da originalidade e do aumento do prestígio dos chefs latino-americanos e asiáticos".[50] Assim é possível observar que o processo de formação de um chef, nos termos preconizados pela gastronomia no início do século 21, significa um grande investimento e gasto financeiro. E não se trata de gastos apenas em negócios próprios, mas também em pesquisa e publicidade, e não é raro que esses profissionais contratem serviços de relações públicas, especialmente numa época marcada pela autopromoção em redes sociais. O reconhecimento pode ser tal que permite que os chefs vendam seu capital simbólico como autoridades na cozinha para a propaganda de serviços e produtos, que, no caso de chefs famosos, pode ser algo tão rentável que essa atividade se torna sua principal fonte de renda — e não mais os restaurantes.[51]

* Mais uma vez cabe o questionamento: desconhecidos, escondidos, esquecidos por quem? Podem ser apenas ingredientes desprezados apenas pelas elites ou pela classe média, mas parte da dieta cotidiana de populações indígenas e quilombolas, por exemplo. Irei me aprofundar nesse ponto mais à frente.

Outra mudança que poderia ter afetado as políticas de reconhecimento da gastronomia, permitindo a inclusão de novos grupos de profissionais ou a criação de critérios de concessão menos restritos, é o processo recente de defesa e de construção de uma gastronomia brasileira, a partir da década de 1990. Como observado antes, esse movimento acompanha o enfraquecimento do monopólio francês na definição dos parâmetros gastronômicos, abrindo espaço para outros repertórios culinários.[52] E, retomando discussões do segundo capítulo, no caso brasileiro, a narrativa de cozinha nacional construída no início do século 20[53] estabelecia um vínculo com contribuições identificadas como negras, indígenas e portuguesas. A mulher negra, a partir do estereótipo da mãe preta, seria central na composição dessa "mestiçagem culinária". No entanto, o desenvolvimento do que será definido como gastronomia brasileira a partir da década de 1990 não passa por um reconhecimento da longa história de trabalho de cozinheiras negras como autoridades no campo. O chef, um homem branco na maior parte das vezes, é a figura indispensável nesse processo de construção, em consonância com o projeto de valorização da diversidade cultural da gastronomia, como vimos.[54] A análise do conteúdo de publicações sobre a construção da gastronomia brasileira na década de 1990 torna evidente a posição do chef como um mediador e, mais importante, como um autor desse repertório:

> Um chef é aquele capaz de, com perícia, arrancar da natureza surpresas e mais surpresas, e com elas entreter e divertir. O caráter lúdico, mágico, é essencial no trabalho de um chef. [...] Alex Atala e Quentin Geenen de Saint Maur vieram a público com duas obras absolutamente incomuns, porque dirigidas para a criação em torno da culinária brasileira e em oposição àqueles que teimam em levá-la à mesa "como sempre foi". De certo modo foi preciso que Atala e Quentin sacudissem essas "opressões" para podermos ver com novos olhos o mundo comestível. Eles nos mostram um outro país, e é bom que as abordagens de ambos sejam tão diversas, pois o país novo mostra que pode ser multiplicado na cozinha.[55]

As obras às quais Carlos Alberto Dória se refere são *D.O.M.: redescobrindo ingredientes brasileiros*, do chef brasileiro Alex Atala,[56] e *Muito prazer, Brasil: variações contemporâneas da cozinha regional brasileira*, do chef belga Quentin Geenen de Saint Maur.[57] Para o que busco desenvolver aqui, importa menos as técnicas, os ingredientes ou as receitas selecionadas por esse movimento, e mais a construção de um caráter de descobridor e de tradutor para os chefs que definem o que seria a gastronomia brasileira. Em outra passagem do livro de Dória, esse tropo se torna ainda mais visível:

> Alex vai ao mato, trava um corpo-a-corpo com os alimentos e a gama de sabores, arranca-os de lá e nos traz como uma dádiva e como memória. Quentin mostra uma visão mais estruturada da cultura que nos convida a penetrar. É um viajante estrangeiro que acompanhamos em andanças pelo nosso país, que nos mostra paisagens pelas quais tantas vezes passamos sem "ver". É o Brasil que assim se redesenha numa nova mirada sobre a cultura. [...] Levar "paladares coletivos" por novas paisagens, ou submetê-los a impactos fortes mais controlados (afinal, estão mais acostumados ao foie gras e à trufa* do que ao tucupi) é a aventura que se abre para essa revisão da gastronomia nacional que os dois chefs propõem.[58]

As imagens que o texto mobiliza são bastante específicas: um Brasil "selvagem" que se torna palatável (em diversos sentidos) para uma parcela da população desse mesmo país pelo trabalho de chefs que têm a coragem de se aventurar "no mato" para "arrancar" os alimentos de lá. A existência de um público-alvo para essas descobertas também chama a atenção, pois, apesar de não ser definido exatamente pela passagem, as perguntas que ecoam parecem dar dicas: quem "passa sem 'ver'" pela paisagem brasileira e quais paladares coletivos são levados para esses "novos" lugares? Trata-se de pessoas mais acostumadas "ao foie gras e à trufa do que ao tucupi". Nesse ponto, tomo a liberdade de aproximar essa construção visual

---

* Foie gras e trufa são pratos identificados como pertencentes ao repertório da alta cozinha francesa.

do trabalho dos chefs do movimento de construção da gastronomia brasileira dos autores do movimento modernista,[59] que, no início do século 20, reivindicaram a autoridade de definir um repertório culinário. De modo similar ao que argumentei no segundo capítulo, acredito que a definição de gastronomia brasileira do início do século 21 fala mais sobre aqueles que a definiram do que sobre o repertório culinário em si. Em um trecho que fala sobre si mesmo, o chef Alex Atala deixa ver um pouco em que bases constrói sua autoridade sobre a gastronomia brasileira:

> Meu registro cultural é brasileiro. Em algum momento do meu percurso, entendi que ninguém poderia fazer cozinha brasileira tão bem quanto eu, pois os sabores selvagens fazem parte da minha vida desde muito cedo, desde a minha primeira infância. Sou filho e neto de pescadores e caçadores, portanto andar no mato e explorar sabores selvagens fazem parte da minha maneira de ser desde sempre.[60]

Há dois pontos principais que quero destacar nesse trecho. Em primeiro lugar, sua autodescrição como um explorador, tendo aprendido a andar "no mato" desde a infância em uma família com pescadores e caçadores. Em seguida, a definição de sabores "selvagens", que sugere a existência de material alimentar em estado bruto em nosso país que precisaria da autoridade de um chef para sua exploração e lapidação. A fala de Atala guarda um tom de descoberta, de resgate e de extração que parece similar ao do movimento modernista. E, a partir de sua autoridade de chef influenciado pela *Nouvelle Cuisine*, a gastronomia brasileira pode ser ainda mais centrada sobre si, afinal, "ninguém poderia fazer cozinha brasileira tão bem quanto eu". A paisagem "selvagem" da gastronomia brasileira é, assim, um vazio a ser desvendado, sobre os quais ele e outros chefs agregarão sentido — em um movimento que, diante dessas características, defino aqui como neocolonizador.

Retomo um trecho de um artigo de Bueno para marcar outros dois aspectos dessa definição de uma gastronomia brasileira, que julgo que evidenciam ainda mais esse caráter neocolonizador: o tom predatório e de tutela que acompanha todo esse processo de "descoberta". "[Os chefs] iniciam um trabalho de pesquisa e revitalização de produtos e cozinhas de diferentes regiões do Brasil, com um destaque para as tradições culinárias mineiras e nordestinas, e os produtos da Amazônia".[61] Os recentes episódios envolvendo o Instituto Atá, do chef Alex Atala, e sua conduta em projetos de "valorização" de ingredientes nacionais em relação à autonomia de grupos quilombolas e indígenas, que são os donos dos territórios onde estão esses ingredientes, evidenciam as assimetrias dessa relação entre chefs e comunidades tradicionais, por exemplo. A mais recente envolve a baunilha do cerrado: "descoberta" pelo chef, mas na verdade cultivada há séculos pelos Kalunga, uma comunidade quilombola do estado de Goiás, terminou com o Instituto registrando as marcas Baunilha do Cerrado e projeto Baunilha do Cerrado no Instituto Nacional de Propriedade Industrial (INPI), enquanto a instituição afirmava estabelecer uma relação de parceria com a comunidade quilombola.[62]

Um olhar crítico vindo de uma cozinheira e pesquisadora indígena sobre a conduta dos chefs em relação às pessoas que, originalmente, detêm o conhecimento do compêndio de técnicas e ingredientes que definem como gastronomia brasileira, é o de Tainá Marajoara:

> Quando um chef fala de determinada comida, é como se ele soubesse em absoluto do que está falando. E muitas vezes esquece que aquela comida representa um povo, uma cultura, há uma língua por trás. [...] E me pergunto: onde a cultura ancestral se junta com o turismo gastronômico? Se fala no turismo gastronômico, e, no entanto, não se tem uma política pública que acompanhe essas comunidades locais, produtoras desses alimentos com essa demanda do turismo.[63]

A crítica deixa visível o lugar de autoridade que o chef assume para si e o pouco ou nenhum reconhecimento que as comunidades recebem, especialmente em termos financeiros. Outro exemplo desse argumento é o movimento de aproximação da gastronomia de ingredientes e técnicas de uma cozinha doméstica brasileira, mais vinculada à imagem da cozinheira negra. Os manuais de gastronomia contemporâneos mantêm a narrativa instaurada pelo movimento modernista para tratar da formação da cultura alimentar brasileira sob a ideologia da democracia racial, em que as contribuições africanas, indígenas e portuguesas teriam se combinado harmonicamente para a formação da cozinha nacional.[64] Apesar de haver uma ampliação do repertório nas últimas décadas, a identificação de uma autoria de pratos e técnicas culinárias permanece bastante genérica ou impessoal, exceto quando há um chef envolvido no processo. É o caso do trecho a seguir, parte da seção de um manual de gastronomia voltado a descrever a cozinha amazônica:

> Graças ao empenho de chefs como Paulo Martins (1946-2010), do restaurante Lá em casa, de Belém do Pará, e o paulistano Alex Atala [...] a cozinha amazônica está superando seus limites. Considerado o embaixador da cozinha local, Paulo Martins investiu na divulgação dos produtos amazônicos e promoveu um evento anual que conta com várias edições, o Ver-o-Peso da Cozinha Paraense.[65]

Meu argumento é o de que a elevação do status de ingredientes e técnicas brasileiros a um patamar gastronômico, fundamento do sucesso retumbante de chefs brasileiros em nível nacional e internacional, depende da mediação ou da tradução que esses profissionais afirmam fazer desse compêndio. A presença desses profissionais é essencial para conceder autoridade ao processo de mediação/tradução que, na maior parte das vezes, envolve a seleção de determinados ingredientes locais e a utilização de técnicas francesas ou de outras cozinhas europeias na composição de pratos. Porém, o que mais me interessa nesse ponto é a invisibilização de grupos que detêm originalmente o conhecimento dos ingredientes e das técnicas, como povos e comunidades tradicionais e a população negra. Nesse sentido, são excluídos do processo de valorização da gastronomia brasileira, que envolve reconhecimento e acumulação de capital, mas apenas por parte dos chefs. Assim, a gastronomia pode mudar e incluir outros repertórios, como o fez nas últimas décadas, mas quem possui a autoridade irrestrita sobre eles permanece sendo o chef.

Ao pensar na conexão que se mantém entre turismo e gastronomia nas últimas décadas e em como a gastronomia brasileira e seus pratos "exóticos" são considerados produtos importantes para o turismo gastronômico no Brasil, o olhar sobre o racismo antinegritude envolvido na atividade turística no país pode iluminar o processo de invisibilização e de exclusão de povos e comunidades tradicionais e da população negra nesse processo. Refletindo sobre os contornos do material turístico de Salvador, cidade vendida como um destino afro[66] por instituições públicas e privadas ligadas ao turismo, as antropólogas Erica Williams[67] e Christen Smith[68] observam a importância da ideologia da democracia racial na construção de um fascínio sobre o passado colonial (e violento) soteropolitano. E mais: como essa narrativa idílica do passado se articula com a ação violenta sobre a população negra no presente, como a institucionalidade da política estatal de morte e de tortura,[69] a hipersexualização de corpos negros na prática turística ou a política de planejamento urbano fundada no branqueamento, que é base para a gentrificação de pontos turísticos, como observado por Keisha-Khan Perry.[70] Nesse contexto, a população negra permitida nesses espaços seria apenas a pertencente à classe de "produtores excepcionais de cultura negra brasileira",[71] definidos por estereótipos baseados em um passado colonial de harmonia racial. A baiana de acarajé é eleita como uma das figuras mais importantes nesse processo:

> Embora os corpos negros pareçam estar por toda parte na Bahia, os rostos negros sorridentes do pastiche, como a boneca baiana inflável sentada no meio do Pelourinho, dissociam os corpos negros de seu contexto social e de seu passado recente. Os rostos não têm família e nenhuma história além de sua associação roteirizada com as representações que eles foram contratados para retratar (nesse caso, baianas). Eles são desprovidos de toda política. Eles não têm comunidades. E, o mais importante, eles estão sempre sorrindo. Poucos observadores suspeitam das histórias violentas que assombram esta imagem.[72]

A conexão que busco estabelecer aqui é de como é possível que a gastronomia brasileira, fortemente vinculada à economia do turismo, se desenvolva a partir de uma ação predatória em repertórios de conhecimento culinário negro e indígena no Brasil, que não resultam em qualquer tipo de reconhecimento ou retribuição econômica para suas autoras e produtoras. Nas palavras de Joceval, um guia turístico negro entrevistado por Erica Williams, que

> conecta essa utilização da cultura afro-brasileira na economia do turismo ao racismo: "O racismo na Bahia e no Brasil é muito perverso... Está escondido. Eles gostam da cultura negra, mas não aceitam negros. A cultura negra está bem, mas os negros, não. Essa cultura é sugada, mas os negros continuam pobres".[73]

Dessa maneira, amparando-se na ideologia da democracia racial e no trabalho de diversas instituições e atores, o léxico racializado[74] de gênero e de classe da gastronomia no Brasil construído até a primeira metade do século 20 se mantém intacto e em pleno funcionamento para definir quem receberá o reconhecimento ou o prestígio concedido pelo campo. A flexibilização que poderia ter acontecido pela perda da hegemonia da França, pelo acesso de novos profissionais ou pela inclusão de novos repertórios culinários à alta gastronomia apenas o reatualiza.

Há uma última tecnologia de disfarce da desigualdade na gastronomia à qual quero chamar a atenção, também fundada no papel do chef. A centralidade concedida a esses profissionais pelo movimento da *Nouvelle Cuisine* acompanha uma ênfase maior no caráter criativo desse ofício — em mais uma tentativa de afastá-lo da ideia de uma atividade meramente manual e, principalmente, do trabalho executado na cozinha doméstica. A defesa da gastronomia como uma área da economia criativa também tem impacto na criação de um discurso sobre uma mudança na política de reconhecimento no campo, que passaria então a ser baseada apenas no talento e no desenvolvimento da aptidão especial dos chefs. Nesse sentido, isso significaria que antigas hierarquias que impediam o acesso de outros profissionais, cuja presença poderia descreditar seu trabalho, como visto no discurso de Escoffier,[75] seriam questões do passado.[76] O talento seria, então, o determinante fundamental para o reconhecimento na área. No caso do Brasil, com o desenvolvimento do campo da gastronomia brasileira, o aumento da quantidade de cursos e o discurso de popularização da gastronomia, essa narrativa em torno de uma política neutra de reconhecimento, indiferente ao racismo, classismo e sexismo na área se torna ainda mais bem estruturada.

No entanto, as transformações históricas que analisamos de maneira detida aqui dão pistas de como a gastronomia pôde manter uma estrutura de reconhecimento baseada no valor da brancura, da masculinidade e de valorização dos hábitos alimentares das elites. A construção de uma ideia de popularização da gastronomia e de um ideal meritocrático para o sucesso na profissão de chef acompanha o aumento de cursos em instituições majoritariamente privadas (95% do total) e a manutenção da exigência de acesso a estágios prestigiados que dependem de redes de sociabilidade privilegiadas ou de apadrinhamento.[77] O que se denomina como popularização, na verdade, é o aumento da entrada de pessoas brancas de classes média e alta no trabalho da cozinha profissional, buscando atuar como chefs. Quando, na década de 1960, esses cursos profissionalizantes eram ofertados para jovens privados de liberdade, vindos da antiga Febem,[78] como era o caso de Águas de São Pedro. Nesse sentido, o que se observa é uma tendência à continuidade da ocupação de pessoas majoritariamente brancas em postos de chefia ou outros mais bem remunerados nessa área, apesar da existência de um discurso de neutralidade e meritocracia na ocupação dos cargos. Isso interessa mais a esse trabalho, na medida em que esse processo garante a manutenção da história de longa duração de exclusão de mulheres negras em postos mais prestigiados na cozinha.

Para começar a dar materialidade a esse argumento, destaco trechos da entrevista de Benê Ricardo,[79] cuja trajetória profissional acompanhou parte das transformações descritas no período. Sua história de vida evidencia o que significava ser uma mulher negra talentosa, com décadas de experiência e as certificações necessárias para ocupar um cargo de chefia no campo da cozinha profissional no fim do século 20 e início do século 21. No interlúdio que antecede este capítulo, analisei o encontro entre Benê e o dono de um restaurante para onde foi encaminhada por sua instituição de ensino, e a surpresa do dono diante do fato de que haviam enviado uma primeira cozinheira negra. Em sua tese, Bianca Briguglio mostra as diversas situações narradas por Benê que escancaram a rotina de humilhação e de subestimação de sua habilidade nas tarefas cotidianas da cozinha.[80] As experiências profissionais da chef expõem situações de corrupção e de má conduta institucionalizadas no mundo da cozinha profissional no Brasil, como o uso de ingredientes estragados ou a prática de emissão de notas falsas por funcionários de importantes estabelecimentos em São Paulo. Benê sempre se opôs a ser cúmplice dessa conduta, mas revelou como essa resistência resultou em graves retaliações. Em um dos restaurantes, ao se recusar a cozinhar carne em estado de putrefação e informar o dono do lugar sobre estar sendo obrigada a fazê-lo, sofreu com todo tipo de ridicularização e boicote durante meses:

> Benê: Mas eu passei por dedo-duro. E eu fiz a minha cova. No dia seguinte, eu cheguei para trabalhar, e no quadro de memorando [...] um padre benzendo uma bruxa, escrito: chef Benê. [...] você não sabe nem da metade. Bom, virei bruxa. No dia seguinte, boicotaram todo o meu trabalho. Foi só o ___*. Não foi ninguém. E eu entrei no almoxarifado — naquela época eu era forte, saco de feijão, que lá no ___ eram aqueles panelões, cheguei 11 horas, e falei: "meu Deus, obrigada". Estava tudo pronto.
>
> Bianca: Ninguém apareceu para trabalhar?
> Benê: Me boicotaram.
>
> Benê: Você não sabe o que eu já passei, filha. Mas Deus é tão forte, que eu consegui fazer tudo. Chegou às 11 horas, e o refeitório estava com a comida lá.
>
> [...]
>
> Benê: Mas nossa... você não sabe. Um dia, eu cheguei e fui na câmara fria, e o molho de tomate estava cheio de cacos de vidro. Teria morrido.

---

* O uso de "___" nas entrevistas, além dos pseudônimos, servirá para proteger as entrevistadas de retaliações, uma vez que um dos argumentos deste trabalho, o de romper com o silêncio, pode lhes prejudicar permanentemente.

Mas Deus que me mostrou que estava cheio de cacos de vidro. Um dia eu passei tão mal, fui para o hospital, fiquei dura, quase...
Bianca: ... de estresse?
Benê: É, de estresse. Me levaram para o pronto-socorro.[81]

A escolha por criar uma caricatura de Benê como uma "bruxa", especificamente, não parece ser por acaso. É necessário considerar a criminalização das diversas formas de religiosidade não cristã de mulheres negras desde o período escravista, quando eram frequentemente presas como feiticeiras[82] ou, mais tarde, a perseguição do candomblé, marcado pela centralidade de mulheres negras como sacerdotisas.[83] Ademais, a recusa da equipe em trabalhar sob o comando de Benê no dia seguinte, fazendo com que somente ela e apenas mais um funcionário executassem todo o trabalho de uma grande equipe, que era necessária para fornecer refeições para 2 mil pessoas, também evidencia como desprezavam sua autoridade. Porém, o que parece mais grave é o fato de que, depois de tentarem diversas formas de boicote, a estratégia foi tentar incriminá-la e, considerando os possíveis efeitos de cacos de vidro na comida de um cliente, criar a possibilidade de Benê ser acusada de homicídio culposo. Essa única experiência de trabalho revela em que circunstâncias violentas uma chef negra que conquistasse uma vaga em uma instituição de prestígio era forçada a trabalhar. E, ao fim do relato, é possível ver as sequelas, a curto prazo, de um tratamento tão violento em um trabalho já extenuante como o da cozinha.

É interessante observar a entrevista com outra chef negra que revela os bastidores do processo de construção de uma gastronomia brasileira durante o mesmo período — e o apagamento da importância de mulheres negras no processo. Cito um trecho da entrevista com Anna,* cozinheira profissional também há muitas décadas, que,

---

* Entrevista realizada por mim em 23 de maio de 2019, em que Anna contou sobre sua trajetória na cozinha profissional há cinco décadas e em diversas funções. Utilizo um pseudônimo para proteger a privacidade da profissional. O nome escolhido é o da cozinheira Anna Cardoso dos Santos (1923-94), que foi também diaconisa pela Igreja Baptista do Méier, bairro do Rio de Janeiro, e zeladora da mesma instituição nos anos

tendo conhecido a chef Benê Ricardo, relatou o roubo da autoria do conhecimento de culinária brasileira, sobre a qual a chef era especialista, por chefs franceses:

Anna: [...] mas eu falo com ele também porque a Benê foi explorada pra caralho por esses franceses.
Taís: É? Em que sentido?
Anna: Assim, tudo que eles sabem hoje, que eles fazem hoje de cozinha brasileira eles aprenderam com ela, sabe? E, olha, trabalhou, trabalhou e... e não teve o retorno.

A fala de Anna materializa o processo de invisibilização e de exclusão que é o fundamento do movimento da gastronomia brasileira. É interessante pontuar que nem mesmo o fato de Benê Ricardo ser uma profissional do campo, formada por um dos cursos mais prestigiados à época, situação bastante diferente de povos e comunidades tradicionais ou de cozinheiras negras domésticas, impediu que estivesse suscetível a ter seu trabalho roubado e sua autoria invisibilizada por chefs franceses, enquanto estes eram reconhecidos por seu trabalho de "construção" e de "valorização" de uma gastronomia brasileira. Os diversos relatos de roubo de técnicas e receitas desenvolvidas por Anna e Benê mostram que se tratava de uma prática cotidiana em seu trabalho:

Benê: ___ era outra também que pegou as minhas apostilas do Senac. [...] Depois que eu... ela nunca falava. E um dia ela ligou, e falou que pegou as minhas apostilas e tirou xerox. Do Senac. E aí foi ser professora... mas deixa para lá. Eu não vou levar essas coisas comigo mesmo, vai ficar tudo aí...

→ 1980, onde dava cursos de arranjos florais e culinária. Trabalhou como cozinheira durante toda a sua vida adulta, especializando-se em trabalhar para pequenos eventos familiares e montar serviços de bufê para festas. Nas palavras de sua sobrinha-neta, Ana Paula Pereira da Gama Alves Ribeiro: "Era a avó que fazia empadinhas, a melhor torta de maçã do mundo e tinha o melhor abraço. Não teve filhos biológicos, mas criou duas gerações de sobrinhos e sobrinhos-netos, inclusive a mim e meus irmãos. Cresci olhando seu trabalho, sendo sua aluna, provando sua comida e recebendo seu afeto generoso".

Benê: Esse daqui é lá do Paulistano. [...] Esse cara aqui — esse chefe — pediu para eu desenvolver, pegou as receitas que eu desenvolvi para a xxx,* falou que foi ele. Olha ___ aqui tudo o que eu fiz. [...] Olha aqui o que eu desenvolvi. [...] Quer ver quanta coisa?
[...] Olha aqui quanta coisa eu fiz. Um jantar, com tudo da ___, com receita e tudo... ele pegou e falou que foi ele que desenvolveu. E todas as receitas testadas, com fichas técnicas e tudo.

Benê: Não. Aquele outro que ficou... ele pegou e disse que ia lançar um livro meu, em uma editora que tem lá na ___ [...] Fui lá para o sítio dele fazer a produção de fotos. Ele pegou todas as fotos, lançou o livro... Ele era famoso.[84]

Anna: [...] hoje eu não faço mais porque, o que acontece: tudo o que a gente faz, fica para a ___. Então eu não crio mais. Eu faço o trivial. Sabe? Porque ali... então, nos primeiros anos foi, minha filha. [...] Quando a gente está precisando, está entrando... mas, quando você chega no final, e você fala assim: "essa receita eu que fiz". [...] então, eu que fazia todas as receitas...

O cenário descrito por Benê e Anna revela como o sucesso de figuras importantes do campo e de marcas famosas de produtos alimentícios industrializados no Brasil frequentemente dependeu do trabalho de mulheres negras como elas, que foram invisibilizadas e tiveram sua propriedade intelectual usurpada. Sendo elas descendentes de quituteiras e cozinheiras,** tomo a liberdade de afirmar que o que está sendo de fato roubado é a autoria e o reconhecimento de uma habilidade culinária desenvolvida por mulheres negras há séculos (ainda que de maneira forçada) como observado nos dois primeiros capítulos.

---

* Para facilitar a compreensão, o que está sendo omitido é uma marca famosa de produtos alimentícios industrializados.

** A avó de Benê Ricardo era quituteira e os pais de Anna também trabalhavam em ofícios culinários.

Há outra questão grave que revela a continuidade da expropriação econômica de mulheres negras na cozinha profissional: a quantidade de vezes que Benê conta ter sido forçada a trabalhar sem remuneração ou por uma remuneração irrisória em estabelecimentos celebrados ou para chefs famosos.

Benê: Aquele cara que era da ___ me levou para treinar seis meses, e eu perdi todo o meu dinheiro que estava no Itaú porque eu fui gastando e ele não me pagou. Vinte mil eu perdi. [...] Porque eu estava gastando dizendo que ele ia pagar, e ele é chique lá no ___, lá do Rio de Janeiro.

Benê: [...] Ela dá mais consultoria. Porque ela é chique, [...] diferente de nós. [...] Ela ligou para mim: "Benê, vem. Eu queria que você fosse, eu vou com você fazer a compra". Eu falei: "eu vou cobrar o meu trabalho". Eu sou assim. Porque se você der tudo, você não ganha nada, e esse povo é enjoado. [...] Aí ela foi no ___, comprou tudo o que precisava, adivinha quanto deu a conta? Um jantar para oito pessoas [...] 30 mil. E acho que no máximo que me pagou, acho que não foi nem 600. [...] Minha filha, se você cobrar muito caro, você não trabalha.

Suas falas permitem pensar como, apesar de acessarem outros espaços que não a cozinha doméstica na segunda metade do século 20, quando ocorre o desenvolvimento e a consolidação de uma gastronomia brasileira, o reconhecimento à altura do trabalho e do conhecimento de profissionais negras como Benê ou Anna não veio. É importante destacar que ainda que tenham conseguido condições de vida melhores do que as que tinham no trabalho doméstico, a compensação econômica é bastante limitada, especialmente quando a comparamos à de chefs brancos celebrados, que exercem funções similares e costumeiramente dispõem do trabalho e do conhecimento de mulheres negras qualificadas como elas. A desigualdade econômica e a baixa remuneração exposta no jantar para o qual Benê foi contratada para trabalhar é aviltante: enquanto os ingredientes para uma refeição para oito pessoas custam R$ 30 mil, a chef negra responsável pela produção do jantar mal recebe R$ 600.

As entrevistas de Anna e de Benê também são elucidativas do impacto que a entrada de jovens profissionais de classes média e alta, advindos de cursos de gastronomia nas últimas duas décadas, teve sobre a disputa de autoridade dentro da cozinha e o tratamento de profissionais negras com décadas de experiência de trabalho na cozinha profissional. As duas comentam, de maneira crítica, como os novos profissionais chegam à cozinha acreditando que o diploma já lhes dá o título de chef e como querem evitar as tarefas cotidianas que consideram difíceis ou degradantes:

Anna: Então ainda falando dessa... o legal assim, por exemplo, hoje eu falo sempre nas minhas entrevistas que antigamente os homens jovens, cozinhar era um hobby quando chegava um amigo, hoje virou status e o termo chef então virou osso, que tudo é chef, tudo chef, e não são todos. Eu respeito para caramba esses meninos, agora eles confundem muito a vida realmente de um chef, o trabalho árduo do dia a dia, você comandar uma cozinha, sabe? Comandar várias pessoas, porque cada cabeça é uma sentença, cada pessoa tem um jeito de pensar e às vezes aceita, às vezes não aceita, é bem complicado [...] Conduzir uma cozinha é... o povo quer ter título, o povo quer ter... sabe, status, e pôr a mão na massa, a cozinha ela consome bastante. [...] Ela já acha que ela é chefe. Agora que ela está estudando, ela já acha que é chefe. Ela vem te auxiliar, *mas ela já acha que é melhor do que você porque é estudada*. [...] Eu sou a chata, a Benê era chata. Porque esses meninos acham que porque eles aprenderam qualquer coisa, vai fazer qualquer merda e a gente vai aceitar. A gente chega e fala assim: "não é assim que faz. Deixa eu te explicar, é assim, assim e assim".

Benê: Hoje, nessas escolas, eles falam assim: "posso trazer a minha empregada para lavar a louça?".

É possível imaginar o desconforto dessas mulheres, que trabalharam como trabalhadoras domésticas durante parte de sua vida e como cozinheiras profissionais durante décadas, ao enxergarem a entrada massiva de jovens brancos, que poderiam ter sido filhos de seus patrões, no campo, querendo trazer a trabalhadora doméstica para lavar a louça suja — uma função que seria parte do cotidiano de trabalho de um cozinheiro profissional. O tom de desaprovação de Anna a respeito da qualidade da formação de nível superior em gastronomia, ao ser questionada sobre um possível desejo de ela mesmo cursar, também evidencia sua crítica diante da diferença da valorização de sua qualificação prática, conquistada durante muitas décadas na cozinha, e o prestígio que um curso de curta duração em gastronomia pode garantir:

> Anna: Não, porque agora eu acompanho todo mundo, porque como eu tenho a oportunidade de ter os meus estagiários, eu vejo tudo que eles estão fazendo e tal. Eu cheguei a uma conclusão, a única diferença da minha trajetória inteira de gastronomia, primeiro que as faculdades é uma coisa muito rasinha, é só uma pinceladinha, uma pinceladinha aqui, é isso, a única diferença minha para esse pessoal hoje que tem, primeiro é um certificado. Eu tenho vários que são... que não são de faculdade de gastronomia, mas eu tenho vários de... tenho até curso internacional, até da ___. [...] É internacional os dois cursos que eu fiz, e ficha técnica, que o deles a gente usa xícara, colher, eles não, eles põe desse lado, mas também as minhas apostilas agora eu estou fazendo no nível de faculdade, porque a minha apostila é assim. [...] Então é só ficha técnica, é a única diferença minha para esses meninos hoje, então eu posso adaptar então.

O gesto de Anna de fazer questão de marcar que seu conhecimento é muito mais profundo do que o que os cursos de gastronomia ilustram em seu processo de autodefinição é especialmente importante ao considerarmos a desvalorização, a usurpação e a subestimação profissional exposta pelas entrevistas. Sua história e a de Benê dão pistas das circunstâncias em que se dá esse processo de transição entre o trabalho doméstico e a cozinha profissional para mulheres negras que encontram pequenas brechas para tal na segunda metade do século 20.

"SE TIVER MULHER NA COZINHA, ELAS VÃO TER QUE TRABALHAR TRÊS VEZES MAIS, E, SE ELA FOR NEGRA, VOCÊ COLOCA CINCO VEZES MAIS"*

Angela** nasceu na periferia de Salvador e, desde criança, era responsável pelas tarefas domésticas, como cozinhar, enquanto a mãe e o pai tinham que trabalhar. Antes de sua avó adoecer, aprendeu a cozinhar com ela e, mais tarde, teve de cuidar dela e de seu irmão mais novo, cozinhando para os dois. Angela assistia a programas televisivos de culinária para aprender novas receitas e, entre eles, estavam os reality shows de competição entre chefs, o que despertou nela o desejo de fazer gastronomia. Quando a Universidade Federal da Bahia (UFBA) criou o curso de bacharelado em gastronomia, em 2008, ela viu a possibilidade de realizar sua vontade. Mas, quando comunicou o desejo aos pais, teve que lidar com a desaprovação do pai, que trabalha como feirante:

> Assim, meu pai a princípio não queria, porque como meu pai ele é feirante ele trabalha muito assim muito próximo com os restaurantes, com as cozinhas então ele sabia já como era a realidade. Então, assim, ele não queria de forma nenhuma, ele queria que eu fizesse qualquer outra coisa, direito, engenharia, etc., etc. E eu falava "não, eu quero fazer isso". Aí

---

* Trecho da entrevista com Filomena, uma das chefs entrevistadas, tratando de sua percepção sobre o cotidiano de trabalho e o reconhecimento de mulheres que trabalham como chefs.

** Entrevista realizada por mim em 10 de junho de 2019, em que Angela contou sobre seu processo de formação no curso de gastronomia. Utilizo um pseudônimo para proteger a privacidade da profissional. O nome escolhido é o da cozinheira Angela Maria da Silva, filha de dona Juventina Ferreira da Silva, nascida em Resende (RJ), em 1957. Em função do abandono do pai e do adoecimento psíquico da mãe, Angela foi criada por outros parentes em uma família cheia de crianças e marcada pelas urgências da sobrevivência. Por isso, teve que abandonar os estudos e a paixão pela matemática para passar a trabalhar em "casas de família" como trabalhadora doméstica aos doze anos, aprendendo, desde cedo, a cozinhar. Angela, hoje com 63 anos e aposentada, trabalha há 25 anos na mesma casa. Descrevendo-se como "Severina", ou seja, alguém que faz tudo, Angela gosta de cozinhar, orgulha-se das suas habilidades e conhecimentos culinários e do seu vasto repertório de pratos. Mãe de quatro filhos e avó de nove netos, Angela gosta de ler a bíblia, assistir a filmes e ouvir noticiários. Quando mais jovem, antes de se tornar mãe, suas irmãs dizem que ela virava a noite em bailes e festas dançando músicas do Michael Jackson.

ele: "não, você vai ficar com a barriga no fogão, eu vejo as meninas lá quando vai lá na Ceasa comprar as coisas, fica reclamando do trabalho", mas sempre foi assim, tipo meu pai não queria de forma nenhuma, mas minha mãe me apoiava só pelo fato de eu estar numa universidade pública e de eu ter ensino superior, para a minha mãe o que importava era isso.

A despeito dos protestos do pai, Angela pôde contar com o apoio da mãe e, em 2012, foi aprovada no vestibular. Por ser a primeira pessoa de sua família nuclear a ingressar na universidade, e sabendo o valor que aquele diploma teria em sua vida profissional, viu o pai mudar de ideia e a mãe a se regozijar com a conquista:

E aí tipo aquele negócio todo minha mãe altas coisas, "você vai ser chef" e querendo que tirasse foto com a farda, com dólmã, aquele negócio todo. E aí meu pai, naquele orgulho, contava para todo mundo do trabalho dele, até porque meu pai ele veio do interior, meu pai ele só tem ensino fundamental e não é nem completo. [...] quando eu entrei, ele gostou porque entrei na universidade e tal mesmo ele não querendo, mas ele foi me ajudando com umas coisas. Ele conseguiu esse estágio para mim, a gente, às vezes eu ia para a Ceasa junto com ele, então também já trabalhei muito com ele, saía quatro horas da manhã para poder ir junto, para ajudar ele a carregar as coisas.

O excerto sobre a trajetória educacional de Angela permite ver uma das maneiras pelas quais o acesso aos campos da gastronomia ou da cozinha profissional pode assumir um sentido de ascensão social para mulheres negras no século 21. A possibilidade de escolher um curso de seu gosto, acessar a universidade e ter outras opções de trabalho mostra as diferenças de sua trajetória em relação à longa história de confinamento de mulheres negras às funções do trabalho doméstico ou do comércio informal, analisadas até aqui. No entanto, a hesitação inicial de seu pai, provavelmente consciente dessa história, além de conhecer as dificuldades do cotidiano de trabalho da gastronomia em função de seu contato com cozinheiras profissionais, revela o sentido ambíguo que o ingresso na universidade no curso de gastronomia pode ter para famílias negras.

Angela é parte do crescimento vertiginoso de profissionais formados em gastronomia no Brasil no início do século 21, que foi analisado acima.[85] No entanto, ela parece ter uma trajetória particular em relação à maioria dos chefs formados em cursos superiores de gastronomia, cuja trajetória foi analisada por pesquisas recentes no âmbito das ciências humanas.[86] Assim, a escolha de sua história busca evidenciar uma das formas pelas quais a história de mulheres negras no campo da gastronomia é diferente daquela de outros grupos, como homens brancos, mulheres brancas e até mesmo homens negros.[87] Esse tema será discutido a seguir, a partir do material coletado por meio de dez entrevistas em profundidade com um grupo bastante heterogêneo de chefs e cozinheiras profissionais negras, além da entrevista com Benê Ricardo, conduzida pela pesquisadora Bianca Briguglio.*[88]

Como parte das premissas teórico-metodológicas deste trabalho, o objetivo da análise do conteúdo das entrevistas é pensar nessas trajetórias de vida em sua complexidade. Isso quer dizer que, ainda que seja minha intenção destacar a semelhança do prejuízo causado pelo racismo antinegritude, o sexismo e/ou o classismo em suas trajetórias profissionais, o foco na agência e na resistência, bases desta pesquisa, faz com que a análise das entrevistas também atente à maneira como essas profissionais buscam brechas e constroem espaços para si na gastronomia, ainda que diante de opções limitadas. Vale destacar que as limitações também são diversas entre mulheres negras, dependendo de sua origem familiar, sua formação educacional, sua classe e sua possibilidade de ter um empreendimento próprio ou acesso a redes de contato e de parceria no campo gastronômico.[89]

---

* Dada a importância da trajetória de Benê Ricardo para compreender as condições de trabalho e as percepções de mulheres negras sobre o campo, a entrevista foi incluída na amostra com a autorização da pesquisadora Bianca Briguglio, que a entrevistou para sua tese de doutorado em ciências sociais, *Cozinha é lugar de mulher?: a divisão sexual do trabalho em cozinhas profissionais* (Campinas, SP: Unicamp, 2020. Disponível em: <http://repositorio.unicamp.br/Acervo/Detalhe/1129325>. Acesso em: 22 set. 2022). Como forma de diferenciar o material, sempre que a entrevista for citada será incluída a referência.

Mais uma vez, a cozinha e o trabalho culinário são pensados como ferramentas de entendimento das hierarquias da sociedade brasileira como um todo — e não apenas como uma especificidade da vida profissional de mulheres negras. Parto do princípio de que os detalhes dos cenários de contato inter-racial, de gênero e de classe instituídos pelo aumento da entrada de novos profissionais no campo gastronômico do século 21 tornam este espaço bastante elucidativo dessas assimetrias. Interessa-me pensar como, de maneira análoga ao tecido social brasileiro, a gastronomia ainda se funda na exploração e na invisibilização do trabalho de mulheres negras em condições exaustivas, precárias, violentas e miseravelmente remuneradas. Os contornos das trajetórias de mulheres negras na cozinha profissional no século 21 nos fazem entender como as antigas estruturas de exclusão social, de expropriação econômica e de violência dessa sociedade permanecem sendo atualizadas em novos mecanismos.[90]

Ao citar trechos das entrevistas, a intenção é omitir ou retirar informações específicas que permitam identificar as entrevistadas, uma vez que as entrevistas permitem perceber como existe uma retaliação séria quando se fala abertamente sobre a ordem racista, sexista e classista que conforma o campo. Dessa maneira, a tendência é a de generalizar descrições e comentários, tendo como foco os temas das entrevistas, as teorizações e as percepções críticas das entrevistadas sobre o campo gastronômico. Um pseudônimo é utilizado todas as vezes em que elas são mencionadas.

Vitália:* [...] enquanto a cozinha ficava lá no fundo, porque às vezes fica-

---

* Entrevista realizada por mim em 22 de julho de 2019 com Vitália, cozinheira que trabalhou como trabalhadora doméstica durante um período de sua vida e hoje tem um empreendimento no qual prepara refeições especiais para pequenos grupos. Utilizo um pseudônimo para proteger a privacidade da profissional. O nome escolhido é o da cozinheira Vitália da Silva Martins, nascida em 1938 em uma comunidade do município de Alenquer (PA), onde viveu boa parte da vida. Quando criança, trabalhou na roça com a mãe, Maria da Conceição, o pai, Antônio Júlio da Silva, e as irmãs e os irmãos. Vitália passou a trabalhar em "casa de família" na juventude, realizando serviços gerais de uma trabalhadora doméstica que também incluía serviços na cozinha. O trabalho como empregada doméstica serviu para o sustento da família, antes e depois de se casar. Vitália deixou o trabalho doméstico quando migrou com seis dos filhos ainda pequenos

va atrás da televisão, quando a cozinha estava lá no fundo, nós éramos até: "ah, minha cozinheira é ótima, minha cozinheira é boa". A partir do momento em que a cozinha passou para a sala de estar, para a sala de televisão, existe uma invisibilidade de nós mulheres negras totalmente, deve ser homem branco, caucasiano, tatuado e que não fale português. Hoje você não cozinha mais só com uma faca e uma tábua de cozinhar [...] hoje tem que ser aquela faca pra cortar cebola, a faca não sei quê pra cortar isso... Então você vê o desprestígio, né, quando alcança um status hoje em dia, então as mulheres negras todas... aqui no Brasil, não tem nenhuma praticamente, né?[91]

A análise de Vitália sobre o impacto da disseminação da gastronomia sobre o parco reconhecimento do trabalho de cozinheiras negras é um resumo de como as entrevistadas mais velhas veem as mudanças no campo da cozinha profissional nas duas últimas décadas. Seu olhar mostra como uma mulher que trabalhou como cozinheira doméstica durante muitos anos avalia as mudanças nas técnicas e nos utensílios culinários, que passam a ser vistos como essenciais para o trabalho, uma transformação que pode parecer estranha para aquelas que foram forçadas a trabalhar com ferramentas antigas e improvisadas e que, mesmo assim, tinham de prover refeições para um público muito exigente. A imagem que cria sobre a cozinha "passar para a sala de estar"[92] evidencia como ela percebe a elevação do valor do ofício nos últimos anos e quem pode então se destacar: "o homem branco, caucasiano, tatuado e que não fale português".

Abrir a seção com a reflexão de Vitália é importante na medida em que essa é uma percepção que atravessa todas as entrevistas: a centralidade do trabalho culinário de mulheres negras é invisibilizada pela gastronomia, seja em análises sobre a longa história do trabalho feminino e negro na cozinha, seja em reflexões sobre as políticas de

---

→ e o marido para Santarém, em busca de melhores oportunidades de trabalho para ele, que era pedreiro, e de educação para as crianças e para a irmã mais nova. Ela sempre gostou muito de música e cantar era uma das coisas mais prazerosas que fazia, segundo ela; apesar do pouco acesso aos estudos, ler também era uma atividade de que gostava muito — quando tinha tempo.

reconhecimento do campo, que privilegiam homens brancos. No entanto, a trajetória de Vitália é minoritária no grupo que trato aqui e, nesse sentido, julgo importante traçar um perfil geral das entrevistadas. Entre as onze entrevistadas, apenas três mulheres têm experiência no trabalho doméstico remunerado e são as mais velhas do grupo, na faixa etária de sessenta anos ou mais. A maior parte das entrevistadas tem experiência prévia na cozinha por meio do trabalho doméstico não remunerado e em diferentes proporções: três delas eram responsáveis pelo cuidado da casa e da família desde a infância, mas a maior parte relata cozinhar (ou ajudar a cozinhar) para a família em ocasiões especiais, ou para si mesmas. Em comum, há o fato de que todas elas já tinham alguma habilidade na cozinha antes de seguirem carreira no campo, por obrigação ou por prazer (e, às vezes, os dois).

As entrevistadas também estão distribuídas em grupos etários diferentes: duas entre vinte e 29 anos, três entre trinta e 39 anos, três entre quarenta e 49 anos e três com sessenta anos ou mais. A maior parte tem cerca de quinze anos de carreira, as mais velhas têm em torno de quarenta anos de experiência, e as mais novas têm aproximadamente cinco anos. A seleção também privilegiou a escolha de profissionais em diferentes localidades geográficas, mas, em razão de sua disponibilidade de agenda,[93] acabou seguindo a distribuição desigual de oportunidades no campo da gastronomia no Brasil: sete são da região Sudeste, três da região Nordeste e uma da região Centro-Oeste. Uma das entrevistadas do grupo também trabalha na França durante parte do ano.

O grupo de chefs e de cozinheiras profissionais entrevistadas neste trabalho indica que um número crescente de mulheres negras que assumem posições de chefia ou de destaque na cozinha profissional pode vir de estratos de classe média (45%) e, no caso desse grupo, também tem formação em cursos de nível superior (72%). O interessante é que, no grupo com formação universitária, apenas três têm diplomas em cursos de gastronomia e, para a maior parte (90%), a entrada no campo da gastronomia representou uma mudança em trajetórias profissionais já iniciadas, inclusive deixando carreiras que exigiam formação universitária em cursos que concluíram ou que quase concluíram. Entre as que já tinham formação, apenas duas sentiram a necessidade e/ou tiveram condições financeiras de fazer um curso de nível superior na área.

Sobre a formação das entrevistadas em geral, cursos profissionalizantes e de curta duração são mais comuns (54%), além de cursos de pós-graduação relacionados à área (27%). Há uma entrevistada que é formada em alta gastronomia por uma escola internacional de grande prestígio. Outro ponto importante é o repertório culinário com o qual trabalham: três se dedicam exclusivamente a cozinhas africanas e/ou afro-brasileiras, duas são reconhecidas por seu trabalho na alta gastronomia, mas a maior parte trabalha com repertórios variados (54%).

Em meio a essas diferenças de perfil, a semelhança que se destaca à primeira vista são os relatos sobre as condições exaustivas de trabalho na cozinha profissional, dado também encontrado por outros trabalhos recentes no campo.[94] Entre as profissionais que trabalham ou trabalharam em restaurantes e hotéis, os relatos de jornadas de trabalho com duração entre catorze e dezesseis horas são comuns, e as entrevistadas afirmam que essa é a regra. É interessante observar também que, diferentemente da fala de alguns chefs em outras pesquisas, nenhuma das entrevistadas expressou surpresa diante da dureza do cotidiano profissional, a despeito de enfatizarem as circunstâncias difíceis do trabalho. Inclusive foram bastante críticas sobre a entrada de profissionais no campo que parecem ter se deixado enganar por uma ideia romantizada do trabalho, algo também identificado em outras pesquisas recentes sobre esse segmento profissional:

Celina:* O último estabelecimento em que eu trabalhei tinha dias que eu

---

* Entrevista realizada por mim em 16 de maio de 2019 com Celina, chef formada por uma instituição prestigiada que tem um negócio próprio. Utilizo um pseudônimo para proteger a privacidade da profissional. O nome escolhido é o da cozinheira Celina da Silva Cabral Felipe (1932-2016), nascida no interior da Ilha do Marajó (PA). Aprendeu a cozinhar com a mãe e a avó, que trabalhavam como trabalhadoras domésticas, ofício que também precisou assumir. Não foi possível terminar o ensino fundamental enquanto trabalhava em "casa de família" como cozinheira e lavadeira. Mesmo em condições de trabalho precárias e miseravelmente remuneradas, conquistou a própria sobrevivência, a dos doze filhos e dos netos. Uma delas, Giovanna Cabral Felipe

entrava sete horas da manhã e saía nove horas da noite. Nunca era um dia só, assim... teve dia de eu entrar cinco horas da manhã e sair nove horas da noite. Em um restaurante lá no começo, que meu professor me indicou pra vaga de chefia, eu trabalhei três dias direto sem vir pra casa.

Taís: Trabalhando quantas horas por dia?

Filomena:* Você tem horário para entrar. E só Deus te fala a hora de sair.

Edileide:** Muita gente, na verdade, se decepciona porque trabalho na

→ Bandeira, conta que Celina conseguiu até mesmo que três de suas filhas se formassem, e hoje é a primeira neta a cursar o ensino superior. Sua avó gostava de assistir a futebol, de ir à praia e conversar ao telefone. Mas o que lhe dava mais prazer mesmo era escutar o jogo do Paysandu na rádio.

* Entrevista realizada por mim em 16 de maio de 2019 com Filomena, chef com diploma de ensino superior que tem um negócio próprio. Utilizo um pseudônimo para proteger a privacidade da profissional. O nome escolhido é o da cozinheira Filomena da Silva Pereira (1930-2021), nascida no município de José de Freitas (PI). Aprendeu a cozinhar com sua mãe, habilidade que se tornou seu sustento quando se mudou para Campo Maior (PI) com o marido, Manoel. Tornou-se então conhecida na cidade como boleira e doceira, vendendo seus produtos nas ruas e em festas, além de manter um pequeno restaurante na feira da cidade com sua filha mais velha, Raimunda. Criou os onze filhos com o marido, que era agricultor, e, para além de seu reconhecimento como cozinheira, era uma referência comunitária de afeto e religiosidade entre vizinhos e conhecidos nas cidades em que viveu. Enquanto as forças do corpo lhe permitiram cozinhar, preparava bolos e doces (como bolo de goma, bolo de caroço, bolo de milho, bolo de nata, biscoito peito de moça e outras iguarias piauienses) uma vez por ano para leiloar junto à comunidade e à paróquia. Uma de suas netas, Bruna Stéfanni Soares de Araújo, lembra com carinho de como usava os proventos do leilão como oferta a Padre Cícero e São Francisco das Chagas na viagem que fazia todos os anos com a família para Canindé (CE). Filomena faleceu em 21 de abril em 2021, aos 91 anos, em decorrência de complicações causadas pelo coronavírus.

** Entrevista realizada por mim em 5 de agosto de 2019 com Edileide, chef e dona de um restaurante. Utilizo um pseudônimo para proteger a privacidade da profissional. O nome escolhido é o da cozinheira Edileide Maria do Nascimento, nascida em 1971 no município de Itabuna (BA), mas que se mudou para São Paulo (SP) ainda bebê, acompanhando a família que buscava condições melhores de vida. Precisou assumir o trabalho de cuidar de crianças desde os onze anos de idade, mas uma gravidez precoce, aos treze anos, fez com que deixasse os estudos e trabalhasse exclusivamente como babá. Cozinhar para as crianças era uma de suas tarefas. A habilidade culinária foi fundamental nos anos que se seguiram, enquanto continuou a trabalhar como diarista. Há quinze anos, conseguiu deixar o trabalho doméstico e trabalha como merendeira desde então. Apesar das condições difíceis de trabalho, conseguiu reformar sua casa, cozinha é puxado, é bem dolorido, sabe? É difícil, e você tem que amar muito. Eu acho que qualquer coisa que você faça você tem que amar muito, mas de fato você trabalhar numa cozinha que é quente, em pé, você ficar horas cortando as coisas, cozinhando, é um trabalho bem cansativo, sabe? E eu acho que muitas vezes as pessoas se iludem achando que não é isso, acha que já vai entrar chefe então os auxiliares vão fazer tudo para você, você não vai ter que fazer nada. Que assim, você não vai entrar numa cozinha chefe, você tem que passar por todos os processos, sabe, é difícil você já entrar assim chefe. Eu no caso já entrei sendo chefe porque é o meu negócio, mas ainda assim eu ralo para cacete, sabe? Porque não é um negócio que eu coloco um monte de gente para trabalhar comigo, ainda não tenho dinheiro para botar um monte de gente para trabalhar para mim, então eu trabalho muito. Então é cansativo, é exaustivo [...].

Algumas delas, quando podem, optam por não assumir postos de trabalho em restaurantes e hotéis, que afirmam ser os estabelecimentos com turnos de trabalho mais longos e mais difíceis — como observou Rosa* sobre hotéis, especificamente: "Assim, eu não trabalho em hotel, não tem condição de trabalhar em hotel, hotel, cara você pode ter chegado a hora que for, pode ter passado o que for,

---

→ criar quatro filhos e ainda ajudar a criar o neto. Sua filha, Débora Nascimento Ananias, conta que ela gosta de beber socialmente com as amigas, assistir à televisão e visitar a família.

* Entrevista realizada por mim em 15 de julho de 2019 com Rosa, chef, dona de seu próprio restaurante. Utilizo um pseudônimo para proteger a privacidade da profissional. O nome escolhido é o da professora e cozinheira Rosa Abel Moreira Souza, nascida em 1949, na zona rural de Itamarandiba (MG). Aprendeu a cozinhar com a mãe para poder ajudar nas tarefas de casa. Por ser uma das poucas mulheres alfabetizadas da região, começou a trabalhar como professora em uma escola quando "mocinha", em uma época em que uma formação específica não era necessária para assumir o cargo. A precariedade da escola fazia com que os funcionários precisassem trabalhar em todas as funções, como na cozinha ou na limpeza do prédio. Sua neta, Rachel Coelho de Freitas, conta que a Rosa ia às roças e às fazendas da região para pedir doações de alimentos de modo a garantir que os alunos tivessem acesso a pelo menos uma refeição diária. Por causa da profunda pobreza na região, era comum que a alimentação escolar fosse o único alimento a que tinham acesso. Era ela quem fazia caldos e guisados com os vegetais que ganhava, uma vez que ter carne como ingrediente era algo bastante raro. Seu esforço em alimentar os alunos e o gosto de sua comida permanecem na memória de alunos e funcionários, e Rosa ainda é lembrada com respeito na cidade.

chegou na hora da sua rendição,* um outro coleguinha não chegou e você fica".

Outra coisa que também chama a atenção são os relatos da baixa remuneração no campo, que aumenta um pouco apenas quando assumem o cargo de chefia. Como observam as pesquisas de remuneração de 2021 na área, a partir dos registros oficiais em plataformas governamentais,[95] a média salarial de um chef no Brasil era de R$ 2.147,10, sendo o salário mediano de R$ 1.800,00 e o teto de R$ 4.348,13.[96, 97] Por outro lado, de acordo com os mesmos dados, cozinheiros ganhavam em média R$ 1.385,98, sendo o piso salarial nacional de acordos coletivos de R$ 1.264,97.[98] O teto salarial era de R$ 2.236,84. De modo complementar, ao analisar os salários pagos a cozinheiros a partir da Relação Anual de Informações Sociais (Rais) 2018, Bianca Briguglio observa como 99,78% dos trabalhadores recebem até quatro salários-mínimos:**

> [...] os salários pagos a esses trabalhadores são tão baixos que os dados da Rais são organizados por faixas de remuneração que seguiriam a ordem "5 a 7sm", "7 a 10sm", "10 a 15sm", "15 a 20sm" e "Acima de 20sm", mas a partir da faixa de 4 a 5sm, o percentual de trabalhadores é muito baixo (são 614 trabalhadores, ou 0,22% do total).[99]

Direitos trabalhistas garantidos pela Consolidação das Leis do Trabalho (CLT), como carteira de trabalho assinada, férias, FGTS, pagamento de horas extras, adicional noturno e seguro-desemprego também são descritos pelas entrevistadas como raridades no mercado. Além disso, elas observam como, mesmo em casos em que há um vínculo formalizado, os estabelecimentos tentam burlar as leis trabalhistas:

---

* Momento do fim do expediente: ser substituída, ou rendida, por outra profissional que exerce a mesma função.

** O salário mínimo em 2018 era de R$ 954. Ver "Salário mínimo em 2018: veja o valor". *G1, Economia*. Disponível em: <https://g1.globo.com/economia/noticia/salario-minimo-em-2018-veja-o-valor.ghtml>. Acesso em: 17 maio 2021.

Filomena: E dificilmente vai ser pago hora extra, enfim, sabe por quê? Muitas vezes a galera pega isso como: "ah, eu vou te dar uma folga, eu vou te dar dez minutos a mais no seu descanso".

Angela: [...] teve todo um processo para poder sair, porque eu queria fazer acordo e eles não queriam, vieram falar para mim "isso não existe não, acordo não existe aqui". Como eu estava lá um tempo, eu já percebia que tinham pessoas que saíam e depois de um tempo elas conseguiam retornar, mas assim ficava sem assinar carteira recebendo o dinheiro delas do seguro-desemprego e o dinheiro da empresa. Então, quem eles iam com a cara, eles faziam acordo. E chegar para mim "não, isso aí não existe não existe não, nunca ouvi falar de acordo" e me fizeram fazer uma carta escrita a próprio punho e foi uma dessas coisas superdoloridas para mim, falando que eu não queria mais trabalhar. E aí eu perdi qualquer tipo de direito que eu poderia ter, assim em termos de seguro de trabalho, enfim, eu saí de lá com um salário-mínimo dos trinta dias que eu trabalhei de aviso prévio.

Edna:* Porque trabalho em cozinha, esse trabalho que a gente conhece, ele é muito complexo, porque eu costumo falar que restaurante é uma

---

* Entrevista realizada por mim em 15 de julho de 2019 com Edna, cozinheira profissional dona de seu próprio empreendimento. Utilizo um pseudônimo para proteger a privacidade da profissional. O nome escolhido é o da cozinheira Edna Santos Maciel, nascida em 1959, que aprendeu a cozinhar com a mãe para ajudar a cuidar dos irmãos mais novos. Trabalhou em um supermercado durante a época de solteira, mas, depois de casar, passou a trabalhar em "casa de família" para complementar a renda do marido, que trabalhava como cobrador de ônibus. Costumava levar a filha, Ruth-Anne Santos Maciel, para o trabalho, muitas vezes a carregava nas costas enquanto dormia. Sua comida sempre foi elogiada pelos patrões e começou a fazer salgadinhos e tortas salgadas "pra fora" para complementar a renda. Mais tarde, passou a trabalhar como cozinheira em bares e lanchonetes. No entanto, um acidente de trabalho causou a necessidade de operar a mão, o que fez com que tivesse que voltar ao trabalho doméstico em um momento em que o marido não tinha uma renda fixa, chegando a trocar o serviço por moradia durante um período. Aos 55 anos de idade, no entanto, conseguiu passar em uma prova e assumir um cargo efetivo na Escola Sesc e, há 7 anos, trabalha como atendente de copa e cozinha. Aos 62, é a renda dela que mantém a casa, viabilizando o cuidado com o marido, que hoje tem mobilidade reduzida, e o suporte à filha, que hoje é mestranda e bolsista. Ruth-Anne conta que Edna gosta de demonstrar amor fazendo comida para aqueles que ama. E garante: ela faz a melhor farofa e a melhor rabada com batata e agrião que você já comeu.

empresa sem plano de carreira. [...] é uma área que é muito, como é que se diz? Tem uma palavra para isso, ela é prostituição, se paga mal, explora demais muitas horas de trabalho, então assim você trabalha muito, ganha muito pouco. Então acaba que você consegue ficar nessa um tempo enquanto você é jovem, você vai ficar mais velho* já começa a pesar demais tantas horas de trabalho para ganhar tão mal [...]

Nesse sentido, chama a atenção como 54% das entrevistadas têm experiência em restaurantes, mas, assim que possível, optaram por tentar construir um empreendimento próprio em serviços alimentares diversos, como a oferta de refeições personalizadas, serviços de bufê ou restaurantes próprios — quatro entrevistadas são donas de restaurantes junto com sócios.[100] Apesar do desejo de ter um restaurante parecer algo que seria natural entre chefs, de modo a poder ter liberdade para desenvolver uma assinatura própria,[101] as experiências das entrevistadas mostram que as condições de trabalho precárias e mal remuneradas têm muito impacto sobre sua decisão, o que se revela também no fato de que não se tornam apenas donas de restaurante — visto que a possibilidade de acessar capital para montar o negócio é rara —, mas também optam por diferentes formas de trabalho culinário autônomo. Uma delas decidiu, por exemplo, tentar construir uma carreira acadêmica para se manter apenas como docente. Essa tendência de deixar o trabalho culinário em restaurantes e hotéis é algo que também foi observado por Briguglio[102] e Harris e Giuffre[103] ao analisar a trajetória de mulheres na cozinha profissional — especialmente quando elas têm filhos ou são as principais responsáveis pelo trabalho doméstico não remunerado.[104]

A escolha por um estrato de mulheres negras em cargos de chefia ou em posições de destaque na cozinha profissional faz com que, à primeira vista, a percepção das condições exaustivas e precárias de trabalho no campo seja muito similar àquelas relatadas por chefs

---

* Benê Ricardo, por exemplo, desenvolveu trombose nas pernas por trabalhar em jornadas de longa duração em pé durante décadas — e, em razão da baixa remuneração, tinha dificuldade de custear um plano de saúde.

em geral.[105] Nesse sentido, é importante destacar que o mercado de trabalho gastronômico no Brasil, mesmo em posições de chefia, não significa um alto retorno financeiro ou prestígio para a maioria dos profissionais. Os trechos de entrevistas com coordenadores de curso de gastronomia, selecionados pela pesquisadora Talitha Ferreira, evidenciam a generalidade das condições:

> Tida, muitas vezes, como uma profissão de prestígio, a carreira gastronômica abriga também bastidores de muito esforço, dedicação e paciência, explica a coordenadora da área de Gastronomia [...] Gisela Redoschi. "Sempre falamos abertamente com os alunos que a área é dura, trabalhamos por muitas horas e o reconhecimento deste trabalho, na maior parte das vezes, não chega", conta. [...] Mesmo com um cenário pouco encorajador para aqueles que esperam o estrelato, muitos outros buscam nas funções relacionadas à cozinha uma oportunidade de fazer o que consideram uma paixão [...] Os estagiários de gastronomia ganham pouco mais de R$ 700, diz a coordenadora, no entanto, estar sempre atualizado pode significar um aumento na remuneração, assinala. [...] o coordenador do também tecnólogo em Gastronomia, Marcelo Neri, afirma que o objetivo da instituição não é a formação de chefs pelo contrário, sua meta é formar bons aprendizes. "O pessoal já entra no curso com os pés no chão, sabendo que é preciso 'ralar' para alcançar um posto melhor na carreira". Neri detalha que incentiva que os alunos façam estágios distintos durante o curso para que saibam em qual especialidade desejam atuar, "quanto mais experiências diferentes melhor". De acordo com ele, a rede hoteleira paga um pouco mais ao ajudante de cozinha, algo em torno de R$ 1 mil. Com mais experiência, um chef júnior pode ganhar até R$ 5 mil.[106]

Vale destacar também a ponderação da autora sobre o alto custo de cursos de gastronomia e a realidade de baixa remuneração nos estabelecimentos, principalmente no início da carreira, o que, além de não parecer algo vantajoso para os profissionais, reproduz uma desigualdade destacada no campo: quem teria condições de arcar com uma formação dispendiosa e trabalhar recebendo pouco? As questões levantadas por Ferreira chamam a atenção não apenas para uma outra face da falácia da popularização da gastronomia, mas também para a forma com que o suposto prestígio e a visibilidade concedida pelo posto de chefia não existe para a maior parte dos profissionais.

Interessa a este trabalho destacar que a leitura das circunstâncias gerais do trabalho na cozinha profissional no início do século 21 mostra como a mudança do valor em torno do trabalho culinário não se alterou de maneira profunda como a mídia propaga, mesmo entre chefs. Assim, apesar da consolidação do chef como uma figura de autoridade na cozinha profissional brasileira, ou do processo recente de branqueamento de parte da mão de obra da cozinha profissional com o ingresso de trabalhadores de classes média e alta, as condições de trabalho não deixaram de sofrer com o baixo status do trabalho culinário em um país de passado escravista. Com isso, meu argumento é que o valor do serviço da cozinha profissional em geral permanece atrelado à ideia de que o trabalho na cozinha é um trabalho de mulheres negras — ainda que outros profissionais, mesmo aqueles que são brancos, passem a ocupar determinadas funções. Seu vínculo com uma longa história de trabalho feminino e negro significa, em uma estrutura capitalista racializada, que este permanece sendo um trabalho essencial, mas miseravelmente remunerado, precário, exaustivo e invisibilizado. Apenas alguns chefs que se tornam celebridades ou profissionais que podem investir em ter seu próprio negócio podem acessar condições mais vantajosas no campo.[107] Para profissionais negras como Angela, por exemplo, formada em gastronomia, com experiência de trabalho em restaurantes e vinda de uma família de classe baixa, permanecer no mercado de trabalho gastronômico como cozinheira ou chef sem capital para investir não é algo vantajoso:

> Angela: E aí eu comecei a me desgastar. [...] Mas tem o ônus que eu acho que é uma coisa que eu venho sentindo que a maioria das pessoas que fazem gastronomia elas, por mais que gostem, mas a partir do momento que elas tomam essa consciência dessa exaustão, dessa falta de valorização, disso tudo meio que perde o tesão, sabe? E aí eu peguei e resolvi também me afastar do mercado de trabalho em gastronomia e me dedicar de novo

só aos estudos. [...] Mas é isso, o que também me faz não querer voltar, tanto é salário, quanto é trabalho. E assim, minha família, porque se for pensar em termos de ascender socialmente, de dar uma melhor condição para a minha família trabalhar em cozinha nem é possível fazer isso, entendeu? Não ia conseguir de forma nenhuma, a não ser que tivesse uma oportunidade assim que surgisse [...].

Entretanto, mesmo em meio às condições precárias de trabalho, algumas profissionais negras escolhem permanecer na cozinha profissional. As entrevistas revelam que, de um lado, entre algumas chefs e cozinheiras vindas de classes mais baixas, a cozinha profissional pode representar uma boa opção de trabalho diante do crescimento do campo gastronômico nas duas últimas décadas. Ainda que exaustivo ou pouco reconhecido, o trabalho na cozinha pode garantir autonomia e certa liberdade em trabalhar por conta própria, além de uma renda frequente graças a demanda contínua. Por outro lado, as chefs e cozinheiras de famílias negras de classe média encontram brechas que podem tornar o trabalho na cozinha profissional mais rentável e vantajoso — além de possivelmente menos violento — ao conseguir montar seus próprios restaurantes e empreendimentos. E há um motivo não menos importante que aparece nas entrevistas: o prazer de cozinhar, relatado pela maior parte delas.

Edileide: Exatamente, é o que me encanta, é o que eu gosto e é o que eu quero mostrar para as pessoas, eu fico assim tão feliz quando estou no restaurante e cozinho e alguém me pede para eu ir lá fora porque alguém gostou muito da minha comida e quer falar comigo, por exemplo, sabe? Isso ninguém paga. Isso é incrível, isso é amor. Realmente. E acho que assim a gente não tem que ficar tendo medo de que os outros vão ficar achando se a gente vai trabalhar com cozinha, se vai virar cozinheira, sabe? É a escolha se é isso que te faz feliz e se você pode escolher fazer isso da sua vida [...].

Angela: Toda aquela motivação assim que eu tinha por estar trabalhando em uma cozinha profissional, porque, assim, eu gosto muito de trabalhar em cozinha, eu acho que uma coisa muito, sei lá, assim muito mágica, o fato de você se superar a cada momento, entendeu? E você sempre fazer uma coisa, conseguir entregar no momento e conseguir fazer uma coisa de qualidade. E, assim o pique da cozinha é uma coisa muito boa, muito boa.

Nesse ponto, é importante reiterar que o grupo de profissionais entrevistadas é uma minoria entre as diversas trabalhadoras negras que permanecem na cozinha, seja profissional ou doméstica, uma vez que são mulheres negras em cargos de chefia ou cozinheiras profissionais que detêm posições com certo reconhecimento. A escolha é intencional por julgar que esse posicionamento é providencial para analisar de que maneira a política de reconhecimento racializada, sexista e classista se revela a partir da trajetória de profissionais negras que estão disputando espaços de prestígio no campo gastronômico. O estudo do conteúdo das entrevistas busca observar, então, como o discurso meritocrático de uma carreira criativa como a gastronomia não se sustenta a partir da análise das experiências dessas mulheres negras. Desse modo, ter formação, vocabulário, postura inovadora, resiliência e experiência, atributos que são definidos como essenciais — e supostamente suficientes — para o reconhecimento e o destaque no campo,[108] não são suficientes para romper com uma estrutura profissional que tem em sua base o racismo antinegritude, o sexismo e o classismo.

Para entender melhor esse processo, faço uso do caráter heurístico da expressão popular "saber seu lugar", como proposto pela historiadora Wlamyra Albuquerque[109] em sua reflexão sobre o processo de racialização da população brasileira no pós-abolição. Como visto antes, a autora analisa o estabelecimento, por parte de autoridades governamentais e da elite, de códigos de conduta no pós-abolição para que a população negra soubesse que seu lugar se mantinha próximo ao da escravidão. Analisamos como a cozinha seria um desses espaços, constituindo-se ao longo do século 20 como uma metonímia do trabalho feminino e negro (refletida na expressão "um pé na cozinha"). As mulheres entrevistadas, no entanto, parecem complicar esse sentido, pois, à primeira vista, podem parecer mulheres negras que "sabem seu lugar" ao "permanecerem" trabalhando na cozinha. No entanto, o desencaixe está no fato de que trabalham na cozinha, mas em uma nova posição de autoridade criada pela gastronomia — que não "seria seu lugar".

O desencaixe, ou o lugar ambíguo em que essas profissionais ocupam, se revela, primeiramente, nas reações de suas famílias diante da escolha da gastronomia como carreira. As histórias das entrevistadas mostram como essa opção causa incômodo entre as famílias negras justamente pela longa história de confinamento de mulheres negras às condições brutais do trabalho na cozinha. É evidente a conexão que estabelecem de início entre a gastronomia e as condições do trabalho culinário doméstico, o que torna a escolha incômoda para os pais. Mais uma vez, há uma distinção causada pela classe. Entre as chefs e cozinheiras de famílias de classes baixas, as entrevistas ilustram que a opção pode gerar uma hesitação inicial (como visto no caso de Angela), mas o ingresso em um curso de nível superior, a conquista de autonomia econômica ou de reconhecimento na área podem mudar o olhar da família. Outras entrevistadas relatam o mesmo:

Margareth:* [...] para a minha família é um orgulho muito grande e especialmente para a minha mãe, a minha mãe ela tinha um orgulho muito

---

* Entrevista realizada por mim em 15 de julho de 2019 com Margareth, chef, dona de seu próprio restaurante. Utilizo um pseudônimo para proteger a privacidade da profissional. O nome escolhido é o da cozinheira Margareth Virtuoso (1964-2020), a tia Leth, nascida no Rio de Janeiro (RJ). Sua sobrinha-neta, Danielle Faria Peixoto, não sabe exatamente quando ela começou a cozinhar, mas lembra que, desde que nasceu, 27 anos atrás, Tia Leth já trabalhava fazendo doces, bolos e salgados por encomenda. Moradora de Belford Roxo, na Baixada Fluminense, não se casou nem teve filhos, mas contribuía no sustento de sua mãe e pai, já bastante idosos, e no cuidado e afeto com os muitos afilhados, para quem fazia todos os bolos de aniversário. Tia Leth também era filha de Iemanjá e não era apenas tia ou madrinha, mas também uma mentora espiritual para aqueles que amava. Danielle conta que trabalhava muito, mesmo aos finais de semana e durante as madrugadas, fazendo "os bolos mais gostosos do mundo". Sua sobrinha-neta também lembra de sua risada ecoando pela casa, vinda do ateliê que conseguiu construir na própria casa para cozinhar profissionalmente. Nas horas vagas, gostava de cozinhar para a família, para os amigos e para as atividades do centro espiritual do qual fazia parte. Além disso, gostava de comer feijoada e de uma roda de samba. Margareth faleceu em 2020, aos 55 anos, em decorrência de complicações causadas pelo coronavírus.

grande. [...] Ela tinha uma frase para mim que era muito... um diálogo para mim que era muito... na verdade era um monólogo porque só ela falava, que era o seguinte: "Filha, estude muito para você crescer e não depender de homem para comprar módice.* Nunca faltar nada para teus filhos", porque a gente vivia muito apertado, "Nunca faltar nada para os teus filhos e para você ter a tua profissão, o teu dinheiro, a tua carreira".

Angela: Então assim minha mãe tinha uma visão que meu pai não tinha, as necessidades do meu pai eram mais imediatas. Aí nisso minha mãe ela foi me dando apoio, aí eu entrei, quando eu entrei, ele gostou porque entrei na universidade e tal mesmo ele não querendo, mas ele foi me ajudando com umas coisas. Ele conseguiu esse estágio para mim, a gente, às vezes eu ia para a [feira] junto com ele, então também já trabalhei muito com ele, saía quatro horas da manhã para poder ir junto.

Para as entrevistadas vindas de famílias de classe média, a rejeição diante da escolha é mais contundente. Entre as justificativas, evidencia-se a frustração de uma expectativa de continuidade de um projeto de ascensão familiar que, muitas vezes, significa o investimento de grande parte da renda familiar em sua educação, de modo que possam se manter distantes do trabalho doméstico como única opção de ocupação. Conscientes da violência, da exaustão e da expropriação econômica que o trabalho na cozinha significou durante séculos, e que ainda significa para a maior parte das cozinheiras negras, como entender que uma filha pode escolher a cozinha, quando a cozinha sempre foi o lugar causado pela falta de escolha?

Filomena: [...] meus pais são funcionários públicos, sempre foram funcionários públicos desde antes de eu nascer, então para eles: "eu paguei escola para você a vida toda, cursinho, várias coisas para você ir lavar louça?" [...] "O que você vai fazer? Não é administração, não é medicina, não é direito, o que você faz?" Isso já foi muito difícil, e quando eu falei:

---

* Expressão popular para absorvente menstrual em algumas regiões do Brasil, como um aportuguesamento da marca *Modess*.

"eu vou fazer gastronomia", eles falaram: "você vai ser cozinheira?" Porque exatamente, cozinheira para eles era aquela pessoa que estava ali, que precisava ficar velha na cozinha, ganhando um salário. A cozinheira doméstica, essa é a palavra. E eu comecei a falar para eles: "não, é muito mais além que isso." Hoje os meus pais super me incentivam com tudo, mas porque eles me viram fazer um evento [...] e ter um lucro de dois mil reais por trabalhar um dia.

Edna: Meu pai ele tem uma compreensão bem diferente da minha mãe assim. A minha mãe é o desgosto da vida dela. A frase da minha mãe inclusive é, "você é tão estudiosa, tão inteligente para ficar na cozinha, para ficar enfiada na cozinha". Porque é aquilo, minha mãe foi obrigada a cozinhar, porque ela é dona de casa, casou tudo mais, nunca teve a oportunidade de trabalhar, era uma outra época, meus pais são mais velhos [...] E aqui ela tinha vários sonhos para a filha inteligente dela. Ela tinha a certeza que eu seria doutora. [...] E ela fica muito desgostosa porque eu imagino que inclusive, imagino não, a gente sabe porque o lugar da mulher negra na cozinha é sempre um lugar de serviçal, é um lugar de servidão, é o lugar da escravidão. E aí na cabeça de uma mãe de uma família em ascensão que ela esperava que a filha dela não estivesse nesse lugar mais, eu entendo isso. Mas não é uma coisa confortável para ela não. Meu pai ele já consegue ver o lado do empreendedorismo [...] ele gosta muito dos nossos projetos, ele vê um outro tipo de valor e ele acompanha muito assim notícias do mundo. Então ele entende muito que isso é o momento que o mundo está vivendo inclusive. [...] que a gastronomia tem um outro tipo de reconhecimento.

Rosa: Ela ficou muito magoada [...] Ela não se furtou de emitir essa opinião muitas vezes até humilhante, "para mim você não passa de uma cozinheira de luxo". [...] Aí rapidamente eu consegui prestígio no meio [...] Aí eu vi que o tempo foi passando ela pelo menos parou de me humilhar, eu acho que alguns amigos dela deram um toque [...] Aí um dia ela começou a conversar um pouco mais comigo sobre qual era a expectativa dela para mim dentro da minha profissão. [...] E aí ela começou a falar para eu galgar mais posições de liderança. Eu me lembro muito dela falando:

"você precisa parar de feder à gordura". Era uma metáfora inteligentíssima, ela não queria que eu fosse tão chão de fábrica. [...] Eu não vou ter mestrado, mas eu tenho uma pós. Quantos cozinheiros você conhece que têm faculdade e pós? Então consegui me estabelecer no ambiente acadêmico, entendeu? Aí ela começou a curtir mesmo. [...] hoje minha mãe é super tiete. Porque acho que aplacou um pouco aquela sede dela de vingança contra o status quo assim, eu continuo, eu voltei pra uma linha de respeitabilidade ao intelecto da mulher preta. Ela não queria ostentar um diploma especificamente, ela queria que fosse alguma coisa que as pessoas respeitam. Hoje eu entendo. E aí é inconteste quando eu sou uma professora universitária [...]

De modo similar às famílias de classes baixas, o reconhecimento no campo que se reflete na conquista de cargos de chefia, os trabalhos de alta remuneração ou o exercício de atividades de docência em faculdades podem mudar a percepção da família. Porém, vale destacar, alguns familiares nunca se convencem do contrário, mesmo diante do reconhecimento, como é o caso da mãe de Edna. É interessante como a mãe é uma figura recorrente da materialização desse desconforto, o que mostra seu conhecimento íntimo das condições de execução do trabalho culinário — seja por experiência própria ou pela vivência de mães e avós.

Ao analisar os relatos de experiências com outros sujeitos no campo, torna-se ainda mais visível o desencaixe e o desconforto que a presença dessas mulheres negras em cargos de chefia ou de autoridade suscita. Sejam colegas de trabalho ou de curso, proprietários de restaurante, clientes, jornalistas ou fornecedores, as relações que essas pessoas estabelecem com as chefs e cozinheiras evidenciam a maneira como as veem como mulheres negras "fora do lugar", conforme o excerto da história de Benê Ricardo no Interlúdio II demonstra. A experiência de Celina também é elucidativa nesse sentido. Tendo cursado gastronomia em uma das instituições mais prestigiadas do Brasil, onde foi uma das primeiras alunas negras em um alunado majoritariamente branco e de classe alta, ela contou sobre uma experiência de violência racial durante uma das aulas:

Celina: Eu fui chamada de macaca. Uma colega de turma... eu precisava de uma faca e precisava ser agora. Então a primeira faca que eu vi na frente eu peguei e usei. E aí ela gritou: "Por quê que você tá pegando? Solta minha faca, sua macaca!". Quando eu decidi ir na coordenação, a professora veio e falou: "Calma, Celina." A professora ficou passando pano pra ela. Quis minimizar a situação, "não, não foi tudo isso".

Ter usado o utensílio de uma colega por um breve momento foi suficiente para Celina ser xingada e, ao tentar exigir uma ação ou reparação da instituição, teve de lidar também com a violência da atitude da professora, que, em vez de ser uma testemunha, decidiu negar o racismo da situação e desencorajá-la de buscar se defender. Sua experiência mostra como, em espaços de ampla maioria branca e de elite, essas profissionais podem vivenciar situações abertamente racistas. No entanto, vale ressaltar que esse tipo de ofensa racial direta é uma experiência minoritária entre as entrevistadas. Na maior parte das vezes, a discriminação e a violência racial são sofisticadas e, ainda assim, são facilmente identificadas pelas chefs e cozinheiras negras. Dividi essas experiências em alguns temas principais mais recorrentes nas entrevistas.

O primeiro deles é a dificuldade que as profissionais negras enfrentam de serem identificadas como chefs ou figuras de autoridade na cozinha por outros chefs, colegas de trabalho, clientes e fornecedores. Quando perguntadas se isso já havia acontecido, as respostas eram recorrentes:

Taís: Houve situações em que as pessoas tiveram dificuldade em te enxergar nessa posição?

Filomena: Todas. Muitas vezes incluindo o cliente também. Chega no evento e as pessoas falam: "Quem é o chef responsável?" e está lá eu, nova, negra, com turbante na cabeça e fazendo uma comida sensacional. E a pessoa falar: "Você sabe fazer mais que feijoada e acarajé, olha só", entendeu? No Bistrô também aconteceu inúmeras vezes de eu estar chefiando e as pessoas virarem e falarem: "esse foi o chocolate quente mais gostoso da minha vida" e falar: "Você pode pedir para chef vir aqui para eu agradecer a ela?". E ir lá e as pessoas ficarem assim por um segundo ou dois segundos que seja, elas travam, sabe? E é como se você tivesse que pregar o seu currículo e todos os cursos que você tivesse, bordar na dólmã para as pessoas darem.

Marselina:* Uma mulher super jovem, eu tinha 18 com cara de 16 possivelmente, naquele lugar ocupado, na maioria das vezes, por pessoas sempre mais velhas do que eu [...] A dificuldade dela de ter uma pessoa ocupando esse lugar era um choque, eles nunca encontraram alguém nesse lugar, muito novo para eles. Então eu acho que é isso, como já tive outras situações que eu tive pessoas na gestão brancas e loiras, e que eu estava eu e a pessoa estava lá trabalhando, os outros chegavam diretamente: "Você é dona aqui?". Isso aconteceu várias vezes, e quando eu tinha alguém que era negra nessa posição de gestão isso nunca aconteceu.

Rosa: Não, eles vieram ver, "quem é essa negra?" Entende? É muito louco, é muito louco o cara me pedir desculpa quando descobre que eu sou dona do meu bar e estou atendendo ele. Ele me desculpa, "desculpa", "desculpa pelo o quê?" Que aí ele não consegue dizer por que é que ele está me pedindo desculpa, entendeu?

Duas cenas relatadas pelas entrevistadas chamam ainda mais a atenção. Uma parte do ritual de trabalho do chef, especialmente em

---

* Entrevista realizada por mim em 15 de julho de 2019 com Marselina, chef, dona de seu próprio restaurante. Utilizo um pseudônimo para proteger a privacidade da profissional. O nome escolhido é o da cozinheira Marselina Borges de Melo (1855-1925), que foi escravizada por Teotonio Marques Dourado no município de América Dourada (BA). Era esposa de Joaquim Pereira Cardoso, que também era escravizado pelo mesmo senhor. O casal viveu no período compreendido entre a década de 1850 e a década de 1920. Foram alforriados e Marselina comprou uma fazenda chamada Lagoa dos Borges, que, com o passar dos anos, se transformou no povoado homônimo no município de América Dourada, hoje reconhecido pela Fundação Palmares como "Comunidade Quilombola de Lagoa dos Borges". A história é contada por seu trineto, Cristiano Celestino Dourado Borges, responsável pela pesquisa arquivística, que também identificou que o filho de Marselina, Nestor Pereira Borges, nasceu por volta de 1880. Ele é pai do avô de Celestino, o também Celestino de Oliveira Borges, nascido em 1925.

um período marcado pelo prestígio de chefs-celebridade, é a saída do profissional da cozinha para o salão, de modo a ser visto e recepcionado pelos clientes.[110] Quando o restaurante é famoso, por exemplo, é comum que o estabelecimento receba clientes que anseiam pelo momento em que poderão conhecer o chef, dispostos até mesmo a esperar meses para conseguir uma reserva no lugar com esse objetivo. No entanto, em vez do reconhecimento e da deferência que é comum ser concedida ao chef nesses momentos, o que se observa são situações em que essas profissionais negras são completamente ignoradas ao tentarem conversar com os clientes.

> Margareth: Abri a porta, entrou um cara, do jeito que eu abri a porta ele entrou, ele não olhou na minha cara, [...] passou por mim, não me cumprimentou, boa noite, boa tarde, nem nada, e começou a conversar com os outros e sentou. [...] Eles só melhoraram quando eu cansei de ir à sala e falar assim: "Vocês querem tomar um suco? Querem uma...", e ninguém me respondia, e aí eu ficava em pé, assim "O que é que eu faço agora? Eu sirvo o suco ou não sirvo?". Aí uma hora eu cansei e a gente tinha saído na xxx* [...] aí eu fui e catei a ___. E vim muito educada e falei assim: "Gente, vocês me dão licença um minuto?". Todo munto ignorou. "Vocês me dão licença um minuto?". Nada. Aí eu tive que erguer um pouquinho a voz, "Licença, por favor", aí todo mundo me olhou. Aí eu disse: "Olha, eu não sei se o ___ explicou bem para vocês qual é o conceito [...] saiu uma reportagem aqui na ___, eu acho que esclarece um pouco. Querem dar uma olhada?" [...] foi a partir desse momento que o tratamento mudou, só depois disso. Eles nem sabiam que eu era a chef ou, se sabiam, achavam que eu sou a Tia Anastácia, não é?

> Marselina: Eu fiz um evento de uma classe médica, que é surreal, você sabe, uma classe específica, que é bem machista, classista, o que você puder imaginar. E aí que nesse dia eu estava na cozinha e saí. E eu: "Olá, tudo bem, como é que vocês estão?". É como se eu não tivesse chegado ali, não existia ninguém na frente. [...] Não responderam, nada. Eu estive

---

* Para ajudar na compreensão, trata-se de uma publicação internacional.

em duas mesas, e eu senti. Claro que eu senti, e fiquei: "Nossa...". Quando na verdade, por exemplo, eu já tive cozinheiro branco, que se ele tivesse vindo, pode ter certeza que eles iam abordar ele, e isso já aconteceu. E eu estou te falando, não é o achismo, porque às vezes as pessoas acham que justamente a gente vive em uma posição vitimista, não é.

A descrição dessas situações permite pensar a proximidade desse tratamento àquele costumeiramente concedido a trabalhadoras domésticas, tratadas com indiferença, como se fossem invisíveis.[111] Nem mesmo estarem vestidas com a dólmã, o característico uniforme de chef, impediu que fossem ignoradas. É como se tivessem rompido um importante código de conduta: o de que trabalhadoras negras não têm o direito de falar. No caso de Margareth, por exemplo, a situação só muda quando uma publicação de prestígio atesta seu cargo. Ser uma chef negra permitiu então que fosse uma mulher negra respeitável o suficiente para que se comunicassem com ela.

Outro relato recorrente, como um desdobramento da falta de reconhecimento de seu lugar como chef, é ter sua autoridade na cozinha desrespeitada por colegas de trabalho:

Marselina: Então, quando chega na minha cozinha tem um choque, porque primeiro que a coisa é: "você tem problema de trabalhar com mulheres? Chefia?" "Não", mas na prática você vê como as coisas vão se comportando.

Rosa: Já, já, mas isso não durou muito não, isso não foi muito difícil não porque aí veio o restante da minha personalidade, mas já ouvi coisas de "não adianta, porque não vou obedecer ela!". E falei: "Toma sua carta de demissão, você assina?".

É importante pensar que, dada a complexidade das tarefas que têm de acontecer simultaneamente em uma cozinha para que o serviço funcione e a relevância do chef em coordenar e direcionar os trabalhadores, esse tipo de recusa à autoridade pode causar prejuízos graves ao trabalho dessas profissionais — algo que não é vivenciado por chefs que tenham sua autoridade respeitada. Nesse sentido, o trabalho tende a ser ainda mais difícil e exaustivo de ser executado para essas profissionais, na medida em que têm que tentar conquistar e manter sua autoridade enquanto chefes nesse processo. Como expus antes, o boicote sofrido por Benê Ricardo, que envolveu até mesmo a sabotagem de ingredientes, mostra como essa desautorização pode ganhar contornos ainda mais violentos.

O terceiro tema que se destaca nas entrevistas é o fato de que essas profissionais são geralmente confinadas a determinados repertórios culinários por clientes e pares. Nesse sentido, cozinhas africanas, afro-brasileiras ou pratos identificados a uma cozinha doméstica no Brasil são os mais comuns. Mas há algo a mais que chama a atenção: a aproximação de seu trabalho ao vocabulário de ofícios e alimentos do período escravista.

> Rosa: Saiu minha primeira matéria no jornal e estava lá que eu tinha feito quitutes, isso é extremamente reducionista, sabe? Isso é mal. Eu não tenho nada contra quitutes, é lindo, é lindo quando a pessoa faz, sabe? Quando você vem de uma escola francesa a pessoa te entrevista e entende que você vem de uma escola francesa você tira a foto na frente de uma estação de *macarons** e a pessoa diz que é um quitute, sabe? [...] Já aconteceu de eu estar com a camisa de evento do mês e uma *t-shirt* preta. Então eu estava de legging preta, camisa do uniforme da gente, com a *t-shirt* preta e aí uma mulher corre, me segura pela mão, me puxa e pergunta "Aonde está o seu acarajé?". Está no seu imaginário racista.

> Filomena: Chega no evento e as pessoas falam: "Quem é o chef responsável?" e está lá eu, nova, negra, com turbante na cabeça e fazendo uma comida sensacional. E a pessoa fala: "Você sabe fazer mais que feijoada e acarajé, olha só", entendeu?

> Margareth: Um dia um moço me desrespeitou muito, eu até deixei de falar com ele, ele estava na minha cidade [...] é uma cidade pequena, aí

---

* *Macaron* é um pequeno biscoito da culinária francesa, considerado um item sofisticado de confeitaria.

eles sabem que eu cozinho, que eu sou chef e o moço me ligou, ele era um poderoso da cidade alguns anos atrás, é uma pessoa com um poder aquisitivo alto. Mas ele me tratou ao telefone como se eu fosse à casa dele para fazer tutu de feijão. Veja bem, eu não estou desmerecendo o tutu de feijão. [...] Não estou desmerecendo a nossa culinária que é rica, que é linda, porque a gente tem de tudo, de frutos do mar à melhor carne, então assim, a gente tem muita coisa boa no Brasil. [...] mas eu estou dizendo assim [...] eu estudei com os melhores chefs, às vezes eu me sinto um pouco como se fosse o personagem do *Green Book*.[112]

Marselina: Voltando, então o que acontece, se você é um homem branco você tem um espaço muito maior de aceitação, e ser mulher, ela só se encaixa nisso e nisso. Eu já tive algumas situações em que os jornalistas: "eu queria que você fizesse tal coisa", mas é aquela coisa que já está desenhada, você só pode... mulher negra, o máximo que você pode fazer é vender acarajé.

A fala de Marselina ressalta o prejuízo que o confinamento a certos repertórios pode gerar para seu reconhecimento na gastronomia. Isso porque a expectativa da área é a de que o chef possa circular entre diversos repertórios e que detenha o conhecimento de técnicas francesas clássicas, ainda que possa escolher ter uma especialidade — e a escolha do próprio profissional sobre essa especialidade é fundamental nesse sentido.[113] Se são vistas como cozinheiras de um prato só, isso com certeza afetará o reconhecimento de sua habilidade. Ademais, o fato de que são pratos identificados com o trabalho culinário de mulheres negras, cujo status só se eleva quando "resgatados" por chefs brancos, como vimos na seção anterior, essas profissionais sabem o valor inferior que pode ser concedido a eles se mulheres negras os executarem. Por isso, podem querer evitá-los, buscando se afirmar em outros repertórios, como a alta gastronomia. Por fim, vale observar também como a nomeação da comida de Rosa como "quitute" equipara seu trabalho a uma nomeação comum no período escravista — como se, em vez de chef, fosse uma quituteira contemporânea, o que também revela como essa narrativa concede um status inferior a seu trabalho na gastronomia.

Esse conjunto de temas destacados nas entrevistas evidenciam as diferentes circunstâncias em que chefs e cozinheiras negras de destaque são forçadas a sentir que estão fora de lugar, apesar de permanecerem na cozinha, e como isso tem a ver com o papel que desempenham nesse espaço: o de autoridade. É interessante pensar como o desconforto das famílias não parece completamente equivocado quando suas experiências em um campo que seria o sinônimo do prestígio do trabalho culinário apontam para a constância da violência racial, da desautorização ou da subestimação de suas habilidades — um tratamento que não deveria ser concedido a chefs. Nesse ponto, o que parece estar em jogo na forma como são tratadas é a potência de uma imagem de controle. Parto de novo do conceito de Patricia Hill Collins,[114] usado para definir a criação de imagens estereotipadas de mulheres negras que naturalizam as condições de sua expropriação econômica e exclusão social, e escolho uma em particular, a imagem da *mammy*. Para entender a potência transnacional dessa imagem de controle de mulheres negras, a fala de uma chef negra estadunidense, Gillian Clark, revela as semelhanças entre as experiências de profissionais negras na cozinha na diáspora:

> Existem certas expectativas sobre uma mulher negra na cozinha; muitas vezes me dizem como devo me comportar, o que devo cozinhar, como devo me chamar e quanto devo cobrar. Frequentemente, dizem que devo sorrir. Por que é tão importante sorrir quando estou no trabalho? Alegria servil e sorrisos enormes e patetas são marcas registradas de um tipo de imagem racista. Tia Jemima está sempre sorrindo. Ela nunca está taciturna ou talvez se concentrando pensativamente. Um sorriso é uma resposta fácil de servidão feliz. Quando um sorriso não está presente, surgem perguntas. Mas, como uma mulher negra, não poderia ser algo profundo como pensamento ou concentração. É automaticamente considerado uma agressão. [...] Tudo que eu pensei que precisava fazer era o que todos os chefs para os quais trabalhei fizeram. Crie um menu; execute-o bem em uma sala agradável. Eu não sabia que meu comportamento e minhas expressões

faciais eram tão importantes para alguns. Imagine *Aunt* Jemima dizendo que não vai fazer um sanduíche de queijo quente para seu filho. Estava claro que eu não era vista como uma profissional da culinária; eu era vista como uma doméstica.[115]

Sobre o contexto brasileiro, no capítulo anterior, estabeleci a conexão entre a imagem de controle proposta por Patricia Hill Collins[116] com o estereótipo da mãe preta no Brasil e seu papel em uma narrativa romantizada sobre o repertório culinário nacional criado por folcloristas e literatos brancos advindos das elites. A defesa de uma gastronomia brasileira no início do século 21 se baseia em um discurso que se aproxima da ideologia colonizadora modernista. Essa construção de sentido pode permitir que a expectativa do comportamento de mulheres negras na gastronomia continue se aproximando da expectativa da docilidade e subserviência da imagem de controle da mãe preta. Chefs e cozinheiras profissionais negras disputando o reconhecimento e o prestígio do campo com chefs brancos — e usando todas as estratégias ao seu alcance para fazê-lo — podem até estar em "seu lugar", mas estão fora do papel estabelecido para mulheres negras. E, entendendo o "saber seu lugar" como um código de conduta racial no Brasil,[117] estão em um "não lugar", um desencaixe que se torna ainda mais evidente quando essas profissionais são formadas em instituições de prestígio, têm empreendimentos próprios e/ou são especialistas em repertórios da alta gastronomia. O trecho da entrevista de Margareth é elucidativo:

Margareth: Por que é que as pessoas olham para a cara da xxx* e acham que ela é ___ a chef e olham para a minha cara e acham que eu sou a Tia Anastácia?

A tentativa de aprisioná-las nessa imagem de controle faz com que percebam que são forçadas a provar ainda mais sua capacidade em

---

* Para entender melhor o sentido do trecho, é o nome de uma chef branca brasileira de sucesso que está sendo omitido.

um campo de trabalho já exaustivo, como observa Filomena ao tratar da composição dos cargos de chefia nas cozinhas em que trabalhou: "Porque isso vai ser extremamente evidente, se tiver mulher vai ser uma ou duas, e elas vão ter que trabalhar três vezes mais. E, se ela for negra, você coloca cinco vezes mais". É desse lugar que elas leem o racismo antinegritude, o sexismo e o classismo que estruturam as políticas de reconhecimento da gastronomia no Brasil, que, agindo em uma lógica de restrição como é habitual em um campo cultural,[118] tem parâmetros que favorecem chefs brancos. O comentário de Celina sobre quais são os critérios para que um profissional seja identificado como chef no Brasil ressalta parte da questão, especialmente ao considerarmos a dificuldade relatada por todas as entrevistadas em ser identificadas como chefs:

> Se você teve uma experiência fora... Digamos que eu era cozinheiro e fui pra França. Trabalhei três anos na França como cozinheiro. As pessoas vão olhar pra você no Brasil como chef. Se você for num processo seletivo e concorrer a uma vaga de chef, você ganha, mesmo não tendo a formação. Quer dizer... Agora, se tiver os dois, te coloca lá na frente e você ganha tudo. [...] A trajetória do ___* é isso. Ele não era chef, era cozinheiro. E, quando voltou, teve a sacada, teve um apoio e aí deslanchou.

Enquanto observam que trabalhar ou estagiar fora do país é critério suficiente para que profissionais brancos sejam imediatamente reconhecidos como chefs, suas experiências mostram que essa é uma posição de autoridade que não lhes é concedida nem mesmo quando a ocupam. Isso se soma ao fato de que, dentro da cozinha profissional, observam outras mulheres negras que exercem todas as funções de chefia, mas não são reconhecidas como chefs:

---

* Para permitir uma compreensão mais completa, o que está sendo omitido é o nome de um chef branco de grande destaque no campo.

Angela: Também comecei a lembrar das experiências que eu já tive, dos espaços que eu estive, das mulheres que eu já trabalhei, todas, todas, todas eu não lembro uma mulher que eu trabalhei em uma cozinha que era branca em Salvador, das cozinhas que eu já trabalhei, nem no hotel que eu trabalhei. No hotel que eu trabalhei na cozinha só tinham duas mulheres, uma era negra e a outra era negra também, mas uma ficava na cozinha e a outra ficava nos doces, na confeitaria. Essa que ficava na cozinha até de vez em quando ainda falo com ela [...] tem esse negócio de cozinheiro um, cozinheiro dois e cozinheiro três, alguns lugares têm isso, e aí ela era cozinheira dois. Só que tipo ela, nossa, ela é muito boa, ela sabe tudo de tudo, ela faz tudo, ela é muito, muito, muito boa assim, sabe? Só que ela nunca conseguia ficar como cozinheiro um, e o cara que ficava como cozinheiro um era um cara muito sacana. E esse chef nunca... e era um chefe que, né, você já imagina, eu não vou nem falar, era o estereótipo do chef. Branco, homem, blá-blá-blá, aí tinha vindo de Portugal etc. E aí ele estava trabalhando lá e aí ela fazia o trabalho todo, pô. Ela fazia o trabalho todo, ela sabia de tudo, ela mexia com tudo, nossa, ela tomava conta de tudo... o cara era totalmente descartável, porque ela comandava tudo e ele só estava lá mesmo para poder... E os dois sempre brigavam, e ele sempre aprontava com ela. E até hoje, há pouco tempo conversando com ela e ela falando como que tava difícil para ela, porque ela estava achando que iam colocar ela para fora. Porque ela até falou assim: "porque eles não acreditam no meu potencial porque eu sou mulher".

É importante pensar na cena que Angela cria: uma cozinha de um hotel prestigiado de Salvador, a "capital da negritude", onde trabalha uma cozinheira negra que exerce a função de chefia, mas que a gestão escolhe manter no cargo um chef estrangeiro, cujo trabalho seria completamente descartável. A partir de experiências como essa, as entrevistadas observam a desigualdade que estrutura a política de reconhecimento do campo — e como não tem nada de meritocrática, como seus pares costumam afirmar. Quando perguntadas sobre quais são os requisitos para o reconhecimento no campo da gastronomia, a resposta de Edna é enfática:

Edna: Dinheiro. Assim eu costumo, é sério, porque assim é um ramo que é muito caro para empreender e ela tem uma margem muito baixa de lucro. Então todo mundo que a gente conhece que é proeminente nessa área teve um ponto de partida, entendeu? As pessoas que têm grandes destaques assim, alguém teve que abrir um restaurante para elas, entendeu? Porque restaurante é um *business* muito caro. E claro que tem as exceções, mas é aquilo que uma amiga estava falando: "bom, isso é só a exceção que comprova a regra".

A fala de Edna evidencia a necessidade de acesso a um capital econômico que, na estrutura de distribuição de renda de uma sociedade de passado escravista que mantém suas políticas de exclusão social da população não branca,[119] prejudica profissionais negras de diferentes formas, pois observamos como a riqueza é importante para acessar instituições de formação de prestígio ou estágios no exterior que garantem o reconhecimento automático de homens brancos como chefs. Porém, a fala de Edna chama a atenção para outra questão: a capacidade de atrair investimento para si. Considerando que essa é uma condição necessária para os profissionais que não vêm de famílias ricas, ela evidencia o duplo prejuízo de profissionais negras: se não são identificadas como chefs, como acessar um investimento que depende de seu reconhecimento como profissionais? Um dos trechos da entrevista de Rosa, uma das entrevistadas que teve acesso à capacitação formal e tem bastante experiência no campo, é emblemático ao analisar como é costumeiramente preterida de oportunidades de trabalho, mesmo quando é a pessoa mais qualificada e com mais experiência para tal. Ela descreve o choque de sua empresária, uma mulher branca, diante da frequência de situações em que isso ocorre:

Rosa: Nossa, minha empresária [...] Ela está sofrendo [...] porque não bastasse todo o trabalho que eu tenho que fazer comigo mesma, eu ainda preciso segurar a onda dela quando ela começa a entender que a gente está perdendo um trabalho por racismo. Todo esse tempo de profissão, ela nunca tinha passado por isso do jeito que ela passa comigo. Na verdade, ela não tinha sofrido nenhum, porque ela é loira [...] como ela é gay, ela sabe que existem barreiras assim, que existe muita da coisa do preconceito e tal, mas ela não tinha noção do que era o racismo. E aí ela também sofre muito por conta que a gente é amiga [...]. Então tem uma coisa de gostar muito e aí quando ela vê tudo isso acontecendo [...] ela, "cara, estou muito mal", e uma vez a gente perdeu um *job* [...] "Cara, impossível, nenhuma dessas pessoas que estão na mesa aí chegam na metade do que você faz". "Mas todo mundo é branco". Aí, quando aconteceu o que aconteceu, mesmo assim foi o momento mais tenso, aí ela ficou muito mal, ficou muito mal. E aí ver a outra pessoa mal... eu já nem estava tão mal, porque já fica mais prático, só que aí ver a outra pessoa mal, dá de volta a sensação da profundidade do problema, sabe? Da gravidade.

A fala da entrevistada também mostra como ela precisa desenvolver um mecanismo de proteção que envolve não se deixar afetar por todas as situações de racismo diante da recorrência delas. Já "nem estava tão mal, porque já fica mais prático", mas o desconforto da empresária diante da situação fez com que fosse forçada a observar, mais uma vez, a maneira como racismo, sexismo e classismo afetam sua carreira. Vitália e Anna, duas das entrevistadas mais velhas, com décadas de experiência e reconhecimento no campo, observam que, mesmo que sejam lembradas como figuras importantes por seus pares e clientes, isso não significa um retorno financeiro à altura:

Vitália: É o reconhecimento financeiro o pulo do gato. [...] Eu acho que meu trabalho, não ganho dinheiro ainda, mas eu acho que é um trabalho que já é uma referência. [...]
Porque as pessoas negras, para conseguir facilmente capital não existe, isso que eu faço, você vende o almoço para comprar o jantar, às vezes tem um evento que, claro, você ganha um dinheirinho, você já gasta um dinheiro, guarda um dinheiro, tudo bem. Mas, na maioria das vezes, é aquela coisa... Não tem estoque, não sei o quê [...] aí as dívidas...

Anna: [...] quando me perguntam de discriminação eu falo assim: "Na pele, na coisa... eu não sinto, mas no bolso evidentemente que eu sinto".

[...] Porque às vezes um comercial é 10 mil reais. Aí você recebe X por mês, se você fizesse um comercial você ganharia dois, três meses, não é? Até quatro meses, dependendo. 10 mil reais, três mesinhos... sobre o que eu ganho.

Entretanto, há uma situação relatada em uma entrevista que, como nenhuma outra, escancara a profundidade do racismo antinegritude e do sexismo das políticas de concessão de reconhecimento da gastronomia. O relato da chef em questão, que opto por não identificar, revela que, mesmo quando conseguem acessar o reconhecimento ao atravessar brechas praticamente impossíveis, até a experiência de receber a condecoração de seu trabalho é marcada pela violência e subestimação. É o caso de uma entrevistada especializada em alta gastronomia que, em razão de sua habilidade excepcional e da formação em uma instituição de prestígio, foi condecorada com uma honraria internacional muito importante no campo.

[...] quando eu cheguei lá para receber o prêmio, eu fui barrada três vezes de entrar na sala principal. [...] Porque a gente entrava no anfiteatro, o pessoal que está assistindo obviamente está na arquibancada e nós estamos na frente, em um lugar lindo assim. Ninguém me deixava entrar no lugar da frente. Aí eu ia entrar: "Senhora, acho que a senhora errou, a senhora é ali nos convidados". Três vezes. Aí eu: "Não. [...] Não, não, eu sou também hoje uma graduanda aqui, eu vou receber também [...]". "É mesmo?", eu falei: "Sim". Ele: "Desculpa, senhora", aí eu passei. Aí encontrei a ___, que é uma menina que é de lá,* aí eu fui passar ela, «Acho que você errou, a entrada é ali», eu: "Meu Deus do céu", aí eu: "Não". Eu vim receber o prêmio também, "Ah, é?". Aí, bom, passei. Aí chegou no presidente [...] Aí eu: «Boa noite». Aí ele: "Senhora, a senhora está equivocada". Ele que entrega os diplomas para a gente e tudo. [...] E eu: "Não, hoje eu estou me formando", ele me olhou bem assim: "O quê?". Falei: "Sim, eu estou me formando, eu também vou receber" e

---

* Vale destacar que a mulher cujo nome está sendo omitido conhecia a entrevistada, por já ter trabalhado com ela. Sabia que era uma chef.

fiquei olhando assim para ele, e ele: "É mesmo?", "Sim". E ele: "Ah, tá. Ok. Pode entrar. Sente-se".

A recusa manifestada por todas as pessoas envolvidas no controle do acesso a quem receberia o prêmio é a materialização mais contundente de como chefs negras são vistas como estando "fora do lugar" e "equivocadas", mesmo estando na cozinha. Nem mesmo a formação, a experiência de trabalho, o cargo na cozinha ou a habilidade, critérios que são descritos como suficientes para o reconhecimento no campo, podem livrá-las de lidar com racismo. As entrevistas mostram como elas são continuamente identificadas como trabalhadoras domésticas, que, como vimos ao analisar a história da consolidação da gastronomia, são consideradas a antítese do chef. Na verdade, a análise das trajetórias de chefs negras deixa ver como as trabalhadoras domésticas negras são o Outro oculto que dá sentido ao prestígio da ocupação de chef — e, por isso, ao serem identificadas como tal, ocupam um não lugar nesse espaço e nessa função.

Quero mobilizar um último tema dentro das entrevistas — e é intencional que tenha ficado por último —, pois considero importante enfatizar como as chefs e cozinheiras negras têm pouco ou nenhum espaço para negociar sua ascensão na gastronomia, questão que busquei desenvolver ao longo do capítulo. Nesse sentido, após tratar do léxico racializado, de gênero e de classe que marca o campo no Brasil e a percepção crítica dessas profissionais sobre o papel restrito e estereotipado ao qual tentam confiná-las, quero fechar esta seção tratando das estratégias que elas têm de desenvolver para se manterem na área. Mais uma vez, tomo como central o tema dos códigos de conduta racializados que são constituídos pelas elites desde o pós-abolição, de modo a manter as hierarquias raciais brasileiras do período escravista.[120]

Em um trabalho a respeito da arqueologia do termo "boa aparência" em anúncios de trabalho no Brasil ao longo do século 20, que, como visto antes, é uma atualização e um novo eufemismo para a antiga tecnologia racista de exclusão de trabalhadores negros por causa de sua cor, a pesquisadora Caetana Damasceno[121] entrevistou trabalhadoras negras que cresceram a postos de trabalhos mais valorizados, de modo a compreender como lidam com a violência racial em seu cotidiano. A intenção era a de complexificar o que se tornou muito conhecido como processo de "branqueamento" entre pessoas negras que ascendem ao conectar esse processo aparentemente individual ou estético à intensidade das ferramentas de expulsão de pessoas negras de postos de trabalho. A autora observa como essas trabalhadoras tentam minimizar traços fenotípicos de negritude para conseguir um lugar de trabalho e se manter nele. No entanto, há outros atributos identificados à negritude e à sua percepção das relações raciais no Brasil que precisam ser disfarçados e escondidos. Damasceno observa como as profissionais negras que ascendem desenvolvem determinados padrões de comportamento para acessar postos mais valorizados e se manter neles, pois

> [...] o modo como elas narram e reconstroem a sua experiência de trabalho — remetem a um conjunto de crenças, expectativas e conhecimento a respeito de normas e regras de comportamento. Estas orientam decisões estratégicas de como operar o racismo no cotidiano, especialmente quando o acesso aos postos de trabalho mais valorizados é o núcleo central desse cálculo.[122]

O estudo de Damasceno ilumina uma questão importante observada nas entrevistas: a existência de uma etiqueta racial entre as profissionais negras. Para sobreviver numa área tão marcada pelo valor da brancura, da masculinidade e dos hábitos de elite, em que a imagem de controle da mãe preta é usada como régua para que seus pares avaliem seu comportamento, as chefs e cozinheiras negras não têm alternativa a não ser desenvolver um código de comportamento para navegar uma estrutura que as prejudica o tempo todo por serem mulheres negras. O que a pesquisa de Damasceno revela, entrevistando também trabalhadoras domésticas, é que desenvolver um protocolo de conduta é imperativo para trabalhadoras negras no geral.[123] Nesse ponto, cito um trecho de uma entrevista concedida por Carolina Maria de Jesus em 1973, quando vivia o momento de declínio de sua vida profissional como escritora. A autora é cirúrgica mais uma vez sobre o lugar reservado às mulheres negras na sociedade brasileira:

> Se não tivesse manifestado a minha inteligência, poderia estar trabalhando como doméstica. Aí sim, dava para a gente ter uma vida boa. Depois que escrevi o livro, ninguém me aceita pra trabalhar.[124]

Ao articular as entrevistas de Damasceno com o material dessa pesquisa, é possível observar que a etiqueta racial profissional envolve assumir uma postura que, como observado por Carolina, possa ser identificada como sujeição ou aquiescência, atributos que possam ser vistos como parte de sua "personalidade", algo que se soma à necessidade de ter que se silenciar sobre a atmosfera de racismo antinegritude, racismo e sexismo que observam em seu cotidiano. Mais uma vez, quero chamar a atenção para o fato de que o comportamento que precisam assumir fala muito mais sobre a violência racial profunda que marca seu cotidiano, bem como o sexismo e o classismo, do que sobre si mesmas. Nas palavras de Patricia Hill Collins, é o reflexo do fato de que: "A *mammy* é a face pública que os brancos esperam que as mulheres negras assumam diante deles".[125] Dito de outro modo, o que defino como etiqueta racial profissional é a exigência de que trabalhadoras negras estejam de acordo com a docilidade, a subserviência, a gratidão e a passividade da imagem de controle da mãe preta, criada por folcloristas e literatos brancos para naturalizar a expropriação econômica e a exclusão social de mulheres negras.

Antes de me deter sobre trechos das entrevistas que iluminam esse argumento, é importante destacar que a necessidade de desenvolvimento e de aprendizado de um código de conduta entre aquelas que estão na base da pirâmide da sociedade é uma questão observada em outros trabalhos de intelectuais negras sobre trajetórias de mulheres negras em diferentes contextos e períodos.[126] Nesse sentido, uma das contribuições teóricas mais importantes para este trabalho é a proposta pela historiadora Darlene Clark Hine que, ao analisar a história da cultura do estupro e da violência sexual sofrida por mulheres negras, cunha o conceito de "cultura da dissimulação":[127] "Por dissimulação, o que quero dizer é que o comportamento e as atitudes das mulheres negras criaram a aparência de abertura e de revelação, mas, na verdade, protegeram de seus opressores a verdade de seus egos e vidas interiores".[128] Considerando que todas as trabalhadoras negras têm de lidar com a realidade da violência sexual, que está profundamente articulada com a violência racial, de gênero e de classe, julgo que o conceito de cultura da dissimulação ilumina a dimensão da agência envolvida na manipulação dessa etiqueta por chefs e cozinheiras profissionais negras.

A análise das entrevistas aponta para nuances relevantes da etiqueta, que são afetadas pelos diferentes acessos de mulheres negras a um restrito poder de barganha no campo profissional. Assim, a necessidade de aderir, de poder manipular ou se afastar desse código de conduta é afetada por condições distintas de acesso e de negociação dessas profissionais negras que, no caso das entrevistadas, dependem de sua classe social, da geração, do acesso à educação formal, de um passado profissional marcado pelo trabalho doméstico ou da possibilidade de acessar redes de parceria e investimento na gastronomia.

Um trecho da entrevista de Benê Ricardo é bastante elucidativo das variações dessa etiqueta entre chefs negras e sua relação com uma longa história de trabalho feminino e negro. Como vimos, Benê foi uma chef negra que nasceu em 1943, ficou órfã muito cedo, não pôde contar com um suporte familiar e, como consequência disso, passou um longo período da vida submetida às condições precárias e violentas do trabalho doméstico. Além disso, viveu as circunstâncias do trabalho da cozinha profissional na década de 1980. Ela conta que aprendeu com a avó, Eugênia Ponciano, sobre como agir com relação ao "preconceito":* "E uma coisa que a minha

---

* A escolha da palavra "preconceito", quando a entrevistada fala de racismo, é emblemática da necessidade de usar outras palavras para tratar da violência racial contra mulheres negras que é a marca da etiqueta racial da época em que Benê viveu — nomear o "racismo" poderia significar ser estigmatizada e excluída do mercado de trabalho.

avó dizia: 'a gente não pode olhar para os lados. A gente tem que olhar para frente'. Porque, se você for olhar para os lados, você não chega a lugar nenhum".[129] A fala da avó, que nasceu no pós-abolição no interior de Minas Gerais e trabalhou como quituteira, revela a estratégia e a etiqueta que uma geração de mulheres negras, que tinham de lidar com um tratamento brutal e condições de sobrevivência impossíveis, foram forçadas a desenvolver para se encaixar. E, ao enxergar que as condições de vida da neta não eram muito diferentes, a avó julga importante transmitir esse código de conduta para que ela pudesse navegar e sobreviver em um mundo que a prejudicaria de todas as formas. Não "olhar pros lados" significava tentar viver a despeito e através da discriminação, olhando para a frente, para o objetivo de conquistar sua subsistência e, com sorte, ascender socialmente.

Provavelmente, essa postura significava também se silenciar sobre o racismo antinegritude que marcava suas vidas, um reflexo do "pacto de silêncio" observado por Caetana Damasceno[130] como um código de conduta entre trabalhadoras negras de seu estudo na década de 1980 (mesma época em que Benê começou a trabalhar em restaurantes). Essa era uma forma de não sofrer com as graves retaliações profissionais de romper com a ideologia da democracia racial. Ao falar de uma posição extremamente precária de negociação, Benê e sua avó evidenciam a experiência que é provavelmente majoritária no campo ainda hoje. Nesse sentido, é interessante observar como, ao longo da entrevista, fala sobre "não ligar", "deixar pra lá", ou não se importar porque "eu não vou levar nada dessa vida mesmo" em situações em que teve a autoria de seu conhecimento culinário roubada, sua habilidade culinária subestimada ou seu trabalho não pago ou não reconhecido. Porém, ao mesmo tempo, ela ressalta como "é duro", como "foi difícil" e como tem medo de assustar a entrevistadora com os detalhes da "dificuldade" de sua história. E, no fim da vida,* ela observa como a conformação a essa etiqueta racial

---

* A entrevista foi realizada por Bianca Briguglio quatro meses antes do falecimento de Benê Ricardo.

foi necessária e inevitável em razão das condições de vida a que foi submetida:

> Benê: mas deixa eu te contar, uma coisa que eu aprendi [...] é assim: quando a gente igual naquela casa, em que eu trabalhei, que a mulher me explorava, quando a gente não conhece coisa melhor, a gente se adapta. [...] Eu não conhecia outra coisa melhor. Morava na roça... você entendeu? Aí tudo era normal. Depois que você fica velho que a gente...[131]

No caso das entrevistas com algumas das profissionais que vêm de famílias de classe média, o aprendizado de uma etiqueta de controle do corpo e do comportamento também aparece cedo e como imperativo uma vez que estavam bastante próximas da violência racial em ambientes de maioria branca:

> Edna: A minha mãe vivia falando: "Ah, não pode... você não pode rir tão alto, porque se você ficar correndo", eu ia nas festas assim, "fica quieta, porque se você ficar correndo muito eles vão falar, ó lá a pretinha fazendo bagunça, ó lá a pretinha... se quebrar alguma coisa a culpa vai ser de quem?" Então sempre tinha que ter um comportamento acima da média, acho que é até por isso que a gente é tudo muito estudiosa. [...] E é isso, porque você estava circulando em espaços que eu sempre estudei em escola particular [...] Sempre é aquela coisa de não pertencimento, então você já chega pedindo desculpa, "desculpa ter nascido".

A maior parte desse grupo de entrevistadas enxerga a diferença que o fato de terem crescido em famílias que ascenderam à classe média proporciona, na medida em que puderam acessar a educação formal, não foram forçadas a trabalhar como trabalhadoras domésticas e, em alguns casos, estão na cozinha profissional por escolha. Algumas delas conseguem até mesmo acessar o investimento de sócios em seus negócios ou serem donas de seus empreendimentos, o que pode permitir negociar ou manipular a etiqueta racial profissional. A situação vivida por Filomena em uma entrevista de trabalho mostra como isso pode acontecer:

Filomena: Igual, por exemplo, uma mulher pediu uma vez para fazer, ela queria chamar 50 pessoas para casa dela porque uns amigos tinham chegado da Europa e tinham trazido um monte de lagostim. E eu falei: "eu faço [...] para eu ficar na sua casa fazendo isso, eu vou cobrar dois mil da minha mão de obra". Ela falou: "Nossa, tudo isso?". E eu falei "Você já limpou um lagostim? Você já limpou lagosta?". Ela: "não". E eu falei: "Pois é, você imagine limpar lagosta para 50 pessoas". E depois ela veio me falar que ela queria que eu ficasse na chapa por duas horas, duas, três horas, até durar o evento, eu falei: "Então, esse é o meu valor". Ela falou: "está muito caro". Eu falei: "então está bom, pode chamar outra pessoa."

A conduta de Filomena, sendo inflexível sobre a remuneração exigida e expondo como a ignorância da contratante sobre seu trabalho a tornava incapaz de definir seu valor, é uma afronta à imagem de controle da docilidade e da subserviência da mãe preta. A situação vivida por ela, uma chef com formação de nível superior, permite observar como a etiqueta racial profissional e a postura comum ao chef se chocam. O que se espera da mãe preta cozinheira é o oposto do que se espera do chef, um profissional que detém autoridade e pode tentar definir os termos de seu trabalho ou de sua conduta. Assim, é possível imaginar a surpresa da mulher que tentou contratar seu serviço, e como Filomena pode adotar essa conduta porque poderia encontrar outras oportunidades de trabalho — o que não acontece com a maioria das profissionais no campo. Um trecho da entrevista de Benê Ricardo aponta para a diferença na possibilidade de negociação que pode se amparar na classe, por exemplo. Ao tratar da baixa remuneração que recebeu para fazer um jantar com ingredientes caríssimos, justifica seu aceite: "Minha filha, se você cobrar muito caro, você não trabalha". Benê não podia ficar sem trabalhar.

Em particular, entre as entrevistadas vindas de famílias de classe média, é interessante observar como manifestam estranheza diante da expectativa no campo de que tenham uma história "de superação", de uma ascensão ao cargo que se articule a "vencer" as barreiras impostas pela pobreza na infância, algo que é incongruente com as condições em que foram criadas.* No entanto, essa expectativa é uma das formas pelas quais a imagem de controle da mãe preta se revela como a referência para avaliar seu comportamento e lhes conceder reconhecimento.

> Edileide: Olha as mulheres negras que aparecem na TV, por exemplo, elas têm uma coisa específica, geralmente, têm aquelas coisas da história de superação, preto tem que ter sofrido. Preto tem que ter sofrido porque senão não é preto, não sofreu não é preto, tem muito isso. Tem muito isso, por ela ser mulher e estar naquele lugar ali ela tem que vestir uma... tem que ter um jeito, tem que ser falante, tem que berrar e tem que usar roupa espalhafatosa, tem um pouco esse lugar. Às vezes pode ser porque aquela mulher é daquele jeito mesmo, mas nem todas são assim na verdade. Tem uma coisa recorrente, você vê, por exemplo, eu mesmo, sou fã dela, adoro, mas quando ela está naquele programa lá você vê que ela é o extremo assim da coisa, enfim, tem esse lado. Então branco tem mania de querer colocar a gente num lugar específico e todas nós temos que ter aquele perfil, aquele jeito e tudo mais. E nós não somos todas assim, isso que eu falei por exemplo no grupo que a gente está, são várias mulheres pretas diversas, cada uma de um jeito, tipo ninguém nesse grupo é igual a ninguém, sério eu nunca vi um grupo tão diferente, todas são muito diferentes, sabe? E trabalham com cozinha, mas cada uma do seu jeito, cada uma tem sua personalidade e somos bem diferentes.

Esse olhar crítico sobre a etiqueta racial profissional é comum a todas as profissionais, mas, de fato, são as trabalhadoras de classe média e alta que podem acessar formas de tensioná-lo de maneira mais direta. Porém, é importante enfatizar que o acesso a condições

---

* As expressões entre aspas são comuns no campo, segundo a fala das entrevistadas. É um vocabulário comum a outras narrativas de caráter liberal ou meritocrático — de que a pobreza pode ser superada ou vencida individualmente, sem ser vista como uma desigualdade social fundamental para o funcionamento da sociedade capitalista, como vimos por meio das condições do trabalho culinário essencial de mulheres negras.

de trabalho mais estáveis ou mais bem remuneradas que lhes permitam manipular a etiqueta não significa que podem romper com esse código de conduta. Uma das falas das entrevistadas, que opto deixar anônima por sua contundência, mostra como ela modula seu comportamento a partir de suas condições profissionais mais confortáveis, sem deixar de enxergar o impacto da violência racial sobre mulheres negras no campo da gastronomia:

> É óbvio que quando eu chego num ambiente muito branco eu me posiciono. E o ser humano cria personas, cria máscaras [...]. Eu considero que eu esteja no auge do que eu posso ser de combativa. E isso foi construído milimetricamente, estrategicamente, assim, eu boto um tijolo e eu sei que dois terços são cortados, são quebrados e a baliza fica lá embaixo de novo, entendeu? Só sobra um terço do tijolo que eu coloco em cada lugar, em cada fala, em cada inserção, sabe? Se eu, por exemplo, com a minha existência física dentro dos espaços eu já milito muito na minha aparência [...] então eu pego as próprias armas para virar contra a branquitude, contra um sistema que é excludente e cruel. Então assim, eu boto esse turbante que eu estou hoje [...] E eu devolvo assim, você está a fim de dizer para mim que eu não posso usar um turbante por que ele é um turbante? Porque aí eu boto [...] um brinco de ouro [...] um búzio de ouro bem curtinho, e aí boto uma dólmã impecável, o que é que a pessoa vai falar? Que é uma questão de vigilância sanitária? Olha os cozinheiros brancos aí de barba. Então eu vou jogando com o sistema contra o sistema, isso mostra, e é um desgaste pessoal muito grande para mim.

É visível que a entrevistada tem uma agenda de ação política que busca cumprir ao manipular essa etiqueta racial: naturalizar a presença de pessoas negras em espaços de destaque na gastronomia. Ela enxerga seu acesso a esse lugar como uma oportunidade, ao considerar que é uma obviedade seu posicionamento afirmativo como uma mulher negra em espaços "muito brancos". Por entender como funcionam os códigos de conduta da gastronomia, tenta subvertê-los, como usar um turbante e um brinco de búzio junto com a dólmã imaculada, de modo que esses emblemas de uma negritude não possam ser questionados pelo valor da brancura do campo. Isso é o contrário de um suposto código de "branqueamento" de todos os profissionais negros que ascendem que, como observado por Damasceno,[132] nunca existiu totalmente, ao analisar como suas entrevistadas podiam articular o disfarce de características da negritude com a afirmação de uma identidade negra. Porém, a estabilidade profissional da entrevistada permite que tensione ainda mais essa etiqueta racial profissional. Ao mesmo tempo, chama a atenção para a exaustão e a frustração causada por esse processo, uma vez que seu sucesso tem de ser construído de maneira "milimétrica" e "estratégica" — gerando "um desgaste pessoal muito grande".

Vale mencionar também uma última estratégia das profissionais em torno dessa etiqueta, que pode significar manipular a imagem de controle da mãe preta a seu favor. Entre entrevistadas de diferentes classes, foi possível notar como também podem escolher repertórios culinários considerados "estereotípicos" com a intenção de se afirmar e/ou não permitir que chefs neocolonizadores usurpem a autoria desse conhecimento:

Anna: Então assim, se me chamam para alguma coisa eu vou, nunca falo não, sabe? "Vem o presidente não sei de quê, não sei o quê. Você vai?", "Vou", "Mas você vai?", "Vou". Eu vou e vou e faço coisa de preto.

Edileide: Que eu acho é isso, que às vezes a gente fica com medo de fazer um acarajé, uma feijoada, porque esse é o lugar que estão colocando para a gente, mas ao mesmo tempo também se eu não fizer quem vai fazer, sabe? Eu vou deixar os chefs brancos fazendo e levando aplauso por fazer acarajé? É complicado isso também, isso para mim também é muito complicado. Mas, enfim, são escolhas.

Essa breve análise da etiqueta racial profissional e sua manipulação pelas entrevistadas não têm como objetivo ser um exame exaustivo das estratégias das profissionais. Como uma trabalhadora negra, entendo que isso seria desvelar uma tecnologia de sobrevivência que põe em risco a subsistência dessas mulheres. Há detalhes da violência racial que não são descritos neste trabalho, seja por solicitação das entrevistadas ou por escolha minha, por eu ser uma pesquisadora negra que conheceu o funcionamento do campo e a possibilidade de retaliação contra essas profissionais. Em certo sentido, também estou enredada em um "pacto de silêncio" com as entrevistadas, de modo a proteger suas carreiras.

Considerando o peso do que não pode ser dito, ao analisar como navegam entre ceder e manipular esse código de conduta, a intenção é evidenciar como uma estrutura de expropriação econômica e de violência racial continua marcando o trabalho de mulheres negras na cozinha. E, ao analisar a atualização do léxico racializado, de gênero e de classe das políticas de reconhecimento da gastronomia, todas identificam o peso da imagem de controle da mãe preta sobre a avaliação de seu trabalho. No entanto, as trajetórias evocadas aqui mostram como permanecem encontrando brechas, sentidos e formas de sobreviver a partir desse trabalho essencial e, em alguns casos, ascender socialmente. A partir das vozes e das trajetórias das chefs e cozinheiras profissionais de destaque, observamos as diferentes maneiras de como elas buscam construir um espaço de autodefinição dentro da cozinha a partir de um lugar de autoridade que não lhes é concedido, mas que ousam tomar para si, como Margareth: "Eu preciso sempre me afirmar, sim, eu sou uma mulher, sim, eu estou no meio masculino, sim, eu sou negra, conforme-se com isso, que eu estou muito bem com a minha identidade.". Ou Edileide:

> Edileide: Sim, porque você vê por que os brancos escolhem isso, não estão escolhendo ser cozinheiros, ser chefs de cozinha? Eles estão escolhendo isso o tempo inteiro, sabe? Por que é que a gente não pode escolher, só porque, teoricamente, esse já era o nosso lugar? Sabe, eu acho que é isso, não é um lugar que ninguém me impôs isso, foi uma coisa que eu escolhi independente de acharem que esse já era meu lugar. Eu escolhi esse como meu lugar.

No capítulo a seguir, veremos que chefs negras poderem escolher a cozinha como um espaço de trabalho só é possível graças ao trabalho de uma longa tradição de cozinheiras negras, cuja resistência e ação política radical foram continuamente ignoradas — mas que tornaram possível o futuro de um povo que jamais deveria ter sobrevivido.

INTERLÚDIO III

Cenira, a dissimulação e o peru natalino

9. Cenira, recém-chegada ao
Rio de Janeiro, na década de 1940

Cenira Luiza da Silva de Sant'Anna nasceu no pequeno povoado de Paraíso Tobias, zona rural da cidade de Miracema, estado do Rio de Janeiro, em 25 de março de 1928. Seus avós maternos haviam sido escravizados, mas sua mãe, Lidogéria, já nasceu livre. Sabe-se pouco sobre seu pai, mas dizia que era de nacionalidade italiana e que morreu antes mesmo de ela nascer, durante a epidemia de gripe espanhola. Cenira, aos 6 anos, já era responsável pela cozinha da casa e pelos cuidados com seu irmão mais novo, enquanto a mãe e o padrasto trabalhavam no cultivo da pequena propriedade da qual eram donos.

Como filha de outra união, seu padrasto, também italiano, não aceitava muito bem a menina. Cenira contava que, além disso, ele era um homem violento e mesquinho, que explorava a população mais pobre da localidade. Era costume dele pagar um dia de roçado com "um guaraná",* e ela observava com tristeza o fato de que os colonos que trabalhavam "de morada" na fazenda passavam fome. Cenira costumava entrar no depósito onde a produção era armazenada, de madrugada, para pegar alimentos sem o conhecimento do padrasto e entregar para os trabalhadores. Também é possível que exista uma outra parte da história da violência dessa relação, pela raiva que dizia sentir dele. Mesmo décadas depois, seus olhos ainda brilhavam de ira quando se lembrava das ameaças que fazia ao padrasto, na tentativa de se proteger: "Eu dizia que ia esperar ele dormir, ferver uma chaleira d'água e despejar no ouvido dele!".

Seu "gênio difícil" teria sido a razão pela qual sua mãe, com medo "de haver uma desgraça", decidiu tirar a filha de casa e mandá-la para morar com uma família conhecida que era dona de um bar, onde, com 11 anos de idade, passou a trabalhar na cozinha. Cenira nunca falou sobre a tristeza que poderia ter sentido ao ser tirada de casa, preferindo enfatizar que estava feliz por sair da "roça" e ir para a cidade, onde fez muitas amigas e podia ir para os bailes quando tinha folga, apesar do trabalho "ser muito". Quando o bar faliu, ela, então com 17 anos de idade, com o auxílio de uma senhora carioca que estava visitando a cidade, conseguiu um emprego como trabalhadora doméstica no Rio de Janeiro.

Cenira chegou perto do Natal na casa dos patrões na capital, que eram "gente fina". A patroa então avisou que uma de suas responsabilidades seria fazer o peru para a ceia. Quando a mulher perguntou se ela tinha alguma boa receita, Cenira respondeu que ficasse tranquila, que o prato era sua especialidade. Assim que a patroa deixou a cozinha, ela se permitiu sentir o nervosismo: como uma jovem pobre vinda do interior, nunca tinha feito nem mesmo visto um peru natalino. Mas não podia assumir seu desconhecimento para não perder aquele emprego. Foi então que conversou com as outras trabalhadoras da casa e seu pedido de ajuda chegou às cozinhas das casas vizinhas. Es-

---

* Trechos extraídos de conversas com dona Cenira, especialmente de uma entrevista gravada por mim em 8 de março de 2011 (Cenira Luzia de Sant'Anna, 2011).

tava com sorte: uma das cozinheiras da vizinhança era conhecida por seu peru de Natal e, generosamente, compartilhou sua receita com a recém-chegada.

O preparo do prato era complicado e envolvia quase 24 horas de trabalho, entre encontrar e comprar a ave certa, depenar, limpar, temperar, assar e decorar. Mas a parte mais difícil mesmo era ter que regar o peru para que não ficasse seco em intervalos de meia hora com o próprio suco do cozimento, durante as seis horas em que assava. Esse passo era fundamental, garantira a colega cozinheira. Para que estivesse pronto a tempo para o horário exigido pela patroa, foi obrigada a fazer isso durante a madrugada. Cenira dizia que deve ter sido "mesmo Deus" que fez com que ela conseguisse não pegar no sono durante a tarefa. No dia seguinte, o triunfo: a ave estava dourada e suculenta enquanto era servida para a família e seus convidados. Mais tarde, teve que segurar o riso quando a patroa veio lhe dizer que, apesar de não ter acreditado nela no início, podia ver que o peru de Natal era realmente sua especialidade. Cenira permaneceu como trabalhadora doméstica na casa dessa mulher por quase uma década.

Muitos anos mais tarde, Cenira contaria essa história para sua própria família às gargalhadas, orgulhosa de seu feito, mas também fazendo questão de enfatizar a importância do apoio de outras trabalhadoras negras que, vivendo nas condições precárias e violentas do trabalho doméstico, estavam lá "uma pela outra" — mostrando que a conversa sempre esteve na cozinha.

A cozinha como um espaço geográfico de mulheres negras

> [...] *as geografias de mulheres negras são vividas, possíveis e imagináveis.*
>
> KATHERINE MCKITTRICK[1]

> *As mulheres negras utilizam os discursos dominantes para criar espaços de dissidência e de aquiescência estratégica à lógica do capital sempre presente em nossos sistemas alimentares.*
>
> KIMBERLY D. NETTLES-BARCELÓN,
> GILLIAN CLARK, COURTNEY THORSSON[2]

Foi um encontro inusitado, podemos dizer assim. Eu folheava mais um entre os vários livros da estante de estudos sobre o Brasil da biblioteca da Universidade de Brown, durante o doutorado sanduíche, período em que permaneci durante seis meses na instituição como pesquisadora visitante. Era um exemplar de um livro de receitas afro-brasileiras produzido pela Fundação Pierre Verger,[3] em português, que incluía também histórias e mitos relacionados à criação das iguarias.[4] Em meio às fotografias dos pratos, havia outras, retratando o cotidiano de cozinheiras negras, tiradas por Pierre Verger em Salvador, no Togo e no Benin entre as décadas de 1940 e 1950. Foi então que o olhar de uma delas cruzou com o meu, e a sensação de desconforto que sua imagem me causou me fez decidir pegar o livro emprestado. Envolvida em tantas outras novas leituras, quase esqueci de sua existência. Até que a pandemia de coronavírus chegou aos Estados Unidos e, de um dia para o outro, meu tempo acabou. Entre as muitas tarefas para serem executadas antes de retornar às pressas, estava a de devolver o livro. Foi então que lembrei dela mais uma vez e, no meio da bagunça de uma vida que se encerrava sem aviso, sentei-me

10. Jovem negra vendendo cocadas
na Festa do Senhor do Bonfim, em Salvador

no chão e pude começar a entender o que me causava inquietação naquela fotografia.

A legenda do livro é sucinta: "Moça com tabuleiro vendendo cocada, Festa do Bonfim, Salvador, 1947".[5] Não sabemos seu nome, sua idade, se vendia seus produtos sozinha ou se tinha companhia. Será que as cocadas estavam vendendo bem? Era ela a cozinheira quem as tinha preparado, ou sua mãe, avó ou tia? Será que alguém a ajudou a carregar o tabuleiro até aquele ponto do gramado? Estava ali há muito tempo? Perguntas como essas ficavam sem respostas, e é possível que pouco interessasse ao fotógrafo respondê-las, uma vez que estava mais ocupado em registrar as cenas "pitorescas" do cotidiano de uma grande festa religiosa em Salvador na metade do século 20.[6] Para um francês que estava começando a conhecer a cidade,[7] aquela jovem poderia parecer apenas mais uma entre as tantas vendedoras negras de cocada ou de acarajé que fotografou naquele dia.

Contudo, mais de meia década depois, a maneira como ela olhou de volta para o "gringo" me chamava a atenção. Talvez porque minha própria aparição em terras estrangeiras, naquele momento, também causasse curiosidade entre os gringos brancos, e aquela expressão no rosto dela me parecesse um tipo de reflexo da forma com que eu olhava para eles. Ou porque, do mesmo modo, eu fui uma adolescente negra naquela mesma cidade, sob a mirada dos gringos, e sabia do desconforto causado por olhares indiscretos que classificavam como exóticos meu modo de viver e minha cidade. Porém, talvez o mais importante fosse o fato de que, naquele momento, eu estava em contato com "contra-olhares" teóricos produzidos por intelectuais negras que, ao refletirem sobre experiências similares, me ajudavam a entender o sentimento que talvez fosse comum entre nós duas e as maneiras limitadas pelas quais nós podíamos reagir ao olhar gringo, tão precioso à economia de nossa cidade turística.[8]

Discuti antes como um dos fundamentos do turismo em Salvador é o fascínio em torno de um passado colonial e como a narrativa sobre esse período se baseia em uma ideologia da democracia racial, ocultando a violência e a expropriação econômica da população negra que marcam o passado e o presente da cidade.[9] Nesse ponto, interessa-me retomar que a ideia idílica das relações raciais soteropolitanas desse discurso turístico tem papéis bem restritos para mulheres negras e, entre eles, está a baiana do acarajé com seu tabuleiro de quitutes. Nesse sentido, à primeira vista, a publicação da fotografia de uma jovem negra vendedora de cocadas, tirada por Pierre Verger em 1947, como ilustração contextual de um livro de receitas afro-brasileiras publicado em 2015, é uma materialização de como a atividade turística em Salvador, nas últimas décadas, se desenvolveu na direção de fixar essa imagem das mulheres negras soteropolitanas. No entanto, o olhar exotizador sobre suas formas de vida e de subsistência já existia na década de 1940, especialmente nos enquadramentos de um fotógrafo francês recém-chegado a Salvador, com uma longa experiência em produzir imagens etnográficas, publicando imagens da cidade na revista carioca *O Cruzeiro*.[10]

Não é minha intenção me deter sobre os detalhes da história de vida de Verger, mas na expressão que a jovem vendedora de cocadas lhe lançava de volta naquele instante. Seu olhar e sua posição corporal poderiam ser lidos de diversas maneiras, como expressões do tédio, da irritação ou da surpresa diante do fato de estar sendo fotografada — havendo a possibilidade de não ter sido consultada previamente sobre o registro. Mas também podia ser uma postura debochada diante do deslumbramento do fotógrafo perante seu cotidiano, que ela poderia enxergar como banal, exaustivo, injusto ou apenas desinteressante. Seja qual for o sentimento refletido na sua reação, o que me capturava na imagem era uma espécie de insubordinação, que fazia com que ela não se encaixasse no papel acolhedor ou receptivo que mulheres negras deveriam desempenhar na fantasia branca sobre a cidade negra, vendida em reportagens e brochuras turísticas.[11] Uma recusa que poderia ser lida como sutil ou quieta, capturada num instante, mas, ainda assim, perceptível — e valiosa para a discussão de agência e resistência deste livro. O olhar de uma jovem negra vendedora de cocadas, que poderia ser enquadrada na "população negra permitida" no cenário idílico das relações raciais da narrativa turística como uma "produtora excepcional de cultura negra brasileira",[12] me dava pistas sobre a sutileza da agência de quem tinha muito pouco para negociar em uma sociedade que funcionava exatamente a partir da precariedade de sua vida.

Uma análise mais detida sobre a recusa ou a resistência silenciosa da jovem também poderia se ater à roupa branca, aos fios em seu pescoço ou ao contregum em seus dois braços,[13] objetos que poderiam ser marcadores de sua religiosidade e de sua integração a comunidades religiosas majoritariamente negras. Possíveis rastros materiais que também poderiam indicar que a festa religiosa não era apenas uma forma de obter seu sustento, mas também de viver sua fé. As imagens de outras mulheres e de uma menina negra ao fundo indicam a importância da festa popular do Senhor do Bonfim para a população negra de Salvador, e a existência de diversos sentidos e experiências em torno do festejo que escapam da maneira como são estereotipados pelo material turístico ou por um olhar branco que os exotiza. Essa breve análise sobre a fotografia não pretende ser exaustiva sobre as diversas possibilidades de leitura da expressão da vendedora de cocadas. O que cabe reter aqui é o modo com que a vendedora de cocadas, que eu queria poder chamar pelo nome, me mostrava mais uma forma de ação cautelosa de mulheres negras, quase imperceptível, e como, além de sua expressão, os amuletos em seus braços mostravam seu esforço em manter sua autodefinição sempre protegida.

O exercício visual no início deste capítulo é importante para destacar como a reflexão sobre a agência e a resistência de mulheres negras exige novas abordagens e o desenvolvimento de novos vocabulários nas Ciências Sociais, que podem envolver movimentos como esse. Sua imagem estava em consonância com algo que as entrevistas e os registros biográficos já apontaram: durante a maior parte do tempo, mulheres negras têm de agir de maneira minuciosa e oculta para garantir sua sobrevivência e, eventualmente, conquistar melhores condições de vida. Assim, neste capítulo, proponho ampliar as noções de agência e resistência a partir de experiências e de percepções críticas de cozinheiras negras.

Antes de me aprofundar, gostaria de destacar que mulheres negras também se envolveram e se envolvem em formas de resistência vistas como "tradicionais", apesar de sua presença nesses espaços ser comumente apagada, ou a importância de sua participação ser subestimada.[14] Assim, é importante marcar que elas tramaram e participaram de levantes e revoluções armadas,[15] brigaram por sua alforria e dos seus em tribunais,[16] organizaram greves e lutas sindicais[17] e movimentos sociais de base e/ou de mulheres negras,[18] apenas para citar alguns de seus enfrentamentos diretos ao longo da história.

No entanto, o caminho que escolho aqui, com base no que encontrei no material e de acordo com o que fiz no decorrer do livro, é manter o foco em trajetórias individuais e pequenas iniciativas coletivas ainda pouco exploradas. Minha intenção é pensar agência e resistência a partir da vida cotidiana de mulheres negras que foram vistas apenas como passivas ou subservientes, frequentemente subsumidas ao estereótipo da mãe preta cozinheira, revelando a profundidade da violência racializada, generificada e de classe que afeta suas vidas. Como observado por Saidiya Hartman:

> As estratégias de resistência e subsistência não cedem facilmente à grande narrativa da revolução, nem foi liberado um espaço para a trabalhadora do sexo, a mãe dependente de políticas sociais do Estado e a trabalhadora doméstica nos anais da tradição radical negra. Talvez seja compreensível, mesmo que inaceitável, quando os custos da resistência são tão grandes. A mera sobrevivência é uma conquista em um contexto tão brutal. Se preten-

11. Noca, Lucinha e Conceição, mulheres entre os militares da Legião Negra, grupo que apoiou a revolta constitucionalista em São Paulo

demos fazer mais do que tornar a doméstica insubordinada, a proscrita e a insurreta, uma figura para nosso anseio revolucionário, ou impor mais um fardo à carne feminina negra, tornando-a "um lugar reservado para a liberdade", então nunca devemos perder de vista as condições materiais de sua existência ou o quanto ela foi obrigada a dar para nossa sobrevivência. [...] sua luta pela liberdade permanece opaca, intraduzível no léxico do político.[19]

O olhar sobre esses registros históricos fundamenta o argumento de que, diante das duradouras condições de sobrevivência impossíveis impostas a mulheres negras pelo Estado brasileiro e pelas elites, um de seus legados é o fato de que seu trabalho é fundamental para a sobrevivência e a continuidade de gerações da população negra. Trata-se de um reconhecimento que ainda não recebeu o destaque merecido na história brasileira, exigindo um olhar atento à complexidade de sua agência e resistência frente às escolhas que elas têm à disposição.

No entanto, dar o devido reconhecimento ao trabalho de cozinheiras negras não tem a intenção de criar narrativas épicas, em que mulheres negras são elevadas ao lugar de heroínas que sempre fazem escolhas magnânimas. As trajetórias tratadas ao longo do livro têm como finalidade observar as diferentes maneiras pelas quais cozinheiras negras buscam brechas em um sistema que funciona com base na precariedade e na descartabilidade de suas vidas. E, nessa posição difícil, isso significa que elas também têm que tomar decisões complexas. Por isso, defender a grandeza do que fizeram tem a ver com defender sua humanidade, cuja negação é constante — e se reflete em estereótipos como o da mãe preta cozinheira.* Como observa Imani Perry, ao refletir sobre as figuras negras heroicas nos Estados Unidos:

> No final, talvez achemos necessário recusar qualquer indivíduo como herói sem qualquer crítica e, em vez disso, nos conformarmos sobre o que podemos concordar: Há um heroísmo inegável ao recusar e transcender as caixas estreitas que o racismo cria e as barreiras que ele ergue. Podemos reconhecer a falibilidade humana e o cenário sociológico a partir do qual surgem os atos de heroísmo.[20]

Diferente dos outros três capítulos, a temporalidade dos registros aqui é circular. Em vez de uma organização cronológica, o que estrutura esta seção são quatro temas principais que defino como relevantes para pensar a agência e a resistência de mulheres negras a partir de trechos de histórias de vida de cozinheiras negras que viveram em diferentes períodos históricos. Esse arranjo busca expor a persistência de estruturas de poder, de violência e de expropriação econômica de um passado que ainda não é passado[21] e que prejudica mulheres negras de diferentes formas, mas também a continuidade de formas de agência e de resistência que têm de ser adaptadas às condições de

---

* Esse mosaico também não pretende romantizar a resistência de mulheres negras que sobreviveram a condições impossíveis. Esse tipo de olhar só serve como uma outra forma de desumanização e de naturalização da desigualdade e da violência de suas condições de vida.

vida e de trabalho de cada período e de cada trajetória. Nesse sentido, inspirada nas contribuições da teoria social crítica de intelectuais negras,[22] meu objetivo é mostrar a longa tradição de percepções críticas, tecnologias de sobrevivência e ações estratégicas de cozinheiras negras. Assim, o mosaico que componho também tem a intenção de mostrar como essas experiências estabelecem um tipo de conversação quando articuladas e como refletem um processo de transmissão e de atualização de táticas de sobrevivência e de enfrentamento.

A cozinha neste capítulo é pensada como um lugar de territorialidade feminina e negra — e, por extensão, da população negra em geral —, e não apenas como um espaço de confinamento que não "era lugar de gente", como visto antes. Parto aqui das contribuições de Katherine McKittrick e sua reflexão sobre geografias de mulheres negras:

> As histórias, vidas e espaços de mulheres negras devem ser vistos como se enredando em arranjos geográficos tradicionais, a fim de identificar uma forma diferente de conhecer e escrever o mundo social e de expandir como a produção de espaço é realizada em territórios de dominação.[23]

A proposta é pensar a cozinha como um dos mais importantes espaços geográficos de mulheres negras, mesmo que tenham sido forçadas a ocupá-lo. Nesse sentido, as hierarquias espaciais racializadas que definem que a cozinha é o lugar de mulheres negras, em condições precárias de trabalho e silenciadas, interagem com uma geografia de cozinheiras negras construída nesse espaço, na composição de conhecimento culinário, de redes de sociabilidade, de apoio e de afeto, além de projetos de disrupção das suas condições de vida. Tão importante quanto o espaço da cozinha é o cozinhar como técnica e trabalho na manutenção de seu sustento (e dos seus), na conquista de uma possível ascensão social e no suporte a projetos sociais coletivos. Desse modo, trata-se de enxergar o cozinhar como uma ferramenta de ação social e política de mulheres negras de diferentes formas.

O fundamento deste capítulo, como um contraponto a uma famosa expressão popular brasileira, "a conversa ainda não chegou na cozinha", é o de que a conversa nunca precisou chegar na cozinha.

Ela sempre esteve lá: em conversas e segredos compartilhados, na construção de relações de afeto e redes de apoio e de solidariedade e também na troca de olhares ou de outras expressões para comunicar aquilo que não pode ser dito.

A AUTODEFINIÇÃO DE COZINHEIRAS NEGRAS

> *Eu disse meu sonho é escrever! Respondem os brancos:*
> *Ela é louca. O que as negras devem fazer...*
> *É ir para o tanque lavar a roupa.*
> CAROLINA MARIA DE JESUS[24]

> *Tanto para as mulheres negras como para os homens negros, é axiomático que, se não nos definirmos por nós mesmos, seremos definidos pelos outros — para seu uso e em nosso detrimento.*
> AUDRE LORDE[25]

A escolha por tratar da autodefinição como o primeiro ponto de análise das diversas formas de agência e resistência de cozinheiras negras tem a ver com a percepção de que este é seu fundamento radical — a construção de uma definição de si que contraria estereótipos, recusa papéis de subserviência estabelecidos e reivindica humanidade. O tema é central nos debates entre diversas intelectuais negras nas últimas décadas, marcando a importância da questão para o campo de estudos sociológicos e historiográficos sobre mulheres negras. Como observado por Patricia Hill Collins:

> Quando nós, mulheres negras, nos autodefinimos, rejeitamos claramente o pressuposto de que aqueles em posição de autoridade para interpretar nossa realidade têm o direito de fazê-lo. Independentemente do conteúdo real das autodefinições de mulheres negras, o ato de insistir em nossa autodefinição valida nosso poder como sujeitos humanos.[26]

No caso das cozinheiras negras, vivendo em condições impostas pela intimidade monstruosa do trabalho doméstico,[27] na precariedade do comércio informal ou no ambiente da cozinha profissional, em que seu cargo é questionado e sua habilidade é invisibilizada ou pouco reconhecida, a construção de uma autodefinição foi observada como essencial a partir da análise de registros históricos e entrevistas. O tema já foi abordado em trechos de histórias de vida ao longo deste livro, como na carta-petição do século 18 da cozinheira escravizada Esperança Garcia,[28] na carta pessoal de Theodora Dias da Cunha encontrada em um processo policial do século 19,[29] ou na carta da quitandeira Mãe Maria, publicada em um jornal carioca também do século 19.[30] Nos três casos, vivendo sob as circunstâncias brutais do sistema escravista, a autodefinição de cozinheiras negras foi essencial para reivindicar um tratamento menos violento, tentar reunir a família separada pelo sistema escravista, acumular pecúlio para a compra de alforria ou, simplesmente, exigir um tratamento mais respeitoso.

No período do pós-abolição, os registros também apontam para a importância de uma autodefinição para sobreviver à persistência das condições precárias e violentas de trabalho e de tratamento. Uma das histórias de infância de Laudelina de Campos Melo, importante líder sindical do movimento de trabalhadoras domésticas citada antes, é emblemática:

> Aí passa tempo, minha mãe já era casada, mãe de filho e tudo, já tinha três filhos. Eu era a mais velha. [...]. Chegou certo dia lá que ela [a patroa] estava com os nervos, a minha mãe chegou pra cuidar dela e ela começou a esbofetear a minha mãe na cara. Então minha mãe ficou revoltada e disse: eu não sou escrava, eu não vou mais aguentar isso, e vou embora.
>
> A sinhá mandou buscar a minha mãe, mandou um português que era capacho dela lá, que era chacareiro, jardineiro, fazia limpeza e tudo. Foi buscar minha mãe com o rabo de tatu.* (Minha mãe disse): Quer saber de uma coisa, eu não vou é nada, eu vou voltar porque eu não tenho que

---

* "Rabo de tatu" é a denominação de um chicote feito com couro trançado que pode ter até quatro pontas, ainda vendido como acessório em selarias.

dar satisfação pra essa gente, eu não sou escrava.* Ele (o português) começou a chicotear a minha mãe no caminho. Eu avancei no pescoço dele, quase matei ele, eu tinha doze anos nesta época, avancei no português pela garganta... agarrei na garganta dele, se não me separassem dele eu o teria matado de tanto ódio que eu fiquei.[31]

A situação, que provavelmente ocorreu na década de 1910, pouco mais de duas décadas após a Abolição, é pertinente por revelar dois aspectos importantes do processo de autodefinição. Em primeiro lugar, a postura da mãe de Laudelina, Maria Maurícia de Campos Melo, tinha profunda relação com os significados de não ser uma escravizada — e, com isso, ela não era mais obrigada a aceitar ser tratada com violência pela patroa.** É crucial, então, marcar a coragem refletida em sua conduta ao decidir deixar o trabalho e questionar a autoridade dos patrões frente a um de seus empregados, mesmo que sua postura fosse malvista pelos outros poucos patrões e patroas em uma cidade no interior de Minas Gerais.[32] A "audácia" era agravada pelo fato de que a mãe de Laudelina, como uma mulher negra sem escolaridade, provavelmente não tinha outras opções de trabalho além do trabalho doméstico. O fato de que ela decide estabelecer esse limite é fundante para a autodefinição de sua filha, que, além de reagir com violência para proteger sua mãe naquele momento, se lembraria desse momento décadas depois como uma ativista dos direitos das trabalhadoras domésticas.

Em segundo lugar, o trecho também demonstra o alto custo desse momento de autodefinição e as estruturas de sobrevida da escravidão.[33] A afirmação de si como alguém que não aceitaria aquele trabalho ao ser tratada de maneira violenta significava o aprofundamento da violência: uma sessão de chicotadas diante da filha. Esse uso de

---

* A fala lembra a da cozinheira africana liberta Rosa Maria de Jezus, citada no primeiro capítulo, dispensada do trabalho por ser "atrevida" ao se negar a cuidar da casa da patroa uma vez que havia sido contratada apenas para cozinhar, afirmando que não era "sua escrava" para ser obrigada a atendê-la.

** A situação da mãe de Laudelina lembra que a rotatividade de trabalhadoras domésticas livres e libertas no final do século 19 já apontava para a busca constante de postos de trabalho mais bem remunerados ou menos violentos, rompendo com o estereótipo da mãe preta fiel e subserviente.

um dos principais instrumentos de violência escravista mostra como a simples autodefinição de uma cozinheira negra, que poderia agir como uma mulher que não era escravizada, era uma ousadia à época que poderia implicar retaliações brutais, com o objetivo de mantê-la em silêncio e em um papel de subserviência.

A análise de Elisabete Aparecida Pinto sobre o processo de rememoração do passado por Laudelina, no momento das entrevistas, evidencia a importância de histórias como essa para a construção de sua definição de si: "Quando Dona Laudelina narrava sobre as suas estratégias de superação do racismo, emergia a satisfação em memorizar o passado e, ao ressignificá-lo, perceber-se dona de um comportamento altivo e coroado pela coragem".[34] Esse processo com certeza teve influência no trabalho social e político em prol de outras trabalhadoras domésticas que Laudelina desenvolveria nas décadas seguintes, quando assumiria orgulhosamente a alcunha de "terror das patroas".[35]

Para destacar a importância dessa transmissão geracional e seus possíveis efeitos, o trecho da biografia da professora, pesquisadora e ativista Zélia Amador de Deus[36] também é emblemático. Zélia trata da influência de sua avó, Francisca Amador de Deus, que trabalhava como cozinheira e lavadeira na década de 1930 na zona rural da Ilha do Marajó, estado do Pará, para sua trajetória intelectual e política:

> Lembro-me de que, desde muito cedo, minha avó me diz que eu era preta, mas que não deveria me "abaixar", porque ninguém era melhor que eu. [...] "Ninguém é melhor do que tu! E mais: se alguém quer parecer melhor do que tu, olha para o meio da testa da pessoa, encara e pensa 'Ninguém é melhor do que eu'. Pensa com toda a força e imagina aquela pessoa fazendo tudo o que tu fazes — come igual a ti, descome igual a ti —, aí você se sente à vontade".[37]

Com as conquistas de Francisca, que conseguiu mudar a família para a periferia de Belém e matricular a neta em uma escola particular, as aulas constantes de autovalorização da avó se tornaram um dos maiores legados para a neta, que transitou em ambientes educacionais brancos e de elite desde a infância e usava seus ensinamentos como uma proteção nos diversos momentos em que era subestimada ou humilhada por ser uma menina negra. É importante observar a estratégia de uma definição radical de humanidade refletida no conteúdo do discurso de dona Francisca para convencer a neta de que ser pobre e negra não era motivo para que alguém se considerasse melhor do que ela, afinal de contas, mesmo uma pessoa branca e rica "come igual a ti, descome igual a ti".

Nesse ponto, tomo a liberdade de citar mais um excerto biográfico, dessa vez da década de 1950, na cidade do Rio de Janeiro, de uma história familiar muito próxima de mim: a de dona Cenira, minha avó materna (a cozinheira do Interlúdio III). Desde criança, foram inúmeras as ocasiões em que ouvi a história de seu "atrevimento" diante de uma ex-patroa que não queria lhe pagar o salário devido pelos dias trabalhados antes que ela pedisse demissão por ter conseguido outro emprego.* Quando foi cobrar a quantia,

> Ela me disse um monte de desaforo. Quando reclamei, ela respondeu: "Eu tenho dinheiro, eu posso falar e fazer o que eu quiser." Foi aí que eu disse pra ela: "Você pode até ter o dinheiro. Mas eu tenho a mocidade, a saúde e a disposição. E isso seu dinheiro não compra.". E bati a porta na cara dela![38]

Vó Cenira se deleitava ao contar esse episódio e se lembrava exatamente das palavras que escolheu em prol de sua autoafirmação para responder a uma patroa que sempre tratava trabalhadoras domésticas de forma violenta e humilhante. É interessante observar, por exemplo, como a percepção de um valor ou dignidade próprios se baseia em atributos que estão apartados de sua pobreza, uma vez que essa é a estratégia da patroa para menosprezá-la.

---

* Segundo suas filhas, como tantas outras trabalhadoras domésticas, Cenira só podia pedir demissão de um emprego quando arranjava outro, porque "não tinha onde dormir", por causa da baixa remuneração. O novo emprego havia causado a ira da patroa, que se recusava a pagar, como forma de punição, o restante do salário que devia.

Para além da construção de uma autodefinição diante do desprezo e da humilhação, outra questão chama a atenção nos registros biográficos: uma afirmação de si frente ao seu trabalho. Essa é uma questão complexa, à primeira vista, uma vez que ter que trabalhar na cozinha doméstica era, frequentemente, considerado "desdouro". Por isso, um dos processos de autodefinição de cozinheiras negras relacionados ao trabalho, especialmente as que só tinham o trabalho doméstico como opção, passa por marcar que elas não se definem por ele. Esta é uma característica apontada por Patricia Hill Collins ao observar a fala de uma trabalhadora estadunidense, May Madison, sobre as diferenças de preferências profissionais racializadas, entre ser forçada a um trabalho que tem uma função instrumental e a possibilidade de acessar um trabalho que signifique algo para si:

> Uma diferença muito importante entre brancos e negros é que os brancos pensam que o trabalho define quem você é. [...] Ora, um negro sabe que faz muito mais sentido pensar que o que estou fazendo não tem nada a ver com o que eu quero fazer nem com o que faço quando estou fazendo algo por mim. Ora, o que os negros pensam é que meu trabalho é exatamente o que tenho de fazer para conseguir o que quero.[39]

A fala de Madison deixa ver como trabalhadores negros, assim como outros trabalhadores racializados que, em uma divisão racial do trabalho, são forçados à execução de funções atreladas a um baixo status, como a cozinha, preservam uma definição de si. Ao estabelecer que aquele trabalho é o que precisam executar "para conseguir o que querem", seja garantir sua própria subsistência ou para desenvolver maneiras de ascender socialmente, elas podem estabelecer que aquela ocupação não as define. Observando o modo como imagens de controle como a mãe preta cozinheira são frequentemente utilizadas para descrever trabalhadoras negras, essa autodefinição é um dos emblemas da resistência de cozinheiras negras.

Um excerto da entrevista feita por Joaze Bernardino-Costa[40] com uma das lideranças sindicais do movimento de trabalhadoras domésticas demonstra como isso pode acontecer. Maria de Lourdes de Jesus criticava o tipo de imagem escolhida para representar trabalhadoras domésticas em cartilhas educativas de organizações trabalhistas:

> Agora eu acho que deveria procurar (retratar a trabalhadora doméstica) de outra maneira, porque tem muita gente boa, pessoas que se respeitam, se cuidam, que falam bem, que estudam, que se formam, que se interessam pelas coisas, que leem. Eu já não aguento mais os exemplos que aparecem, aquela mulher com um pano amarrado na cabeça. [...] Eu sou trabalhadora, mas sou mulher. Quando eu sair daqui, vou ter que sair bonita, arrumada, unha pintada. Eu sou uma pessoa. Lá na rua eu tenho direito de ir ao cinema, namorar e tudo.[41]

É interessante observar como sua fala reflete a reivindicação de uma feminilidade ("mas sou mulher") e de uma humanidade ("eu sou uma pessoa") que identifica que a redução ao trabalho doméstico a priva. A necessidade de Maria de Lourdes de se definir, marcando que tem uma vida e uma subjetividade que não pertencem ao trabalho, evidencia como exercer essa ocupação é algo capaz de a desumanizar e "desgenerificar"[42] ao mesmo tempo — aspectos refletidos nos contornos do estereótipo da mãe preta cozinheira. Nesse ponto, é interessante observar como a fala de Maria de Lourdes de Jesus se aproxima do discurso atribuído à ativista negra Sojourner Truth, em 1851, que, ao falar sobre a carga de trabalho e as dificuldades vividas por mulheres negras escravizadas, pergunta a plateia majoritariamente branca: "E eu não sou uma mulher?".

Mas não se trata apenas de se definir para além do trabalho na cozinha, no caso das trabalhadoras domésticas. Outro ponto marcante entre os excertos biográficos é a percepção crítica das cozinheiras do valor e do caráter essencial de seu trabalho para o funcionamento da sociedade brasileira. O trecho da entrevista de Creuza Oliveira, outra liderança sindical do movimento de trabalhadoras domésticas, concedida à pesquisadora Gabriela Batista Pires Ramos em 2018, revela essa percepção de si a partir do trabalho doméstico, inclusive o culinário:

[...] quando eles dizem que a gente não gera lucro pra eles, para os empregadores, que a casa do patrão é residência e não é empresa, a gente diz que a gente gera sim. A gente gera saúde, a gente gera educação, limpeza, bem-estar e repõe a força de trabalho de outro ou de outra trabalhadora, que sai pra trabalhar, e deixa sua casa na mão de uma pessoa que cuida de tudo ali. Porque quando a gente está cuidando da limpeza, a gente tá cuidando da saúde. A alimentação também. A gente gera educação porque a gente leva os filhos deles pra escola, vai buscar, ensina o dever à criança, porque a gente é que dá comida à criança, ensina a pegar o garfo. Inclusive a gente cuida mais dos filhos deles do que eles próprios. [...] E a gente também contribui sim pra economia mundial.

Essa definição positiva é, evidentemente, utilizada como ferramenta de reivindicação de direitos trabalhistas para a classe. Desde o início do século 20, mulheres negras de associações e sindicatos de trabalhadoras domésticas marcam a importância do trabalho doméstico, como o culinário, para a economia brasileira: a partir da percepção crítica de que é uma ocupação que gera lucro e acumulação de capital para patrões e patroas.[43]

A defesa de uma autodefinição também se destaca nas entrevistas com chefs negras. Apesar das trajetórias mostrarem como essas trabalhadoras têm que se adequar à etiqueta racial profissional, também evidenciam a possibilidade de recusá-la de modo mais direto, especialmente quando pertencem a estratos de classe média e alta. É o caso do relato de Rosa ao explicar como reage diante da expectativa de clientes brancos quando a elogiam:

Rosa: [...] como até é um insulto quando eu sou chamada de bonita e eu não faço nada. Por que, desculpa, é para dizer o quê? "Nossa, você é bonita!". É para agradecer? Não. Agora o pessoal já parou, mas teve uma época que era uma histeria, "Nossa, como você é bonita". Eu, "parabéns, sabe? Parabéns, você está vendo bem". Eu saía de casa, eu era bonita, minha mãe me falava que eu era bonita, eu tenho espelho. E aí o que é que você recebe? "Mas é metida, ela", sabe? Muito isso, tem que ser grato, e eu fui ingrata a vida inteira, eu fui arrogante a vida inteira, fui agressiva a vida inteira.

No trecho, é perceptível a influência da figura da mãe no fortalecimento dessa autodefinição, e sua entrevista deixa perceber como isso se estende de sua aparência até sua trajetória profissional. Em outro trecho a entrevista, Rosa enfatiza que não pode se deixar "deslumbrar" por esses elogios, no sentido de que não disfarçam o racismo ou o sexismo que podem estar refletidos na insistência ou no espanto diante do fato de que ela, uma mulher negra, "é bonita", o que também mostra como essa autodefinição construída em casa é importante para protegê-la de armadilhas. No caso dela, essa estima e percepção de si também se relaciona à busca de sua mãe e de outros membros de sua família de sempre fortalecer seu valor como uma mulher negra, ao passo que falavam abertamente sobre as injustiças que ela poderia sofrer, sobretudo por circular em espaços majoritariamente frequentados por pessoas brancas.

Há outro ponto da entrevista de Rosa que trata do último tema que selecionei como importante para o processo de autodefinição entre cozinheiras negras: a religião. Apesar de ter crescido em ambientes brancos, sua família é do candomblé e ela vive a religião desde criança, o que lhe permitiu conviver com outras pessoas negras. Esse pertencimento a comunidades religiosas majoritariamente negras ou ligadas à valorização de uma negritude e de matrizes africanas se mostrou fundamental em registros históricos e na trajetória de algumas entrevistadas. Sobre a importância das religiões afro-brasileiras na autodefinição de mulheres negras, o estudo de Rachel E. Harding[44] sobre o candomblé no século 19, em Salvador, é emblemático:

> O que estou sugerindo é que os negros no Brasil estavam envolvidos em um processo contínuo de engajamento transformacional com os espaços atribuídos e as identidades significadas imputadas a eles pela sociedade escravocrata e racista dominante. Através de uma variedade de meios — ritual, comunitário, familiar, estético, etc. — os Africanos e seus descendentes criaram espaços alternativos, definições alternativas de si próprios e do significado de sua presença no Novo Mundo.[45]

A partir de registros policiais, Harding observa como a composição de terreiros em Salvador, no século 19, era majoritariamente feminina.[46] Composto especialmente por quitandeiras livres e libertas que trabalhavam com o comércio de alimentos, a autora analisa como o candomblé era um dos espaços em que mulheres negras, que viviam no cotidiano desumanizante de uma sociedade escravista, podiam construir e preservar uma definição alternativa de si. É interessante pensar que esse processo pode se dar ao poderem assumir postos de autoridade dentro da religião, como o de sacerdotisa, mas também na construção de sua fé e de sua conexão com o sagrado, como se saber "filha de santo".

Considerando que o rompimento dos laços familiares de escravizados pelo sistema escravista era uma das formas de destruição de sua subjetividade e que com certeza afetava a maior parte dessas mulheres, ser "filha de santo" ou parte de uma comunidade, de uma "família de santo", criava sentidos alternativos de si para mulheres negras que trabalhavam como cozinheiras ou como vendedoras de alimentos. A fotografia que abre este capítulo mostra a importância dessa conexão e, além de Rosa, outras entrevistadas também são "de santo". Apesar de algumas delas preferirem não ter sua religião identificada, o que expõe a continuidade da violência do racismo religioso que, por exemplo, impacta a maneira como podem ser vistas por clientes ou patrões, nota-se a permanência da importância de religiões afro-brasileiras nesse processo íntimo de autodefinição.

Há outras fontes religiosas para a autodefinição nos registros biográficos de cozinheiras negras, e quero chamar a atenção para uma em especial: a relação entre cozinheiras domésticas e a fé cristã. Nos registros sobre o caráter exaustivo do cotidiano de trabalho, as reclamações sobre como o volume de trabalho não permitia que frequentassem a igreja ou outros eventos religiosos eram exemplos comuns das privações que sofriam. Dona Risoleta,[47] por exemplo, com mais de 70 anos de idade, se lembrava de como perdeu o "Congresso Eucarístico"[48] na juventude porque passava mais de seis meses sem poder sair de casa. Ademais, na relação dessas mulheres com membros de igrejas católicas, são diversos os relatos de racismo:

Eu deixei de ser filha de Maria por causa de um bispo, D. Barreto. Ele disse que ia passar nós tudo pra Irmandade de São Benedito porque nossa senhora nunca teve filha preta. Eu gostei de responder assim pra ele: "Nem branca. Qual é a filha branca que Nossa Senhora teve, faça o favor de dizer?!". Então a diretora da nossa ordem ficou brava comigo: "Uh, você vai falar uma coisa dessa pro bispo!". "O que é que a senhora queria que eu falasse? Ela nunca teve filha, nem branca nem preta."[49]

Ao marcar seu enfrentamento, a postura do bispo e a reprimenda da diretora da ordem, que restringia os espaços religiosos onde ela (e outras mulheres negras) estava autorizada a estar devido a sua negritude, dona Risoleta mostra como a experiência em espaços institucionalizados da Igreja Católica poderia ser extremamente violenta para trabalhadoras domésticas. No entanto, ao longo da sua entrevista, é visível que a postura racista de membros da igreja não significou o rompimento de sua fé cristã ou de sua relação com o sagrado, uma vez que era algo extremamente precioso para ela. Sua fé era parte da definição interior de um valor de si, fundamental para viver nas condições precárias, violentas e miseravelmente remuneradas do trabalho doméstico:

> Tinha que levantar todo dia às quatro horas para acender o fogão de lenha e levar o café com torradas bem quentes com bastante manteiga no quarto dos meninos. Quem ia me acordar? Rezava de noite e pedia a Nossa Senhora, a Bom Jesus de Pirapora que não deixassem eu perder a hora. E todo dia ouvia bater na minha porta e ouvia chamar pelo meu nome de manhãzinha. [...] Pedia pra Deus, pra São Benedito, pra que tudo saísse gostoso, com paladar diferente e que não fizesse mal pra ninguém. Graças a Deus, graças a Deus minha comida nunca fez mal pra ninguém. Lutei sozinha com Deus. Eu pedia dia e noite que Deus não deixasse eu sucumbir.[50]

Essa conexão com seus santos e com deus era uma forma de enxergar e de preservar seu próprio valor, que se refletia, por exemplo, no fato de se ver como abençoada e sempre acompanhada na luta que foi viver como uma cozinheira. A relação com o sagrado podia até tornar Dona Risoleta uma cozinheira especial, principalmente por sua relação com São Benedito, o santo negro padroeiro das cozinheiras:[51]

> São Benedito estava comigo na cozinha. Quando eu saí, ele também não quis ficar. O que todo mundo fazia, queimava, os pratos caíam. Diziam: "São Benedito não quer ficar na cozinha, porque ela saiu". Ele está na sala agora.[52]

Dona Risoleta "saiu" da cozinha por ter perdido a visão, aos 47 anos de idade, em razão da catarata causada pela longa exposição a altas temperaturas, e sua relação especial com o santo fez com que ele também deixasse a cozinha. Assim, a autodefinição se mostra um tema fundamental para evidenciar as diversas formas de agência e de resistência de cozinheiras negras, principalmente como uma das manifestações mais contundentes da recusa em aceitar a desumanização ou a redução ao estereótipo tão disseminado da mãe preta cozinheira.[53] Na seção a seguir, analiso um aspecto específico desse processo de autodefinição: sua habilidade culinária.

SABEDORIA CULINÁRIA

> *Conhecimento sem sabedoria é suficiente para os poderosos, mas sabedoria é essencial para a sobrevivência dos subordinados.*
> PATRICIA HILL COLLINS[54]

Entre as formulações de autodefinição nos registros biográficos de cozinheiras negras, a relação com seu trabalho culinário se destaca. De início, é importante pontuar que essa conexão não é sempre visível ou declarada. Por vezes, o trabalho na cozinha era tão profundamente naturalizado, por ser inescapável, que eu mal conseguia encontrar alguma referência mais detalhada sobre essa atividade em suas trajetórias de vida.

Este era o caso de Laudelina de Campos Melo, por exemplo.[55] Filha de uma doceira e trabalhadora doméstica, isso provavelmente implicava que, desde criança, ela já cozinhava, fosse para ajudar a mãe em seu trabalho ou para apoiá-la no cuidado da própria casa. Ao exercer a função de trabalhadora doméstica durante décadas, o trabalho culinário também era parte de suas atribuições. No entanto, a não ser pelo período em que fornecia salgados para um estádio de futebol, depois de deixar o trabalho doméstico, Laudelina raramente menciona essa dimensão de seu trabalho. Foram os relatos de pessoas que a conheceram que revelaram como sua habilidade culinária frequentemente se articulava com sua ação social e política. O depoimento do senhor Sampaio sobre uma das atividades culturais que Laudelina organizou, com o objetivo de valorizar a cultura negra, é emblemático:

> Agora a grande promoção dela com as meninadas em Campinas foi a Semana do Folclore, que nós não sabíamos o que era aquilo. Aí que ela mostrou tudo o que a gente tinha que fazer. Você vai vender pipocas, você vai vender pinhão, você vai vender canjica e eu vou fazer o vatapá, o angu à baiana e o xinxim de galinha, ela trabalhou muito, ela cozinha muito bem, é um negócio.[56]

Em outro trecho de sua entrevista, ao tratar do fechamento da Associação das Empregadas Domésticas, da qual era presidente na ocasião do golpe militar de 1964, Laudelina foi intimada a depor por suspeita de ser "adepta ao comunismo". Ao chegar na delegacia, ela lembra: "(O delegado era muito meu amigo), quando precisava de mim ele ia me buscar para fazer vatapá, para fazer cuscuz".[57] Laudelina foi liberada mais tarde. É interessante como essa memória mostra que sua habilidade culinária a tornou muito amiga do delegado — uma insinuação de que a qualidade de sua comida pode ter tido algum tipo de influência sobre sua liberação da delegacia.

Dessa maneira, ainda que a habilidade culinária de cozinheiras negras tenha tido muita importância na conquista de sua subsistência ou de melhores condições de vida,* descrições detalhadas sobre esse trabalho costumam ser raro ou subentendido, especialmente entre cozinheiras domésticas. No entanto, alguns registros me permitiram acessar como essa habilidade podia ser motivo de orgulho e vaidade entre cozinheiras negras, e pude identificar diferentes razões para tal. No segundo capítulo, ao observar como Dona Risoleta, aos treze anos de idade, se orgulhava de sua capacidade de provar um prato uma única vez e ser capaz de reproduzi-lo,[58] propus a análise de que a afirmação dessa habilidade era importante para trabalhadoras domésticas como ela, uma vez que possibilitava a conquista de uma função especializada na cozinha doméstica, como a de cozinheira de forno e fogão. Isso poderia representar melhores chances de empregabilidade, condições de trabalho menos piores e uma remuneração melhor, características muito raras no trabalho doméstico de maneira geral.

Ademais, elas poderiam trabalhar de maneira autônoma, vendendo comida na rua, trabalhando em pequenas pensões ou executando pequenos trabalhos culinários esporádicos para obter uma renda extra.

No entanto, para além de questões práticas, essa afirmação de si por meio da habilidade culinária podia ter outros sentidos, em especial no tempo em que Dona Risoleta vivia, o pós-abolição, marcado pelo investimento estatal e privado em políticas de branqueamento e pela narrativa da brancura como atributo de qualidade de mão de obra. Trabalhadoras domésticas negras e pobres como ela no pós-abolição tinham que lidar com uma estrutura de trabalho que, entre as justificativas para confiná-las ao trabalho doméstico, definia que eram incapazes de exercer qualquer outra função em razão de sua negritude e feminilidade. A afirmação da sua habilidade excepcional na cozinha poderia ser uma das poucas formas de afirmar seu valor ou obter respeito.

---

* Como um reflexo do confinamento de mulheres negras ao trabalho doméstico e culinário que analiso ao longo do livro, praticamente todas as cozinheiras e chefs citadas descendem de outras mulheres negras que cozinhavam como uma profissão — quitandeiras, doceiras, cozinheiras de bares e restaurantes e trabalhadoras domésticas.

12. Baiana fazendo a massa de acarajé na procissão de Nosso Senhor dos Navegantes

Meu argumento é similar ao de Rafia Zafar ao analisar as trajetórias de autores negros e negras de livros de culinária nos Estados Unidos nos séculos 18 e 19 que trabalhavam com hospitalidade doméstica e pública: "[...] pessoas negras do século 19 e 20 foram consideradas sujas e incapazes de refinamento, então trabalhar como gerente, garçom ou na hotelaria era uma maneira de alcançar o rótulo de "culto" por um caminho inesperado e tortuoso".[59] Ainda que o trabalho na cozinha doméstica não pudesse render a elas o título de "cultas", poderia ser um caminho sinuoso para alcançar dignidade, especialmente quando comparado às condições do trabalho doméstico em geral. Mais uma vez, defendo que é necessário pensar na importância dessa autodefinição de cozinheiras negras em seus próprios termos: diante das ferramentas e possibilidades que tinham disponíveis, em um período em que o confinamento ao trabalho doméstico era um destino praticamente inescapável devido a hierarquias raciais, de gênero e de classe tão marcadas como a tecnologia da boa aparência, que afetavam suas opções de trabalho.

Outro exemplo interessante entre os registros é o relato de infância de Carolina Maria de Jesus, no pós-abolição, em que trata das cozinheiras negras de famílias importantes na pequena cidade de Sacramento, em Minas Gerais:

> Uma boa cozinheira ganhava trinta mil-réis por mês. Quando vencia o mês e a cozinheira recebia, ela tinha a impressão de ser uma heroína. Enaltecia a si mesma dizendo:
> — Eu sou forte. Não é qualquer uma que aguenta cozinhar para o doutor Souza.
> Que orgulho, que vaidade, ser a cozinheira do doutor José da Cunha ou do presidente Franklin Vieira e José Afonso. Era comum ouvir os ricos dizerem:
> — Sabe com quem você está falando? Eu sou o mandachuva! E as pretas pernósticas às vezes diziam:
> — Sabe com quem cê tá falando? Eu sou a cozinheira do presidente.[60]

Esse trecho permite ver outros caminhos para a construção de uma autodefinição positiva dessas "boas cozinheiras" que, de início, já são caracterizadas por Carolina como trabalhadoras domésticas bem remuneradas — e que se sentiam "heroínas" por isso. E provavelmente o eram, pelo menos para suas famílias. Porém, é interessante observar como agradar o paladar de um patrão ilustre poderia ser um atestado de qualidade da cozinheira, causando-lhe "orgulho" e "vaidade" por ser forte o suficiente para "aguentar" o trabalho. Além disso, essas mulheres podiam exigir respeito por extensão por trabalharem em casas de gente de reputação, como cozinheiras de alguém importante. Mais uma vez, apesar de esse poder ser visto como um caminho torto ou desconfortável para essa autodefinição positiva, é necessário considerar que opções tinham e como a subsistência de suas famílias dependia da cozinha. Era uma forma de alcançar status dentro do que era possível. Uma afirmação positiva de si a partir de seu trabalho na cozinha era um tipo de recusa à desumanização de pessoas negras, tão profunda à época.

Há outro aspecto da habilidade culinária dessas cozinheiras para pensar sua agência e resistência, relacionada a seu lugar entre dois mundos. A definição de *outsider within*, de Patricia Hill Collins, para pensar como a experiência do trabalho doméstico influencia a visão crítica de mulheres negras sobre o mundo e a maneira como agem, é providencial:

> Inúmeras mulheres negras iam de ônibus para a casa de suas "famílias" brancas, onde elas não apenas cozinhavam, limpavam e desempenhavam outras tarefas domésticas, mas também cuidavam de suas "outras crianças", ofereciam importantes conselhos aos seus empregadores e, frequentemente, tornavam-se membros honorários de suas "famílias" brancas. Essas mulheres viram as elites brancas, tanto as de fato como as aspirantes, a partir de perspectivas que não eram evidentes a seus esposos negros ou aos grupos dominantes. [...] essas mesmas mulheres negras sabiam que elas jamais pertenceriam a suas "famílias" brancas. Apesar de seu envolvimento, permaneciam como *outsiders*. Esse status de *outsider within* tem proporcionado às mulheres afro-americanas um ponto de vista especial quanto ao *self*, à família e à sociedade. [61]

O que interessa para meu argumento é como esse posicionamento comumente forçou mulheres negras a desenvolver habilidades culinárias específicas para dar conta das exigências desse trânsito. De um lado, a abundância em refeições "preparadas com artifícios" para famílias que "a comida que comiam no almoço, não comiam no jantar", como observado por Carolina Maria de Jesus.[62] De outro lado, seus filhos esperando as sobras quando chegassem tarde do trabalho,[63] ou adormecendo com fome por terem que esperar os patrões comerem, mesmo quando moravam na mesma casa em que a mãe trabalhava, como Lenira Maria de Carvalho.[64] Em meio à monstruosidade de viver entre os dois mundos, o que defendo é que muitas mulheres negras foram forçadas a desenvolver uma sabedoria culinária — que se distingue do simples conhecimento de um determinado repertório culinário. Para isso, utilizo a distinção entre conhecimento e sabedoria a partir da experiência de mulheres negras proposta por Patricia Hill Collins:

> Essa distinção entre conhecimento e sabedoria, assim como o uso da experiência como o limite entre os dois, têm sido fundamentais para a sobrevivência da mulher negra. No contexto das opressões interseccionais, a diferença é fundamental. Conhecimento sem sabedoria é suficiente para os poderosos, mas sabedoria é essencial para a sobrevivência dos subordinados.[65]

As boas cozinheiras citadas por Carolina[66] provavelmente tinham de ter o "refinamento" de conhecer repertórios culinários variados, entre pratos nacionais e estrangeiros, em seu cotidiano profissional. No entanto, a realidade da fome em que elas e seus filhos eram forçados a viver, para além de influenciar seu olhar crítico sobre as injustiças raciais da sociedade brasileira, também fez com que preservassem e desenvolvessem tecnologias alimentares e culinárias de sobrevivência, que compõem o que defino como sabedoria culinária de cozinheiras negras.

Os registros dessa sabedoria são dos mais diversos, visto que as biografias de pessoas negras são em geral marcadas pela escassez de alimentos e as tentativas de avós, mães e tias de alimentar seus filhos. Mas gostaria de destacar uma narrativa em específico, que resume a monstruosidade da situação vivida por cozinheiras negras e seus descendentes e como tinham que elaborar formas arriscadas e difíceis de sobreviver ao impossível. Trata-se de uma história de infância da artista mineira Tula Pilar,[67] que vivia com a mãe, uma cozinheira, e a tia, responsável por cuidar dela e de suas três irmãs enquanto sua mãe trabalhava. Tula narra que sua alimentação dependia do que a mãe conseguia trazer da casa das patroas, mas que, às vezes, ela precisava passar uma semana sem ir para casa. Quando conseguia deixar algum dinheiro, a tia, que "[...] tinha uns 'problemas de cabeça'",[68] esquecia onde tinha guardado a quantia. Nessa situação, todos os dias, Tula, suas irmãs e a tia eram obrigadas a ir ao lixão catar restos de comida:

Estávamos com muita fome no dia em que minha tia fez o frango verde. Dizíamos que ela estava louca e que não comeríamos aquilo para não morrer: "Ela está doida de dar isso pra gente"... [...] fomos jogar "amarelinha", brincar na terra. Mais tarde minha tia chamou: "entra pra dentro! Vão lavar as mãos e os pés para comer e dormir!" Quando entramos em casa nos olhamos assustadas, pois havia um cheiro de um frango bem temperado. Até hoje sei conhecer o cheiro de um frango bem temperado depois de pronto. Ficamos cochichando: "Onde ela arrumou dinheiro pra comprar carne?". Logo perguntei: "Uai, Tila, como você comprou carne para nós?". "É o frango que eu catei no lixo. Vocês não estavam com nojo? Tá pronto!". Comi na tigela azul. Que sabor! Que caldo gostoso! A gente dizia: "é o melhor frango que a Tila já fez!", "Humm, que delícia!". Minhas irmãs mais velhas perguntaram como ela fez e ela disse que lavou bem com limão e vinagre, com bastante água quente, depois temperou com cebola, alho e sal e cozinhou na panela de pressão, matando os micróbios e, por isso, ficou gostoso daquele jeito. Nós dormimos felizes, porque comemos o melhor frango verde que minha tia já fez. [...] Agradecemos na reza daquela noite por ter minha tia que cuidava de nós e não deixava a gente morrer de fome como morriam muitas crianças da favela.[69]

A brutalidade das condições de vida forçou a tia de Tula a cozinhar um frango estragado, que havia sido jogado no lixo, para aplacar a fome de suas sobrinhas. Essa decisão custosa, que colocava a vida das sobrinhas em risco, só parecia possível quando a outra opção era observá-las morrer de fome, como "morriam muitas crianças na favela". Para tentar impedir que o "frango verde" pudesse prejudicar a saúde das meninas, a tia usou de sua habilidade culinária, lavando, temperando e cozinhando para "matar os micróbios". O horror da história da infância de Tula mostra as escolhas difíceis que cozinheiras negras tomaram para cuidar de suas crianças e como a sabedoria era fundamental para tentar diminuir os riscos desse processo.

Assim, a capacidade de criar ou de improvisar comida tendo pouco ou nada à sua disposição foi uma das formas mais fundamentais de agência e resistência de mulheres negras para a sobrevivência da população negra.[70] Cabe lembrar de uma expressão muito comum para designar boas cozinheiras no Brasil: a cozinheira de mão cheia. Ou, como comentado por um dos narradores do curta-metragem *Fartura*,[71] de Yasmin Thainá: "É mais que a mão cheia, é a mão que cheia. Eu conheço gente [...] que bota a mão na comida e a comida rende. Rende. Imagina render."[72]

A despeito da genialidade de sua habilidade culinária ser frequentemente invisibilizada ou subestimada em uma estrutura que as desumaniza por serem mulheres negras, essa sabedoria é, em geral, reconhecida e valorizada entre mulheres negras e a comunidade negra em geral.[73] Mães, avós e tias são reverenciadas por essa capacidade e é comum que as tecnologias alimentares e culinárias de sobrevivência sejam compartilhadas ou transmitidas de geração em geração. Ademais, por causa de sua habilidade em transitar entre dois mundos, elas também podem ser fontes de apoio para outras cozinheiras, como mostra a situação do Interlúdio III, em que toda uma rede de trabalhadoras domésticas se articulou para ajudar Cenira a aprender a fazer um peru natalino, sem o conhecimento de sua patroa. Na seção a seguir, trato dessas redes de solidariedade, muitas vezes silenciosas, de cozinheiras negras.

SEGREDOS PÚBLICOS E SOLIDARIEDADE NA COZINHA

> *O negro, apesar de seu riso largo, sua aparente aquiescência, é particularmente evasivo. Você vê que somos um povo educado e não dizemos ao nosso entrevistador: "Saiam daqui". Sorrimos e dizemos a ele ou ela algo que satisfaz a pessoa branca porque, sabendo tão pouco sobre nós, ele não sabe o que está perdendo.*
>
> ZORA NEALE HURSTON[74]

> *O silêncio, como procuro defini-lo, realiza um trabalho discursivo e tem vida própria. Silêncio é au-*

> *sência; são histórias contadas pela metade, olhares cúmplices e narrativas e vidas ignoradas.*
>
> LAKISHA MICHELLE SIMMONS.[75]

> *Há dias, em Indianápolis, uma empregada matou a patroa, porque esta a chamava de negra. São comuns as reações agressivas por ofensa. Tenho modo de pensar diferente do preto, em geral, que acha que é necessário reagir contra o branco. O meu argumento é o seguinte: você é motorista de tal família e sua mulher é empregada doméstica; você reage, e depois como sustentar seus filhos?"*
>
> VIRGÍNIA LEONE BICUDO[76]

No primeiro capítulo, a carta de Mãe Maria, uma quitandeira, publicada em um jornal carioca de 1873,[77] permitiu acessar, por uma pequena brecha, a articulação de comerciantes minas na defesa de sua dignidade no final do século 19.* O documento permite ver não só como essas mulheres africanas observavam criticamente as hierarquias raciais e de gênero que as afetavam, mas também como construíam redes de solidariedade para enfrentá-las e tentar mitigar os danos a sua honra e a seus negócios. É até mesmo possível pensar que "Mãe Maria" seja um pseudônimo e que as afirmações contidas na carta não sejam reflexo do incômodo de uma única mulher. Destaco de novo um trecho da publicação:

> Nós também somos gente; por sermos pretas, não pensem que havemos de nos calar. Estão enganados com as minas, somos em grande número e temos, algumas de nós, bem boas patacas. [...] Desaforo de brancos que gostam de quebrar nos pratos onde comem.

---

* Vale lembrar que ela respondia à nota de um cidadão, publicada em um jornal carioca em 1873, que insinuava que as quitandeiras eram as esposas de um grupo de revoltos no Rio de Janeiro, como um sinal de desagravo aos laços familiares desses homens.

Vamos todas nós fazer também nossa revolução e havemos de mostrar se não prestamos para alguma coisa. Temos muito jimbo e bastante protetores. Pensam que por sermos negras que não valemos nada, todos podem limpar suas mãos em cima da gente? Estão enganados. Livrem-se muitos figurões que nos dê o calundu, que mais de quatro tem de se arrepender de bolir com nossa língua.
— Mãe Maria, filha de pai João.[78]

De maneira similar ao observado na carta de Esperança Garcia,[79] "Mãe Maria" escolhe o registro escrito, o mesmo mecanismo utilizado pelo autor da nota que desagravou as quitandeiras, e mostra também saber como funcionava o personalismo das estruturas de poder no Rio de Janeiro no fim do século 19, ao marcar que, além de dinheiro, tem "bastante protetores". No entanto, o que me interessa ainda mais marcar aqui é que a afirmação da humanidade, de "ser gente", é feita em coletivo — assim como a decisão de romper com o silêncio por meio de um registro escrito. É o anúncio de uma "revolução" a estratégia da carta de "Mãe Maria" para defender o valor de um grupo de trabalhadoras africanas, que envolveria o apoio financeiro de "algumas" das minas com "bem boas patacas" em benefício de suas colegas menos afortunadas, com o objetivo maior de enfrentar os "brancos que gostam de quebrar nos pratos onde comem". Assim, a carta permite observar de que maneira elas se movimentavam de modo conjunto para manter sua autodefinição e se protegerem, especialmente quando escolhem romper com silêncios que não poderiam ser violados por mulheres negras que viviam em uma sociedade escravista, mesmo que livres e libertas.

A partir da carta e de outros registros coletados por este trabalho, meu argumento é o de que trabalhadoras negras, como as cozinheiras, sempre buscaram se articular para sobreviver em uma estrutura que tentava impedir essa sobrevivência e como outras mulheres negras, pela similar precariedade de suas condições de vida, eram figuras centrais em sua rede de apoio e de solidariedade. Como analistas perspicazes do contexto em que viviam, escolhiam, entre si, compartilhar suas insatisfações e dores, e também projetos, segredos e estratégias que eram fundamentais para garantir sua subsistência, a conquista de melhores condições de trabalho ou, eventualmente, sua ascensão social.

Pensando no cotidiano de trabalho de cozinheiras negras e a etiqueta racial profissional exigida delas, é importante pensar que a convivência entre essas trabalhadoras era marcada pela partilha de segredos públicos de como se movimentar nessa estrutura que as prejudicava. Utilizo a ideia de "segredos públicos" a partir do uso que Lakisha Simmons[80] propõe para a expressão em seu estudo sobre o silêncio com relação à frequência do abuso sexual de jovens negras, que eram trabalhadoras domésticas, por seus patrões. Analisando diversos casos ocorridos na região Sul dos Estados Unidos, no início do século 20, a autora analisa a manipulação do silêncio por comunidades negras:

> O silêncio ajuda a esconder o que é inconveniente. Quem pode falar revela sistemas de poder, expondo quem tem autoridade sobre os corpos. [...] Embora fosse de conhecimento comum no Sul que homens brancos abusavam de meninas negras, essas informações foram sussurradas, boatos se espalharam discretamente ou o abuso permaneceu um segredo público nas comunidades locais. Esses silêncios eram necessários.[81]

O segredo público é, então, uma forma de proteção e de resistência tácita que aparenta não romper com o silêncio a que foram forçadas em razão da gravidade da retaliação e da precariedade de sua situação, mas que, na verdade, permite que a comunicação se mantenha entre mulheres negras e a comunidade negra em geral. Nessa estratégia, cabem não só os alertas sobre patrões que por costume abusavam ou violentavam sexualmente as trabalhadoras que não podiam se defender, mas também o compartilhamento de informações sobre lugares em que as condições de trabalho eram melhores ou onde era mais fácil vender suas mercadorias, além de práticas e técnicas para facilitar ou diminuir a carga de trabalho, bem como burlar a vigilância de patrões ou de agentes do Estado. Ademais, considerando o que foi discutido até aqui, cabe também a transmissão dos modos de se por-

13. Vendedoras de acarajé e outras comidas na procissão de Nosso Senhor dos Navegantes

tar para evitar problemas, manter seu emprego ou conquistar mais clientes e diversas outras formas de atender, negociar, flexibilizar ou enfrentar a etiqueta racial profissional. A cozinha, como um espaço menosprezado e invisibilizado de trabalho e como o lugar a que mulheres negras foram confinadas, é um dos espaços mais preciosos e potentes para essa partilha e articulação.

Mais uma vez, minha intenção não é a de romantizar essas estratégias ou as relações que trabalhadoras negras construíram. Ao longo do trabalho, minha intenção foi a de evidenciar a brutalidade de suas condições de trabalho e do modo com que foram tratadas, que as forçaram a desenvolver estratégias silenciosas ou disfarçadas de agência e resistência. Além disso, em um mundo de trabalho em que mulheres negras, como apontado por Carolina, sempre foram "[...] muitas pessoas para trabalhar e pouquíssimos os locais para trabalhar",[82] a política de escassez com certeza gerou antagonismos entre cozinheiras negras, fossem trabalhadoras domésticas ou comerciantes, uma vez que todas tinham que lutar por sua sobrevivência e por melhores condições de trabalho. As condições da intimidade monstruosa do trabalho doméstico[83] ou o controle e a repressão estatal das atividades comerciais nas ruas[84] também tinham como objetivo romper e criminalizar laços de solidariedade entre essas mulheres, como os da população negra em geral. O que escolho destacar são as nuances da partilha e da construção de relações que podiam ser apenas de rivalidade, para evidenciar como a parceria entre elas foi fundamental — como uma das formas mais pujantes de agência e de resistência de cozinheiras negras.

Retomo outros aspectos da história de Cenira, do Interlúdio III, para destacar possíveis aspectos dessas relações. Cenira chegou à capital do Rio de Janeiro, vinda de uma cidade do interior do estado, para exercer a função de cozinheira doméstica na casa de uma família abastada.[85, 86] Como uma jovem negra e pobre vivendo no isolamento das condições do trabalho doméstico e que não tinha familiares na cidade, o contato com outras trabalhadoras era fundamental para aprender a viver no contexto urbano e a lidar com as injustiças e violências do trabalho. Além disso, essas relações lhe permitiam acessar apoio, solidariedade e, não menos importante, momentos de sociabilidade e de lazer. Em entrevista com suas filhas,[87] elas contam sobre a importância de um grupo que chamaram de "legião de trabalhadoras domésticas" em sua infância:

> Era um rol de mulheres. [...] Eram madrinhas de batismo e de crisma dos filhos uma da outra. [...] Elas traziam coisas das casas das madames. Comidas gostosas, roupas, brinquedos. [...] Era um grupo de mulheres que uma socorria as outras, porque ninguém tinha família. Só depois que algumas casaram [...] A gente ia nas festas nas casas delas, cada festa, muita comida.[88]

Os detalhes das histórias mostram de que maneira Cenira e suas amigas Maria, Djanira e Lurdona eram trabalhadoras domésticas que não tinham quase nada, mas que escolhiam se "socorrer" e partilhar o pouco que tinham. E não se tratava apenas do compartilhamento de recursos financeiros ou materiais, o que menos tinham a oferecer, mas especialmente seu tempo, dedicação, afeto e as pequenas alegrias e prazeres de uma vida que as condições do trabalho doméstico na cozinha, estabelecidas por patrões e patroas, tentavam impedir. Do mesmo modo com que Cenira foi ajudada, como descrito no Interlúdio III, sua entrevista permitiu observar como também ajudou muitas outras trabalhadoras domésticas, e, em alguns casos, os laços forjados por essa solidariedade se tornariam tão fortes que se assemelhavam a vínculos familiares.*[89]

No entanto, há outro trecho de sua biografia que destaco por possibilitar a observação das nuances e complexidades do racismo antinegritude no Brasil a partir dessas relações de solidariedade entre trabalhadoras domésticas. Trata-se de uma hierarquização entre mulheres negras que é fundamental para entender suas experiências de trabalho, sendo o confinamento ao trabalho na cozinha um de seus principais emblemas.

Algum tempo depois de chegar ao Rio de Janeiro, Cenira, uma mulher negra de pele clara, conseguiu um trabalho como copeira na casa de outra família abastada. Essa função especializada no trabalho doméstico envolve as atribuições de servir as refeições, trazendo a comida da cozinha para a sala de jantar, além da realização de tarefas auxiliares ao trabalho culinário e à manutenção da rotina das refeições, como a limpeza dos talheres e a arrumação da mesa. De maneira similar a outras trabalhadoras domésticas, Cenira não recebia o suficiente para manter uma casa para si e precisava dormir no emprego, o que fazia com que trabalhasse de maneira praticamente ininterrupta. E não podia reclamar, "porque era combinado que tinha que servir o lanche a qualquer hora, até pra jogatina do filho do patrão na madrugada".[90]

Ela sonhava em conseguir um trabalho com uma remuneração melhor e, por isso, sempre desejou ter a oportunidade de estudar, algo que poderia ser mais fácil na capital. Quando Cenira tomou conheci-

---

* Na condição de neta, posso adicionar que apenas na adolescência descobri que mulheres negras que chamava de tias, com quem minha avó, minha mãe e minha tia compartilharam muitos momentos da vida e que até se pareciam com a gente, não tinham nenhuma relação de parentesco com nossa família.

mento da existência de cursos noturnos em uma escola próxima, pensou que talvez fosse possível articular a rotina de trabalho com sua educação. Tendo uma relação de companheirismo com a cozinheira da casa, uma mulher negra de pele escura,* ela se ofereceu para fazer as tarefas domésticas de copeira enquanto Cenira estivesse na escola. Quando perguntou à patroa se poderia se ausentar do trabalho no período noturno depois de deixar tudo pronto para a refeição ser servida, pois a cozinheira assumiria seu lugar, teve de lidar com a negativa: "Ela não tem o porte necessário para esse tipo de trabalho. Tem que ter uma determinada aparência, um biotipo"[91]. Cenira se surpreendeu com a resposta, não pôde retrucar e, assim, foi impedida de estudar. Ter o acesso à educação impedido significou ter que permanecer como trabalhadora doméstica durante uma década e, depois de casar, continuar trabalhando como lavadeira e costureira. Porém, sua história revela que havia uma trabalhadora doméstica em uma situação mais precária do que a dela. Em uma casa de uma família abastada como aquela, a cozinheira não podia sair da cozinha e seu tom de pele mais escuro era a razão para isso.

Nesse ponto, considero as contribuições de estudiosos da classificação racial e das relações raciais no Brasil, na América Latina e no Caribe e o modo como eles têm destacado que, a despeito do racismo antinegritude afetar a população negra em geral, a estrutura racializada prejudica sobremaneira as pessoas de tons de pele mais escuros, por meio de um sistema que definem como "pigmentocracia". O termo foi cunhado na primeira década do século 20 pelo antropólogo Alejandro Lipschutz[92] para definir como a cor da pele e a etnia fundamentam a hierarquia social em países da América Latina. A ideia foi retomada recentemente por estudiosos que analisam a classificação racial e como o racismo opera na região, conhecida por negar a estrutura racista de suas sociedades graças a uma história de mesti-

---

* Infelizmente não consegui recuperar o nome dessa amiga que foi muito importante na trajetória de vida de minha avó, evidenciando os laços de solidariedade de mulheres negras trabalhadoras. Fica aqui meu agradecimento por esse apoio, assim como o de outras trabalhadoras domésticas que acompanharam minha avó, como Maria, Djanira e Lurdona. Elas também tornaram o livro da neta de dona Cenira possível.

çagem.[93, 94] Essa noção me interessa para entender a situação citada na medida em que o processo de branqueamento criou disparidades relevantes na maneira como os diferentes segmentos da população negra são hierarquizados. Trata-se de um prejuízo que se reflete especialmente em uma divisão racial e intrarracial do trabalho que, apesar de afetar todas as mulheres negras, reservando a elas os trabalhos degradantes e miseravelmente remunerados como o trabalho doméstico, como vimos, pode confinar mulheres negras de pele escura a trabalhos ainda mais degradantes e mal pagos em algumas funções do trabalho doméstico, como a cozinha.

A pigmentocracia é um tema em desenvolvimento nos estudos de relações raciais no Brasil que requer ainda mais teorização, mas acredito que uma análise sociológica e histórica do trabalho de mulheres negras na cozinha pode oferecer um olhar privilegiado para entender como essa tecnologia do racismo antinegritude opera. Na história relatada por Cenira, algumas análises poderiam se ater apenas ao fato de que, no fim das contas, as duas trabalhadoras negras, em jornadas praticamente ininterruptas de trabalho, eram interditadas do acesso à educação, outra amostra de como o racismo antinegritude e o sexismo atuaram no confinamento de mulheres negras ao trabalho doméstico. No entanto, também é importante pensar essa história nos termos da hierarquia intrarracial que existia no trabalho doméstico: enquanto a pele clara de Cenira permitia que pudesse ser uma copeira ou uma cozinheira, à mulher negra de pele escura não era permitida essa escolha ou esse trânsito, nem mesmo por um curto período de tempo. Ela estava, provavelmente, presa a uma função especializada do trabalho doméstico que a tornava invisível, sobretudo em casas de famílias ricas como aquela.[95] Isso com certeza significava uma chance menor de se empregar em um mundo com poucas vagas de trabalho para mulheres negras, além de condições mais improváveis de conseguir empregos com uma remuneração melhor.

Nesse sentido, apesar da solidariedade entre trabalhadoras negras que se observa no trecho, existiam diferenças importantes que afetavam suas experiências profissionais, que provavelmente também significavam o desenvolvimento de uma etiqueta racial profissional com outras nuances, talvez mais restritivas, para trabalhadoras negras de pele escura. Interessa pontuar, então, que a cozinha pode não ter significado apenas um lugar invisibilizado de trabalho de mulheres negras, mas, em especial, um lugar invisibilizado de trabalho de mulheres negras de pele escura. Infelizmente, não consegui ter acesso a outros registros detalhados sobre essa distinção durante a pesquisa, mas é certamente um caminho importante a ser seguido para entender as possíveis nuances de uma divisão intrarracial entre os cargos especializados do trabalho doméstico.

Como forma de observar a continuidade dessa solidariedade no material coletado para este livro, a entrevista com Anna, uma cozinheira profissional, e Benê Ricardo,[96] chef, permitiu perceber como as duas trabalhadoras negras estabeleceram uma relação de parceria dentro de uma cozinha profissional majoritariamente branca. Mesmo que não trabalhassem juntas, as duas se encontravam em diversas agendas de trabalho e conheciam muitas pessoas do meio. A partir da fala de Anna foi possível ver como compartilhavam percepções críticas sobre as políticas de reconhecimento do campo e como estas as prejudicavam por serem mulheres negras, algo refletido na denúncia de Anna sobre como Benê foi muito explorada por chefs franceses, visto antes:

> Anna: [...] mas eu falo com ele também porque a Benê foi explorada pra caralho por esses franceses. [...] tudo que eles sabem hoje, que eles fazem hoje de cozinha brasileira eles aprenderam com ela, sabe? E, olha, trabalhou, trabalhou e... e não teve o retorno.

É importante pensar que Anna escolhe romper o silêncio sobre sua insatisfação diante da exploração de Benê em uma entrevista na qual não é identificada e apenas após a morte da amiga, que não sofrerá mais com as retaliações de parecer "ingrata" ou "criadora de caso" diante de chefs franceses — algo que romperia com a etiqueta racial profissional exigida de mulheres negras pelo campo. É possível imaginar que esta seja apenas uma pequena amostra do compartilhamento de segredos públicos entre elas, além do apoio mútuo. Quantas outras confidências foram trocadas, entre experiências em que foram maltratadas, tiveram a autoria de seu trabalho roubado ou como forma de alertar sobre determinado profissional mais difícil de se trabalhar? Além disso, que conquistas partilharam ou que técnicas e práticas, para tornar o cotidiano de trabalho menos árduo, repartiram? Como observado por Simmons, o silêncio "[...] realiza um trabalho discursivo e tem vida própria".[97]

A continuidade da importância desse silêncio para a etiqueta racial profissional de mulheres negras que trabalham na cozinha se torna visível entre profissionais que procuram formas de rompê-lo — e como permanecem escolhendo fazer isso de maneira coletiva. Nesse sentido, é interessante observar como algumas chefs negras, a partir de coletivos formados entre chefs negros, têm se articulado para demandar o reconhecimento de seu trabalho e que essa valorização não se restrinja a repertórios culinários específicos, como observado em reportagens publicadas enquanto este trabalho estava sendo produzido.[98] Por isso, chama a atenção a fala de uma das entrevistadas, que opto por não identificar, sobre a necessidade de organização coletiva entre cozinheiras profissionais e chefs negras:

> A gente não é respeitado não, eles batem a porta na cara da gente mesmo e se a gente não se entender como coletivo a gente não vai dar mais um passo. Os anos se passam e quem consegue algum tipo de projeção é porque consegue entrar nas gavetas que a branquitude quer.

É possível identificar que, recentemente, algumas profissionais — em sua maioria aquelas cujas carreiras têm mais estabilidade e/ou autonomia — têm escolhido romper o silêncio publicamente, denunciando o racismo e o sexismo que marcam o campo, a despeito das retaliações que suas trajetórias profissionais podem sofrer (e com certeza sofrem). Esse movimento é talvez influenciado pelo debate público cada vez mais intenso e amplo sobre o racismo no Brasil, o que pode significar que chefs negras identifiquem a chance de encontrar uma plataforma e um espaço de escuta inédito, apesar de eu julgar ainda ser necessário esperar algum tempo para avaliar suas consequências. A despeito disso, é importante marcar que algumas cozinheiras profissionais negras, em uma intensidade provavelmente inédita, têm agido de modo a transgredir os limites do silêncio. No entanto, considerando o peso dos silêncios que esta pesquisa mantém, é possível dizer que ainda há muito que não pode ser dito, não sem o receio de represálias de um campo fortemente marcado por relações de poder e por políticas de concessão de reconhecimento apoiadas no valor da brancura e da masculinidade.

CONSTRUIR E NUTRIR COMUNIDADES NEGRAS: O CUIDADO COMO RESISTÊNCIA

"Aqui", dizia ela, "aqui neste lugar, nós somos carne; carne que chora, ri; carne que dança descalça na relva. Amem isso. Amem forte. Lá fora não amam a sua carne. Desprezam a sua carne. Não amam seus olhos; são capazes de arrancar fora os seus olhos. Como também não amam a pele de suas costas. Lá eles descem o chicote nela. E, ah, meu povo, eles não amam as suas mãos. Essas que eles só usam, amarram, prendem, cortam fora e deixam vazias. Amem suas mãos! Amem. Levantem e beijem suas mãos. Toquem outros com elas, toquem uma na outra, esfreguem no rosto, porque eles não amam isso também. Vocês têm de amar, vocês! E não, eles não amam sua boca. Lá, lá fora, eles vão cuidar de quebrar sua boca e quebrar de novo. O que sai de sua boca eles não vão ouvir. O que vocês gritam com ela eles não ouvem. O que vocês põem na boca para nutrir seu corpo eles vão arrancar de vocês e dar no lugar os restos deles. Não, eles não amam sua boca. Vocês têm de amar. É da carne que estou falando aqui. Carne que precisa ser amada. Pés que precisam descansar e dançar; costas que precisam de apoio; ombros que precisam de braços, braços fortes, estou dizendo.

> *E, ah, meu povo, lá fora, escutem bem, não amam o seu pescoço sem laço, e ereto. Então amem o seu pescoço; ponham a mão nele, agradem, alisem, endireitem bem. E todas as suas partes de dentro que eles são capazes de jogar para os porcos, vocês têm de amar. O fígado escuro, escuro — amem, amem e o bater do batente coração, amem também. Mais que olhos e pés. Mais que os pulmões que ainda vão ter de respirar ar livre. Mais que seu útero guardador da vida e suas partes doadoras de vida, me escutem bem, amem seu coração. Porque esse é o prêmio".*
>
> TONI MORRISON[99]

Anna foi uma das entrevistadas com quem estabeleci uma conexão instantânea. Ela me recebeu em sua casa, numa tarde chuvosa, com uma mesa cheia de pratos que havia preparado para me receber e conversamos durante horas. É interessante observar que, ao longo da entrevista, fomos estabelecendo uma relação de confiança especialmente porque ela percebeu que eu não estava ali apenas para registrar os episódios de racismo de sua vida profissional, mas também para ouvir sobre as razões pelas quais o trabalho na cozinha era um espaço de realização para ela. Anna via muito sentido em sua carreira, mesmo em meio às dificuldades, e fazia questão de destacar que seu talento e dedicação na cozinha foram fundamentais para conquistar respeito e reconhecimento. Em dado momento da entrevista, porém, sua fala revelou um ressentimento inesperado:

> Anna: [...] porque eu, como mulher negra na cozinha, eu fui muito bem reconhecida pelos brancos, mas pelos negros, o pessoal do movimento negro aqui, que o meu marido até participava na época, falava que eu não passava do estereótipo da negrinha na cozinha.

O comentário foi feito diante da sugestão de que a figura de Anna, que tinha certa projeção à época, poderia ser uma plataforma para as pautas da organização. Naquele momento, apesar de não se considerar uma integrante do movimento, ela já havia trabalhado em algumas ações sociais da entidade voltadas à promoção da segurança alimentar, da saúde e do cuidado da população negra e/ou pobre após ser convidada por outras mulheres negras ligadas à organização. No entanto, as lideranças foram categóricas em julgar que, em razão de seu ofício, ela representava um estereótipo que não queriam que estivesse vinculado à entidade. A memória dolorosa de Anna sobre o episódio revela como não esperava ter sua autodefinição desrespeitada, sendo reduzida a um estereótipo racista e sexista por outras pessoas negras, principalmente aquelas que lutavam contra o racismo e por melhores condições de vida para a população negra de maneira geral. A situação também expõe a política de representatividade escolhida por alguns setores do movimento negro no Brasil, definindo que o trabalho na cozinha tornava Anna um estereótipo do qual prefeririam se distanciar, ao passo que optavam por ter, em cargos de destaque, pessoas negras em profissões consideradas menos "degradantes" ou "subservientes".

Ao citar esse trecho da entrevista de Anna, minha intenção não é a de produzir uma crítica vazia à atuação de alguns setores do movimento negro, sobretudo porque o movimento brasileiro de trabalhadoras domésticas, desde sua fundação, sempre estabeleceu articulações com o movimento negro.[100] Entretanto, é importante marcar que, ao longo da história, alguns setores do movimento se caracterizaram por uma postura política masculina e até mesmo classista que, de modo frequente, vedava o acesso de mulheres negras a cargos de liderança, desconsiderava suas percepções críticas em processos de decisão ou simplesmente menosprezava e estereotipava cozinheiras negras como Anna — endossando imagens criadas por homens brancos. Um dos resultados dessa prática é o fato de que, ao longo do século 20, apesar de integrar organizações do movimento negro em geral, mulheres negras sempre buscaram espaços de articulação própria, fosse em associações de trabalhadoras domésticas[101] ou organizações de mulheres negras.[102]

O descontentamento de Anna sobre a forma como foi subestimada por pessoas do movimento negro organizado influenciou a construção deste capítulo como um todo, mas sua experiência é fundamento especial desta última seção. A entrevista permitiu perceber que, para além de sua trajetória profissional, Anna também desenvolveu importantes trabalhos comunitários de cuidado, em que sua sabedoria culinária foi essencial. Ademais, foi possível ver sua realização diante do acesso da filha a outras oportunidades, em virtude das conquistas financeiras e do reconhecimento de seu trabalho na cozinha. Nesse sentido, esta última seção se dedica a marcar a importância do trabalho de cozinheiras negras como Anna na construção e sustentação de comunidades negras. Assim, defendo como seu trabalho na cozinha é fundamental não apenas para o funcionamento da sociedade brasileira, mas também para a sobrevivência, a construção e a manutenção de espaços negros, ainda que seja frequentemente invisibilizado ou tenha sua importância subestimada.

Mais uma vez, meu foco são suas próprias percepções sobre o valor do que fizeram e do que alcançaram. Nos diversos registros coletados por este trabalho, cozinheiras negras e chefs enfatizaram as lutas e as conquistas a partir de seu trabalho: a realização de sonhos individuais pequenos e grandes; a criação e o estudo dos filhos; o reconhecimento da qualidade de seu trabalho em diversas situações; a criação, a consolidação e a manutenção de associações comunitárias e políticas; e o fortalecimento de associações ou grupos negros. Apenas um olhar limitado, influenciado por estereótipos brancos sobre o trabalho de mulheres negras na cozinha, pode subestimar suas percepções críticas sobre a sociedade ou não entender o porquê da ênfase que dão a seus feitos.

Assim, escolho o cuidado como a última forma de pensar as formas de agência e de resistência de cozinheiras negras a partir dos modos como se dedicaram às suas famílias e à comunidade negra em geral e como, a partir dessa dedicação e dos frutos de seu trabalho, sonharam com um futuro menos desigual e violento para as próximas gerações. É emblemático que, como observa Ana Cláudia Jaquetto Pereira,[103] o cuidado seja considerado como um trabalho político de trabalhadoras negras por diversos setores do movimento de mulheres negras no Brasil. A entrevista de Lúcia Xavier, ativista e intelectual negra, coletada pela autora, se articula ao que proponho aqui:

Seria inexplicável para Marx que domésticas fizessem em cem anos a transformação que fizeram nas nossas vidas. Elas eram um lumpemproletariado, entendeu? Então assim, não dá pra continuar falando desse jeito, porque elas fizeram essa mudança na nossa vida. [...] possivelmente os estudos sobre domésticas falam mais do processo econômico, do que necessariamente dos feitos. Quando se fala dos feitos só se fala de Laudelina [de Campos Melo], se fala dos ícones dessa ação política. Mas não necessariamente da ação delas. Porque eu por exemplo sou fruto disso e muitas pessoas são frutos dessa relação, de construção de redes, de relações de compadrio, convivências, assim como as mães de santo também — não é tudo só sagrado, tinha também muito de político.[104]

A seleção de trechos busca analisar nuances de suas realizações e sua articulação em uma história de longa duração. Nesse sentido, um dos primeiros registros que chamam a atenção é o olhar mais detalhado da pesquisadora Bruna Portella de Novaes sobre as quitandas de comida de vendedoras negras ao longo do século 19 e como favoreciam os "ajuntamentos de negros" na cidade do Rio de Janeiro, que serão identificados frequentemente como casas de zungu:

Outro aspecto da cidade negra que se converte em ilegalismo são as casas de zungu, inicialmente organizadas como microcomunidades em torno de espaços de refeição, mas parecem ter se tornado mais do que isso. A notícia que se tem destes lugares é, contudo, influenciada pelos seus interlocutores. Contam os autores que a história dos zungus é narrada pela lente da repressão policial, e por isso, é preciso ler nas entrelinhas. Pode-se dizer que era uma espécie de casa coletiva, espaço de troca e solidariedades entre negros, possivelmente em contato com rituais religiosos, definido pela experiência urbana e seus labirintos. Importa também notar que o zungu, proibido pelo Código de Posturas do Rio de Janeiro de 1833, é uma ilicitude cometida quase que exclusivamente por negros [...]"[105]

A proibição, ou a tentativa de controle estatal,[106] revela como quitandeiras se envolveram na construção de espaços de territorialidade negra, como observado no primeiro capítulo, e como utilizaram o tra-

14. *O enterro de uma mulher negra*, de Thierry Frères

balho culinário para encobrir suas atividades, como também observa a pesquisadora Angélica Ferrarez de Almeida, incluindo também as casas de angu.[107] Vale retomar um trecho da descrição de Jean-Baptiste Debret para uma das pinturas que fez dessas mulheres, pois, mesmo que marcada por um tom romantizador das condições violentas e precárias do trabalho das quitandeiras, seu registro permite observar como seu trabalho era essencial para a alimentação da população negra urbana:

> O trabalhador de grande apetite fica satisfeito com uma porção de 3 vinténs [...], e a menor porção de 1 vintém [...] se equipara ao volume de duas colheres comuns, que são suficientes para os indigentes e aqueles que comem menos. Encontram-se os anjos comerciantes nas praças, perto dos mercados, ou em suas lojas, depois cheias de legumes e frutas. A venda deste alimento comestível, mantido quente, começa pela manhã, das 6 às 10 da manhã, e continua do meio-dia às 2 da manhã, quando todos os trabalhadores escravos que não são alimentados por seus senhores se reúnem ao seu redor.[108]

Nesse ponto, vale a pena retomar outra imagem contida no livro do artista, intitulada *O enterro de uma mulher negra*:

> Mais uma vez, ainda que o estilo da imagem tivesse a intenção de suavizar as condições precárias do enterro de uma mulher negra pobre, a descrição de Debret possibilita observar como mulheres e homens, fossem africanos ou crioulos, se juntaram para tentar conceder dignidade ao ato:[109]

> Quando o falecido é da classe indigente, seus parentes ou amigos aproveitam a manhã para carregar o corpo em uma rede, e colocá-lo no chão, junto à parede de uma igreja, ou perto da porta de uma venda (mercearia). Lá, uma ou duas mulheres mantêm uma pequena vela acesa perto da rede, e convidam os transeuntes caridosos a completar, com uma esmola modesta, a soma devida pelas despesas do enterro [...] Esta exposição pública atrai inevitavelmente curiosos entre os quais notamos mais particularmente, como contribuintes, os compatriotas dos falecidos. Pobres como ela, costumam depositar apenas uma moeda de dez réis [...] a menor moeda em circulação. Mas o grande número compensa a pequenez de cada oferta [...][110]

A despeito da descartabilidade das vidas de escravizadas, libertas e livres em uma sociedade escravista, a imagem nos mostra que aquela mulher negra e pobre importava para outras pessoas negras. Talvez fosse uma das quitandeiras descritas por Debret, conhecida por ter lhes oferecido uma concha de angu para aplacar a fome. Ou uma das integrantes de uma casa de zungu, uma cozinheira doméstica, a parente de alguém e até mesmo uma desconhecida. O que importa é marcar que a ação coletiva de outras mulheres e homens negros para garantir que ela tivesse direito a um enterro em um momento histórico em que corpos negros eram vistos apenas como mera mercadoria é uma das formas cotidianas de cuidado e de afirmação radical da humanidade de mulheres negras, refletindo seu valor para uma comunidade negra mais ampla.

Anos mais tarde, um registro mais detalhado da importância de cozinheiras negras em espaços de sociabilidade negra vem também do Rio de Janeiro, no final do século 19. São as histórias das tias baianas, identificadas como mulheres vindas no fluxo migratório da Bahia para o Rio de Janeiro que se iniciou no fim do século 18 e que trabalhavam como quituteiras na cidade.[111] Frequentemente citadas em análises que enfatizam a longevidade do papel de mulheres negras na construção e na consolidação de espaços da cultura negra, em meio à repressão policial da população negra no pós-abolição,[112] a pesquisadora Nubia Regina Moreira observa como elas

> [...] desempenhavam protagonismo na feição do carnaval carioca. Cabia às "tias" a liderança da comunidade, a manutenção da religião, da música e dos costumes; suas casas funcionavam como núcleos de sociabilidade para os recém-chegados que precisavam se integrar a nova cidade.[113]

Apesar da centralidade da figura de Tia Ciata na memória sobre esse grupo, a ideia da "tia" expressava um modo de liderança, de cuidado e de gestão da comunidade de um grupo mais amplo de mulheres negras, vindas de diversas localidades, como observa Angélica Ferrarez de Almeida.[114] O estudo de Jurema Werneck (2020) mostra que, além de Tia Ciata, eram mulheres como Perpétua, Veridiana, Calú Boneca, Maria Amélia, Rosa Olé, Sadata, Mônica e sua filha Carmem do Xibuca, Gracinda, Perciliana, Lili Jumbeba, Josefa e Davina. A descrição de Almeida[115] sobre a trajetória de vida de uma das tias é emblemática sobre sua agência e seus trânsitos:

> Carmem Teixeira da Conceição proveniente de Amaralina na Bahia, veio para o Rio de Janeiro indo morar na rua Senador Pompeu, Zona Portuária. Recebeu o apelido do marido, Xibuca, após casar-se com Manoel Teixeira com quem teve 22 filhos. Filha do orixá feminino Oxum, ela era rezadeira, quituteira que vendia seus doces no tabuleiro na Lapa, Campo de Santana e Praça Tiradentes. Relatam-na como uma mulher muito festeira que saía em vários ranchos carnavalescos, cantando sempre nos sambas do quintal de sua casa e das casas das amigas, Tia Ciata e Tia Bebiana, por exemplo. Inventando junto a estas a tradição das tias sendo elas lideranças religiosas e culturais, em suas casas, mais especificamente nos quintais, ocorriam as

cerimônias religiosas, as reuniões de samba, além de outras atividades culturais, fazendo deste lugar o grande esteio da comunidade negra no Rio.[116]

A importância do trabalho culinário das tias para o sustento de si, dos seus e de sua comunidade, em diversos sentidos, se reflete em uma imagem criada pela pesquisa de Roberto Moura: "Ciata cuidando para que as panelas fossem sempre requentadas, para que o samba nunca morresse".[117] Assim, a imagem das panelas cheias de comida sempre aquecida evidencia como se entrelaçam aspectos físicos, afetivos, comunitários e espirituais na ação dessas mulheres.

A partir do olhar atento a diferentes formas de organização cotidiana de trabalhadoras negras, pude encontrar os rastros de outro tipo de articulação de cozinheiras negras na criação de espaços de lazer e de sociabilidade para pessoas negras no pós-abolição, dessa vez em São Paulo. As primeiras evidências foram as menções à existência de um "baile das cozinheiras" em registros históricos de trabalhadoras da época, como os de Laudelina[118] e de Dona Inez,[119] que contava que: "Às vezes, ia ao baile das cozinheiras no sábado e no domingo, quando tinha folga na casa em que trabalhava".[120] Foi a leitura de *E falou o Velho Militante*, de Correia Leite,[121] que me permitiu entender que se tratava de uma associação de cozinheiras, o Grêmio Recreativo Brinco de Princeza. A entidade, com fins recreativos e beneficentes, fazia parte de um rol de sociedade de negras paulistas que, no início do século 20, organizavam festas e outros momentos de sociabilidade para a população "de cor". A descrição de Correia Leite deixa ver a importância de algumas dessas sociedades na vida social de pessoas negras de alguma condição,[122] pertencentes à classe média ou a uma ascendente classe média baixa, e sua circulação pela cidade:

> O lugar tinha o nome de Largo do Palácio. Esse palácio era onde funcionava o expediente do governo do Estado. Havia um jardim com coreto. Muitos negros iam lá passear aos domingos para fazer hora e depois para os bailes. Era bonito ver negras de saia-balão, redondas, engomadas. Cada uma queria ser mais vistosa que as outras. Muitas eram cozinheiras de forno e fogão em casas de famílias importantes. Os homens também

15. Mulher servindo caruru para sete meninos,
Festa de Cosme e Damião, Salvador

procuravam se trajar bem, e alguns tinham uma boa situação social. Mas era questão de ser chofer, cozinheiro ou funcionário público (situação que dificilmente passava de contínuo).

Foi possível encontrar referências de bailes dançantes e de outros festivais[123] organizados pelo Brinco de Princeza entre as décadas de 1910 e 1930, principalmente em veículos da imprensa negra, como *A Liberdade — orgam crítico, literário, e noticioso, dedicado à classe de cor*,[124] *O Clarim da Alvorada*[125] e *A voz da raça*.[126] A descrição de Correia Leite[127] mostra que os bailes de sociedades como o Brinco eram espaços de lazer e fruição em que esses jornais eram distribuídos. A importância da sociedade de cozinheiras negras para a comunidade também pode ser visualizada em registros de seu apoio financeiro à imprensa negra, como visto em uma nota de agradecimento do jornal *A Liberdade* à sua doação.[128]

As notícias sobre as trocas de presidente e a descrição de seus representantes em eventos das sociedades,[129] ao indicar que eram os homens que ocupavam cargos de liderança, evidenciam que não se tratava de uma associação composta apenas de mulheres negras. Porém, segundo Correia Leite,[130] as atividades eram mantidas pelas cozinheiras. A descrição dos utensílios utilizados em um dos bailes permite ver seu papel, além do caráter de dignidade que buscavam dar aos eventos:

> [...] na mesa dos convidados especiais havia só talheres de cristófer* e louças de porcelana. Eram utensílios que as diretoras da sociedade emprestavam das famílias para quem trabalhavam. Depois de terminada aquela primeira mesa, tudo foi recolhido com o maior cuidado. A festa era financiada pelas próprias cozinheiras.[131]

A descrição da organização em uma notícia que justificava a suspensão de duas integrantes, após um incidente classificado como "desordem", indica qual era a função das atividades da sociedade a partir do ponto de vista de suas integrantes e a imagem pública respeitável que buscavam construir no pós-abolição:

> A sociedade acima, é uma sociedade de damas, cada uma vive de seus trabalhos, escolheu a segunda-feira para dar os seus ensaios,** isso é para um momento de alegria e de satisfação, para esquecer de tantas e tantas horas de trabalho. Acontece que depois de tanto tempo de paz e harmonia, a directoria se viu obrigada a suspender duas damas muito conhecidas de nosso meio social [...][132]

A comparação com os espaços de sociabilidade negra criados pelas tias, no Rio de Janeiro, possibilita observar que se tratava de dinâmicas urbanas racializadas diferentes,[133] além de haver um distanciamento entre os períodos históricos vividos por essas trabalhadoras.

---

* É possível que seja a referência a uma antiga marca francesa de talheres.
** Os "ensaios" eram ensaios dançantes.

No entanto, é interessante perceber as distinções entre os grupos que participavam dessas comunidades mantidas por cozinheiras negras e as estratégias construídas para se afirmar ou para fruir a vida em meio ao racismo antinegritude. Nesse sentido, de um lado estavam as camadas populares negras nos quintais das tias, que trabalhavam como quitandeiras, em festas e rodas de pagode que podiam ser organizadas previamente ou espontâneas[134] e, de outro lado, os eventos "respeitáveis" ou "ordenados" entre os negros "de posição", em profissões liberais ou especializadas, como as cozinheiras de forno e fogão nas casas de famílias abastadas.

Pensar esses dois registros em conjunto é marcar a diferença das experiências e das estratégias de agência e de resistência de cozinheiras negras que se refletem na construção e manutenção de espaços negros comunitários, que merecem ser analisadas em sua complexidade. Os registros do "baile das cozinheiras", por exemplo, evidenciam a criação de espaços de sociabilidade por trabalhadoras negras que, por certa posição especializada no trabalho doméstico, podiam tentar reivindicar o valor da feminilidade da "dama".[135] A necessidade de certa condição social necessária para participar de bailes como os do "Brinco" é atestada por Correia Leite:

> O indivíduo, que frequentava salões de baile, acabava se tornando popular, pois o baile era algo indispensável. Só os que não tinham condição nenhuma de se apresentar é que não iam. Tinham de se contentar com festas de quintal, batizados, casamentos... [...] Hoje o sujeito para se vestir bem vai ao crediário. Naquele tempo comprava em belchior, casa de roupas usadas [...] Ali na Rua XV de Novembro tinha uma casa que vendia de tudo: bengala, palheta, sapato, vestido, polaina, calça, colete, camisa, chapéu, luva — tudo usado. [...] Todo aquele que frequentava baile tinha sua calça listrada, um paletó preto ou azul-marinho, um colete branco, uma camisa de peito engomada ou então um tipo de camisa de renda.[136]

É evidente que a maior parte da população negra em São Paulo à época não podia frequentar esses espaços, e Correia Leite registra a existência de "sociedades negras mais pobres".[137] No entanto, es-

Comissão de baile realizado pelo Clube Negro de Cultura Social. No centro da foto o Dr. Guaraná de Santana que foi homenageado pelo grupo de moços e moças do Departamento Cultural. O Dr. Guaraná de Santana foi da Frente Negra e um dos fundadores da Legião Negra.

16. A comissão de baile do Clube Negro de Cultura Social e suas integrantes. São Paulo, década de 1930

ses bailes eram possivelmente um dos espaços aos quais aspiravam comparecer e que talvez reservassem alguma quantia de sua remuneração para tanto, como Carolina, no preâmbulo deste livro, feliz por comprar seu vestido godê para "[...] comparecer aos bailes sem constrangimento".[138]

Os registros históricos de São Paulo também apontaram a necessidade de considerar o trabalho culinário essencial de mulheres negras nas diversas atividades de organizações do movimento negro na primeira metade do século 20, ainda que não fossem identificadas como as mantenedoras, como no Brinco de Princeza. A dificuldade de encontrar detalhes sobre seu trabalho tem a ver com o fato de que eram proibidas de participar do quadro de diretores ou de outros cargos de liderança nessas entidades e era comum que fossem confinadas ao "departamento feminino", como observa Laudelina,[139] sobre a Liga de Homens de Cor, e dona Petronília, que participava do Clube Negro de Cultura na década de 1930.[140] No entanto, o departamento feminino era geralmente responsável pelo trabalho culinário e a organização

17. Barraca de comida da Festa do Senhor do Bonfim, Salvador

de festas, atividades fundamentais para a agenda social dessas organizações que, em muitos casos, eram o cerne da sensibilização para a causa negra. Dona Petronília conta sobre a importância do trabalho de mulheres negras nesse âmbito: "A gente organizava tudo: as festas, as excursões, os pic-nics, tudo [...] tudo".[141] A descrição revela de que maneira o trabalho culinário, articulado à ação social e política do movimento negro, merece um estudo mais aprofundado.*

No âmbito da construção de espaços de sociabilidade negra no pós-abolição, vale a pena destacar o papel de seu trabalho comercial

---

* Um estudo atento a esses rastros pode mostrar como o trabalho culinário de mulheres negras foi fundamental para diversas frentes de ação social e política negra, de maneira similar ao papel das cozinheiras negras no Movimento de Direitos Civis nos Estados Unidos, como Georgia Gilmore. ROMITO, Dee. *Pies from Nowhere: How Georgia Gilmore Sustained the Montgomery Bus Boycott*. New York: Little Bee Books, 2018. Ou: "Leah Chase Obituary: The 'queen of Creole' who fed the civil rights movement", *BBC News*, 2019.

em feiras e festas populares. Seus negócios se mantiveram como espaços de territorialidade negra ao longo do século 20, como já apontado, e se mantém no século 21, a despeito da continuidade das tentativas de controle estatal total sobre suas atividades. A descrição de Alberto Heráclito Filho Ferreira é emblemática:

> Controlando a venda de comida popular na cidade, as mulheres se farão presentes em todos os lugares, oferecendo seus quitutes. Nas festas do Bonfim, quando toda a cidade era atraída para o bairro de Itapagipe, local dos festejos, lá estavam elas com seus tabuleiros ou dominando o comércio de barracas. Estas, por sua vez eram construções de madeira com cobertura de lona que mediam apenas "cinco metros". Em 1936 elas eram proprietárias das barracas "Fé em Deus", "Santo Antônio", "A Bahianinha", "Caprichosa", "Bonfim", "Santa Luzia" e "São Roque". Nos interiores das mesmas encontrava-se: "uma mesa de madeira, suja de gordura, onde a dona estende a toalha que já foi alva e agora é creme com enfeites feitos de azeite, e dos bancos de madeira. No canto, panelas de barro, carvão e uma lata de Kerosene (sic) contendo água. Aí é a cozinha, e quando termina o movimento, dormitório da proprietária".[142]

Muitos outros registros caberiam aqui, mas esta breve seleção tem a intenção apenas de destacar como o trabalho de cozinheiras negras foi essencial para a construção de espaços comunitários para a população negra, de maneira que análises mais detidas podem expor a diversidade de estratégias adotadas por essas trabalhadoras para tal.

Porém, quero destacar, por último, uma das entrevistas realizadas por Virgínia Bicudo,[143] socióloga e psicanalista. Em 1940, a pesquisadora investigou as percepções e posturas de pessoas negras diante do racismo antinegritude em São Paulo. O relato de um membro de uma organização negra, que a socióloga prefere não identificar, revela que existia o reconhecimento do caráter essencial do trabalho de cozinheiras e trabalhadoras domésticas por alguns setores do movimento negro à época. E como isso tinha base em pesquisas conduzidas pelas organizações:

Concluímos, por meio de inquéritos, que entre nós vários estabelecimentos comerciais não aceitavam negros para seus serviços, fosse qual fosse a capacidade oferecida. As mulheres é que minoravam a situação, trabalhando como empregadas domésticas e levando as sobras de comida da casa dos patrões. Em uma casa comercial que pedia empregados, depois de um preto ter demonstrado capacidade para correspondente, teve por resposta: 'O sr. tem competência, mas é pena, não aceitamos elementos de cor'.[144]

Ao evidenciar a dificuldade que familiares, maridos ou companheiros dessas mulheres tinham de empregar-se na cidade no início do século, o excerto mostra como seu trabalho é central para sua família, sendo um dos esteios para o sustento de si e dos seus. Nesse sentido, tendo como foco as estratégias silenciosas e dissimuladas de agência e de resistência de mulheres negras, proponho pensar na produção das sobras de comida, tão essenciais para suas famílias: como, vivendo entre o mundo da abundância e da fome, uma das tecnologias de sobrevivência desenvolvidas — ou mesmo improvisadas — por essas mulheres podia incluir cozinhar um pouco a mais para garantir que a comida sobrasse, de modo que pudessem levar certa quantidade para casa. E isso teria de ser feito de maneira engenhosa, partindo de sua sabedoria culinária, burlando a vigilância de patroas. Na situação humilhante e precária do trabalho doméstico, cozinheiras negras poderiam desenvolver estratégias fundadas em seu afeto e zelo por suas famílias, uma das formas de como "o cuidado é um antídoto para a violência" na experiência negra.

É assim que concluo esta seção, concentrando-me nos registros do cuidado familiar de cozinheiras negras. O tema já foi abordado em trechos de histórias de vida ao longo deste livro, que ilustram a luta constante de mulheres negras para viver junto dos seus, como as reivindicações de Esperança Garcia[145] sobre o fim da violência contra seus filhos e a reunião de sua família, ou na busca de Theodora Dias da Cunha[146] por seu marido e filho. De modo similar, no orgulho de dona Risoleta[147] diante do fato de que, como descendente de uma mãe livre e de um pai que havia sido escravizado, conseguiu criar e "dar educação" a sete filhos, dos quais cinco eram adotados:

18. Retrato de família, Diamantina, Minas Gerais (s.d)*

Essa luta que tive para criar meus filhos! Ainda peguei cinco filhos dos outros pra criar, que não tinham mãe nem pai, tudo filho de mãe solteira, de meses. [...] Fazia uma sobremesa todo dia; meu povo passava bem, não era maltratado não, dona. Eu tinha oito colher na mesa.[148]

Ao longo dos capítulos anteriores, por meio das histórias de cozinheiras negras no pós-abolição, observamos como as condições de trabalho na cozinha eram impeditivas para o exercício de sua maternidade, fosse pela situação de pobreza, a violência do cotidiano ou a condição estabelecida de não ter laços familiares para conseguir um

---

* Ainda que a imagem não tenha data, considerando outras imagens produzidas em estúdio pelo fotógrafo, é possivelmente das décadas de 1910 ou 1920.

emprego, que exigia uma dedicação ininterrupta.[149] Nesse sentido, é necessário entender a ênfase que dona Risoleta dá à conquista de ter criado sete filhos, especialmente quando cinco deles eram de outras trabalhadoras que não puderam ou não quiseram criá-los nas condições em que viviam. Era, com efeito, uma realização, um resultado da engenhosidade de sua agência e resistência. E essa percepção é um emblema de muitas outras, como Dona Inez, "dada"* pelo pai para trabalhar como trabalhadora doméstica em uma casa aos 8 anos de idade, que não só conseguiu manter parte de sua família reunida, mas seu cuidado é essencial para muitas gerações: "Sabe, criei 16 filhos: meu filho, filhos de minha irmã, filhas de meu filho e agora, sozinha, cuido de seis bisnetos, aqui nessa casa alegre como você está vendo".[150]

Os esforços para assegurar a educação formal dos filhos se revela como um de seus principais investimentos, como no caso de dona Risoleta[151] e dona Laudelina: "Vamos trabalhar e fazer os nossos filhos estudarem porque nós não tivemos oportunidade, mas nossos filhos não podem passar a vida roendo o penico de branco".[152] O fato de terem sido impedidas de estudar, seja pela necessidade de trabalhar desde a infância, seja pela falta de escolas, reflete-se em um projeto coletivo de mulheres negras, como as cozinheiras, em garantir o acesso de seus descendentes à educação.** Suas experiências de vida mostravam que essa poderia ser a única forma da população negra ter acesso a uma vida digna ou menos sofrida em um país de passado escravista, onde o trabalho manual é tão desvalorizado.

Por fim, cabe aqui o destaque a outro aspecto desse cuidado como agência e resistência que não envolvia apenas garantir o sustento físico da família ou a formação educacional dos filhos. Uma das faces mais bonitas e revolucionárias do cuidado de cozinheiras negras que

---

* "Dar" pode não ser o termo correto para uma situação em que um pai negro, no pós-abolição, pode ter se visto forçado a entregar a filha criança para uma família que pudesse sustentá-la, enquanto explora seu trabalho.

** Escrevi este trabalho diante de um quadro com a foto e os dizeres de Vó Cenira: "Enfia as cara, minha filha". Era quase como um mantra dito para as filhas, as netas e os netos, para nos incentivar a estudar. Sua voz tinha o tom da urgência de quem teve a educação negada ao longo da vida e que sabia o quanto isso tinha lhe custado.

encontrei nos registros foi a forma imaginativa e sofisticada de mascarar ou transformar a realidade cotidiana em que os filhos viviam, de modo que as dificuldades nas quais foram forçados a viver, justo por serem filhos de cozinheiras, não fossem as únicas coisas que conhecessem. Dois registros se destacam nesse sentido: o de Cenira, registrado por suas filhas Ana Luzia de Sant'Anna Machado e Ana Lúcia Sant'Anna Dantas,[153] e o de Joana Josefina Evaristo Vitorino, registrado por sua filha, Conceição Evaristo.[154]

Quando se casou, Cenira foi proibida pelo marido, Raimundo, de continuar trabalhando, porque, a partir daquele momento, ela deveria ser sustentada por ele e cuidar apenas da família.[155] Contudo, seu salário como estivador do porto não era suficiente para pagar as contas da casa e ela continuou fazendo pequenos serviços como lavadeira e costureira, às escondidas, para complementar a renda. Mais do que ajudar a garantir o sustento das filhas, Cenira trabalhava para permitir que elas pudessem ter os pequenos luxos de menina que ela mesma não pôde experimentar. É interessante observar o relato de suas filhas sobre como não percebiam a profundidade da pobreza em que viviam em razão da ação da mãe em pequenas coisas:

Ana Luzia: Eu comia maçã. A gente tinha festa de aniversário. [...]
Ana Lúcia: A gente quando era criança, eu que era muito avoada, eu não sei se eu tinha noção do perrengue que a gente vivia. Eu achava a vida muito boa. Hoje que eu olho assim e penso: meu pai ganhava tão pouco...
Ana Luzia: Eu acho que ele ganhava um salário.
Ana Lúcia: Eu não tinha noção, sabe por quê? Chegava no meu aniversário, eu tinha festa. Ela sempre fazia uma costura, uma roupa pra gente... [...] Minha mãe, ela criava um mundo que hoje a gente sabe que não era verdade.[156]

De modo similar, a escrita literária de Conceição Evaristo deixa ver o afeto, a generosidade e a inventividade de sua mãe, que trabalhava como lavadeira em Belo Horizonte, Minas Gerais, diante das condições perversas da pobreza em que foram forçadas a viver.[157] Há um conto marcante em seu livro *Olhos d'água*, em que ela descreve

19. Vendedora de acarajé com seu filho
na procissão de Nosso Senhor dos Navegantes

uma mãe que tenta enganar a fome das filhas, uma personagem provavelmente inspirada em Dona Joana, sua mãe:

> Lembro-me de que muitas vezes, quando a mãe cozinhava, da panela subia cheiro algum. Era como se cozinhasse ali, apenas o nosso desesperado desejo de alimento. As labaredas, sob a água solitária que fervia na panela cheia de fome, pareciam debochar do vazio do nosso estômago, ignorando nossas bocas infantis em que as línguas brincavam a salivar sonho de comida. E era justamente nos dias de parco ou nenhum alimento que ela mais brincava com as filhas. Nessas ocasiões a brincadeira preferida era aquela em que a mãe era a Senhora, a Rainha. Ela se assentava em seu trono, um pequeno banquinho de madeira. Felizes, colhíamos flores cultivadas em um pequeno pedaço de terra que circundava o nosso barraco. As flores eram depois solenemente distribuídas por seus cabelos, braços e colo. E diante dela fazíamos reverências à Senhora. Postávamos deitadas no chão e batíamos cabeça para a Rainha. Nós, princesas, em volta dela, cantávamos, dançávamos, sorríamos. A mãe só ria de uma maneira triste e com um sorriso molhado... Mas

de que cor eram os olhos de minha mãe? Eu sabia, desde aquela época, que a mãe inventava esse e outros jogos para distrair a nossa fome. E a nossa fome se distraía.[158]

Na brincadeira-sonho, ela e suas filhas estariam em um reino distante da fome, onde as flores que cultivavam ao redor do barraco seriam adornos de outra vida, uma em que ela seria celebrada e suas filhas poderiam ser princesas. Ainda que não mudasse a escassez de alimento, como a panela de "água solitária" no fogo, ou o fato de que ela trabalhava muito, mas não conseguia o suficiente para alimentá-las, seu esforço em criar outra realidade podia mudar a forma como as filhas se viam diante da precariedade da vida — como princesas cuja existência importava para a mãe-rainha. E, considerando a maneira como a autora, Conceição Evaristo, também construiria outros mundos sobre e para mulheres negras, que tornam trabalhos como este livro possíveis, retorno a Saidiya Hartman: "Esse cuidado, que é coagido e dado gratuitamente, é o coração negro da nossa poética social, do fazer e da relação".[159] Por meio da generosidade das diversas formas de cuidar, talvez este seja o maior legado da agência e resistência de cozinheiras negras: o de conceder aos filhos e à comunidade negra a possibilidade de habitar outros mundos e sonhar com outros futuros, a ser forjado por elas e eles.

Considerações finais: um trabalho por, sobre e para mulheres negras

> *Temos uma dívida com as mulheres negras que vieram antes de nós, as que perseveraram e as que não o fizeram, porque a totalidade de sua história é o que informa nosso presente e nos prepara para continuar a exigir justiça, para nós mesmas e, por extensão, para todos.*
> DAINA RAMEY BERRY E KALI NICOLE GROSS[1]

Em março daquele ano, Maria Aurora* foi convidada para palestrar em um evento em homenagem ao Dia das Mulheres no órgão público em que trabalha como servidora pública concursada. Ela comporia uma das mesas da programação, junto com integrantes do alto escalão da

---

* Trecho de conversa informal com Maria Aurora, servidora pública do Judiciário, em outubro de 2018. Utilizo um pseudônimo para proteger a privacidade da profissional. O nome escolhido é o da cozinheira Maria Aurora dos Santos, nascida em 1913 na cidade de Curvelo, estado de Minas Gerais. Casada e com dois filhos, ao perceber que estava sendo traída pelo marido, mudou-se para São Paulo, onde passou a sustentar os filhos como trabalhadora doméstica. Em 1947, nasce sua terceira filha, Maria Aparecida dos Santos Araújo. Ela e sua filha, Maricy Santos Rabelo de Araújo, lembram de uma história inusitada como prova da habilidade de Maria Aurora na cozinha. Em determinado período de sua vida, sendo muito querida pela família para quem trabalhava, ela se alternava entre trabalhar na capital e na cidade de Penápolis, interior do estado de São Paulo, nas casas de duas mulheres da mesma família. A irmã que residia em São Paulo costumava receber convidados ilustres para o jantar e, em uma das ocasiões, a visita era o cantor Roberto Carlos. Ao provar o feijão de Maria Aurora, ele ficou tão impressionado que resolveu ligar para um amigo que estava precisando de uma cozinheira: o apresentador Chacrinha. Confiando na indicação, Chacrinha convidou a senhora para trabalhar em sua casa. Maria Aurora decidiu declinar, porque temia atrapalhar os estudos da filha caçula e preferia a vida no interior. Nem mesmo a oferta de Chacrinha de custear os estudos da menina fez com que ela mudasse de ideia. Sua filha e sua neta contam que, além de fazer um feijão delicioso e ser a cozinheira que rejeitou o Chacrinha, Maria Aurora era muito alegre e simpática. Nas horas vagas, gostava de frequentar os bailinhos nos clubes da cidade de interior com as amigas, sendo conhecida por dançar muito bem. Além disso, apreciava o Carnaval, participando, durante muitos anos, da ala das baianas de uma escola de samba de Penápolis.

instituição, sendo a única mulher negra entre os palestrantes. O convite era um reconhecimento de sua formação e atuação com a temática da igualdade racial e de gênero, e sua apresentação, para todos os servidores e colaboradores da instituição, versou sobre as especificidades das condições de vida de mulheres negras e suas demandas por direitos. Ao fim do evento, pessoas da plateia vieram parabenizá-la pela fala, de modo que Maria Aurora ficou satisfeita com sua participação.

Em outubro do mesmo ano, outro evento foi organizado, dessa vez em comemoração ao Dia do Servidor Público. A programação era composta de uma série de atividades voltadas para a valorização e o entretenimento dos servidores, e incluía um concurso culinário, em que os funcionários do órgão poderiam se inscrever com um prato de sua especialidade. Apesar de saber do evento, naquele ano, Maria Aurora não participou de nenhuma das atividades por estar imersa em sua rotina de trabalho. No entanto, estava presente na instituição quando o concurso ocorreu e, naquele mesmo dia, estava no banheiro lavando as mãos quando foi interpelada por outra servidora, uma mulher branca mais velha do que ela:

— Uai, Maria Aurora, você não trouxe seu prato, não, pro concurso culinário?
— Não.
— Mas você tinha que ter trazido seu prato pro concurso. Você não sabe cozinhar, não?
— Sei...
— Ah, na hora de pagar de intelectual, lá, com os servidores do alto escalão, você vai, né? Mas na hora de trazer o prato aqui pra semana do servidor, você não traz? Como assim? Tem que fazer. Tem que trazer.

Maria Aurora foi pega de surpresa, como costuma acontecer com pessoas negras quando conversas banais se tornam episódios de violência racial. Apesar de não ter conseguido reagir como gostaria, ela enxergava a hostilidade da fala da outra servidora, que mostrava a profundidade de seu incômodo diante da presença daquela mulher negra à mesa, acompanhada de membros da alta administração. O sentido da fala de sua colega de trabalho, ao exigir que ela parasse de "pagar de intelectual" e se restringisse a participar de concursos de culinária, poderia ser traduzido pelo uso de caráter silenciador da expressão "a conversa ainda não chegou na cozinha". Para aquela servidora pública branca, a negritude e a feminilidade de Maria Aurora deveriam ser suficientes para que ela soubesse que seu lugar era na cozinha.

Maria Aurora, no entanto, não ousava apenas estar fora da cozinha, mas falava sobre si e defendia seus direitos e os de outras trabalhadoras negras, e o fazia a partir de um lugar de autoridade no qual o conteúdo de seu discurso deveria ser levado em consideração por seus colegas de trabalho. Presente naquele espaço, a servidora branca era obrigada a escutá-la e a experiência era tão incômoda que, mesmo sete meses depois, ela ainda era tomada pelo sentimento de raiva, reagindo de modo a exigir que Maria Aurora parasse de "pagar de intelectual" e voltasse para a cozinha.

Tendo esse episódio como pano de fundo, minha expectativa é a de que a proposta de análise sócio-histórica do trabalho de mulheres negras na cozinha, composta ao longo deste livro, possa iluminar questões e oferecer algumas respostas de como a cozinha e o trabalho culinário são signos centrais para refletir sobre situações contemporâneas como a vivida por Maria Aurora — e por tantas outras trabalhadoras negras.

Para mostrar a profundidade da violência das relações de poder racializadas que se estabelecem na cozinha, visíveis a partir dos registros e dos rastros biográficos de cozinheiras negras, na primeira parte deste livro, analisei o processo de naturalização da presença de mulheres negras no trabalho culinário. Considerando trajetórias de vida do período escravista até a metade do século 20, dediquei-me a compor uma genealogia de suas condições de trabalho precárias, violentas, escravizadas ou miseravelmente remuneradas. O primeiro capítulo se dedicou à análise da vida de cozinheiras escravizadas, livres e libertas em âmbito doméstico e no trabalho comercial, e de que modo seu trabalho era essencial para a alimentação e o acúmulo de riqueza de famílias brancas, além do abastecimento das cidades.

Meu objetivo foi o de salientar seu confinamento a essas atividades, a monstruosidade de suas condições de trabalho e as relações de poder e de violência que se estabeleciam no espaço da cozinha. Ademais, como o funcionamento da estrutura social e econômica escravista dependia do trabalho executado por mulheres negras exatamente nessas condições, como algo que mantinha aspectos importantes da vida social à época, como os padrões de hospitalidade doméstica ou o ideal de ociosidade de uma feminilidade branca.

No segundo capítulo, observei como, após séculos de enriquecimento a partir do trabalho escravizado, no pós-abolição, as políticas governamentais das elites impediram que a população negra acessasse qualquer tipo de reparação econômica ou social. Isso fez com que mulheres negras fossem forçadas a permanecer no trabalho doméstico ou no trabalho comercial informal, em circunstâncias que pouco diferiam da escravidão. Em adição, as políticas de branqueamento e os códigos de conduta racializados da época também buscavam garantir a manutenção das hierarquias sociais do período escravista, de modo que, ainda que um trabalhador ou trabalhadora negra conseguisse encontrar uma brecha e obtivesse os requisitos formais para competir em outros postos de trabalho, não poderiam acessá-lo por não ter a "boa aparência" necessária.

No caso das cozinheiras negras, apontei como a construção do estereótipo da mãe preta cozinheira por membros das elites brancas brasileiras também atuou na naturalização de seu confinamento à cozinha, além da invisibilização das relações de poder e de violência racializadas e/ou generificadas que marcavam seu cotidiano de trabalho. E, na primeira metade do século 20, como uma das consequências das ideias de modernização e do valor da brancura como atributo de qualidade de mão de obra, de que modo o campo da gastronomia e seus cozinheiros "gringos" começam a consolidar sua legitimidade como autoridades em detrimento do trabalho de cozinheiras negras.

Na segunda parte, o livro se concentrou nos registros biográficos que evidenciam como, mesmo nessas condições, a conversa sempre esteve na cozinha. Nesse sentido, no terceiro capítulo, me detive sobre o desenvolvimento da cozinha profissional e do campo da gastronomia no Brasil a partir da segunda metade do século 20, com o objetivo de destacar o léxico racializado, de gênero e de classe no qual se fundamenta — e o não lugar que reserva às chefs e cozinheiras profissionais negras. Para além de uma análise crítica sobre o aparente processo de popularização do campo da gastronomia no país, defendendo como se refere apenas à entrada de profissionais de classe média e classe alta no campo, busquei mostrar como o enfraquecimento do monopólio francês, e a inclusão de outros repertórios nacionais de técnicas, ingredientes e pratos, não significou a mudança desse léxico. Na verdade, a postura dos chefs brancos que enriquecem com a criação e consolidação de uma narrativa sobre a gastronomia brasileira tem um caráter neocolonizador, que se reflete nas ações predatórias e de tutela em relação ao conhecimento culinário da população negra, indígena e quilombola. Por causa da articulação entre gastronomia e turismo, analisei de que modo a construção do léxico no Brasil se ampara na ideologia da democracia racial e, nesse sentido, como define papéis limitados para profissionais negras do campo.

Assim, as entrevistas com chefs e cozinheiras profissionais negras tornaram visível como as condições de trabalho e as políticas de reconhecimento do campo se baseiam no racismo antinegritude, no sexismo e no classismo. Mais do que isso, ao observar a existência de uma etiqueta racial profissional para mulheres negras que se reflete na expectativa de que essas trabalhadoras se comportem de maneira subserviente ou grata, ou que aceitem ser humilhadas e tratadas com indiferença, destaquei como essa postura é completamente incongruente com a postura que se espera de um chef. Assim, ainda que trabalhem na cozinha, onde, em teoria, seria "seu lugar", chefs e cozinheiras profissionais negras estão em um não lugar, uma vez que exercem papéis de autoridade. Vistas como trabalhadoras domésticas, o Outro oculto que concede prestígio ao cargo de chef, sua posição em cargos de chefia gera um desencaixe. Desse lugar, as entrevistas mostraram como essas profissionais buscam negociar e tensionar com essa etiqueta para encontrar ou construir novos lugares no campo.

Em todos os capítulos, busquei evidenciar as percepções críticas e as formas de agência e de resistência de cozinheiras negras em diferentes períodos históricos. No entanto, no quarto capítulo, me detive sobre a questão a partir de trechos de seus registros e rastros biográficos, tendo como pano de fundo as contribuições de uma epistemologia feminista negra. Assim, a análise se concentrou em pensar na cozinha como um espaço geográfico de mulheres negras e o trabalho culinário como um espaço de ação social e política, marcando como foi essencial para a população negra. As reflexões sobre a autodefinição de cozinheiras negras, o desenvolvimento de uma sabedoria culinária, a existência de redes de solidariedade entre as trabalhadoras e seu papel na construção e manutenção de comunidades negras expõem como essas mulheres sempre foram perspicazes em ler o contexto social em que estavam inseridas, uma vez que sua sobrevivência dependia disso. E, nesse sentido, criaram diversas estratégias para encontrar brechas, fortalecer laços sociais e políticos e construir futuros para si e para os seus.

Ao final, é importante reconhecer que, por se tratar de um trabalho amplo e generalista, assumi o risco de produzir uma pesquisa que deixa de fora muitos detalhes de uma longa e complexa história de trabalho. Por isso, considero necessário enfatizar que *Um pé na cozinha* tem um caráter propositivo, no sentido de que levanto questionamentos e ofereço respostas, mas não acredito que apenas um livro seja capaz de dar conta de uma história social e crítica do trabalho feminino e negro na cozinha. Nesse sentido, vale observar como há limitações no escopo dos registros que utilizo, mais concentrado em trajetórias de cozinheiras negras em Salvador, Rio de Janeiro, São Paulo e Minas Gerais que viviam majoritariamente em meio urbano. Análises de histórias de vida em meio rural, em cidades menores e em outras regiões revelariam outros detalhes sobre o cotidiano do trabalho culinário e as formas de agência e de resistência de cozinheiras ou chefs negras.

Há algumas questões surgidas no decorrer da análise sobre as quais não pude me aprofundar por ter encontrado apenas indícios. Um dos exemplos mais importantes é o tema da pigmentocracia e como ela influencia uma divisão intrarracial do trabalho, sendo a cozinha um espaço possivelmente privilegiado para observar como isso pode ocorrer. A maneira como esse mecanismo do racismo antinegritude funciona, prejudicando sobremaneira a vida de trabalhadoras negras de pele mais escura, pode ser evidenciada por seu confinamento ao trabalho invisível da cozinha. Nesse sentido, requer estudos em maior profundidade que precisam levar também em consideração a heterogeneidade dos processos de racialização nas diferentes regiões do Brasil.

Outro fator importante a ser considerado sobre as limitações desta pesquisa é o fato de que ela foi realizada durante uma pandemia, que não se encerrou até o fim deste trabalho. Nesse sentido, a pesquisa pode parecer datada enquanto os retrocessos sociais e econômicos avançam de modo mais destacado sobre mulheres negras, como as cozinheiras. Especialmente porque o confinamento de mulheres negras a condições de trabalho exaustivas e miseravelmente remuneradas na cozinha, por meio do trabalho doméstico ou em outras funções precárias, se mantém e se aprofunda. Nesse sentido, as tecnologias do racismo antinegritude e do sexismo, articuladas pelas elites e pelo Estado, estão em franca atualização nesse momento de crise, para justificar as mortes evitáveis e o aprofundamento da pobreza no Brasil. O impacto da pandemia enseja a necessidade de muitos outros trabalhos para entender a amplitude de suas consequências para trabalhadoras negras.

No entanto, acredito que uma das contribuições deste trabalho está em oferecer reflexões iniciais sobre o campo da cozinha profissional e da gastronomia a partir das trajetórias de mulheres negras e de uma perspectiva interseccional de raça, gênero e classe ainda pouco explorada no campo de estudos da alimentação no Brasil. Espero também que este trabalho possa representar uma contribuição para estudos sociológicos no campo do trabalho de mulheres negras, de modo geral, evidenciando como a cozinha é um espaço explicativo sobre as condições de trabalho de mulheres negras. A análise sobre as condições de trabalho a que cozinheiras negras foram forçadas e as observações sobre a existência de uma etiqueta racial profissional, também destacada em outros trabalhos, podem ser úteis à pesquisas sobre trajetórias profissionais de mulheres negras. Também desejo que o trabalho seja uma contribuição para expor a necessidade de ampliar os conceitos de agência e resistência, rompendo com a ideia de subserviência ou passividade de trabalhadoras negras.

Durante a escrita, o pensamento que me movia era o de que este é um trabalho escrito por uma mulher negra, sobre e para outras mulheres negras. Para além da contribuição sociológica, minha maior pretensão é a de que faça sentido, provoque inquietações e promova discussões especialmente nesse grupo. Espero que *Um pé na cozinha* possa ser reconhecido como uma parte da longa tradição intelectual feminina e negra, que considera a sério a vida de mulheres negras e sua perspectiva sobre a própria potência e complexidade enquanto "agentes de conhecimento da realidade de nossa própria vida".[2]

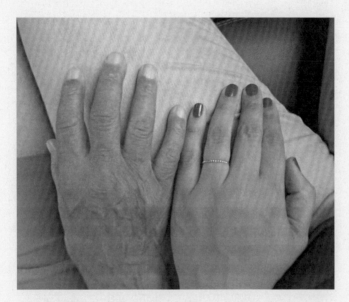

20. As mãos de Cenira Luiza da Silva de Sant'Anna e Taís de Sant'Anna Machado em Salvador, Bahia, 2018

ANEXO

As cozinheiras

NOME	ANO DE NASCIMENTO	FORMA DE OBTENÇÃO DA INFORMAÇÃO	ANO DE REGISTRO DA INFORMAÇÃO	TEZ DE PELE NEGRA	CLASSE SOCIAL	OFÍCIO/ OCUPAÇÃO
Esperança Garcia	c. 1751	Registro histórico (carta-petição)	1770	(sem informação, mas "de cor")	Escravizada	Cozinheira doméstica escravizada
Theodora Dias da Cunha	c. 1807	Registro histórico (carta em processo criminal)	1867	(sem informação, mas africana)	Escravizada	Cozinheira doméstica escravizada
Mãe Maria	(sem informação)	Registro histórico (nota em jornal)	1873	(sem informação, mas "de cor")	(sem informação)	Quitandeira
Luiza Mahin	c. 1810	Carta	1880	(sem informação, mas africana)	Livre	Quitandeira e quituteira
Rosa Maria de Jezus	1821	Registro histórico (justificativa de dispensa)	1886	(sem informação, mas africana)	Baixa	Cozinheira doméstica
Tia de Laudelina de Campos Melo	(sem informação)	Entrevista com Laudelina (por Elisabette Aparecida Pinto)	c. 1989	(sem informação)	Baixa	Cozinheira de hotel
Dona Risoleta	1900	Entrevista (por Ecléa Bosi)	c. 1970	Escura	Baixa	Cozinheira de forno e fogão e dona de pensão

Maria de São Pedro	1901	Notícias e guias turísticos de Salvador	c. 1952	Escura	Média	Quitandeira, quituteira e dona de restaurante
Laudelina de Campos Melo	1904	Entrevista com Laudelina (por Elisabette Aparecida Pinto)	c. 1989	Escura	Baixa	Trabalhadora doméstica, dona de pensão e sindicalista
Maria Maurícia de Campos Melo	c. 1890	Entrevista com Laudelina (por Elisabette Aparecida Pinto)	c. 1989	Escura	Baixa	Trabalhadora doméstica e doceira
Mãe de Lenira Maria de Carvalho	c. 1910	Autobiografia da filha	2000	Escura	Baixa	Cozinheira doméstica
Carolina Maria de Jesus	1914	Diário	c. 1970	Escura	Baixa	Cozinheira e escritora
Dona Inez	c. 1920	Entrevista (por Teresinha Bernardo)	c. 1990	(sem informação)	Baixa	Cozinheira doméstica
Cenira Luiza da Silva de Sant'Anna	1928	Entrevista	2011	Clara	Média	Cozinheira e copeira
Benedita Ricardo de Oliveira	1944	Entrevista (por Bianca Briguglio)	2017	Escura	Média	Chef
Anna (pseudônimo)	1958	Entrevista	2019	Escura	Média	Cozinheira e assistente de programa de tv
Vitália (pseudônimo)	1959	Entrevista	2019	Escura	Média	Cozinheira e dona de restaurante
Margareth (pseudônimo)	1975	Entrevista	2019	Escura	Alta	Chef e dona de restaurante

Edileide (pseudônimo)	1985	Entrevista	2019	Escura	Alta	Chef e dona de restaurante
Marselina (pseudônimo)	1982	Entrevista	2019	Escura	Alta	Chef e dona de restaurante
Rosa (pseudônimo)	1980	Entrevista	2019	Escura	Média	Chef e dona de restaurante
Edna (pseudônimo)	1978	Entrevista	2019	Escura	Alta	Cozinheira e dona de bufê
Celina (pseudônimo)	1984	Entrevista	2019	Clara	Média	Chef e autônoma
Ângela (pseudônimo)	1992	Entrevista	2019	Clara	Média	Professora de gastronomia
Filomena (pseudônimo)	1993	Entrevista	2018	Escura	Média	Chef e autônoma
Maria Aurora dos Santos	1913	Formulário	2021	Escura	Baixa	Cozinheira e trabalhadora doméstica
Celina da Silva Cabral Felipe	1932	Formulário	2021	Escura	Baixa	Cozinheira doméstica
Vitália da Silva Martins	1938	Formulário	2021	Clara	Baixa	Cozinheira doméstica
Rosa Abel Moreira Souza	1949	Formulário	2021	Clara	Baixa	Cozinheira escolar e professora
Filomena da Silva Pereira	1930	Formulário	2021	Escura	Baixa	Cozinheira doméstica e de bar
Edna Santos Maciel	1959	Formulário	2021	Escura	Baixa	Copeira e cozinheira
Marselina Borges de Melo	1855	Formulário	2021	(sem informação)	Baixa	Cozinheira doméstica escravizada

Margareth Virtuoso	1964	Formulário	2021	Clara	Baixa	Boleira, confeiteira e quituteira
Angela Maria da Silva	1957	Formulário	2021	Clara	Baixa	Cozinheira doméstica e governanta
Anna Cardoso dos Santos	1923	Formulário	2021	Escura	Baixa	Cozinheira doméstica e de bufês
Edileide Maria do Nascimento	1971	Formulário	2021	Escura	Baixa	Merendeira
Cleonice Gonçalves	1957	Notícia	2020	Clara	Baixa	Cozinheira doméstica
Elisa Inês da Silva	1947	Obituário	2020	Escura	Baixa	Cozinheira-chefe escolar
Joana Josefina Evaristo Vitorino	1922	Obra literária escrita por Conceição Evaristo	2014	Escura	Baixa	Lavadeira e trabalhadora doméstica
Otília	(sem informação)	Conto de Tula Pilar	2019	(sem informação)	Baixa	Cozinheira doméstica

Agradecimentos

Este livro se torna pelo trabalho de muitas mãos e muitas mentes, como é comum ao trabalho intelectual de mulheres negras, e alguns breves agradecimentos certamente não serão capazes de fazer jus ao afeto que me sustentou ao longo do caminho. A pesquisa de quatro anos de doutorado adaptada para esta obra só foi possível porque fui muito bem acompanhada pelo melhor tipo de gente: pessoas que, além de geniais, são generosas. Foi esse compartilhamento que possibilitou ter escrito a maior parte deste trabalho na solidão de um isolamento forçado pela pandemia e de muitas outras dores. Eu nunca me senti completamente só. Nesse sentido, este trabalho se teceu principalmente em chamadas de vídeo, ligações telefônicas, mensagens no WhatsApp e Telegram, além de conversas e trocas de referências bibliográficas no Twitter.

Agradeço primeiramente minha família, que percorreu longas e difíceis trilhas para que eu pudesse ter a oportunidade de acessar o doutorado e produzir uma pesquisa. Em especial a minha avó materna, Cenira Luiza da Silva de Sant'Anna, cujas experiências de vida são um dos fios condutores desta pesquisa e de minha vida. Mas também a minha mãe, Ana Luzia de Sant'Anna Machado, e a minha tia, Ana Lúcia Sant'Anna Dantas, por terem compartilhado histórias de sua infância. Um agradecimento especial também para Larissa Machado Santos, minha prima querida, pelo amor, pelo deboche e pelas gargalhadas que dão leveza a tudo. E para Tia Beda, Tia Sandra e Tia

Célia, que nunca duvidaram de minha capacidade de chegar até aqui — e que, apesar de muito distantes, mantiveram meu estoque de flocão de milho e manteiga de garrafa sempre abastecido.

Sou grata também a Marcelo da Rocha Santos, por um passado bonito de amor, companheirismo e cuidado.

Este livro certamente é fruto da dedicação admirável de professoras e professores negros, que foram verdadeiros guias em todas as etapas de sua feitura. Agradeço ao professor Joaze Bernardino-Costa, pela supervisão do processo de produção desta pesquisa, e à professora Núbia Regina Moreira, uma das avaliadoras mais gentis e sábias que alguém poderia ter. Fundamentais para o olhar diaspórico que construí neste trabalho foram os professores Anani Dzidizienyo, cuja falta neste plano é profundamente sentida, mas cuja presença ainda é pujante no mundo e neste trabalho, e Emily Owens, cuja generosidade e o brilhantismo da aula "A história intelectual de mulheres negras", em 2019, transformou tudo sobre esta pesquisa. Agradeço especialmente à professora Keisha-Khan Perry, cujo cuidado, apoio e estímulo intelectual fizeram com que meu trabalho alçasse voos inimaginados. Obrigada por ser um exemplo da acadêmica criteriosa e generosa, além da feminista negra que eu busco ser.

Agradeço também ao professor Edson Silva de Farias, pela relação de afeto e de suporte que o tornou muito mais que um ex-orientador, e ao professor Clóvis Carvalho Brito, cujas pontuações cuidadosas influenciaram os rumos da pesquisa.

Sem o apoio de uma ampla e pujante rede de pesquisadoras negras e pesquisadores negros este trabalho também não seria possível. Reservo um espaço particular para aquela que se tornou minha irmã perdida na Diáspora, Alexandria Miller. *Sister*, obrigada pela parceria intelectual e de vida! Um agradecimento também para a rede de pesquisadoras e pesquisadores negros que conheci no Twitter, que, além de serem interlocutores fundamentais para este trabalho, com certeza trouxeram mais leveza para o processo de construção e escrita. Sou grata em especial ao Grupo de Leitura que formei com algumas pessoas que a rede trouxe para mais perto e que tanto me ouviram falar sobre esse assunto, como Rosana Castro, Juliana Lopes,

Beatriz Moura, Vinícius Venâncio, Gabriela Ramos, Ranna Correa, Jordhanna Cavalcante e Emília Viana.

Agradeço aos amigos que foram aparecendo ao longo do caminho em outros espaços presenciais e virtuais, como o Grupo de Estudos Mulheres Negras, e permaneceram em minha vida. Sou grata em particular a Andressa Marques, Matheus Asmassallan, Rodrigo Portela, Raíla Melo, Fernanda Lima, Talitha Ferreira, Débora Soares e Anna Paula Silva.

Sou grata à parceria longeva de vida de Luiz Ranyer Lopes, Adailton Cerqueira, Camila Pimentel, Flávio Dantas, Tiago Cantalice e Adrianna Figueiredo.

Também agradeço a parceria intelectual, mas principalmente o amor, o cuidado e as risadas compartilhadas com minhas pretinhosidades Vanessa Machado, Éllen Cintra, Renata Monteiro e Raissa Roussenq. A Bruna Pereira, que sempre esteve lá para me ver renascer, me amparou no meu refazimento e compartilhou tantas coisas bonitas no processo. A Aline Camargo, que chegou no fim com seu olhar acurado e amoroso e me fez saber que eu não ia quebrar. E a Ana Paula Pereira da Gama Alves Ribeiro, cuja maturidade e afeto foram luz no caminho todas as vezes.

Por fim, e certamente não menos importante, agradeço às entrevistadas, por terem confiado a mim as histórias de suas vidas e de seus trabalhos, mas também seus silêncios e o sigilo de tudo que foi dito diante do gravador desligado. De modo semelhante, também sou grata pela possibilidade de acessar tantos registros e rastros biográficos de cozinheiras negras, cujo encontro certamente foi influenciado por sussurros ao pé do ouvido e arrepios na espinha que ainda não sei nomear, mas que me acompanharam durante todo o processo.

Notas

APRESENTAÇÃO [PP. 20-2]

1. No Brasil, mulheres negras morrem mais de Covid-19 do que qualquer grupo na base do mercado de trabalho.

2. Rede Penssan, *II Inquérito Nacional sobre Insegurança Alimentar no Contexto da Pandemia da COVID-19 no Brasil*. São Paulo: Fundação Friedrich Ebert, 2022.

UMA MÃO A MAIS DE BARRO NO JARRO QUE EU SOU [PP. 23-31]

1. Ponto para Preto Velho, 2019.

2. Ruha Benjamin, Black After Lives Matter. *Boston Review*. Disponível em: <http://bostonreview.net/race/ruha-benjamin-black-afterlives-matter>. Acesso em: 5 maio 2021.

3. Ashanté M. Reese, *Black Food Geographies: Race, Self-Reliance, and Food Access in Washington, D.C.*, Chapel Hill: University of North Carolina Press, 2019, p. 2.

4. Clarissa Galvão Cavalcanti Borba, *Dos ofícios da alimentação à moderna cozinha profissional: reflexões sobre a ocupação de chef de cozinha*. Recife: UFPE, 2015. Tese (Doutorado em Sociologia); Bianca Briguglio, *Cozinha é lugar de mulher?: a divisão sexual do trabalho em cozinhas profissionais*. Campinas: Unicamp, 2020. Tese (Doutorado em Ciências Sociais); Talitha Alessandra Ferreira, *O amor pelo gosto: sobre a gastronomia e os food trucks na cidade de São Paulo*. Campinas: Unicamp, 2008. Dissertação (Mestrado em Sociologia); Giuliane da Silva Pimentel, *Psicodinâmica do trabalho em um restaurante certificado de alta gastronomia em São Paulo*. Brasília: UNB, 2018. Dissertação (Mestrado em Psicologia Social).

5. Christina Sharpe, *Monstrous Intimacies: Making Post-Slavery Subjects*. Durham: Duke University Press, 2010, p. 156.

6. Ruha Benjamin, "Retomando nosso fôlego: estudos de ciência e tecnologia, teoria racial crítica e a imaginação carcerária". In: Tarcízio Silva (Org.), *Comunidades, algoritmos e ativismos digitais: olhares afrodiaspóricos*. São Paulo: LiteraRUA, 2020, pp. 13-26.

7. Rafia Zafar, *Recipes for Respect: African American Meals and Meaning*. Athens: University of Georgia Press, 2019.

PREÂMBULO — VIVENDO NA BRECHA [PP. 32-3]

1. Carolina Maria de Jesus, *Diário de Bitita*. São Paulo: Ed. Sesi-SP, 2014, pp. 202-3.

2. Ibid.

PARTE I

"COZINHA NÃO ERA LUGAR DE GENTE" [P. 35]

1. A expressão é de Hildegardes Vianna ao se referir às condições insalubres do ambiente da cozinha e à dureza do trabalho na cidade de Salvador "de antigamente". Ver Hildegardes Vianna, *A Bahia já foi assim: crônicas de costumes*. Salvador: Itapuã, 1973, p. 71.

"UM PÉ NA COZINHA": INTIMIDADE MONSTRUOSA E O TRABALHO CULINÁRIO ESSENCIAL DE MULHERES NEGRAS NO PERÍODO ESCRAVISTA [PP. 37-97]

1. Conceição Evaristo, *Poemas da recordação*. Rio de Janeiro: Malê, 2017, pp. 10-1.

2. Luiz Roberto de Barros Mott, *Piauí colonial: população, economia e sociedade*. [s.l.]: Projeto Petrônio Portella, 1985; Maria Sueli Rodrigues de Sousa, *Dossiê Esperança Garcia: símbolo de resistência na luta pelo direito*. Teresina: EDUFPI, 2017, p. 7.

3. Maria Sueli Rodrigues de Sousa, *Dossiê Esperança Garcia*, op. cit.

4. Christina Sharpe, *Monstrous Intimacies: Making Post-Slavery Subjects*. Durham, NC: Duke University Press, 2010.

5. Faço um paralelo aqui entre a carta de Esperança Garcia e o relato da violência sofrida por Hester, tia de Frederick Douglass, analisado por Christina Sharpe, como "uma das primeiras cenas nas narrativas escritas por negros do Novo Mundo que introduz e localiza as condições de produção de uma violência familiar fundamental, de sujeitos múltiplos, da tolerância e a necessidade deles nos espaços e nas formas de intimidade que estou chamando de monstruosas". Ibid., p. 2.

6. Ibid., p. 3.

7. Ibid., p. 4.

8. Zora Neale Hurston, *Their Eyes Were Watching God*. Reed. Nova York: HarperCollins, 2006, p. 39.

9. Manuel Querino, *Costumes africanos no Brasil*. Rio de Janeiro: Civilização Brasileira, 1938, p. 123.

10. Gram Slattery e Rodrigo Viga Gaier, "A Brazilian Woman Caught Coronavirus on Vacation. Her Maid Is Now Dead". *Reuters*, 2020.

11. "Uma pessoa muito batalhadora", diz sobrinho de empregada doméstica que morreu de coronavírus. Fantástico, 22 mar. 2020.

12. Taís de Sant'Anna Machado, "Trabalho essencial na pandemia: a descartabilidade das vidas de trabalhadoras negras". *Boletim cientistas sociais: a questão étnico-racial em tempos de crise*, n. 7, 2020.

13. Brasil, Decreto n. 10.282.

14. Alguns estados foram obrigados a recuar em consequência da pressão da Federação Nacional das Trabalhadoras Domésticas (Fenatrad) sobre o Ministério Público do Trabalho, mas, ainda que parte dessas decisões tenha sido derrubada, a informalidade que marca as condições de trabalho das trabalhadoras domésticas torna proteções jurídicas ainda pouco eficientes. Segundo dados da PNAD 2019, 66,6% dos trabalhadores de serviços domésticos no Brasil são informais. Ver IBGE, *Síntese de indicadores sociais: uma análise das condições de vida da população brasileira (2020)*. Rio de Janeiro: IBGE, 2020.

15. Joaze Bernardino-Costa, *Saberes subalternos e decolonialidade: os sindicatos das trabalhadoras domésticas do Brasil*. Brasília: UNB, 2015; Caetana Maria Damasceno, "'Cor' e 'boa aparência' no mundo do trabalho doméstico: problemas de pesquisa da curta à longa duração". In: XXVII Simpósio Nacional de História, 2013, Natal. *Anais...* Natal: ANPUH, 2013; Lélia Gonzalez, *Lélia Gonzalez: primavera para as rosas negras*. Org. UCPA. São Paulo: UCPA, 2018; Elisabete Aparecida Pinto, *Etnicidade, gênero e educação: a trajetória de vida de Laudelina de Campos Mello (1904-1991)*. São Paulo: Anita Garibaldi, 2015.

16. Um exemplo de ataques racistas desse tipo foram os movimentos contrários à implementação de ações afirmativas nas universidades. Em 2007, uma pichação em frente à Faculdade de Direito da Universidade Federal do Rio Grande do Sul, em Porto Alegre, afirmava: "Negro só se for na Cozinha do R.U., cotas não!". A imagem está disponível em: <https://www.geledes.org.br/lugar-de-negro-e-na-cozinha-cotas-na-universidade-publica-por-mara-gomes/>. Acesso em: 27 dez. 2020.

17. Emanuel Neri, "FHC se diz mulato com 'um pé na cozinha'". *Folha de S.Paulo*, 31 maio 1994.

18. Ibid.

19. Raissa Roussenq Alves, *Entre o silêncio e a negação: uma análise da CPI do trabalho escravo sob a ótica do trabalho "livre" da população negra*. Brasília: UNB, 2017. Dissertação (Mestrado em Direito); Silvia Hunold Lara, "Escravidão, cidadania e história do trabalho no Brasil". *Projeto História: Revista do Programa de Estudos Pós-Graduados de História*, v. 16, n. 0, 1998; Antonio Luigi Negro e Flávio Gomes, "Além de senzalas e fábricas: uma história social do trabalho". *Tempo Social*, v. 18, n. 1, 2006, pp. 217-40.

20. Silvia Hunold Lara, op. cit., pp. 26-7.

21. Antonio Teixeira Lima Júnior et al., "Igualdade de gênero". In: *Políticas sociais: acompanhamento e análise*. Brasília: Ipea, 2014, p. 592.

22. Maria Beatriz Nascimento, *Beatriz Nascimento, quilombola e intelectual: possibilidade nos dias da destruição*. Org. UCPA. Diáspora Africana: Filhos da África, 2018.

23. Flávio dos Santos Gomes e Olívia Maria Gomes da Cunha, "Introdução: que cidadão? Retóricas da igualdade, cotidiano da diferença". In: *Quase-cidadão: histórias e antropologias da pós-emancipação no Brasil*. Rio de Janeiro: FGV, 2007, pp. 7-19; Juliana Barreto Farias, "De escrava a dona: a trajetória da africana mina Emília Soares do Patrocínio no Rio de Janeiro do século XIX". *Locus: Revista de História*, v. 18, n. 2, 2012; Maria Cristina Cortez Wissenbach e Teodora Dias da Cunha: "Construindo um lugar para si no mundo da escrita e da escravidão". In: Giovana Xavier, Juliana Farias e Flávio Gomes (Orgs.), *Mulheres negras no Brasil pós-escravista e do pós-emancipação*. São Paulo: Selo Negro, 2012, pp. 228-43; Giovana Xavier, Juliana Barreto Farias e Flávio Gomes, op. cit.

24. Saidiya Hartman, "Vênus em dois atos". *Revista ECO-Pós*, v. 23, n. 3, 2020, pp. 12-33, 29-30.

25. Ibid.

26. Patricia Hill Collins, *Pensamento feminista negro: conhecimento, consciência e a política do empoderamento*. São Paulo: Boitempo, 2019, p. 12.

27. Emory University, Estimativas, Slave Voyages. Disponível em: <http://www.slavevoyages.org/assessment/estimates>. Acesso em: 18 dez. 2018.

28. É importante lembrar que este número pode ser ainda maior, visto que não inclui os mortos durante a travessia ou os que não saíram diretamente da África (contingente importante em razão do tráfico inter-americano e entre as regiões brasileiras). Camillia Cowling, *Concebendo a liberdade: mulheres de cor, gênero e a abolição da escravidão nas cidades de Havana e Rio de Janeiro*. Campinas: Unicamp, 2018.

29. Não ignoro que o trabalho culinário durante o período colonial não foi executado apenas por mulheres negras. No entanto, para o espaço restrito deste livro, meu foco é a centralidade do papel das cozinheiras negras. Sobre os homens negros que também foram designados para o trabalho na cozinha, leia o segundo capítulo.

30. Gilberto Gil, "A mão da limpeza". Comp. de Gilberto Gil. In: _____. *Raça humana*. [s.l.]: WEA, 2003. Faixa 6 (3 min 29 s).

31. Christina Sharpe, *Monstrous Intimacies: Making Post-Slavery Subjects*. Durham, NC: Duke University Press, 2010.

32. Sandra Lauderdale Graham, *Proteção e obediência: criadas e seus patrões no Rio de Janeiro, 1860-1910*. São Paulo: Companhia das Letras, 1992; Maciel Henrique Carneiro da Silva, *Pretas de honra: trabalho, cotidiano e representações de vendeiras e criadas no Recife do século XIX (1840-1870)*. Recife: UFPE, 2004. Dissertação (Mestrado em História); Id., *Domésticas criadas entre textos e práticas sociais: Recife e Salvador (1870-1910)*. Salvador: UFBA, 2011. Tese (Doutorado em História); Lorena Féres da Silva Telles, *Libertas entre sobrados: mulheres negras e trabalho doméstico em São Paulo*. São Paulo: Alameda Editorial, 2013.

33. Sandra Lauderdale Graham, op. cit., p. 45.

34. Ibid.; Maciel Henrique Carneiro da Silva, *Pretas de honra*, op. cit.; id., *Domésticas criadas entre textos e práticas sociais*, op. cit.; Lorena Féres da Silva Telles, *Libertas entre sobrados*, op. cit.; Richard Graham, *Alimentar a cidade*. São Paulo: Companhia das Letras, 2013; João José Reis, *Ganhadores: a greve negra de 1857 na Bahia*. São Paulo: Companhia das Letras, 2019.

35. Maciel Henrique Carneiro da Silva, *Pretas de honra*, op. cit.; Alberto Heráclito Ferreira Filho, *Salvador das mulheres: condição feminina e cotidiano popular na Bélle Époque imperfeita*. Salvador: UFBA, 1994. Dissertação (Mestrado em História); Maria Aparecida Prazeres Sanches, *Fogões, pratos e panelas: poderes, práticas e relações de trabalho doméstico. Salvador 1900/1950*. Salvador: UFBA, 1998. Dissertação (Mestrado em História).

36. John Mawe, *Travels in the Interior of Brazil: Particularly in the Gold and Diamond Districts of that Country, by Authority of the Prince Regent of Portugal: Including a Voyage to the Rio de Le Plata and an Historical Sketch of the Revolution of Buenos Ayres*. Londres: Longman, Hurst, Rees, Orme, and Brown, 1812, p. 81.

37. Maciel Henrique Carneiro da Silva, *Pretas de honra*, op. cit., p. 90.

38. Maria Aparecida Prazeres Sanches, op. cit., p. 38.

39. Alberto Heráclito Ferreira Filho, *Salvador das mulheres*, op. cit.

40. Sandra Lauderdale Graham, op. cit., p. 62.

41. Ibid., pp. 7-48.

42. Ibid.

43. Maria Aparecida Prazeres Sanches, op. cit., p. 74.

44. Sandra Lauderdale Graham, op. cit.; Maciel Henrique Carneiro da Silva, *Pretas de honra*, op. cit.; Lorena Féres da Silva Telles, *Libertas entre sobrados*, op. cit.; Maria Aparecida Prazeres Sanches, op. cit.; Cecília Moreira Soares, *Mulher negra na Bahia no século XIX*. Salvador: UFBA, 1994. Dissertação (Mestrado em História).

45. Maria Aparecida Prazeres Sanches, op. cit.

46. Hildegardes Vianna, *A Bahia já foi assim: crônicas de costumes*. Salvador: Itapuã, 1973, p. 151.

47. Maria Aparecida Prazeres Sanches, op. cit., p. 79.

48. Ibid.

49. Ibid., p. 80.

50. Elisete Zanlorenzi, *O mito da preguiça baiana*. São Paulo: USP, 1998. Tese (Doutorado em Antropologia Social).

51. Elisabete Aparecida Pinto, op. cit., p. 141.

52. Martha S. Santos, "'Mães escravas', *partus sequitur ventrem*, e a naturalização da reprodução escrava no Brasil oitocentista". *Tempo*, v. 22, n. 41, 2016, pp. 467-87.

53. Lélia Gonzalez, *Lélia Gonzalez*, op. cit.; Patricia Hill Collins, *Pensamento feminista negro*, op. cit.

54. Sidney Chalhoub, "Prefácio à edição brasileira". In: Camillia Cowling (Ed.), op. cit., pp. 15-8.

55. Ibid., p. 17.

56. Lorena Féres da Silva Telles, *Libertas entre sobrados*, op. cit.

57. Ibid., pp. 169-70.

58. Hildegardes Vianna, op. cit.

59. Ibid., p. 31.

60. Alberto Heráclito Ferreira Filho, *Salvador das mulheres*, op. cit.

61. Hildegardes Vianna, op. cit., pp. 30-1.

62. Luiz Antonio Cunha, *O ensino de ofícios artesanais e manufatureiros no Brasil escravocrata*. São Paulo: Unesp, 2005; Paulo Alexandre da Silva Filho, *Desvalorização do trabalho e consumo honorífico em Recife*. Recife: UFPE, 2007. Dissertação (Mestrado em História); Elisete Zanlorenzi, op. cit.

63. Maria Odila Leite da Silva Dias, *Quotidiano e poder em São Paulo no século XX*. 2. ed. São Paulo: Brasiliense, 1995.

64. Elisete Zanlorenzi, op. cit., p. 45.

65. Anne McClintock, *Couro imperial*. Campinas: Unicamp, 2010, p. 63.

66. Maria Beatriz Nizza, em estudo sobre mulheres brancas no século 18, analisa como o confinamento de mulheres brancas em conventos era um símbolo de prestígio social e nobreza que imitava os modos do Reino português, "sobretudo se faltavam pretendentes de igual condição para realizar um matrimônio conveniente". Maria Odila Leite da Silva Dias fala sobre as casas de recolhimento, para onde podiam ser mandadas herdeiras, sinhás "rebeldes", separadas ou adúlteras — e esses espaços poderiam ter "vida social com escravaria e festas".

67. Maria Odila Leite da Silva Dias, *Quotidiano e poder em São Paulo no século XX*, op. cit.; Maria Beatriz Nizza da Silva, *Donas mineiras do período colonial*. São Paulo: Unesp, 2017.

68. John Mawe, op. cit., pp. 161-2. Como lembra Sônia Roncador, é importante considerar que a percepção de John Mawe está relacionada à cultura doméstica inglesa e norte-americana da época, que tinha a dona de casa como figura central.

69. Maria Beatriz Nizza da Silva, *Donas mineiras do período colonial*, op. cit., p. 178. Vale destacar que esse tipo de separação na construção arquitetônica também era comum em residências da elite branca escravista nos Estados Unidos, como observado por Kelley Fanto Deetz.

70. Maria Odila Leite da Silva Dias, *Quotidiano e poder em São Paulo no século XX*, op. cit.; Maria Beatriz Nizza da Silva, "Mulheres brancas no fim do período colonial", *Cadernos Pagu*, n. 4, 1995, pp. 75-101. O estudo de Maria Odila Leite da Silva Dias em São Paulo, no século 19, observa casos como o de senhoras brancas empobrecidas que, não tendo ninguém à disposição para executar tarefas à rua, saíam apenas à noite, para buscar água ou fazer compras, tentando esconder sua condição.

71. Hildegardes Vianna, op. cit., p. 31.

72. Alberto Heráclito Ferreira Filho, *Salvador das mulheres*.

73. Ibid., pp. 49-50.

74. Hildegardes Vianna, op. cit.

75. Emily Alissa Owens, *Race and Slavery in America*. Providence: Brown University, 2020.

76. Sandra Lauderdale Graham, op. cit., p. 46.

77. Maria Odila Leite da Silva Dias, *Quotidiano e poder em São Paulo no século XX*, op. cit.; Maria Beatriz Nizza da Silva, *Donas mineiras do período colonial*, op. cit.

78. Em análise sobre o trabalho culinário doméstico no estado sulista da Virgínia, nos Estados Unidos, Kelley Fanto Deetz chama a atenção para a consolidação de uma ideia de hospitalidade doméstica diretamente relacionada à exploração de mão de obra escravizada nas cozinhas. A análise se aplica também às casas de famílias brancas abastadas no Brasil durante o mesmo período. Ver Kelley Fanto Deetz, *Bound to the Fire: How Virginia's Enslaved Cooks Helped Invent American Cuisine*. Lexington, Kentucky: University Press of Kentucky, 2017.

79. Maria Aparecida Prazeres Sanches, op. cit., pp. 71-2.

80. Sandra Lauderdale Graham, op. cit.; Lorena Féres da Silva Telles, *Libertas entre sobrados*, op. cit.

81. Sandra Lauderdale Graham, op. cit.

82. O risco que laços familiares representavam ao trabalho se reflete em outra face da intimidade monstruosa: as tristes histórias de infanticídios, que chegavam a ocorrer dentro da casa senhorial. Ver Maciel Henrique Carneiro da Silva, *Pretas de honra*, op. cit.; Maria Aparecida Prazeres Sanches, op. cit.

83. Hildegardes Vianna, op. cit.

84. Lorena Féres da Silva Telles, *Libertas entre sobrados*, op. cit.

85. Ibid., p. 208.

86. Maria Cristina Cortez Wissenbach, op. cit.

87. Ibid., p. 231.

88. Ibid.

89. Ibid., p. 232.

90. Em outras cartas, a figura é descrita como a rainha que São Benedito perdeu no mar — uma referência que parece estar relacionada à travessia forçada do continente africano ao Brasil. Ibid., p. 231.

91. Juliana Barreto Farias, op. cit.; Giovana Xavier, Juliana Barreto Farias e Flávio Gomes, op. cit.; João José Reis, *Ganhadores*, op. cit.; Fernando Freitas, *Das kitandas de Luanda aos tabuleiros das terras de São Sebastião: conflito em torno do comércio das quitandeiras negras no Rio de Janeiro do século XIX*. Rio de Janeiro: UFRJ, 2015. Dissertação (Mestrado em Planejamento Urbano e Regional); Sonia Maria Giacomini, *Mulher e escrava: uma introdução histórica ao estudo da mulher negra no Brasil*. Curitiba: Appris, 2012; Bruna Portella de Novaes, *Embranquecer a cidade negra: gestão do trabalho de rua em Salvador no início do século XX*. Brasília: UNB, 2017. Dissertação (Mestrado em Direito).

92. Luis dos Santos Vilhena, *A Bahia no século XVIII*. Salvador: Itapuã, 1969, p. 130.

93. Miriam Moreira Leite, *A condição feminina no Rio de Janeiro, século XIX*. Antologia de Textos. São Paulo: Edusp, 1993.

94. Cabe aqui pausa para refletir sobre a expressão "mandar fazer", ainda comum no Brasil. Acredito que ela revela muito da estrutura desigual de trabalho e renda no Brasil e de sua história de longa duração, como analiso neste capítulo. A frase não nomina ou indica quem executará a tarefa, mas a impessoalidade da expressão pressupõe a existência de uma massa de trabalhadores à margem, sempre a postos para executar qualquer tipo de serviço. A história do trabalho escravizado e, mais tarde, precário, executado majoritariamente por pessoas negras, permite observar como esse contexto se constrói e seus efeitos hoje. Aqui também cabe a análise de como as pessoas brancas, sobretudo as senhoras de classes média e alta, eram ensinadas sobre como o trabalho doméstico deveria ser executado — porque "quem não sabe fazer não pode mandar". Hildegardes Vianna, op. cit., p. 33.

95. Ibid., p. 44.

96. Lorena Féres da Silva Telles, *Libertas entre sobrados*, p. 259.

97. João José Reis, *Ganhadores*, 2019, p. 19.

98. Apesar de as trabalhadoras negras serem o foco deste trabalho, homens e mulheres negras trabalhavam nos diversos serviços que garantiam a manutenção do cotidiano das cidades. Como foi observado por Robert Avé-Lallemant, viajante alemão passando por Salvador no século 19, "[...] tudo que corre, grita, trabalha, tudo que transporta e carrega é negro" (em *Viagens pelas províncias da Bahia, Pernambuco, Alagoas e Sergipe: 1859*. Belo Horizonte: Itatiaia, 1980, p. 22). Sobre o trabalho essencial masculino nas ruas, vale consultar o trabalho recente de João José Reis, *Ganhadores*, op. cit.

99. Flávio dos Santos Gomes, op. cit.; Sandra Lauderdale Graham, op. cit.; Richard Graham, op. cit.; Fernando Freitas, op. cit.

100. Fernando Freitas, op. cit., p. 55.

101. Luís da Câmara Cascudo, *História da alimentação no Brasil*. São Paulo: Global, 2004, p. 599.

102. Gerlaine Torres Martini, *Baianas do acarajé: a uniformização do típico em uma tradição culinária afro-brasileira*. Brasília: UNB, 2007, p. 163. Tese (Doutorado em Antropologia).

103. Lorena Féres da Silva Telles, *Libertas entre sobrados*; Richard Graham, op. cit.; Gerlaine Torres Martini, *Baianas do acarajé*, op. cit.

104. Fernando Freitas, op. cit., p. 16.

105. Os estudos apontam para a predominância de mulheres negras de nações Mina no Rio de Janeiro e de nações Jeje e Nagô em Salvador (Juliana Barreto Farias, op. cit.; Fernando Freitas, op. cit.). As diferentes origens têm relação com o movimento do tráfico ou de migrações forçadas de mulheres escravizadas em cada região do Brasil.

106. Juliana Barreto Farias, op. cit.; Rachel E. Harding, *A Refuge in Thunder: Candomblé and Alternative Spaces of Blackness*. Bloomington: Indiana University Press, 2003.

107. Maciel Henrique Carneiro da Silva, *Pretas de honra*, op. cit.

108. Bruna Portella de Novaes, op. cit., p. 66.

109. Vítor Henrique Guimarães Lima, "A herança do comércio da África pré-colonial nas práticas comerciais em Salvador e no Rio de Janeiro: continuidades e rupturas". *Revista da Associação Brasileira de Pesquisadores/as Negros/as* (ABPN), v. 12, n. ed. esp., 2020, pp. 175-99; Cecília Moreira Soares, "As ganhadeiras: mulher e resistência negra em Salvador no século XIX". *Afro-Ásia*, v. 0, n. 17, 1996.

110. Fernando Freitas, op. cit.

111. Maria Odila Leite da Silva Dias, "Nas fímbrias da escravidão urbana: negras de tabuleiro e de ganho". *Estudos Econômicos*, São Paulo, v. 15, n. esp., 1985, pp. 89-109, 96.

112. Lorena Féres da Silva Telles, *Libertas entre sobrados*, op. cit., p. 212.

113. João José Reis, *Ganhadores*, op. cit., p. 67.

114. Kátia M. de Queirós Mattoso, *Bahia, século XIX: uma província no império*. Rio de Janeiro: Nova Fronteira, 1992, p. 437.

115. Cecília Moreira Soares, *Mulher negra na Bahia no século XIX*, op. cit., p. 59.

116. Jean-Baptiste Debret, *Voyage Pittoresque et Historique au Brésil*. Paris: Imprimeurs de L'Institut de France, 1831, p. 110.

117. Para exemplificar a importância das vendedoras de comida em Salvador, elas tinham uma denominação popular específica: "mamãe bote". Ver Alberto Heráclito Ferreira Filho, *Salvador das mulheres*, op. cit.; Maria Aparecida Prazeres Sanches, op. cit.

118. Louis-François Tollenare, *Notas dominicais tomadas durante uma viagem em Portugal e no Brasil em 1816, 1817 e 1818*. Recife: Empreza do Jornal de Recife, 1905, p. 21.

119. Richard Graham, op. cit., p. 68.

120. Maria Odila Leite da Silva Dias, *Quotidiano e poder em São Paulo no século XX*, op. cit., p. 23.

121. Gerlaine Torres Martini, *Baianas do acarajé*, op. cit.

122. Fernando Freitas, op. cit.

123. Maria Odila Leite da Silva Dias, *Quotidiano e poder em São Paulo no século XX*, op. cit., p. 164.

124. Ibid., pp. 164-5.

125. Bruna Portella de Novaes, op. cit., p. 56.

126. Maria Odila Leite da Silva Dias, *Quotidiano e poder em São Paulo no século XX*, op. cit.

127. João José Reis, *Rebelião escrava no Brasil*. São Paulo: Companhia das Letras, 2003.

128. Luiz Gama, *Carta a Lúcio de Mendonça*.

129. Maciel Henrique Carneiro da Silva, *Pretas de honra*, op. cit.; João José Reis, *Ganhadores*, op. cit.; Maria Odila Leite da Silva Dias, *Quotidiano e poder em São Paulo no século XX*, op. cit.

130. Fernando Freitas, op. cit.

131. Entre os indivíduos levados a julgamento pela revolta, 14% eram mulheres — sem contar as esposas e as companheiras de revoltosos presos, extraditados ou assassinados, que possivelmente tinham conhecimento da revolta e participaram de seus preparativos. Ibid., p.107.

132. A greve de ganhadores em Salvador, em 1857, apesar de seu caráter majoritariamente masculino, indica as ações de oposição a regramentos e condições mais duras de trabalho (ver João José Reis, *Ganhadores*, op. cit.). No entanto, no caso feminino, mais comum era uma resistência silenciosa: o fato de que as mulheres não deixavam as ruas.

133. Richard Graham, op. cit.

134. Jean-Baptiste Debret, op. cit.

135. Hélio Santos Menezes Neto, *Entre o visível e o oculto: a construção do conceito de arte afro-brasileira*. São Paulo: USP, 2018. Dissertação (Mestrado em Antropologia); Ana Paula Alves Ribeiro, "Atravessamentos pós-coloniais, imagens e memórias: sobre os filmes *Negros*, de Mônica Simões, e *Travessia*, de Safira Moreira". In: Milene de Cássia Silveira Gusmão e Salete Nery (Orgs.), *Memória e imagens: entre filmes, séries, fotografias e significações*. Jundiaí: Paco e Littera, 2020, pp. 66-88.

136. Edriane Madureira Daher, *Cenas da escravidão: imagens de Debret e o ensino de história no Distrito Federal 2008 ao tempo presente*. Brasília: UNB, 2011. Dissertação (Mestrado em História).

137. Jean-Baptiste Debret, op. cit., p. 110.

138. Fernando Freitas, op. cit.

139. Juliana Barreto Farias, op. cit.; Richard Graham, op. cit.; Maria Odila Leite da Silva Dias, *Quotidiano e poder em São Paulo no século XX*, op. cit.; Fernando Freitas, op. cit.

140. Richard Graham, op. cit., pp. 68-9.

141. Fernando Freitas, op. cit., p. 40.

142. Richard Graham, op. cit., pp. 75-6.

143. Pesquisas importantes têm sido feitas sobre os casos excepcionais de alforriadas ou livres e libertas que ascenderam socialmente sendo quitandeiras. Nesse sentido, vale a pena consultar a vida de mulheres como Ana de São José da Trindade (Richard Graham, op. cit.) e Emília Soares do Patrocínio (Juliana Barreto Farias, op. cit.).

144. Richard Graham, op. cit., p. 81.

145. Ibid., p. 118.

146. Ibid., p. 78.

147. Hildegardes Vianna, op. cit., p. 117.

148. Richard Graham, op. cit., p. 74.

149. Alberto Heráclito Ferreira Filho, *Salvador das mulheres*, pp. 41-2.

150. Ibid., p. 43.

151. Cecília Moreira Soares, *Mulher negra na Bahia no século XIX*. Salvador: UFBA, 1994. Dissertação (Mestrado em História).

152. Richard Graham, op. cit., p. 81.

153. Hildegardes Vianna, op. cit., p. 118.

154. Jorge Amado, *Jubiabá*. São Paulo: Companhia das Letras, 2008.

155. Ibid., p. 9.

156. Uso aspas porque não julgo adequado definir Luísa como louca, sendo ela uma mulher negra mais velha que há muito trabalhava com a venda de comida em latas pesadas na cabeça durante todo o dia e há anos sofria com dores de cabeça. Na verdade, em seu "ataque" final, que a faz ser internada, ela parece bastante lúcida: "Foi quando Luísa, que estava no melhor da história atrapalhada, olhou para as latas de mungunzá e mingau. Deu um pulo e cantarolou: 'eu não vou mais... nunca mais... nunca mais...'. Aí Antônio Balduíno teve medo de novo e perguntou se ela estava com dor de cabeça. Ela olhou para o sobrinho com uns olhos tão estranhos que Antônio Balduíno recuou até detrás da mesa". Ibid.

157. Ibid.

158. Fernando Freitas, op. cit.

159. O fato de que "Mãe Maria" era filha de "Pai João" pode indicar que se trata de um pseudônimo. Isso porque os dois nomes são muito comuns entre pessoas negras e não há sobrenomes, o que pode indicar a intenção de que a verdadeira autora do texto não fosse identificada.

160. Fernando Freitas, op. cit., p. 93.

161. Robin D. G. Kelley, "We Are Not What We Seem": Rethinking Black Working-Class Opposition in the Jim Crow South. *The Journal of American History*, v. 80, n. 1, 1993, pp. 75-112, 76.

INTERLÚDIO I — MARIA DE SÃO PEDRO E O COZINHEIRO GRINGO [PP. 98-101]

1. Wlamyra R. de Albuquerque, *O jogo da dissimulação: abolição e cidadania negra no Brasil*. São Paulo: Companhia das Letras, 2009.

2. Entrevista concedida por Luiz Domingos, filho caçula de Maria de São Pedro.

3. Caroline Freitas, *Maria de São Pedro: história e tradição da culinária baiana*.

4. Ubaldo Marques Porto Filho, *Maria de São Pedro*.

5. Geraldo Leite, *Maria de São Pedro*; Andreia Santana, Restaurante Maria de São Pedro: 81 anos de histórias apuradas no dendê. *A Tarde*, 2006.

6. As manchetes de jornal da década de 1950 citam diversos admiradores ilustres da "mais famosa quitandeira do Brasil, entre eles: Jorge Amado, Dorival Caymmi, Monteiro Lobato, Erico Verissimo, Tônia Carrero, presidente Eurico Dutra, Orson Welles, Pablo Neruda e Henri-Georges Clouzot. Ver Darwin Brandão, Maria de São Pedro. *Manchete*, n. 71, 1953, p. 23 e Visita do presidente de Portugal. *Jornal do Brasil*, n. 126, 1957, p. 23.

7. Ubaldo Marques Porto Filho, op. cit.; Giro noturno, *Correio Paulistano*, 1956, p. 5.

COZINHEIRAS NEGRAS, *CHEFS DE CUISINE* BRANCOS: O TRABALHO CULINÁRIO PROFISSIONAL NO BRASIL NO SÉCULO 20 [PP. 102-62]

1. Christina Sharpe, *Monstrous Intimacies: Making Post-Slavery Subjects*. Durham, NC: Duke University Press, 2010, p. 3; tradução minha.

2. Flávio dos Santos Gomes e Olívia Maria Gomes da Cunha, "Introdução: que cidadão? Retóricas da igualdade, cotidiano da diferença". In: _____. *Quase-cidadão: histórias e antropologias da pós-emancipação no Brasil*. Rio de Janeiro: FGV, 2007, pp. 7-19; Bruna Portella de Novaes, *Embranquecer a cidade negra: gestão do trabalho de rua em Salvador no início do século XX*. Brasília: UNB, 2017. Dissertação (Mestrado em Direito); Wlamyra R. de Albuquerque, *O jogo da dissimulação: abolição e cidadania negra no Brasil*. São Paulo: Companhia das Letras, 2009; Kim D. Butler, *Freedoms Given, Freedoms Won: Afro-Brazilians in Post-Abolition São Paulo and Salvador*. New Brunswick: Rutgers University Press, 1998.

3. Lélia Gonzalez, *Lélia Gonzalez: primavera para as rosas negras*. Org. UCPA. São Paulo: UCPA, 2018; Brodwyn Fischer, Keila Grinberg e Hebe Mattos, "Direito, silêncio e racialização das desigualdades na história afro-brasileira". In: George Reid Andrews e Alejandro de la Fuente (Orgs.), *Estudos afro-latino-americanos: uma introdução*. Buenos Aires: Clacso, 2018, pp. 119-61; Clovis Moura, *Sociologia do negro brasileiro*. São Paulo: Perspectiva, 2020; Abdias Nascimento, *O genocídio do negro brasileiro*. São Paulo: Perspectiva, 2016.

4. Abdias Nascimento, op. cit.

5. Apesar de algumas variações no percentual da população negra (preta e parda) nos levantamentos estatísticos brasileiros causadas pelas políticas de branqueamento, além do fato de que em alguns censos demográficos a informação de cor/raça não foi coletada, é possível afirmar que o percentual populacional de mulheres negras permaneceu próximo a 25% ao longo do século 20. Ver IBGE, *Estatísticas do século XX*. Rio de Janeiro: IBGE, 2006.

6. As estatísticas coletadas nas últimas décadas mostram como mulheres negras continuam sendo a maioria entre as trabalhadoras domésticas no Brasil. Ver Luana Pinheiro et al., *Os desafios do passado no trabalho doméstico do século XXI: reflexões para o caso brasileiro a partir dos dados da PNAD contínua*. Textos para discussão. Instituto de Pesquisa Econômica Aplicada (IPEA), 2019, pp. 1-52.

7. "The afterlife of slavery" é um conceito cunhado por Saidiya Hartman para definir os efeitos duradouros da escravidão no estabelecimento de uma classificação da vida e do valor que tem impacto sobre as condições contemporâneas de vida da população negra (Saidiya Hartman, Venus in Two Acts. *Small Axe*, v. 12, n. 2, 2008, pp. 1-14). Utilizo a tradução da expressão proposta por Fernanda Silva e Sousa e Marcelo R. S. Ribeiro na tradução recente do ensaio da autora, "Vênus em dois atos" (*Revista ECO-Pós*, v. 23, n. 3, 2020, pp. 12-33).

8. Saidiya Hartman, Venus in Two Acts, op. cit., pp. 15-6; tradução minha.

9. Audre Lorde, *The cancer journals*. Argyle, NY: Spinsters, Ink, 1980, p. 16.

10. Gabriel Priolli, *O negro da senzala ao soul*. São Paulo: Departamento de Jornalismo da TV Cultura, 1977.

11. Audálio Dantas, "O drama da favela escrito por uma favelada: Carolina Maria de Jesus faz um retrato sem retoque do mundo sórdido em que vive". *Folha da Noite*, São Paulo, n. 10.885. p. 5, 9 maio 1958.

12. Entrei em contato com a história de Elisa por meio do projeto "Inumeráveis", que consiste em um memorial dedicado às histórias das vítimas da Covid-19 no Brasil. Disponível em: <https://inumeraveis.com.br/>. Acesso em: 14 jun. 2022.

13. Audrey Fantini Francisco et al., "Elisa Inês da Silva não é um número". *Inumeráveis*. Disponível em: <https://inumeraveis.com.br/elisa-ines-da-silva/>. Acesso em: 13 ago. 2020.

14. Ibid.

15. Ibid.

16. Ibid.

17. Ibid.

18. Audrey Fantini Francisco et al., "Angelina Teresa da Silva não é um número". *Inumeráveis*. Disponível em: <https://inumeraveis.com.br/angelina-teresa-da-silva/>. Acesso em: 4 jan. 2021; Gabriella Ramos, "Covid-19: cozinheira de 73 anos morre seis dias depois da filha em Campinas: 'era um ser de luz'". *G1*, 21 jul. 2020.

19. É importante lembrar que, apesar da escolha desse marco temporal, a maior parte da população negra já era liberta ou livre no momento da abolição, de modo que escravizadas, livres e libertas conviviam em âmbito doméstico (ver Sônia Roncador, *A doméstica imaginária: literatura, testemunhos e invenção da empregada doméstica no Brasil. 1889-1999*. Brasília: UNB, 2008). De acordo com o Censo Imperial de 1872, realizado pouco mais de uma década antes da abolição, 85% da população brasileira era livre, e pardos e pretos já eram maioria nesse contingente (50,5%) (ver Raiss Roussenq Alves, *Entre o silêncio e a negação: uma análise da CPI do trabalho escravo sob a ótica do trabalho "livre" da população negra*. Brasília: UNB, 2017. Dissertação, (Mestrado em Direito). No entanto, em razão da "precariedade estrutural da liberdade", conceito cunhado por Sidney Chalhoub, em "Precariedade estrutural: o problema da liberdade no Brasil escravista (século XIX)" (*História Social*, n. 19, 2010, pp. 33-62), para definir as condições restritas da vida em liberdade impostas aos egressos da escravidão em uma sociedade escravista, como a possibilidade de revogação de alforrias ou as condicionadas à continuidade da prestação de serviços, a escravização ilegal ou o cerceamento de direitos políticos, considero a abolição como um marco importante para a vida das trabalhadoras negras, mesmo as que já eram livres e libertas.

20. Flávio dos Santos Gomes e Olívia Maria Gomes da Cunha, op. cit., p. 11.

21. Wlamayra R. de Albuquerque, *O jogo da dissimulação*, op. cit.

22. Ibid., p. 37.

23. Como explicam de maneira mais detalhada as autoras: "[...] os termos 'preto' e 'negro' foram desaparecendo gradualmente da documentação oficial nas décadas após a abolição: sem eles, as marcas formais da escravidão perderam fundamento na

burocracia do país. Como a escravidão deixou de aparecer nos registros escritos, o Brasil, como muitos outros países da América Latina, chegou a construir uma ordem liberal altamente desigual sem preconceito racial explícito". Brodwyn Fischer, Keila Grinberg e Hebe Mattos, op. cit., p. 177.

24. Ibid.

25. Ruha Benjamin, "Retomando nosso fôlego: estudos de ciência e tecnologia, teoria racial crítica e a imaginação carcerária". In: Tarcízio Silva (Org.). *Comunidades, algoritmos e ativismos digitais: olhares afrodiaspóricos*. São Paulo: LiteraRUA, 2020, p. 16.

26. Raissa Roussenq Alves, op. cit.; Kim Butler, op. cit.; Clovis Moura, op. cit.; Oracy Nogueira. "Atitude desfavorável de alguns anunciantes de São Paulo em relação aos empregados de cor". In: _____. *Tanto preto quanto branco: estudos de relações raciais*. São Paulo: Estudos Brasileiros, 1942, pp. 95-124; Lilia Moritz Schwarcz, *O espetáculo das raças: cientistas, instituições e questão racial no Brasil do século XIX*. São Paulo: Companhia das Letras, 1993.

27. Raissa Roussenq Alves, op. cit., p. 50.

28. Alberto Heráclito Ferreira Filho, *Salvador das mulheres: condição feminina e cotidiano popular na Bélle Époque imperfeita*. Salvador: UFBA, 1994. Dissertação (Mestrado em História); Maria Aparecida Prazeres Sanches, *Fogões, pratos e panelas: poderes, práticas e relações de trabalho doméstico. Salvador 1900/1950*. Salvador: UFBA, 1998. Dissertação (Mestrado em História); Caetana Damasceno, "Segredos da boa aparência: da 'cor' à 'boa aparência' no mundo do trabalho carioca" (1930-1950). Seropédica: UFRRJ, 2010.

29. Oracy Nogueira, op. cit.

30. Bruna Portella Novaes, op. cit., p. 50.

31. Caetana Damasceno, *Segredos da boa aparência*, op. cit.

32. Lélia Gonzalez, "A mulher negra na sociedade brasileira: uma abordagem político-econômica". In: _____. *Lélia Gonzalez, Primavera para as rosas negras*. Org. UCPA. São Paulo: UCPA, 2018, p. 129.

33. Maria Odila Leite da Silva Dias, *Quotidiano e poder em São Paulo no século XX*. 2. ed. São Paulo: Brasiliense, 1995.

34. Ibid.; Bruna Portella Novaes, op. cit.; Alberto Heráclito Ferreira Filho, "Desafricanizar as ruas: elites letradas, mulheres pobres e cultura popular em Salvador 1890-1937". *Afro-Ásia*, v. 0, n. 21-2, 1998.

35. Bruna Portella Novaes, op. cit.; Alberto Heráclito Ferreira Filho, *Desafricanizar as ruas*, op. cit.

36. Bruna Portella Novaes, op. cit., pp. 73-4.

37. Lorena Féres da Silva Telles, *Libertas entre sobrados: mulheres negras e trabalho doméstico em São Paulo*. São Paulo: Alameda Editorial, 2013.

38. Cristina Sharpe, Judith Halberstam e Lisa Lowe, op. cit.; Richard Graham, *Alimentar a cidade*. São Paulo: Companhia das Letras, 2013; Olivia Maria Gomes da Cunha, "Criadas

para servir: domesticidade, intimidade e retribuição". In: Olívia Maria Gomes da Cunha e Flavio dos Santos Gomes (Orgs.), *Quase-cidadão: histórias e antropologias da pós-emancipação no Brasil*. Rio de Janeiro: FGV, 2007, pp. 377-417.

39. Lorena Féres da Silva Telles, *Libertas entre sobrados: mulheres negras e trabalho doméstico em São Paulo*. São Paulo: Alameda Editorial, 2013.

40. Wlamyra R. de Albuquerque, *O jogo da dissimulação*, op. cit.

41. E não se trata de um processo que é característico apenas do Brasil. Analisando manuais de conduta escritos para trabalhadores livres na ocasião da abolição nos Estados Unidos, Saidiya Hartman observa: "No contexto da liberdade, a necessidade de reimpor a subordinação negra não foi menos premente, sendo atualizada não apenas através de formas de repressão e punição legal, mas também através da inculcação de regras de conduta. [...] As lições de conduta dadas na cartilha dos homens livres reconfiguraram a deferência e a servidão nas relações sociais da escravidão. [...] Claramente, essas lições incutiram padrões de comportamento que minimizaram o desconforto dos brancos com a liberdade dos negros" (*Scenes of Subjection: Terror, Slavery, and Self-Making in Nineteenth-Century America*. [s.l.]: Oxford University Press, 1997, p. 155).

42. Ecléa Bosi, D. Risoleta. In: _____, *Memória e sociedade*. São Paulo: Companhia das Letras, 1994, pp. 365-401.

43. A exploração do trabalho em condições análogas à escravidão de meninas negras e/ou pobres com a justificativa perversa de ensiná-las a trabalhar era bastante comum no pós-abolição. Um dos casos estudados é o de meninas e adolescentes conhecidas pelo termo genérico de "Catarinas" em Salvador (Alberto Heráclito Ferreira Filho, *Salvador das mulheres*, op. cit.; Maria Aparecida Prazeres Sanches, *Fogões, pratos e panelas*, op. cit.). Famílias abastadas e de classe média exploravam a miséria de famílias negras e/ou pobres, que muitas vezes não tinham condições financeiras de sustentar as filhas e eram forçadas a entregá-las para "[...] famílias 'piedosas', que em troca de alimentação e abrigo usufruíam gratuitamente de seu trabalho" (Maria Aparecida Prazeres Sanches, "As catarinas: relações de gênero, trabalho doméstico e infância pobre em Salvador". In: XXVIII Simpósio Nacional de História, 2015, Florianópolis. *Anais...* Florianópolis: ANPUH, 2015, p. 3). Meninas órfãs eram também submetidas a esse tipo de exploração, às vezes agenciadas por parentes ou amigos da família, mas também pela polícia — quando as encontravam "perambulando" pela cidade (ibid.). Era comum que as famílias da menina ou adolescente tentassem estabelecer que o trabalho seria realizado em troca da possibilidade de aprender a ler e escrever, mas essa parte do "trato" era raramente cumprida. As Catarinas eram forçadas a uma rotina extenuante de trabalho, que incluía todo tipo de serviço doméstico, castigos físicos, humilhação e a ameaça (ou a realidade) sempre presente de violência sexual. A intimidade monstruosa do trabalho doméstico se mostra na rotina de tortura, que era definida como "disciplina": "'Bolos' de palmatória, puxões de orelhas, queimaduras com ferro quente de engomar, copiosas surras de cinturão, fios elétricos ou barbatanas de baleia" (ibid., p. 8), como reportavam jornais locais. Em alguns casos, a degradação a que eram submetidas se refletia em seu corpo: as famílias requeriam que tivessem seus cabelos raspados rente à nuca (com a justificativa de evitar piolhos) e as vestiam com roupas velhas, descartadas por outros membros da família (Alberto Heráclito Ferreira Filho, *Salvador das mulheres*, op. cit.). Vivendo em condições tão violentas, os relatos de fuga eram comuns (Ibid.; Maria Aparecida Prazeres Sanches, *As catarinas*, op. cit.). A falsa simetria do trato entre os

patrões e as famílias das meninas, como parte da sobrevida das relações de trabalho da escravidão, se mostra no caso de Rosalinda Maria da Conceição, em 1907. Ao tentar retirar sua filha de oito anos da casa de uma família que "a maltratava e a obrigava a executar trabalhos superiores às forças de uma criança de sua idade" (ibid., p. 9), acabou presa. A justificativa era a de que, ao retirar a filha da casa, era ela quem havia maltratado as pessoas da família que torturavam e exploravam sua filha.

44. Essa foi uma estratégia comum de famílias negras no pós-abolição, seja pelo entendimento da educação como uma ferramenta de possível ascensão social que lhes era negada institucionalmente, seja pela necessidade de crianças e adolescentes trabalharem para garantir a sobrevivência da família. No entanto, como visto na nota anterior, as famílias que empregavam crianças e adolescentes raramente cumpriam com sua parte do trato, de maneira que é possível que essa estratégia tenha surtido pouco efeito.

45. Ecléia Bosi, op. cit.

46. Dona Risoleta tinha mais de setenta anos no momento da entrevista, e a estimativa da idade da cozinheira tem a ver com seu comentário de que ela era "[...] uma preta bem velha, mas velha do que estou agora" (ibid., p. 371).

47. Ibid., p. 371.

48. Sandra Lauderdale Graham, *Proteção e obediência: criadas e seus patrões no Rio de Janeiro, 1860-1910*. São Paulo: Companhia das Letras, 1992; Maciel Henrique Carneiro da Silva, *Pretas de honra: trabalho, cotidiano e representações de vendeiras e criadas no Recife do século XIX (1840-1870)*. Recife: UFPE, 2004. Dissertação (Mestrado em História).

49. Fiz a pesquisa entre os 6 766 registros de "cozinheira de forno e fogão" nos periódicos do século 19 disponíveis na Hemeroteca, e o anúncio em questão pode ser encontrado em: <http://memoria.bn.br/DocReader/094170_01/10792>. Acesso em 1º abr. 2021.

50. Sandra Lauderdale Graham, op. cit.; Maria Aparecida Prazeres Sanches, *Fogões, pratos e panelas*, op. cit.

51. Maciel Henrique Carneiro da Silva, *Pretas de honra*, op. cit.

52. A pesquisa pela expressão "cozinheira de forno e fogão" foi feita em anúncios de trabalho do século 20 de jornais de diferentes regiões do Brasil, disponíveis na Hemeroteca Digital: <https://bndigital.bn.gov.br/hemeroteca-digital/>. Encontrei anúncios em todas as décadas do século, somando milhares de registros. Uma breve pesquisa em buscadores *on-line* permite observar que a expressão ainda é utilizada no século 21.

53. Ecléia Bosi, op. cit.

54. Ibid., p. 384.

55. Ibid., p. 382.

56. Ibid., p. 385.

57. Carolina Maria de Jesus, *Diário de Bitita*. São Paulo: Sesi-SP, 2014.

58. Ibid., p. 36.

59. Isso porque Carolina trata de mulheres que conseguiam morar fora do trabalho, algo que era pouco comum em função da remuneração miserável. Era raro que cozinheiras conseguissem manter uma casa para si e para sua família (algo que podia ser menos difícil em uma cidade menor ou onde a família estendida da trabalhadora residisse). Ademais, era comum que os anúncios exigissem que a cozinheira morasse no trabalho ou "dormisse" no emprego (Alberto Heráclito Ferreira Filho, *Salvador das mulheres*, op. cit.; Maria Aparecida Prazeres Sanches, *Fogões, pratos e panelas*, op. cit.).

60. Outra situação que mostra o tratamento humilhante a que cozinheiras foram submetidas por todos os membros de uma família e a fragilidade de suas relações de trabalho está no relato de Hilda C. S. Brandão, trabalhadora doméstica da primeira metade do século 20 entrevistada por Maria Aparecida Prazeres Sanches (*Fogões, pratos e panelas*, op. cit.). Hilda conta que saiu de um emprego de mais de duas décadas por causa da tirania de Floricéia, uma criança que sabia de seu poder como filha dos patrões: "[...] empregada desde os 14 anos, conta-nos que saiu da casa em que já trabalhava há mais de vinte anos por causa dos desaforos que lhe dirigia uma garota de 11 anos. No seu relato lembra que, numa dessas ocasiões, após preparar todo o jantar da casa com comidas variadas e arrumar a mesa, foi solicitada por Floricéia, a filha dos patrões, para fritar um ovo. Cansada de todo um dia de trabalho na casa e na cozinha, Hilda sugeriu que a menina comesse o que tinha na mesa ou fosse ela mesma fritar seu ovo. Contrariada no seu capricho, Floricéia lembrou-a que a obrigação de fritar o dito ovo era dela, Hilda, empregada da casa e que, assim como seu pai, ela também tinha direito de 'lhe botar para fora'" (ibid., p. 34).

61. Ibid., p. 38.

62. Pesquisas recentes analisam como a prática de levar restos de comida para casa também era comum entre cozinheiras negras nos Estados Unidos no pós-abolição (Rebecca Sharpless, *Cooking in Other Women's Kitchens: Domestic Workers in the South, 1865-1960*. Ed. ver. Chapel Hill: The University of North Carolina Press, 2010). "*Pan toting*" ou "*service pan*" era algo que poderiam ser forçadas a receber e, não raro, era considerado parte de sua remuneração já miserável ou mesmo a única "compensação" em casos de trabalhos em condições análogas à escravidão.

63. Carolina Maria de Jesus, *Diário de Bitita*, op. cit., p. 37.

64. Ibid., p. 198.

65. Este é o posto de cozinheira mencionado no preâmbulo do livro, em que ela tinha que lidar com os comentários depreciativos de irmã Irinéia.

66. Carolina Maria de Jesus, *Diário de Bitita*, op. cit., p. 203.

67. Lenira Maria de Carvalho, *A luta que me fez crescer*. Recife: DED; Bagaço, 2000.

68. Ibid., p. 30.

69. Carolina Maria de Jesus, *Diário de Bitita*, op. cit.

70. É importante destacar que uso aqui apenas dois exemplos para pensar na fome dos filhos de cozinheiras e de outras trabalhadoras domésticas que também tinham que cozinhar para os patrões. Porém, dado o confinamento de mulheres negras a esse trabalho ao longo do século 20 e o fato de que a comida (e a falta dela) costuma fazer parte de tantas biografias de pessoas negras, é possível perceber como essa é uma

história comum. Como define Rafia Zafar, histórias negras costumam ser marcadas por diferentes aspectos do "abuso alimentar", como a fome e a desigualdade de acesso ao alimento, que são observadas de perto pelas cozinheiras" (Rafia Zafar, *Recipes for Respect: African American Meals and Meaning*. Athens: University of Georgia Press, 2019).

71. Infelizmente, não há informações mais detalhadas sobre a vida de dona Inez, como a data ou o local de nascimento, só é possível inferir que se trata da primeira década do século 20 (Teresinha Bernardo, *Memória em branco e negro*. São Paulo: Unesp, 2007).

72. Dona Inez está falando provavelmente dos bailes beneficentes organizados pela Sociedade Brinco de Princeza, de São Paulo, formada majoritariamente por cozinheiras (José Correia Leite, ... *E disse o velho militante José Correia Leite*. São Paulo: Secretaria Municipal de Cultura, 1992). Explorarei um pouco mais a história da associação no capítulo 4.

73. Teresinha Bernardo, op. cit., p. 53.

74. Carolina Maria de Jesus, *Diário de Bitita*, op. cit., p. 38.

75. Ecléia Bosi, op. cit.

76. Carolina Maria de Jesus, *Diário de Bitita*, op. cit.

77. Lenira Maria de Carvalho, op. cit.

78. Entrevista concedida por Luiz Domingos, filho caçula de Maria de São Pedro.

79. Ecléia Bosi, op. cit.

80. A ideia romântica em torno da figura das trabalhadoras negras e de um passado escravista não é inédita, uma vez que também pode ser identificada em obras da literatura oitocentista. Ver Sônia Roncador, op. cit.

81. Edson Silva de Farias, *Ócio e negócios: festas populares e entretenimento-turismo no Brasil*. Curitiba: Appris, 2011, p. 32.

82. Caetana Damasceno, *Segredos da boa aparência*, op. cit.

83. Essa narrativa existe, em certo sentido, como resposta à ideia da "doméstica perigosa", que se consolidou no fim do século 19 como parte das políticas higienistas e de branqueamento (Sônia Roncador, op. cit.). Trata-se de um resultado das "crises de autoridade" que os patrões julgavam ter se instalado em suas residências com o fim da escravidão — ou do medo branco, como observado por Célia Maria Marinho de Azevedo em *Onda negra, medo branco: o negro no imaginário das elites — século XIX* (São Paulo: Annablume, 1987) — e de uma resposta aos discursos sanitaristas sobre as epidemias da época, que identificavam os cortiços, onde os trabalhadores domésticos eram forçados a morar, como focos de contaminação. É também parte do discurso de modernização da virada do século, como os ideais de domesticidade comuns à Belle Époque (1870-1922), em que, dentro do ideal da família burguesa, havia dois tipos de trabalho doméstico: o patronal, das senhoras brancas, visto como enobrecedor e moral, e o servil, das trabalhadoras domésticas negras (e pobres), considerado degradante. Assim, "O empregado doméstico, visto como um perigo à sanidade física e moral da família burguesa, passa a ser também considerado um obstáculo para a

modernização da vida doméstica, ditada pelas normas da higiene e pela noção europeia de lar" (Sônia Roncador, op. cit., p. 73). Nesse contexto, a imagem da mãe preta vira um termômetro das tensões raciais à época, como propõe Katrina Dyonne Thompson em sua análise sobre a *mammy*, uma figura semelhante à mãe preta nos Estados Unidos (que tratarei mais adiante), como forma de confortar o medo branco: "[...] ela emerge continuamente em tempos de medos brancos de mudança como um santuário contínuo para a brancura" (Katrina Dyonne Thompson, "Taking Care a White Babies, That's What I Do". In: Claire Oberon Garcia, Vershawn Ashanti Young e Charise Pimentel (Orgs.), *From Uncle Tom's Cabin to The Help: Critical Perspectives on White-Authored Narratives of Black Life*. Nova York: Palgrave Macmillan, 2014, p. 60).

84. Sônia Roncador, op. cit., pp. 83-4.

85. Rogéria Campos de Almeida Dutra, "Nação, região, cidadania: a construção das cozinhas regionais no projeto Nacional Brasileiro". *Campos*, v. 5, n. 1, 2004, pp. 93-110.

86. Sônia Roncador, op. cit., p. 83.

87. É importante lembrar como as tecnologias racistas de afirmação de uma suposta inferioridade negra no século 20 circulam nas Américas entre pensadores brancos. É o caso de Gilberto Freyre, que, tendo estudado no sul dos Estados Unidos e visitado o "Old South" (Afrânio Garccia, "Gilberto Freyre: um vitoriano dos trópicos", *Estudos Avançados*, v. 20, n. 58, 2006, pp. 316-22), sem dúvida recebeu influências da maneira como a literatura produzida por autores brancos da região minimizou a violência do passado escravista e criou imagens estereotipadas e inofensivas de mulheres negras, como a *mammy*, uma figura bastante similar à mãe preta (Patricia Hill Collins, *Pensamento feminista negro: conhecimento, consciência e a política do empoderamento*. São Paulo: Boitempo, 2019; Rafaela de Andrade Deiab, *A mãe preta na literatura brasileira: a ambiguidade como construção social (1880-1950)*. São Paulo: USP, 2006. Dissertação de Mestrado; Kimberly Wallace-Sanders, *Mammy: A Century of Race, Gender and Southern Memory*. Ann Arbor, MI: University of Michigan Press, 2008). Ainda que essas conexões precisem de aprofundamento, pois existem poucos estudos brasileiros a respeito delas (e esse também não é o objetivo aqui), é importante demarcá-las por demonstrarem uma das justificativas para as conexões intelectuais diaspóricas negras que escolho fazer, evidenciando, por exemplo, como as imagens de trabalhadoras negras construídas por pensadores brancos brasileiros e estadunidenses se aproximam e se influenciam como parte de uma agenda continental do racismo antinegritude.

88. Monteiro Lobato, *Histórias de Tia Nastácia*. 32. ed. São Paulo: Brasiliense, 2002. (Sítio do Picapau Amarelo).

89. Id., *Prefácios e entrevistas*. São Paulo. Brasiliense, 1957, p. 111.

90. A despeito da intenção do autor de dar realidade à personagem ao mencionar a existência de uma Anastácia e da ênfase em sua habilidade de cuidar de crianças e cozinhar, a ilustração da capa da edição de 1995 (figura 8) apresenta uma figura bastante diferente da descrição física da "preta alta", revelada na figura 7, e mais próxima da imagem estereotípica da mãe preta: "velha, corpulenta, supersticiosa e fervorosamente católica" (Sônia Roncador, op. cit., p. 83). Vale lembrar que essa representação visual da personagem Tia Nastácia é comum a todas as edições da série e até mesmo na produção audiovisual inspirada na obra.

91. Monteiro Lobato, *Histórias de Tia Nastácia*, op. cit.

92. Shirlene de Almeida dos Santos e Jober Pascoal Souza Brito, "Se uma boneca de pano é gente, Tia Nastácia é o quê?" In: V SIALA — Seminário Internacional Acolhendo as Línguas Africanas, 2014, Salvador. Anais... Salvador: Uneb, 2014. v. 5.

93. Apesar de ser afirmado como uma referência culinária "autenticamente brasileira", o repertório do qual trata a obra é marcado pela cultura alimentar da região do Vale do Paraíba, no estado de São Paulo, onde Monteiro Lobato nasceu.

94. Monteiro Lobato, *Histórias de Tia Nastácia*, op. cit.

95. Uma estratégia narrativa parece residir no fato de que Monteiro Lobato escolhe Emília, a boneca falante costurada por Tia Nastácia, para ser a principal porta-voz dos comentários humilhantes e racistas proferidos sobre ela. Emília, por ser uma boneca falante, pode ser considerada a personagem mais fantasiosa da série, à primeira vista, uma criança-boneca que não reflete sobre o que diz ou que não pensa — e, assim, suas falas não poderiam ser consideradas tão violentas. A reflexão que quero estimular é a de como esse tipo de construção pode aproximar o racismo antinegritude de uma fantasia.

96. Monteiro Lobato, *Memórias da Emília*. 20. ed. São Paulo: Brasiliense, 1966, p. 144.

97. Monteiro Lobato, *Histórias de Tia Nastácia*, op. cit.

98. Ibid., p. 26.

99. Rafaela de Andrade Deiab, op. cit., pp. 182-3.

100. Vale observar também a existência da marca comercial Dona Benta de produtos alimentícios, cujo slogan é: "Dona Benta: receita de carinho". A marca tem uma mistura de bolinhos de chuva — a marca de Tia Nastácia nos livros. Disponível em: <https://www.cozinhadonabenta.com.br/dona-benta/historia/>. Acesso em: 16 jun. 2022.

101. Luiz Cintra, *Dona Benta: comer bem*. 77. ed. São Paulo: Companhia Editora Nacional, 2013.

102. Renata da Silva Simões, *Dona Benta: comer bem: uma fonte para a história da alimentação (1940-2003)*. São Paulo: USP, 2009. Dissertação (Mestrado em História).

103. Não há autor ou autora vinculado à obra durante todo o século 20 (sendo registrado um chef nas edições a partir de 2003). "Segundo depoimentos de funcionárias do Centro de Memória da IBEP nacional, em reuniões entre os editores e suas esposas algumas receitas eram testadas e posteriormente compiladas, originaram o *Dona Benta*" (Renata da Silva Simões, op. cit., p. 14). Considerando a posição social dos editores e de suas esposas, é praticamente certo que cozinheiras negras foram envolvidas no processo de produção, seleção e eventual teste de receitas para o livro.

104. É válido fazer um paralelo com a Aunt Jemima, figura comercial também inspirada na mãe preta estadunidense – a *mammy*. No entanto, nesse caso a Aunt Jemima é utilizada como símbolo de qualidade de produtos alimentares processados (Kimberly Wallace-Sanders, op. cit.).

105. Ver Gilberto Freyre: *Manifesto regionalista*. 7. ed. Recife: Fundação Joaquim Nabuco, 1996; *Casa-grande & senzala*. 39. ed. Rio de Janeiro: Record, 2000; *Açúcar*:

Uma sociologia do doce, com receitas de bolos e doces do Nordeste do Brasil. 5. ed. São Paulo: Global, 2007.

106. É importante destacar que, no tocante à mestiçagem, há uma diferença importante entre a obra de Monteiro Lobato e a de Gilberto Freyre, a que não me atenho em razão do meu foco no estereótipo de mãe preta cozinheira. Apesar das semelhanças nas descrições benevolentes da escravidão ou das relações raciais brasileiras, algo que é parte do sentimento nostálgico que os dois autores nutriam de um passado aristocrático, Lobato, ao mesmo tempo, se tornou conhecido por sua filiação à eugenia e ao ideal de melhoramento da raça — algo que Freyre também fez, mas em momento anterior da vida (Afrânio Garcia, op. cit.); Maria Lúcia G. Pallares-Burke, *Gilberto Freyre: um vitoriano dos trópicos*. São Paulo: Unesp, 2005). Para ler mais sobre o tema, vale consultar José Wellington de Souza, *Raça e eugenia na obra geral de Monteiro Lobato*. Juiz de Fora: UFJF, 2017. Tese (Doutorado em Ciências Sociais).

107. Sônia Roncador, op. cit.

108. Gilberto Freyre, *Casa-grande & senzala*, op. cit., p. 542.

109. Id., *Manifesto regionalista*, op. cit., p. 55.

110. Ibid., p. 59.

111. Carlos Alberto Dória, *A formação da culinária brasileira*. São Paulo: Publifolha, 2009; Raul Lody, *Brasil bom de boca: temas da antropologia da alimentação*. São Paulo: Senac-SP, 2008; Nil Castro da Silva, "Culinária e alimentação em Gilberto Freyre: raça, identidade e modernidade". *Latin American Research Review*, v. 49, n. 3, 2014, pp. 3-22.

112. Existe outro autor muito utilizado pelos estudos culturais da alimentação no Brasil: Luís da Câmara Cascudo, *História da alimentação no Brasil*. São Paulo: Global, 2004. No entanto, como aqui o foco é a construção da narrativa sobre a mãe preta cozinheira, os trabalhos de Monteiro Lobato e de Gilberto Freyre destacam-se mais nesse sentido.

113. Para além de sabermos que Tia Nastácia foi inspirada em Anastácia, ama do filho de Monteiro Lobato, um exemplo emblemático do estilo de vida de Gilberto Freyre e de suas similaridades com a vida de um senhor de um passado colonial e escravista pode ser visto no documentário de Joaquim Pedro de Andrade, *O mestre de Apipucos* (Recife: Saga Filmes, 1959), que retrata o cotidiano do intelectual em sua mansão oitocentista em Recife (PE). Servindo um "frugal café da manhã" está Manuel, "há muitos anos com nossa família", e Bia, a cozinheira, "que prepara o peixe sob direção de minha mulher". Falas como a de dona Risoleta, vistas antes no capítulo, demonstram como a manutenção do capital social e econômico de famílias brancas de elite depende do trabalho de mulheres e homens negros precariamente remunerados (Ecléa Bosi, op. cit.).

114. Christina Sharpe, Judith Halberstam e Lisa Lowe, op. cit., p. 156.

115. Kimberly Wallace-Sanders, op. cit.

116. Christina Sharpe, Judith Halberstam e Lisa Lowe, op. cit.; Lélia Gonzalez, *Lélia Gonzalez*, op. cit.; Saidiya Hartman, *Scenes of Subjection*, op. cit.; Saidiya Hartman, "The Belly of the World: A Note on Black Women's Labors". *Souls*, v. 18, n. 1, 2016, pp. 166-73.

117. Eric Brasil Nepomuceno, *Carnavais atlânticos: cidadania e cultura negra no pós-abolição: Rio de Janeiro e Port-of-Spain, Trinidad (1838-1920)*. Rio de Janeiro: UFF, 2016. Tese (Doutorado em História).

118. Kim D. Butler, op. cit.; Abdias Nascimento, op. cit.; Kia Lilly Caldwell, *Negras in Brazil: Re-envisioning Black Women, Citizenship, and the Politics of Identity*. New Brunswick, NJ: Rutgers University Press, 2007; Thomas E. Skidmore, *Preto no branco: raça e nacionalidade no pensamento brasileiro (1870-1930)*. São Paulo: Companhia das Letras, 2012.

119. IBGE, *Censo demográfico 2010: características da população e dos domicílios: resultados do universo*. Rio de Janeiro: IBGE, 2011.

120. Audrey Fantini Francisco et al., "Angelina Teresa da Silva...", op. cit.

121. Patricia Hill Collins, *Pensamento feminista negro*, op. cit., p. 140.

122. O trabalho doméstico deixou de ser a principal ocupação de mulheres negras estadunidenses no século 20, conseguindo migrar para trabalhos industriais e administrativos. Isso não ocorreu no Brasil, onde inclusive mulheres negras e pobres retornam ao trabalho doméstico como um dos efeitos da crise econômica e da pandemia de Covid-19. Ver Joaze Bernardino-Costa, *Saberes subalternos e decolonialidade: os sindicatos das trabalhadoras domésticas do Brasil*. Brasília: UNB, 2015; Patricia Hill Collins, *Pensamento feminista negro*, op. cit.; Daniela Amorim, "Número de empregados domésticos no País bate recorde". *O Estado de S.Paulo*, 30 jan. 2020.

123. Lélia Gonzalez, "A mulher negra na sociedade brasileira", op. cit., p. 233.

124. Um exemplo emblemático, entre tantas violações de direitos de trabalhadoras negras, é que trabalhadoras domésticas ficaram fora dos direitos trabalhistas garantidos pela Constituição de 1988, apesar da intensa mobilização da categoria (Joaze Bernardino-Costa, op. cit.; Elisabete Aparecida Pinto, *Etnicidade, gênero e educação: a trajetória de vida de Laudelina de Campos Mello (1904-1991)*.
São Paulo: Anita Garibaldi, 2015 (Coleção Vozes Oprimidas); Juliana Araújo Lopes, *Constitucionalismo brasileiro em pretuguês: trabalhadoras domésticas e lutas por direitos*. Brasília: UNB, 2020. Dissertação (Mestrado em Direito) Gabriela Batista Pires Ramos, *"Como se fosse da família": o trabalho doméstico na Assembleia Nacional Constituinte de 1987/1988*. Salvador: UFBA, 2019. Dissertação (Mestrado em Direito). Após décadas de luta dos movimentos de trabalhadoras domésticas, a emenda constitucional que lhes estendeu parte dos direitos foi aprovada apenas em 2013.

125. Georges Auguste Escoffier, "Why Men Make the Best Cooks". *Annual Report of the Universal Food and Cookery Association*. Estados Unidos: [s.n.], 1895.

126. Luís da Câmara Cascudo, op. cit., p. 823.

127. Monteiro Lobato, *Serões de Dona Benta e história das invenções*. 15. ed. São Paulo: Brasiliense, 1968, p. 7.

128. Na época, o sistema educacional brasileiro ainda passava por diversas reformas para combater o analfabetismo e atender uma parcela mais extensa da população, o que se estendeu durante o século 20. No entanto, após séculos de negação sistemática da escolarização de pessoas de cor durante o período colonial, a nova estrutura

educacional se apoiava verdadeiramente em uma ideologia de supremacia branca, enquanto se afirmava como igualitária, e terminou por ser uma das estratégias mais eficazes de perpetuação da exclusão econômica da população negra no pós-abolição — algo que iniciativas de associações e do movimento negro brasileiro sempre tentaram combater. Ver Jerry Dávila, *Diploma de brancura: política social e racial no Brasil, 1917-1945*. São Paulo: Unesp, 2006; Luiz Alberto Oliveira Gonçalves e Petronilha Beatriz Gonçalves e Silva, "Movimento negro e educação". *Revista Brasileira de Educação*, n. 15, 2000, pp. 134-58; Stephane Ramos da Costa, *Patrícios negros: experiências de educação popular no Rio de Janeiro (1887-1956)*. Rio de Janeiro: UFRJ, 2020. Dissertação (Mestrado em História).

129. Pesquisas mostram que, na São Paulo da época, "Estabelecimentos de hospedagem de pequeno porte, as pensões eram comumente negócios de família, em geral tocadas pelas mulheres proprietárias, onde não encontramos empregados — nem agentes, nem cozinheiros e nem arrumadeiras; nesses locais vê-se que o freguês podia contar apenas com um lugar à mesa para comer e, caso fosse 'hóspede' ou 'pensionista interno', tinha também uma cama para dormir, no mais das vezes em quarto coletivo" (Lucília Siqueira, "Os hotéis nas proximidades das estações ferroviárias da cidade de São Paulo" (1900-1917). *Revista de História*, São Paulo, n. 168, 2013, pp. 414-42, pp. 435-6). Trabalhadoras negras como dona Risoleta tinham todo o conhecimento das atividades necessárias para manter um espaço como esse, em razão de tantos anos mantendo a hospitalidade "doméstica".

130. Ecléia Bossi, op. cit., p. 389.

131. Lucília Siqueira, op. cit.; Maria Izilda Santos Matos, Oswaldo Truzzi e Carla Fernandes Conceição, "Mulheres imigrantes: presença e ocultamento (interiores de São Paulo, 1880-1930)". *Revista Brasileira de Estudos de População*, v. 35, n. 3, 2018.

132. Ecléia Bosi, op. cit., p. 389.

133. Ibid., p. 390.

134. O estudo de Lucília Siqueira (op. cit.) revela que era bastante comum que, em pensões como a de dona Risoleta, que provavelmente não dispunham de um espaço amplo para hospedagem, a venda de refeições fosse o negócio mais importante.

135. Num país de passado escravista, mesmo mais de um século depois da abolição, "dona" é um vocativo para as patroas que continua sendo utilizado em relações de trabalho como o trabalho doméstico, assim como "seu" (uma possível modificação de senhor) para os patrões. Como um vocativo para pessoas negras, "dona" e "seu" são mais comuns no caso de pessoas mais velhas. Dona Risoleta enfatizar seu novo vocativo mostra o poder desse termo de conceder dignidade e respeito.

136. Lucília Siqueira, op. cit.

137. A população de São Paulo saltou de cerca de 65 mil habitantes em 1890 para 600 mil em 1920, o que requeria uma ampla gama de serviços para atender visitantes e a vida social de moradores de classes média e alta, que se deslocavam para a rua (Lucília Siqueira, op. cit.).

138. Bruna Portella de Novaes, op. cit.; Kim D. Butler, op. cit.; Alberto Heráclito Ferreira Filho, *Desafricanizar as ruas*, op. cit.; Edson Silva de Farias, op. cit.; Jerry Dávila, *Diploma de brancura*, op. cit.

139. Alberto Heráclito Ferreira Filho, *Desafricanizar as ruas*, op. cit., pp. 241-2.

140. Edson Silva de Farias, op. cit., pp. 151-2.

141. Lucília Siqueira, op. cit., p. 420.

142. Ibid., p. 421.

143. Essas distinções racializadas sobre os hábitos servem muito mais para amparar um racismo antinegritude que realmente encontrar respaldo na realidade. As cidades dependiam mais desses alimentos prontos fabricados nas ruas do que as elites brancas admitiam — como o professor Luis dos Santos Vilhena observara em Salvador, no século 18, como vimos (Luis dos Santos Vilhena, *A Bahia no século XVIII*. Salvador: Itapuã, 1969).

144. Richard Graham, op. cit.; Bruna Portella de Novaes, op. cit.; Alberto Heráclito Ferreira Filho, *Desafricanizar as ruas*, op. cit.; James Wetherell, Brazil. *Stray Notes from Bahia*. [s.l.]: Liverpool, Webb and Hunt, 1860.

145. Bruna Portella de Novaes, op. cit.

146. Keisha-Khan Y. Perry, *Black Women against the Land Grab: The Fight for Racial Justice in Brazil*. Minneapolis: University of Minnesota Press, 2013.

147. Lorena Féres da Silva, *Libertas entre sobrados*, op. cit., p. 46.

148. Ibid., p. 242.

149. A pesquisa no acervo digital da Biblioteca Nacional permitiu encontrar um anúncio de emprego do mesmo hotel que, em 1880, buscava um segundo chefe de cozinha. Disponível em: <http://memoria.bn.br/DocReader/713120/2508>. Acesso em: 31 mar. 2021.

150. Maria Odila Leite da Silva Dias, "Prefácio". In: Lorena Féres da Silva Telles, *Libertas entre sobrados: mulheres negras e trabalho doméstico em São Paulo*. São Paulo: Alameda Editorial, 2013, pp. 9-17.

151. Lorena Féres da Silva, *Libertas entre sobrados*, op. cit.

152. A pesquisa foi feita nos periódicos do século 19 disponíveis na Hemeroteca (http://memoria.bn.br/hdb/periodico.aspx). O termo "cozinheiro" retornou 114 591 ocorrências contra 94 772 ocorrências de "cozinheira". Apesar de serem a maioria, nem todos esses registros são anúncios de trabalho, mas denotam uma presença destacada de trabalhadores na culinária ao longo do século. O registro majoritário de anúncios para cozinheiros começa a se reverter apenas nas duas últimas décadas, o que pode ser indicativo de que esses homens conseguiam deixar as péssimas condições do trabalho culinário e ocupar outros ofícios nos últimos anos da escravidão e no pós-abolição — diferente das cozinheiras, que permaneceram confinadas ao trabalho doméstico.

153. Foram encontradas 404 ocorrências no arquivo digital da Biblioteca Nacional a partir de 1810. A título de comparação, foram encontradas 6 766 ocorrências de cozinheiras de forno e fogão no mesmo período.

154. Anúncio de preto mestre cozinheiro, *Diário do Rio de Janeiro*, 244. ed., 1839, p. 4.

155. Anúncio de venda de preto mestre cozinheiro, *O Despertador: Diario Commercial, Político, Scientífico e Litterario*, 601. ed., 1840, p. 4.

156. Anúncio Luiz Rubin, *Gazeta do Rio de Janeiro*, 20. ed., 1820, p. 4.

157. Anúncio Trianon, *Diário do Rio de Janeiro*, 500001. ed., 1827, p. 3.

158. James Wetherell, op. cit.

159. Sônia Roncador, op. cit.

160. Anúncio mestre cozinheiro italiano, *O Cruzeiro: Jornal Político, Literário e Mercantil*, 106. ed., 1829, p. 4.

161. Lorena Féres da Silva Dias, *Libertas entre sobrados*, op. cit.

162. A propaganda completa do Restaurante Souza e seu "excellente chefe de cosinha que, devido aos seus altos conhecimentos e delicado paladar, attrahio aquela freguezia selecta [...]" está disponível em: <http://memoria.bn.br/DocReader/302619/1493>. Acesso em: 31 mar. 2021.

163. Foram identificadas 1 591 ocorrências da expressão "chefe de cozinha" e "chef de cuisine" em periódicos de todo o Brasil ao longo do século 19, em pesquisa feita na Hemeroteca (<http://memoria.bn.br/hdb/periodico.aspx>).

164. Um exemplo de anúncio pode ser encontrado nas edições do periódico *Jornal do Commercio* (RJ) de 1841, disponível em: <http://memoria.bn.br/DocReader/364568_03/1574>. Acesso em: 1º abr. 2021.

165. Clarissa Galvão Cavalcanti Borba, *Dos ofícios da alimentação à moderna cozinha profissional: reflexões sobre a ocupação de chef de cozinha*. Recife: UFPE, 2015. Tese (Doutorado em Sociologia); Talitha Alessandra Ferreira, *O amor pelo gosto: sobre a gastronomia e os food trucks na cidade de São Paulo*. Campinas: Unicamp, 2018. Dissertação (Mestrado em Sociologia); Giuliane da Silva Pimentel, *Psicodinâmica do trabalho em um restaurante certificado de alta gastronomia em São Paulo*. Brasília: UNB, 2018. Dissertação (Mestrado em Psicologia Social); Ann Cooper, *"A Woman's Place Is in the Kitchen": The Evolution of Women Chefs*. Nova York: Wiley, 1997; Joan Dejean, *The Essence of Style: How the French Invented High Fashion, Fine Food, Chic Cafes, Style, Sophistication, and Glamour*. Ed. il. Nova York: Free Press, 2007; Carlos Alberto Dória, "Flexionando o gênero: a subsunção do feminino no discurso moderno sobre o trabalho culinário". *Cadernos Pagu*, v. 39, 2012, pp. 251-71; Deborah Ann Harris e Patti Giuffre, *Taking the Heat: Women Chefs and Gender Inequality in the Professional Kitchen*. New Brunswick, NJ: Rutgers University Press, 2015; Jean-Pierre Poulain, *Sociologias da alimentação: os comedores e o espaço social alimentar*. Florianópolis: UFSC, 2006; Raffaella Sarti, "Melhor o cozinheiro? Um percurso sobre a dimensão de gênero da preparação da comida (Europa ocidental, séculos XVI-XIX)". *Cadernos Pagu*, n. 39, 2012, pp. 87-158; Amy Trubek, *Haute Cuisine: How the French Invented the Culinary Profession*. Philadelphia: University of Pennsylvania Press, 2000.

166. Carlos Alberto Dória, "Flexionando o gênero", op. cit.; Raffaella Sarti, op. cit.

167. Carlos Alberto Dória, "Flexionando o gênero", op. cit.

168. Ibid., p. 254.

169. Para uma análise mais profunda, vale a pena consultar trabalhos recentes de pesquisadoras brasileiras, como Clarissa Galvão Cavalcanti Borba (op. cit.), Bianca Brigugli, *Cozinha é lugar de mulher?: a divisão sexual do trabalho em cozinhas*

profissionais. Campinas: Unicamp, 2020. Tese (Doutorado em Ciências Sociais), Talitha Alessandra Ferreira (op. cit.) e Giuliane da Silva Pimentel (op. cit.).

170. Ann Cooper, op. cit.

171. A entrada para as guildas era realizada por meio da transmissão da posição/ocupação de pai para filho ou por meio da compra da posição, mecanismos que excluíam mulheres de modo sistemático (ibid.).

172. Raffaella Sarti, op. cit., p. 112.

173. É possível fazer uma analogia com o argumento que desenvolvi no capítulo 1 de como o trabalho de cozinheiras negras era essencial para a manutenção de um capital social e econômico das famílias ricas brasileiras por possibilitar a sociabilidade e a exibição da riqueza.

174. Raffaella Sarti, op. cit., p. 94.

175. Ann Cooper, op. cit.

176. Raffaella Sarti, op. cit., p. 118.

177. Ibid.

178. Deborah Ann Harris e Patti Giuffre, op. cit., p. 21.

179. Maria Lúcia Bueno, "Da gastronomia francesa à gastronomia global: hibridismos e identidades inventadas". *Caderno CRH*, v. 29, n. 78, 2016, pp. 443-62, p. 445.

180. Ann Cooper, op. cit.

181. Entre eles, vale enfatizar a trajetória de Guillaume Tirel (1310-95), "[...] cozinheiro da corte de Carlos VI. Atribui-se a ele a autoria do livro *Le Viander*, e por isso mesmo o crédito de ser o primeiro grande cozinheiro a fazer um esforço de codificação e a tentar romper com a tradição de treinamento oral na cozinha, a qual só seria efetivamente superada séculos depois com o aumento da taxa de alfabetização da população e o surgimento da imprensa" (Clarissa Galvão Cavalcanti Borba, op. cit., p. 59).

182. Ibid.; Deborah Ann Harris e Patti Giuffre, op. cit.; Amy Trubek, op. cit.

183. Rebeca L. Spang, *A invenção do restaurante*. Rio de Janeiro: Record, 2003.

184. Deborah Ann Harris e Patti Giuffre, op. cit.

185. Pierre Bourdieu, *Os usos sociais da ciência: por uma sociologia clínica do campo científico*. São Paulo: Unesp, 2004; Núbia Regina Moreira, *A presença das compositoras no samba carioca: um estudo da trajetória de Teresa Cristina*. Brasília: UNB, 2013. Tese (Doutorado).

186. Talitha Alessandra Ferreira, op. cit., p. 59.

187. Há outra esfera que desenvolve uma face dessa literatura gastronômica: os críticos que são fundamentais na avaliação e na validação da performance dos chefs. Como observado por Maria Lúcia Bueno: "[...] o sucesso definitivo do empreendimento deveu-se à colaboração dos novos intelectuais do campo, os críticos especializados, como Brillat-Savarin (1755-1826) e Grimod de la Reynière (1758-1837), que, por meio de

suas publicações e da criação de mecanismos de avaliação, como os júris de degustação e de legitimação, foram estabelecendo uma mediação entre a produção dos chefs e o seu público consumidor [...]. Obras pioneiras como *L'Almanach de Gourmand* (1802), de Reynière, e *La Physiologie du goût* (1826), de Brillat-Savarin [...], foram fundamentais para a construção da cultura gastronômica" (Maria Lúcia Bueno, op. cit., p. 446).

188. Deborah Ann Harris e Patti Giuffre, op. cit., p. 23.

189. Maria Lúcia Bueno, op. cit.; Priscilla Parkhurst Ferguson, "A Cultural Field in the Making: Gastronomy in 19th-Century France". *American Journal of Sociology*, v. 104, n. 3, 1998, pp. 597-641.

190. Deborah Ann Harris e Patti Giuffre, op. cit., p. 24.

191. Amy Trubek, op. cit., p. 125.

192. Clarissa Galvão Cavalcanti Borba, op. cit.; Deborah Ann Harris e Patti Giuffre, op. cit.; Amy Trubek, op. cit.

193. Anúncio Trianon.

194. Amy Trubek, op. cit., p. 8.

195. Ibid., p. 77.

196. É digno de nota o fato de que a corte brasileira tinha os requintes franceses como modelo no século 19, "[...] tanto no modo de comer como na forma de se vestir e nos saraus, o que reforça a ideia de que a gastronomia francesa já era associada ao 'bem comer' e às classes mais ricas, funcionando como um modo aristocrático de distinção" (Bianca Briguglio, op. cit., p. 53).

197. Maria Lúcia Bueno, op. cit., pp. 448-9.

198. Dolores Freixa e Guta Chaves, *Gastronomia no Brasil e no mundo*. São Paulo: Senac-SP, 2017.

199. Foram encontradas 6005 ocorrências da expressão "chefe de cozinha", "chef de cozinha" e "*chef de cuisine*" nos periódicos mantidos no acervo digital da Biblioteca Nacional, entre anúncios de trabalho, propagandas, reportagens e crônicas. Disponível em: <http://memoria.bn.br/hdb/periodico.aspx>. Acesso em: 2 abr. 2021.

200. É importante destacar que a proteção desse caráter francês para a alta cozinha e para a gastronomia se reflete nas associações profissionais da categoria de cozinheiros franceses desde o século 19: "preservar e promover o poder e a integridade da *haute cuisine* francesa e elevar o status da profissão" (Bianca Briguglio, op. cit., p. 48). Para mais detalhes, consultar também o trabalho de Amy Trubek (op. cit.).

201. Anúncio Trianon.

202. Trianon não se diz francês no anúncio — mas apenas recém-chegado da França, o que denota a importância da França como símbolo na primeira metade do século 19.

203. Talitha Alessandra Ferreira, op. cit., pp. 195-6.

204. Jerry Dávila, *Diploma de brancura*, op. cit.; Id., "O valor social da brancura no pensamento educacional da era Vargas". *Educar em Revista*, n. 25, 2005, pp. 111-26.

205. Ao analisar a expansão do sistema educacional brasileiro no início do século 20, Jerry Dávila observa como cientistas sociais, intelectuais e uma elite médica construíram políticas educacionais a partir de percepções eugenistas (e de racismo antinegritude e antindigeneidade): "Para as elites brasileiras, o problema era ainda mais urgente — elas acreditavam que sua nação racialmente mista já carecia da brancura necessária para manter sua vitalidade. A tarefa em mãos, então, era encontrar novas maneiras de criar brancura. Assim, dotados do compromisso de forjar um Brasil mais europeu e vinculado a um senso de modernidade equiparado à branquitude, esses educadores construíram escolas nas quais quase todas as ações e práticas estabelecem normas racializadas e distribuem ou retêm recompensas com base nelas." (Jerry Dávila, *Diploma de brancura*, op. cit., p. 25).

206. Edson Silva de Farias, op. cit.; Keisha-Khan Y. Perry, op. cit.

207. Thomas Skidmore, op. cit.

208. Apesar do fracasso em atrair imigrantes franceses, a população francesa era o principal alvo das propagandas migratórias brasileiras no fim do século 19. Ver Thomas Skidmore, op. cit.

209. A tia de Laudelina de Campos Melo, morta em um "acidente" na cozinha do hotel, trabalhava na cidade de Poços de Caldas, caso que analisei no capítulo 1. Ver Elisabete Aparecida Pinto, op. cit., p. 141.

210. Importante registrar a observação de Jerry Dávila sobre os intelectuais brancos da década de 1930 para lembrar como essa ideologia fundamentou toda a ação estatal e das elites brasileiras ao longo do século 20: "Para esta geração de intelectuais, raça não era um fato biológico. Era uma metáfora que se estendeu para descrever o passado, presente e futuro da nação brasileira. Num extremo, o negro significava o passado. O negro foi colocado, numa linguagem freudiana, como primitivo, pré-lógico e infantil. Mais amplamente, elites brancas equipararam negritude com insalubridade, preguiça e criminalidade. A mistura racial simbolizava um processo histórico, visionado como uma trajetória do negro ao branco e do passado em direção ao futuro. Nos anos 30 do século 20, brasileiros brancos podiam seguramente celebrar a mistura racial porque eles viam isto como um passo inevitável na evolução da nação" (Jerry Dávila, *O valor social da brancura...*, op. cit., p. 117).

211. Alberto Heráclito Ferreira Filho, *Desafricanizar as ruas*, op. cit., p. 245.

212. Ver Monteiro Lobato, *Histórias de Tia Nastácia*, op. cit.; id., *Memórias da Emília*, op. cit.; id., *Reinações de Narizinho*. São Paulo: Círculo do Livro, 1936.

213. Gilberto Freyre, *Manifesto regionalista*, op. cit.; id., *Casa-grande & senzala*, op. cit.; id., *Açúcar*, op. cit.

214. Patricia Hill Collins, *Pensamento feminista negro*, op. cit.

215. Joaze Bernardino-Costa, op. cit.; Lélia Gonzalez, *Lélia Gonzalez*, op. cit.; Abdias Nascimento, op. cit.; Kia Lilly Caldwell, op. cit.; Keisha-Khan Perry, op. cit.; Luiza Bairros, "Nossos feminismos revisitados". *Revista Estudos Feministas*, v. 3, n. 2, 1995, pp. 458-63; Aparecida Sueli Carneiro, *A construção do outro como não ser como fundamento do ser*. São Paulo: USP, 2005. Tese (Doutorado em Educação); "Lélia Gonzalez, Racismo e sexismo na cultura brasileira". *Revista Ciências Sociais Hoje*, 1984, pp. 223-44. (Anpocs); Ana Claudia Jaquetto Pereira, *Intelectuais negras brasileiras: horizontes políticos*. Belo

Horizonte: Letramento, 2019; Bruna Cristina Jaquetto Pereira, *Dengos e zangas das mulheres-moringa*. [s.l.]: Latin America Research Commons, 2020; Christen A. Smith, *Afro-Paradise: Blackness, Violence, and Performance in Brazil*. Chicago: University of Illinois Press, 2016; Erica Lorraine Williams, *Sex Tourism in Bahia: Ambiguous Entanglements*. Urbana; Chicago: University of Illinois Press, 2013.

216. Toni Tipton-Martin, *The Jemima Code: Two Centuries of African American Cookbooks*. Austin: University of Texas Press, 2015.

217. Ibid., p. 2.

218. Luiza Bairros, op. cit., p. 463.

PARTE II

INTERLÚDIO II — BENÊ RICARDO, A VANGUARDISTA [PP. 165-9]

1. Entrevista com Benê Ricardo.

2. Ibid.

3. Raramiz Eurípedes Bittencourt, *A visão de alunos de gastronomia frente à realidade da profissão e a visão de chefs profissionais*. São Paulo: PUC-SP, 2007. Dissertação (Mestrado em Linguística Aplicada).

4. É digno de nota Benê ter de exercer a função de trabalhadora doméstica mais uma vez, apesar de ter sido convidada para ser professora, além de aluna. Ela não chega a comentar, mas parece ficar subentendido que não recebia pelas aulas ou recebia um montante que não era suficiente nem mesmo para pagar algo básico como sua moradia durante o curso, enquanto os outros alunos tinham acesso ao alojamento. Será que um professor alemão ou mesmo brasileiro contratado para assumir a mesma função receberia tão pouco e viveria em condições tão precárias? Ou tinha a ver com o fato de que, embora fosse uma especialista em cozinha alemã, ela era uma mulher negra?

5. Entrevista com Benê Ricardo.

"EU SOU NEGRA, CONFORME-SE COM ISSO": CHEFS E COZINHEIRAS NEGRAS NA GASTRONOMIA [PP. 170-242]

1. Apesar de ter como foco de análise um grupo de chefs e cozinheiras negras de destaque, é importante salientar que mulheres negras sempre estiveram e permaneceram na cozinha profissional em diferentes funções essenciais, de cargos de limpeza aos diferentes postos de trabalho da cozinha, como saladeiras, merendeiras e ajudantes de cozinha, mas continuam invisibilizadas. Entre os raros trabalhos que tratam desses ofícios no Brasil, está a dissertação de Gabriela Brito de Lima Silva, *Cozinha, trabalho e gênero: as significações que as merendeiras atribuem ao seu trabalho nas cozinhas escolares* (Salvador: UFBA, 2019. Dissertação Mestrado em Alimentos, Nutrição e Saúde). Ver Gabriela Brito de Lima Silva, Patrícia Rezende e

Virgínia Machado, *Discutindo gênero e cozinha: a divisão sexual do trabalho em uma cozinha profissional na cidade de Salvador/BA*. [s.l.]: [s.n.], 2018.

2. Luís da Câmara Cascudo, *História da alimentação no Brasil*. São Paulo: Global, 2004; Gilberto Freyre, *Manifesto regionalista*. 7. ed. Recife: Fundação Joaquim Nabuco, 1996; id., *Açúcar: uma sociologia do doce, com receitas de bolos e doces do Nordeste do Brasil*. 5. ed. São Paulo: Global, 2007.

3. Maria Lúcia Bueno, "Da gastronomia francesa à gastronomia global: hibridismos e identidades inventadas". *Caderno CRH*, v. 29, n. 78, 2016, pp. 443-62.

4. Ibid., p. 451.

5. Janine H. L. Collaço, *Turismo e gastronomia: uma viagem pelos sabores do mundo*. Disponível em: <http://www.slowfoodbrasil.com/content/view/140/95/>. Acesso em: 6 mar. 2011.

6. Deborah Ann Harris e Patti Giuffre, *Taking the Heat: Women Chefs and Gender Inequality in the Professional Kitchen*. New Brunswick, NJ: Rutgers University Press, 2015; Maria Lúcia Bueno, op. cit.

7. Deborah Ann Harris e Patti Giuffre, op. cit., p. 29.

8. Movimento político marcado por greves gerais e pela atuação de movimentos estudantis, reivindicando a mudança de valores considerados conservadores no país. O fato de a maioria dos chefs que buscavam romper com a tradição ter sido considerada jovem para a profissão evidencia a influência do contexto político francês. Ver Hayagreeva Rao, Philippe Monin e Rodolphe Durand, "Institutional Change in Toque Ville: Nouvelle Cuisine as an Identity Movement in French Gastronomy". *American Journal of Sociology*, v. 108, 2003, pp. 795-843.

9. Hayagreeva Rao, Philippe Monin e Rodolphe Durand, op. cit.

10. Deborah Ann Harris e Patti Giuffre, op. cit.

11. Maria Lúcia Bueno, op. cit.

12. Pierre Bourdieu, *As regras da arte*. Trad. de Maria Lucia Machado. São Paulo: Companhia das Letras, 1996.

13. Maria Lúcia Bueno, op. cit.

14. Clarissa Galvão Cavalcanti Borba, *Dos ofícios da alimentação à moderna cozinha profissional: reflexões sobre a ocupação de chef de cozinha*. Recife: UFPE, 2015. Tese (Doutorado em Sociologia); Talitha Alessandra Ferreira, *O amor pelo gosto: sobre a gastronomia e os food trucks na cidade de São Paulo*. Campinas: Unicamp, 2018. Dissertação (Mestrado em Sociologia); Dolores Freixa e Guta Chaves, *Gastronomia no Brasil e no mundo*. São Paulo: Senac-SP, 2017; Carlos Alberto Dória, *Estrelas no céu da boca: escritos sobre culinária e gastronomia*. São Paulo: Ed. Senac-SP, 2006; Maria Cecília Naclério Homem, *Cozinha e indústria em São Paulo: do rural ao urbano*. São Paulo: Edusp, 2015.

15. Carlos Alberto Dória, *Estrelas no céu da boca*, op. cit., p. 233.

16. Talitha Alessandra Ferreira, op. cit.

17. Clarissa Galvão Cavalcanti Borba, op. cit.; Bianca Briguglio, *Cozinha é lugar de mulher?: a divisão sexual do trabalho em cozinhas profissionais*. Campinas: Unicamp, 2020. Tese (Doutorado em Ciências Sociais).

18. Raramiz Eurípedes Bittencourt, *A visão de alunos de gastronomia frente à realidade da profissão e a visão de chefs profissionais*. São Paulo: PUC-SP, 2007, p. 6. Dissertação (Mestrado em Linguística Aplicada).

19. Jose Ruy Veloso Campos, *A evolução da educação profissional em hotelaria no Brasil: o caso Senac de São Paulo como referência na área*. São Paulo: USP, 2001. Dissertação (Mestrado).

20. Entrevista com Benê Ricardo.

21. Bianca Briguglio, op. cit.

22. Márcia Harumi Miyazaki, *Ensinando e aprendendo gastronomia: percursos de formação de professores*. Piracicaba: Unimep, 2006. Dissertação (Mestrado em Educação).

23. Ademais, Márcia Harumi Miyazaki (op. cit.) também observa como a criação do curso era parte das ações do Senac para se tornar autônomo economicamente, após um longo período de crise na década de 1980.

24. Jose Ruy Veloso Campos, op. cit., p. 129.

25. Talitha Alessandra Ferreira, op. cit.; Márcia Harumi Miyazaki, op. cit.

26. Clarissa Galvão Cavalcanti Borba, op. cit.; Maria Lúcia Bueno, op. cit.

27. Maria Lúcia Bueno, op. cit., p. 455.

28. Cynthia Arantes Ferreira Luderer, *O papel dos chefs-celebridades na construção do espetáculo da alimentação: análise discursiva das revistas de gastronomia de luxo*. São Paulo: PUC-SP, 2013. Tese (Doutorado em Comunicação e Semiótica).

29. Eleonora Leite Costa Lavinas, *A gastronomia exibida no cotidiano da televisão brasileira: um panorama da representação da comida na tela*. Rio de Janeiro: UFF, 2017. Dissertação (Mestrado em Mídia e Cotidiano).

30. Como observa a pesquisadora Eleonora Leite Costa Lavinas (op. cit., p. 40), "O primeiro programa de culinária foi produzido em 1958 pela TV Santos (São Paulo) e era apresentado pela culinarista Ofélia Ramos Anunciato (1924-1998)".

31. Luiza Bairros, "Nossos feminismos revisitados". *Revista Estudos Feministas*, v. 3, n. 2, 1995, pp. 458-63.

32. Clarissa Galvão Cavalcanti Borba, op. cit.; Bianca Briguglio, op. cit.; Talitha Alessandra Ferreira, op. cit.

33. Gwen Hyman, "The Taste of Fame: Chefs, Diners, Celebrity, Class". *Gastronomica*, v. 8, n. 3, 2008, pp. 43-52, p. 44.

34. Os dados sobre as informações dos cursos foram extraídos de pesquisa por "Nome do Curso" na plataforma E-mec. Disponível em: <https://emec.mec.gov.br/>. Acesso em: 31 mar. 2021.

35. Apesar das similaridades no currículo, o bacharelado tem duração mais extensa (em média, quatro anos, enquanto a formação tecnológica dura cerca de dois anos) e inclui mais cursos teóricos e outros voltados para gestão administrativa (Saiba tudo sobre a Faculdade de Gastronomia e onde estudar em *Guia da Carreira*) — ou seja, pode ser mais direcionado para desenvolver competências necessárias à chefia das cozinhas, além das habilidades culinárias.

36. Talitha Alessandra Ferreira, op. cit.

37. Infelizmente, os dados de cor/raça de alunos coletados pelo Censo da Educação Superior, realizado pelo Instituto Nacional de Estudos e Pesquisas Educacionais Anísio Teixeira (Inep/ MEC), sofrem com uma alta subnotificação, o que significa que não é possível ter dimensão da profundidade da desigualdade racial dos cursos de gastronomia por meio desse importante levantamento estatístico (INEP, *Sinopse estatística do Censo da Educação Superior 2019*. Disponível em: <https://www.gov.br/inep/pt-br/areas-de-atuacao/pesquisas-estatisticas-e-indicadores/censo-da-educacao-superior/resultados>. Acesso em: 29 jun. 2021).

38. Deborah Ann Harris e Patti Giuffre, op. cit.

39. Ibid., p. 38.

40. Maria Lúcia Bueno, op. cit.; Pierre Bourdieu, *As regras da arte*, op. cit.

41. Ruha Benjamin, "Retomando nosso fôlego: estudos de ciência e tecnologia, teoria racial crítica e a imaginação carcerária". In: Tarcízio Silva (Org.), *Comunidades, algoritmos e ativismos digitais: Olhares afrodiaspóricos*. São Paulo: LiteraRUA, 2020, p. 19.

42. Entrevista com Benê Ricardo.

43. Na década de 1980, quando Benê Ricardo assumia como primeira cozinheira em cozinhas profissionais, o trabalho doméstico era a ocupação de 28% das trabalhadoras brasileiras (Hildete Pereira de Melo, "O serviço doméstico remunerado no Brasil: de criadas a trabalhadoras". *Textos para discussão*, Ipea, n. 565, 1998). Dados raciais sobre o trabalho doméstico só passaram a ser coletados pelo IBGE na Pesquisa Nacional de Amostragem por Domicílios (PNAD) a partir da década de 1990, quando se atestou o maior percentual de mulheres negras na ocupação (56% do total) e nas piores condições de um trabalho já precário e mal remunerado, uma vez que eram minoria entre as trabalhadoras que tinham carteira assinada ou que contribuíam para a previdência (Ipea, *Retratos da desigualdade de gênero e raça*, 2019).

44. Maria Lúcia Bueno, op. cit., 2016.

45. Ibid., pp. 456-7.

46. Maria Lúcia Bueno, op. cit, 2016, p. 457.

47. Clarissa Galvão Cavalcanti Borba, op. cit.; Bianca Briguglio, op. cit.

48. Clarissa Galvão Cavalcanti Borba, op. cit.

49. Maria Lúcia Bueno, op. cit., p. 457.

50. Ibid., p. 458.

51. Deborah Ann Harris e Patti Giuffre, op. cit.

52. Cabe aqui uma ressalva sobre esse enfraquecimento porque, como observa Talitha Alessandra Ferreira (op. cit., p. 57) a respeito do início do século 21: "A Cozinha Francesa, que poderá ser assertiva e sociologicamente lida como a própria gastronomia francesa, foi e continua sendo um modelo que rege o funcionamento do campo da gastronomia, de modo geral, porém este modelo enquanto 'monopolista' não existe mais. Melhor dizendo: a gastronomia francesa não possui mais a exclusividade do controle voltado ao funcionamento do campo da gastronomia e, consequentemente, de todas as suas regras de produção e reprodução".

53. Luís da Câmara Cascudo, op. cit.; Monteiro Lobato, *Histórias de Tia Nastácia*. 32. ed. São Paulo: Brasiliense, 2002. (Sítio do Picapau Amarelo); Gilberto Freyre, *Manifesto regionalista*, op. cit.; Rogéria Campos de Almeida Dutra, "Nação, região, cidadania: a construção das cozinhas regionais no projeto Nacional Brasileiro". *Campos*, v. 5, n. 1, 2004, pp. 93-110.

54. Maria Lúcia Bueno, op. cit.

55. Carlos Alberto Dória, *Estrelas no céu da boca*, op. cit., pp. 237-8.

56. Alex Atala, *D.O.M.: redescobrindo ingredientes brasileiros*. São Paulo: Melhoramentos, 2013.

57. Quentin Geenen de Saint Maur, *Muito prazer, Brasil: variações contemporâneas da cozinha regional brasileira*. São Paulo: A&A Comunicação, 2002.

58. Carlos Alberto Dória, *Estrelas no céu da boca*, op. cit., pp. 238-9.

59. Luís da Câmara Cascudo, op. cit.; Monteiro Lobato, *Histórias de Tia Nastácia*, op. cit.; Gilberto Freyre, *Manifesto regionalista*, op. cit.

60. Alex Atala, op. cit., p. 11; grifo meu.

61. Maria Lúcia Bueno, op. cit., p. 455.

62. Mais detalhes do caso podem ser encontrados na reportagem "Alex Atala registra marcas da baunilha do Cerrado, alimento tradicional dos quilombolas", de Caio Freitas Paes: "[...] o instituto de Alex Atala tomou medidas legais em relação à planta sem avisar os kalungas, dando início a uma série de tentativas para tornar a 'Baunilha do Cerrado' uma marca comercial. Em 2019, com o projeto já terminado, o ATÁ obteve o registro do nome popular da iguaria em dois dos cinco pedidos que formalizou junto ao Instituto Nacional da Propriedade Industrial (Inpi). [...] As marcas são agora propriedade exclusiva do instituto pelos próximos dez anos. Desde 8 de maio de 2019, o Instituto ATÁ detém o uso exclusivo da marca 'Baunilha do Cerrado' para serviços de beneficiamento de alimentos e de assessoria, consultoria e concessão de informações sobre pesquisas no campo de agricultura. No entanto, o Inpi não autorizou o ATÁ a usar a marca 'Baunilha do Cerrado' no comércio de alimentos produzidos pela agricultura familiar, povos e comunidades tradicionais, na divulgação e publicação de textos publicitários e na organização de eventos para fins publicitários e/ou comerciais. A proibição não evitou o lançamento da linha Ecossocial Kalunga, em abril. O instituto ligado a Atala arranjou uma saída jurídica para a questão: sua equipe desenvolveu outra logomarca, caracterizada por uma reprodução em desenho da espécie como nome 'Projeto Baunilha do Cerrado', em grafia estilizada" (disponível em: <https://

deolhonosruralistas.com.br/2019/07/17/instituto-de-alex-atala-registra-marcas-da-baunilha-do-cerrado-alimento-tradicional-dos-quilombolas/>).

63. Entrevista com Tainá Marajoara, *São Paulo São*. Disponível em: <https://saopaulosao.com.br/conteudos/colunistas/1735-uma-garota-do-barulho-quer-roubar-cena-da-gastronomia.html>. Acesso em: 5 maio 2021.

64. Dolores Freixa e Guta Chaves, op. cit.; Wilma Maria Coelho Araujo, *Da alimentação à gastronomia*. Brasília: UNB, 2005; Caloca Fernandes, *Viagem gastronômica através do Brasil*. 10. ed. São Paulo: Senac-SP, 2001.

65. Dolores Freixa e Guta Chaves, op. cit., p. 238; grifo meu.

66. No contexto internacional, Salvador é em geral definida como a *Black Mecca* (a Meca negra, em uma referência à cidade sagrada do islã). Ver Erica Lorraine Williams, *Sex Tourism in Bahia: Ambiguous Entanglements*. Urbana; Chicago: University of Illinois Press, 2013.

67. Ibid.

68. Christen A. Smith, *Afro-Paradise: Blackness, Violence, and Performance in Brazil*. Chicago: University of Illinois Press, 2016.

69. Vale citar um trecho do livro de Christen Smith (op. cit., p. 3): "A Bahia como um espaço de fantasia negra e a Bahia como um espaço de morte para pessoas negras são duas faces da mesma moeda. O Afro-Paraíso é uma performance teatral e coreografada entre a celebração estatal da cultura negra e a rotina estatal de matar o corpo negro".

70. Keisha-Khan Y. Perry, *Black Women Against the Land Grab: The Fight for Racial Justice in Brazil*. Minneapolis: University of Minnesota Press, 2013.

71. John Collins, "'But what if I should need to defecate in your neighborhood, madame?': Empire, Redemption, and the 'Tradition of the Oppressed' in a Brazilian World Heritage Site". *Cultural Anthropology*, v. 23, n. 2, 2008, pp. 279-328, p. 295.

72. Christen Smith, op. cit., p. 52.

73. Erica Lorraine Williams, op. cit., pp. 31-2.

74. Apesar de não ser o foco, arrisco dizer que o racismo anti-indigeneidade produz uma construção similar para repertórios e profissionais indígenas no campo, como indica Tainá Marajoara, em *São Paulo São*, op. cit.

75. Amy Trubek, *Haute Cuisine: How the French Invented the Culinary Profession*. Philadelphia: University of Pennsylvania Press, 2000.

76. Deborah Ann Harris e Patti Giuffre, op. cit.

77. Clarissa Galvão Cavalcanti Borba, op. cit.; Bianca Briguglio, op. cit.

78. Márcia Harumi Miyazaki, op. cit.

79. Benê Ricardo, *Culinária da Benê: dicas e segredinhos para um dia a dia mais prático, econômico e saboroso*. 2. ed. São Paulo: DBA, 2013.

80. Bianca Briguglio, op. cit.

81. Entrevista com Benê Ricardo.

82. Rachel E. Harding, *A Refuge in Thunder: Candomblé and Alternative Spaces of Blackness*. Bloomington, Ind: Indiana University Press, 2003.

83. Beatriz Martins Moura, *Mulheres de axé e o território da universidade: encruzilhando epistemologias e refundando pedagogias*. Brasília: UNB, 2021. Tese (Doutorado em Antropologia).

84. Entrevista com Benê Ricardo.

85. Sua história não reflete apenas a mudança do campo de formação em gastronomia no Brasil, mas o acesso recente da população negra ao ensino superior de maneira geral, em razão de novas políticas educacionais, que são resultado de décadas de trabalho político de diversos setores do movimento negro brasileiro. Ver Vanessa Patrícia Machado Silva, *Lei de cotas no Ensino Superior e racismo institucional: conhecendo o trâmite legislativo da Lei 12.711/2012*. Jundiaí: Paco Editorial, 2020.

86. Clarissa Galvão Cavalcanti Borba, op. cit.; Bianca Briguglio, op. cit.; Talitha Alessandra Ferreira, op. cit.; Raramiz Eurípedes Bittencourt, op. cit.

87. Essa afirmação se baseia em estudos mais amplos sobre as condições de vida de mulheres negras, como seu confinamento ao trabalho doméstico, pois ainda não existem estudos direcionados sobre as trajetórias de homens negros trabalhando como chefs ou cozinheiros profissionais. Reitero que este livro considera que homens negros também são prejudicados pelo léxico racial e de classe da gastronomia, além de serem afetados pela longa história de exclusão social, expropriação econômica, violência e genocídio mantida pelo Estado brasileiro e pelas elites.

88. Entrevista com Benê Ricardo.

89. Outra questão que pode impactar a trajetória profissional de mulheres negras como uma parte da tecnologia do racismo antinegritude no Brasil: a tez da pele negra. No entanto, como isso não foi tratado pelas entrevistadas, abordarei a questão no quarto capítulo, a partir da diferença entre as experiências de mulheres negras de pele clara e de pele escura em outras histórias de trabalho na cozinha. Entre as entrevistadas, vivendo em um campo de disputa profissional tão fundamentado no valor da brancura, o impacto da tez parece ter consonância com o observado por Caetana Damasceno: "[...] uma pessoa 'parda' é, antes de mais nada,'não branca' ou 'de cor'" (*Segredos da boa aparência: da "cor" à "boa aparência" no mundo do trabalho carioca (1930-1950)*. Seropédica: UFRRJ, 2010, p. 130). Esse silêncio sobre o tema pode ter menos a ver com uma semelhança do tratamento concedido a mulheres negras de pele clara e escura que com o fato de que as entrevistadas de pele escura podem ter escolhido não falar disso por eu ser uma pesquisadora negra de pele clara.

90. Ruha Benjamin, *Retomando nosso fôlego*, op. cit.

91. A entrevistada se refere a mulheres negras que trabalham como chefs cujo trabalho é amplamente reconhecido e divulgado pela mídia, como em programas de competição culinária de emissoras de televisão de transmissão aberta.

92. É interessante pensar como o paralelo entre cozinha e sala de estar ou de visita é comum entre mulheres negras que foram trabalhadoras domésticas, o que evidencia seu olhar sobre a importância da separação entre os dois espaços que marca o tratamento violento no trabalho doméstico. Essa é uma imagem importante no trabalho de Carolina Maria de Jesus (*Diário de Bitita*. São Paulo: Sesi-SP, 2014;

Casa de alvenaria: diário de uma ex-favelada. São Paulo: Livraria Francisco Alves, 1961; *Quarto de despejo: diário de uma favelada*. São Paulo: Ática, 1993), por exemplo, usada até mesmo como metáfora para descrever a desigualdade espacial e humana da cidade de São Paulo: "Quando estou na cidade tenho a impressão de que estou muna sala de visita com seus lustres de cristais, seus tapetes de viludo, almofadas de sitim. E quando estou na favela tenho a impressão de que sou um objeto fora de uso, digno de estar num quarto de despejo" (Carolina Maria de Jesus, *Quarto de despejo*, op. cit.), p. 33.

93. Vale registrar a dificuldade de realização de entrevistas com mulheres que trabalham, em média, catorze horas por dia e seis dias por semana — e de sua generosidade em concedê-las. Algumas viagens resultaram em tentativas frustradas de entrevista, de modo que o grupo acabou mais concentrado na região Sudeste, onde pude encontrar mais mulheres negras em postos de chefia. No período de 2018 a 2019, não foi possível identificar chefs negras na região Norte, infelizmente.

94. Clarissa Galvão Cavalcanti Borba, op. cit.; Bianca Briguglio, op. cit.; Giuliane da Silva Pimentel, *Psicodinâmica do trabalho em um restaurante certificado de alta gastronomia em São Paulo*. Brasília: UNB, 2018. Dissertação (Mestrado em Psicologia Social).

95. As pesquisas consideram três plataformas: o Novo Caged (Cadastro Geral de Empregados e Desempregados), eSocial e Empregador Web, mantidos pelo Ministério do Trabalho (MTE).

96. "Chef: salário, piso salarial, o que faz e mercado de trabalho". *Salário*, 2022. Disponível em: <https://www.salario.com.br/profissao/chef-cbo-271105/>. Acesso em: 28 mar. 2021.

97. Vale destacar que os dados econômicos e salariais citados podem estar datados, em razão da crise sanitária, social e econômica que se iniciou em março de 2020, causada pela pandemia da Covid-19 e a gestão governamental em relação à questão. Uma pesquisa recente feita pela consultoria Galunion por solicitação da Associação Nacional de Restaurantes (ANR) mostra os efeitos devastadores da pandemia sobre os estabelecimentos: em maio de 2021, 71% dos bares e restaurantes brasileiros registraram endividamento, 66% afirmaram não ter mais recursos para lidar com novas medidas de restrições sanitárias e 64% dos estabelecimentos promoveram demissões. Ver ANR. Pequisa ANR/ GALUNION/ IFB — 71% dos bares e restaurantes estão endividados. Disponível em: <http://anrbrasil.org.br/nova-pesquisa-anr-galunion-ifb/>. Acesso em: 16 maio 2021. A pesquisa estima que, entre os 650 estabelecimentos analisados em todo o país, 21% dos funcionários foram demitidos.

98. "Cozinheiro de restaurante: o que faz, salário, piso salarial". *Salário*, 2022. Disponível em: <https://www.salario.com.br/profissao/cozinheiro-de-restaurante-cbo-513205/>. Acesso em: 17 maio 2021.

99. Bianca Briguglio, op. cit., p. 65.

100. Os restaurantes abertos por entrevistadas parecem seguir a tendência de aumento da quantidade de estabelecimentos de alimentação no Brasil, observada por Bianca Briguglio (op. cit.). Entre 2008 e 2018, segundo dados da Relação Anual de Informações Sociais (RAIS) compilados pela autora, a quantidade de estabelecimentos passou por um crescimento de 66% em todo o país, um aumento concentrado

especialmente em empreendimentos que têm o empregado, ou seja, que "mobilizam mão de obra familiar ou informal" (ibid., p. 61). Em uma análise sobre a Pesquisa de Orçamentos Familiares (POF) 2017-8, Briguglio também destaca como a alimentação fora do domicílio corresponde a 32,8% do gasto domiciliar das famílias brasileiras.

101. Amy Trubek, op. cit.

102. Bianca Briguglio, op. cit.

103. Deborah Ann Harris e Patti Giuffre, op. cit.

104. Vale lembrar as estatísticas da sobrecarga de todas as mulheres brasileiras com afazeres domésticos e trabalho de cuidado (IBGE, "Em média, mulheres dedicam 10,4 horas por semana a mais que os homens aos afazeres domésticos ou ao cuidado de pessoas". *Agência IBGE Notícias*. Disponível em: <https://agenciadenoticias.ibge.gov.br/agencia-sala-de-imprensa/2013-agencia-de-noticias/releases/27877-em-media-mulheres-dedicam-10-4-horas-por-semana-a-mais-que-os-homens-aos-afazeres-domesticos-ou-ao-cuidado-de-pessoas>. Acesso em: 27 maio 2021). Segundo o suplemento Outros Trabalhos da PNAD Contínua 2019, mulheres com emprego dedicam 18,1 horas semanais a afazeres domésticos e/ou cuidado de pessoas, enquanto homens empregados dedicam apenas 10,4. Na média geral de pessoas com catorze anos ou mais, a discrepância é ainda maior: mulheres têm que dedicar 21,4 horas semanais nessas tarefas enquanto homens dedicam apenas onze horas semanais.

105. Clarissa Galvão Cavalcanti Borba, op. cit.; Bianca Briguglio, op. cit.; Giuliane da Silva Pimentel, op. cit.

106. Talitha Alessandra Ferreira, op. cit., p. 85.

107. Há uma tendência de pesquisas no campo que buscam analisar a expectativa e a desilusão de estudantes dos cursos de gastronomia frente às condições de trabalho do campo, uma frustração que julgo ter uma conexão importante com o aumento da entrada de profissionais vindos de classes médias e altas (Raramiz Eurípedes Bittencourt, op. cit.; Maria Henriqueta Sperandio Garcia Gimenes Minasse, "A formação superior em gastronomia: análise descritiva das dissertações de mestrado produzidas no Brasil". *Revista Brasileira de Pesquisa em Turismo*, v. 9, n. 1, 2015, pp. 156-73).

108. Talitha Alessandra Ferreira, op. cit.; Deborah Ann Harris e Patti Giuffre, op. cit.; Amy Trubek, op. cit.

109. Wlamyra R. de Albuquerque, *O jogo da dissimulação: abolição e cidadania negra no Brasil*. São Paulo: Companhia das Letras, 2009.

110. Deborah Ann Harris e Patti Giuffre, op. cit.; Amy Trubek, op. cit.

111. Elisabete Aparecida Pinto, *Etnicidade, gênero e educação: a trajetória de vida de Laudelina de Campos Mello (1904-1991)*. São Paulo: Anita Garibaldi, 2015. (Coleção Vozes Oprimidas); Patricia Hill Collins, *Pensamento feminista negro: conhecimento, consciência e a política do empoderamento*. São Paulo: Boitempo, 2019.

112. Filme de 2018 que narra a história do pianista clássico negro Don Shirley, que, apesar de sua formação sofisticada na Europa e sua habilidade artística excepcional, tem que lidar com as consequências do racismo antinegritude e da segregação em uma

turnê artística em estados da região sul dos Estados Unidos na década de 1960. Ver *Green Book: o guia*. Direção: Peter Farrelly. Glandale: DreamWorks, 2018. 1 DVD (130 min).

113. Deborah Ann Harris e Patti Giuffre, op. cit.

114. Patricia Hill Collins, *Pensamento feminista negro*, op. cit.

115. Kimberly D. Nettles-Barcelón, Gillian Clark, Courtney Thorsson et al. "Black Women's Food Work as Critical Space". *Gastronomica*, v. 15, n. 4, 2015, pp. 34-49, pp. 36-7.

116. Patricia Hill Collins, *Pensamento feminista negro*, op. cit.

117. Wlamyra R. de Albuquerque, op. cit.

118. Maria Lúcia Bueno, op. cit.; Pierre Bourdieu, *As regras da arte*, op. cit.

119. Para somar aos efeitos da desigualdade racial e de gênero na distribuição de riqueza no Brasil, analisados com detalhes nos dois primeiros capítulos, vale considerar informações mais recentes sobre rendimento. Dados estatísticos da PNAD 2019 mostram que a população branca ocupada ganhava, em média, 74,3% a mais que a população negra (pretos e pardos). Ver IBGE, *Síntese de indicadores sociais: uma análise das condições de vida da população brasileira (2020)*. Rio de Janeiro: IBGE, 2020. As diferenças de rendimento-hora entre a população branca e a negra são gritantes em todos os níveis de instrução, mas chama a atenção o fato de que é maior no grupo com ensino superior completo: brancos recebem, em média, R$ 33,90 por hora, enquanto negros recebem R$ 23,50 — uma diferença de 44,3% (Adriana Saraiva, "Trabalho, renda e moradia: desigualdades entre brancos e pretos ou pardos persistem no país". *Agência IBGE Notícias*).

120. Wlamyra R. de Albuquerque, op. cit.

121. Caetana Damasceno, *Segredos da boa aparência*, op. cit.

122. Ibid., p. 86.

123. Ibid.

124. Neide Ricosti, Carolina Maria de Jesus: catei lixo, catei tudo, menos a felicidade. *Manchete*, n. 1096, 1973, pp. 36-7.

125. Patricia Hill Collins, *Pensamento feminista negro*, op. cit., p. 142.

126. Ibid.; Lélia Gonzalez, "Racismo e sexismo na cultura brasileira". *Revista Ciências Sociais Hoje*, 1984, pp. 223-44. (Anpocs); Bruna Cristina Jaquetto Pereira, *Dengos e zangas das mulheres-moringa*. [s.l.]: Latin America Research Commons, 2020; Kimberly D. Nettles-Barcelón, Gillian Clark, Courtney Thorsson et al., op. cit.; Virgínia Leone Bicudo, *Atitudes raciais de pretos e mulatos em São Paulo*. São Paulo: Sociologia e Política, 2010; Darlene Clark Hine, "Rape and the Inner Lives of Black Women in the Middle West". *Signs*, v. 14, n. 4, 1989, pp. 912-20; Karla F. C. Holloway, *Codes of Conduct: Race, Ethics, and the Color of Our Character*. New Brunswick: Rutgers University Press, 1996; Neusa Santos Souza, *Tornar-se negro: as vicissitudes da identidade do negro brasileiro em ascensão social*. Rio de Janeiro: Graal, 1990.

127. No original, "*culture of dissemblance*" (Darlene Clark Hine, op. cit.).

128. Ibid., p. 912.

129. Entrevista com Benê Ricardo.

130. Caetana Damasceno, *Segredos da boa aparência*, op. cit.

131. Entrevista com Benê Ricardo.

132. Caetana Damasceno, *Segredos da boa aparência*, op. cit.

A COZINHA COMO UM ESPAÇO GEOGRÁFICO DE MULHERES NEGRAS [PP. 246-305]

1. Katherine Mckittrick, *Demonic Grounds: Black Women and the Cartographies of Struggle*. Mineápolis: Univ. of Minnesota Press, 2006, p. XII.

2. Kimberly D. Nettles-Barcelón, Gillian Clark, Courtney Thorsson et al. "Black Women's Food Work as Critical Space". *Gastronomica*, v. 15, n. 4, 2015, pp. 34-49, p. 4.

3. A Fundação Pierre Verger foi fundada em 1988 pelo próprio fotógrafo. Mais informações em: <https://www.pierreverger.org/br/>. Acesso em 1º jun. 2021.

4. Josmara B. Fregonezem, Marlene Jesus da Costa e Nancy de Souza, *Cozinhando história: receitas, histórias e mitos de pratos afro-brasileiros*. Salvador: Fundação Pierre Verger, 2015.

5. Ibid.

6. A pesquisa que fiz sobre a trajetória profissional de Pierre Verger (Gerlaine Torres Martini, *A fotografia como instrumento de pesquisa na obra de Pierre Fatumbi Verger*. Brasília: UNB, 1999. Dissertação Mestrado em Comunicação), para entender em que ponto de seu trabalho de fotografia etnográfica esse retrato específico se encaixava, me faz acreditar que é parte do arquivo que o fotógrafo produziu para a revista *O Cruzeiro*, em 1947, quando suas fotografias acompanhavam textos do jornalista soteropolitano Odorico Tavares. Apesar de não figurar no material, acredito que tenha sido tirada para a reportagem "O ciclo do Bonfim", *O Cruzeiro*, n. 22, 1947, pp. 56-61. A reportagem pode ser consultada em: <http://memoria.bn.br/docreader/003581/53613?pesq=%22pierre%20verger%22>. Acesso em: 12 jun. 2021.

7. Gerlaine Torres Martini, *A fotografia como instrumento...*, op. cit.

8. Ana Paula Alves Ribeiro, "Atravessamentos pós-coloniais, imagens e memórias: sobre os filmes *Negros*, de Mônica Simões, e *Travessia*, de Safira Moreira". In: Milene de Cássia Silveira Gusmão e Salete Nery (Orgs.), *Memória e imagens: entre filmes, séries, fotografias e significações*. Jundiaí: Paco e Littera, 2020, pp. 66-88; Tina M. Campt, *Listening to Images*. Durham e Londres: Duke University Press Books, 2017; bell hooks, *Black Looks: Race and Representation*. Boston: South End Press, 1992.

9. Keisha-Khan Y. Perry, *Black Women against the Land Grab: The Fight for Racial Justice in Brazil*. Mineápolis: University of Minnesota Press, 2013; Erica Lorraine Williams, *Sex Tourism in Bahia: Ambiguous Entanglements*. Urbana; Chicago: University of Illinois Press, 2013.

10. Gerlaine Torres Martini, *A fotografia como instrumento...*, op. cit.; Odorico Tavares, op. cit.

11. Apesar de a atividade turística ainda estar se desenvolvendo na cidade na época, a reportagem para a qual a foto foi provavelmente produzida tem esse tom de exotização e de romantização sobre a cidade e os hábitos de sua população negra. Na página 58, lê-se o seguinte resumo-convite da festa do Senhor do Bonfim: "O povo traz, além da liturgia, do esplendor da Igreja, dos atos religiosos, traz a espontaneidade de sua fé primitiva, o ímpeto avassalante de todas as maneiras de expressar sua alegria de viver: sua maneira de render graças ao Senhor, tão solicitado nas horas de desgraça" (Odorico Tavares, op. cit., p. 58). Na mesma página, uma das fotografias de mulheres negras tem como legenda: "Tudo é claro, limpo e cheiroso, na negra".

12. John Collins, "'But What if I Should Need to Defecate in Your Neighborhood, Madame': Empire, Redemption, and the 'Tradition of the Oppressed' in a Brazilian World Heritage Site". *Cultural Anthropology*, v. 23, n. 2, 2008, pp. 279-328.

13. A vestimenta branca, os fios e o contregum são marcadores religiosos do candomblé, da umbanda e de outras religiões afro-brasileiras. Na época, as religiões afro-brasileiras e suas manifestações sofriam com uma criminalização ostensiva, baseada no Código Penal de 1940. Ver Ariadne Moreira Basílio de Olveira, "Um panorama das violações e discriminações às religiões afro-brasileiras como expressão do racismo religioso". *Calundu*, v. 2, n. 1, 2018, pp. 70-98.

14. E isso pode ocorrer até mesmo em uma historiografia atenta à agência negra em geral, como observa Manning Marable: "A história social negra, como tem sido escrita até hoje, tem sido profundamente patriarcal. [...] Referências obrigatórias são geralmente feitas àquelas 'irmãs excepcionais' que deram alguma contribuição especial para a libertação do 'homem negro', em "Grounding with My Sisters: Patriarchy and the Exploitation of Black Women". In: _____. *How Capitalism Underdeveloped Black America: Problems in Race, Political Economy, and Society*. Cambridge, MA: South End Press, 1983, p, 183. (South End Classic Series).

15. João José Reis, *Rebelião escrava no Brasil*. São Paulo: Companhia das Letras, 2003; Luiz Gama, *Carta a Lúcio de Mendonça*.

16. Camillia Cowling (Ed.), *Concebendo a liberdade: mulheres de cor, gênero e a abolição da escravidão nas cidades de Havana e Rio de Janeiro*. Campinas: Unicamp, 2018.

17. Joaze Bernardino-Costa, *Saberes subalternos e decolonialidade: os sindicatos das trabalhadoras domésticas do Brasil*. Brasília: UNB, 2015; Elisabete Aparecida Pinto, *Etnicidade, gênero e educação: a trajetória de vida de Laudelina de Campos Mello (1904-1991)*. São Paulo: Anita Garibaldi, 2015. (Coleção Vozes Oprimidas); João José Reis, *Ganhadores: a greve negra de 1857 na Bahia*. São Paulo: Companhia das Letras, 2019; Id., Rebelião escrava no Brasil, op. cit.; Fernando Freitas, *Das kitandas de Luanda aos tabuleiros das Terras de São Sebastião: conflito em torno do comércio das quitandeiras negras no Rio de Janeiro do século XIX*. Rio de Janeiro: UFRJ, 2015. Dissertação (Mestrado em Planejamento Urbano e Regional).

18. Lélia Gonzalez, *Lélia Gonzalez: primavera para as rosas negras*. Org. UCPA. São Paulo: UCPA, 2018; Keisha-Khan Y. Perry, op. cit.; Kia Lilly Caldwell, *Negras in Brazil: Re-envisioning Black Women, Citizenship, and the Politics of Identity*. New Brunswick, NJ: Rutgers University Press, 2007; Ana Claudia Jaquetto Pereira, *Intelectuais negras brasileiras: horizontes políticos*. Belo Horizonte: Letramento, 2019.

19. Saidiya Hartman, "The Belly of the World: A Note on Black Women's Labors". *Souls*, v. 18, n. 1, 2016, pp. 166-73.

20. Imani Perry, "Do We Ask Too Much of Black Heroes?". *The New York Times*, 2021.

21. Christina Sharpe, *Monstrous Intimacies: Making Post-Slavery Subjects*. Durham, NC: Duke University Press, 2010.

22. Lélia Gonzalez, *Lélia Gonzalez*, op. cit.; Patricia Hill Collins, *Pensamento feminista negro: conhecimento, consciência e a política do empoderamento*. São Paulo: Boitempo, 2019.

23. Katherine Mckittrick, op. cit., p. xiv.

24. Carolina Maria de Jesus, *Antologia pessoal*. Rio de Janeiro: UFRJ, 1996, p. 201.

25. Audre Lorde, *Sister Outsider*. Trumansberg, NY: Crossing Press, 1984, p. 45.

26. Patricia Hill Collins, *Pensamento feminista negro*, op. cit., p. 206.

27. Christina Sharpe, Judith Halberstam e Lisa Lowe, op. cit.

28. Maria Sueli Rodrigues de Sousa, *Dossiê Esperança Garcia: símbolo de resistência na luta pelo direito*. Teresina: EDUFPI, 2017.

29. Maria Cristina Cortez Wissenbach, Teodora Dias da Cunha, "Construindo um lugar para si no mundo da escrita e da escravidão". In: Giovana Xavier, Juliana Barreto Farias e Flávio Gomes (Orgs.). *Mulheres negras no Brasil pós-escravista e do pós-emancipação*. São Paulo: Selo Negro, 2012, pp. 228-43.

30. Fernando Freitas, op. cit.

31. Elisabete Aparecida Pinto, op. cit., pp. 181-2.

32. Ibid.

33. Saidiya Hartman, "Venus in Two Acts". *Small Axe*, v. 12, n. 2, 2008, pp. 1-14.

34. Elisabete Aparecida Pinto, op. cit., p. 181.

35. A denominação foi dada por Jarbas Passarinho, ministro do Trabalho e da Previdência Social em 1966, quando Laudelina foi a Brasília, em nome da Associação de Trabalhadoras Domésticas, para participar de uma reunião entre o ministro e sindicalistas de diversos setores (Elisabete Aparecida Pinto, op. cit., p. 432).

36. Zélia Amador de Deus, *Caminhos trilhados na luta antirracista*. Belo Horizonte: Autêntica, 2020.

37. Ibid., pp. 7-10.

38. Entrevista com Cenira Luiza da Silva de Sant'Anna.

39. Patricia Hill Collins, *Pensamento feminista negro*, op. cit., p. 104.

40. Joaze Bernardino-Costa, op. cit.

41. Ibid., p. 131.

42. Para uma análise mais profunda sobre o processo de desgenerificação (em inglês, *ungendering*) de pessoas negras desde o período escravista e seus diversos efeitos sobre mulheres negras, vale consultar o trabalho de Hortense Spillers sobre como isso se dá nos Estados Unidos: Hortense Spillers, "Mama's Baby, Papa's Maybe: An American Grammar Book". *Diacritics*, v. 17, n. 2, 1987, pp. 64-81. (Culture and Countermemory: The "American" Connection).

43. Elisabete Aparecida Pinto, op. cit.

44. Rachel E. Harding, *A Refuge in Thunder: Candomblé and Alternative Spaces of Blackness*. Bloomington, Ind: Indiana University Press, 2003.

45. Ibid., p. xvii.

46. Além de espaços afro-religiosos como o candomblé, as irmandades religiosas católicas também eram possíveis espaços alternativos de valorização da negritude (Rachel E. Harding, op. cit.).

47. Ecléa Bosi, D. Risoleta. In: _____. *Memória e sociedade*. São Paulo: Companhia das Letras, 1994, pp. 365-401.

48. Ibid., p. 383.

49. Ibid., p. 378.

50. Ibid., p. 389.

51. Não há uma versão única para as razões pelas quais São Benedito se tornou o padroeiro dos cozinheiros e das cozinheiras, mas o fato de que é um santo negro que havia sido escravizado e trabalhado como cozinheiro (Dom Benedicto de Ulhoa Vieira, *O santo cozinheiro*. Disponível em: <https://www.cnbb.org.br/o-santo-cozinheiro/>. Acesso em: 29 jun. 2021).

52. Ibid., p. 401.

53. Há outro repositório importante para refletir sobre a autodefinição radical de cozinheiras negras: os registros criminais. Apesar de não me deter sobre esse material e focar nos registros de trabalhadoras que poderiam ser vistas como "respeitáveis" ou "subservientes", a criminalização foi a tônica das regulamentações trabalhistas voltadas ao trabalho doméstico (Lorena Féres da Silva Telles, *Libertas entre sobrados: mulheres negras e trabalho doméstico em São Paulo*. São Paulo: Alameda Editorial, 2013) ou dos códigos de postura urbanos, que afetavam especialmente o trabalho comercial de mulheres negras (Richard Graham, *Alimentar a cidade*. São Paulo: Companhia das Letras, 2013; Alberto Heráclito Ferreira Filho, "Desafricanizar as ruas: elites letradas, mulheres pobres e cultura popular em Salvador 1890-1937". *Afro-Ásia*, v. 0, n. 21-2, 1998) durante o período escravista e no pós-abolição. Analisar esses registros é uma forma de observar o que a autora Sarah Haley destaca sobre o encarceramento de mulheres negras no início do século 20, nos Estados Unidos: "Mulheres encarceradas [...] produziram epistemologias que recusaram e desestabilizaram a lógica jurídica ocidental, individual e coletivamente alteraram temporalidades e espacialidades carcerárias, e reinventaram espaços de despossessão de maneiras que fundamentalmente desafiaram a modernidade [...] tornando visível sua lógica de gênero de encarceramento. Foi uma negação da modernidade ocidental costurada a partir de formas de socialidade que eram exclusivamente femininas e

negras" (Sarah Halley, "Sabotage and Black Radical Feminist Refusal". In: _____.
No Mercy Here: Gender, Punishment, and the Making of Jim Crow Modernity.
Chapel Hill: University of North Carolina Press, 2016, p. 200). Um dos trabalhos mais interessantes, nesse sentido, é o de Alline Torres Dias da Cruz (*De Madureira à Dona Clara: suburbanização e racismo no Rio de Janeiro no contexto pós-emancipação (1901-1920): 1*. São Paulo: Hucitec, 2020) sobre trajetórias de vida de mulheres negras no subúrbio do Rio de Janeiro no início do século 20 e, entre elas, cozinheiras negras presas pelo crime de "vadiagem".

54. Patricia Hill Collins, *Pensamento feminista negro*, op. cit., p. 411.

55. Elisabete Aparecida Pinto, op. cit.

56. Ibid., p. 448.

57. Ibid., p. 420.

58. Ecléa Bosi, op. cit.

59. Rafia Zafar, *Recipes for Respect: African American Meals and Meaning*. Athens: University of Georgia Press, 2019, p. 11.

60. Carolina Maria de Jesus, *Diário de Bitita*. São Paulo: Ed. Sesi-SP, 2014, p. 37.

61. Patricia Hill Collins, "Aprendendo com a *outsider within*: a significação sociológica do pensamento feminista negro". *Sociedade e Estado*, v. 31, n. 1, 2016, pp. 99-127.

62. Carolina Maria de Jesus, *Diário de Bitita*, op. cit.

63. Ibid.

64. Lenira Maria de Carvalho, *A luta que me fez crescer*. Recife: DED; Bagaço, 2000.

65. Patricia Hill Collins, *Pensamento feminista negro*, op. cit., p. 411.

66. Carolina Maria de Jesus, *Diário de Bitita*, op. cit.

67. Tula Pilar, "Frango verde: alimentando-me do lixão". In: Bianca Santana (Org.), *Inovação ancestral de mulheres negras: táticas e políticas do cotidiano*. São Paulo: Imantra Comunicação, 2019, p. 186.

68. Ibid., p. 163.

69. Ibid., pp. 164-5.

70. Apesar de não constar no texto em razão do espaço restrito, a obra de Carolina Maria de Jesus é marcada por diversas passagens que ilustram essa forma de agência e resistência, especialmente *Quarto de despejo*.

71. Vale citar a sinopse de *Fartura*: "A partir da observação de imagens domésticas feitas por famílias negras de periferias e favelas cariocas, é feita uma investigação sobre as relações entre encontros familiares e a comida como elemento simbólico que não só alimenta um corpo, mas também é capaz de calibrar afetos e simbolizar rituais de vida e morte" (Papo de Filmes, Sinopse de *Fartura*. Disponível em: <https://www.papodecinema.com.br/filmes/fartura/>).

72. *Fartura*, [s.l.]: [s.n.], 2019.

73. No âmbito do candomblé, o trabalho na cozinha é tão importante que implica um cargo: a Iyabassê ou Iyabá. Como observado por Lourence Cristine Alves, em sua tese sobre a comida de santo: "Esse é um cargo de suma importância, como podemos ver em sua posição da escala hierárquica do terreiro, por ser a cozinha um dos principais pontos de movimentação do axé". Ver Lourence Cristine Alves, *Onje: saberes e práticas da cozinha de santo*. Rio de Janeiro: UERJ, 2019, p. 140. Tese (Doutorado em Nutrição).

74. Zora Neale Hurston, *Mules and Men*. Ed. il. Nova York: Harper Perennial, 2008, p. 2.

75. LaKisha Michelle Simmons, "Defending Her Honor: Interracial Sexual Violence, Silences, and Respectability". In: _____. *Crescent City Girls: The Lives of Young Black Women in Segregated New Orleans*. Chapel Hill: The University of North Carolina Press, 2015, p. 82.

76. Virgínia Leone Bicudo, *Atitudes raciais de pretos e mulatos em São Paulo*. São Paulo: Sociologia e Política, 2010, p. 75.

77. Fernando Freitas, op. cit.

78. Ibid., p. 93.

79. Maria Sueli Rodrigues de Sousa, op. cit.

80. LaKisha Michelle Simmons, op. cit.

81. Ibid., pp. 82-3.

82. Carolina Maria de Jesus, *Diário de Bitita*, op. cit., p. 38.

83. Christina Sharpe, Judith Halberstam e Lisa Lowe, op. cit.

84. Bruna Portella de Novaes, *Embranquecer a cidade negra: gestão do trabalho de rua em Salvador no início do século XX*. Brasília: UNB, 2017. Dissertação (Mestrado em Direito); Alberto Heráclito Ferreira Filho, *Desafricanizar as ruas*, op. cit.

85. Entrevista com Cenira Luiza da Silva de Sant'Anna.

86. A migração de Cenira do meio rural para a capital do Rio de Janeiro no fim da década de 1940 acompanha o processo de início do êxodo rural na região Sudeste, que se intensifica a partir da década de 1950 (Ana Amélia Camarano e Ricardo Abramovay, *Êxodo rural, envelhecimento e masculinização no Brasil: panorama dos últimos 50 anos*. Ipea, 1999)

87. Entrevista com Ana Luzia de Sant'Anna Machado e Ana Lúcia Sant'Anna Dantas.

88. Ibid.

89. Entrevista com Cenira Luiza da Silva de Sant'Anna.

90. Ibid.

91. Entrevista com Ana Luzia de Sant'Anna Machado e Ana Lúcia Sant'Anna Dantas.

92. Alexander Lipschütz, *El indoamericanismo y el problema racial en las Américas*. Santiago: Nascimento, 1944.

93. Na verdade, a ideologia da mestiçagem se refere mais ao processo de branqueamento patrocinado pela iniciativa privada ou por autoridades governamentais latino-americanas como o Brasil (Kabengele Munanga, *Rediscutindo a mestiçagem no*

Brasil: identidade nacional versus identidade negra. 2. ed. Belo Horizonte: Autêntica, 2006). A mestiçagem foi incentivada apenas em direção ao branqueamento da população, o que apenas reforça o argumento de quão profundo é o racismo antinegritude — além do anti-indígena — nessas sociedades.

94. Edward Telles e Tianna Paschel, "Who Is Black, White, or Mixed Race? How Skin Color, Status, and Nation Shape Racial Classification in Latin America". *American Journal of Sociology*, v. 120, n. 3, 2014, pp. 864-907; Edward Telles, *Pigmentocracies: Ethnicity, Race, and Color in Latin America*. Chapel Hill: University of North Carolina Press, 2014.

95. Um possível caminho para começar a iluminar a questão são os estudos sobre as condições de trabalho em cozinhas profissionais dos Estados Unidos e a hierarquização de cor e raça nos cargos, como as contribuições de Saru Jayaraman: "Lembro-me de Mamdouh dizendo em uma de nossas sessões que ele nunca tinha pensado sobre discriminação no local de trabalho antes, mas depois de discutir isso conosco, ele pôde ver como todos os restaurantes em que trabalhava mantinham a segregação racial, com trabalhadores de pele mais clara na frente, atendendo clientes, e trabalhadores de pele mais escura nos fundos, escondidos na cozinha. Ele também percebeu que em seus 17 anos na indústria, ele nunca tinha visto um lavador de louça branco na cidade de Nova York" (Saru Jayaraman, *Behind the Kitchen Door*. Ithaca: Cornell University Press, 2014, p. 15).

96. Entrevista com Benê Ricardo.

97. LaKisha Michelle Simmons, op. cit, p. 82.

98. Andrea D'Egmont, "Chefs, educadoras, pesquisadoras: 15 mulheres negras que escrevem a história da gastronomia brasileira". *O Globo*, 2021; Gilberto Porcidonio, Black Chefs Matter. *Revista Gula*, 22 jun. 2020; id., "Com os dois pés na cozinha: chefs negros lutam para superar o preconceito e impor suas marcas no Rio". *Projeto Colabora*, 30 set. 2018.

99. Toni Morrison, *Amada*. Trad. de José Rubens Siqueira. São Paulo: Companhia das Letras, 2011.

100. Joaze Bernardino-Costa, op. cit.; Elisabete Aparecida Pinto, op. cit.; Ana Claudia Jaquetto Pereira, op. cit.; Juliana Araújo Lopes, *Constitucionalismo brasileiro em pretuguês: trabalhadoras domésticas e lutas por direitos*. Brasília: UNB, 2020. Dissertação (Mestrado em Direito); Gabriela Batista Pires Ramos, *"Como se fosse da família: o trabalho doméstico na Assembleia Nacional Constituinte de 1987/1988"*. Salvador: UFBA, 2019. Dissertação (Mestrado em Direito).

101. Elisabete Aparecida Pinto, op. cit.

102. Lélia Gonzalez, *Lélia Gonzalez*, op. cit.; Ana Claudia Jaquetto Pereira, op. cit.

103. Ana Claudia Jaquetto Pereira, op. cit.

104. Ibid., pp. 194-5.

105. Bruna Portella de Novaes, op. cit., p. 61.

106. Angélica Ferrarez de Almeida observa como o Código de Posturas de 1870, no Rio de Janeiro, proibia expressamente as casas de zungu: "[...] 'São proibidas as casas conhecidas vulgarmente pelos nomes de zungú e batuques. Os donos ou chefes de tais casas serão punidos com a pena de oito dias de prisão e 30$000 de multa e, nas reincidências, com as de 30 dias de prisão e 60$000 de multas'". Ver Angélica Ferrarez

de Almeida, *A tradição das tias pretas na Zona Portuária: por uma questão de memória, espaço e patrimônio*. Rio de Janeiro: PUC-RJ, 2013. Dissertação (Mestrado em História).

107. Ibid.

108. Jean-Baptiste Debret, *Voyage Pittoresque et Historique au Brésil*. Paris: Imprimeurs de L'Institut de France, 1831, p. 110.

109. Uma das funções das irmandades negras, além da ajuda mútua e do auxílio na compra de alforrias, era a de garantir um sepultamento digno. Ver Wlamyra Albuquerque e Walter Fraga Filho, *Uma história do negro no Brasil*. Salvador: Centro de Estudos Afro-Orientais, 2006; João José Reis, *A morte é uma festa*. São Paulo: Companhia das Letras, 1991.

110. Jean-Baptiste Debret, op. cit., p. 153.

111. Jurema Werneck, *O samba segundo as ialodês: mulheres negras e cultura midiática*. São Paulo: Hucitec, 2020.

112. O caso de Tia Ciata é interessante para observar como algumas mulheres negras podiam enfrentar ou driblar as autoridades de repressão de diferentes maneiras: "[...] em decorrência de seu prestígio e da ocupação de seu marido no Gabinete do Chefe de Polícia (emprego que a própria Ciata conseguiu diretamente com o presidente Wenceslau Brás, a quem, segundo os relatos, teria curado uma doença de pele, com a ajuda dos Orixás), tal perseguição era abrandada ou inexistente. Ao contrário, houve épocas em que os festejos eram 'protegidos' por um grupo de soldados [...]" (Jurema Werneck, op. cit., p. 43).

113. Núbia Regina Moreira, *A presença das compositoras no samba carioca: um estudo da trajetória de Teresa Cristina*. Brasília: UNB, 2013, p. 72. Tese (Doutorado).

114. Angélica Ferrarez de Almeida, op. cit.

115. Núbia Regina Moreira, op. cit.

116. Ibid., p. 35.

117. Roberto Moura, *Tia Ciata e a Pequena África no Rio de Janeiro*. 2. ed. Rio de Janeiro: Secretaria Municipal de Cultura, Dep. Geral de Doc. e Inf. Cultural, Divisão de Editoração, 1995, p. 143.

118. Elisabete Aparecida Pinto, op. cit.

119. Teresinha Bernardo, *Memória em branco e negro*. São Paulo: Unesp, 2007.

120. Ibid., p. 53.

121. José Correia Leite, op. cit.

122. A "população de côr" tinha seu acesso frequentemente vedado a clubes e outros espaços de lazer ou sociabilidade em São Paulo à época, como relatam Laudelina (Elisabete Aparecida Pinto, op. cit.) e dona Risoleta (Ecléia Bosi, op. cit.), o que teve impacto sobre a criação de espaços como esses. Dona Risoleta chega a comentar sobre a existência de clubes de "mulatos", do qual fazia parte, onde "pretos" não entravam (ibid., p. 397).

123. Um dos convites para os eventos: "Communicam-nos do Grêmio Brinco de Princesa: 'Dia 22 do corrente (sábado), às 20 horas, em sua sede social à rua Augusto de Queiroz, o Grêmio 'Brinco de Princesa' offerecerá aos seus associados e famílias, um festival dançante à 'caipira', abrilhantado pela afamada Orchestra, regida pelo maestro Lucio, vulgo 'Dedinho'. Haverá também cousas inéditas, gostosas: Chôro de sanfona, cânticos caipiras, comes à caipira, o que por si serve para mostrar que nossa festa nada se parece com as outras. Os convites acham-se à disposição dos interessados à Rua Ipiranga n. 56, ou praça Marechal Deodoro, 59", Grêmio Brinco de Princesa, Festival no Grêmio "Brinco de Princeza".

124. Grêmio Brinco de Princesa, Festival no Grêmio "Brinco de Princeza". *Diário Nacional: A Democracia Marcha*, n. 01236. ed., 1931, p. 2.

125. C. R. "Brinco de Princeza", *O Clarim da Alvorada*, 30. ed. 1930.

126. Festivais S. R. "Brinco da Princeza", *A Voz da Raça*, 25. ed., 1933, p. 2.

127. José Correia Leite, op. cit.

128. Diversões. *A liberdade: orgam crítico, orgam crítico, literário, e noticioso, dedicado à classe de cor*, 1919.

129. Brinco de Princeza. *A Liberdade — orgam crítico, orgam crítico, literário, e noticioso, dedicado à classe de cor*, 12. ed., 1920, p. 3.

130. José Correia Leite, op. cit.

131. Ibid., p. 46.

132. Centro Recreativo Brinco de Princeza. *A Liberdade — orgam crítico, orgam crítico, literário, e noticioso, dedicado à classe de cor*, 10. ed., 1919, p. 2.

133. Enquanto a população negra de São Paulo da época dessas cozinheiras vivia a intensidade da exclusão social e econômica causada pelas políticas de branqueamento e suas consequências no mercado de trabalho, o Rio de Janeiro de Tia Ciata era uma cidade marcadamente africana e negra, em razão da intensificação do tráfico transatlântico no início do século 18, além do tráfico interno de escravizados.
Ver Kim D. Butler, *Freedoms Given, Freedoms Won: Afro-Brazilians in Post-Abolition São Paulo and Salvador*. New Brunswick: Rutgers University Press, 1998.

134. Angélica Ferrarez de Almeida, op. cit.

135. Elisabete Pinto faz uma análise importante do papel da mulher negra no projeto de nação de determinados setores dos movimentos negros de São Paulo, no início do século 20, ligados à perspectiva eugenista e católica: "A questão social e a racial não eram vistas como uma relação do capital versus trabalho, mas como uma questão moral. Assim, o casamento e uma vida regrada seriam essenciais para a superação do atraso social da população negra" (Elisabete Aparecida Pinto, op. cit., p. 216).

136. José Correia Leite, op. cit., p. 45.

137. Ibid., p. 33.

138. Carolina Maria de Jesus, *Diário de Bitita*, op. cit., p. 202.

139. Elisabete Aparecida Pinto, op. cit., p. 217.

140. José Correia Leite, op. cit.

141. Ibid.

142. Alberto Heráclito Ferreira Filho, *Desafricanizar as ruas*, op. cit., pp. 44-5.

143. Virgínia Leone Bicudo, op. cit.

144. Ibid., p. 127.

145. Maria Sueli Rodrigues Sousa, op. cit.

146. Maria Cristina Cortez Wissenbach, op. cit.

147. Ecléia Bosi, op. cit.

148. Ibid., pp. 393-5.

149. Maria Aparecida Prazeres Sanches, *Fogões, pratos e panelas: poderes, práticas e relações de trabalho doméstico. Salvador 1900/1950*. Salvador: UFBA, 1998. Dissertação (Mestrado em História); Marilia Bueno de Araujo Ariza, *Mães infames, rebentos venturosos: mulheres e crianças, trabalho e emancipação em São Paulo (século XIX)*. São Paulo: USP, 2017. Tese (Doutorado em História); Lorena Ferés da Silva Telles, *Teresa Benguela e Felipa Crioula estavam grávidas: maternidade e escravidão no Rio de Janeiro (século XIX)*. São Paulo: USP, 2019. Tese (Doutorado em História).

150. Teresinha Bernardo, op. cit, p. 53.

151. Ecléia Bosi, op. cit.

152. Elisabete Aparecida Pinto, op. cit., p. 426.

153. Entrevista com Ana Luzia de Sant'Anna Machado e Ana Lúcia Sant'Anna Dantas.

154. Conceição Evaristo, "Olhos d'água". In: _____. *Olhos d'água*. Rio de Janeiro: Pallas, 2014, pp. 15-9.

155. Entrevista com Ana Luzia de Sant'Anna Machado e Ana Lúcia Sant'Anna Dantas.

156. Ibid.

157. Conceição Evaristo, "Olhos d'água", op. cit.

158. Ibid., p. 16.

159. Saidiya Hartman, *The Belly of the World*, op. cit., p. 171.

CONSIDERAÇÕES FINAIS: UM TRABALHO POR, SOBRE E PARA MULHERES NEGRAS [PP. 305-12]

1. Daina Ramey Berry e Kali Nicole Gross, *A Black Women's History of the United States*. Boston: Beacon Press, 2020, p. 217.

2. Patricia Hill Collins, *Pensamento feminista negro: conhecimento, consciência e a política do empoderamento*. São Paulo: Boitempo, 2019, p. 12.

Referências bibliográficas

ALBUQUERQUE, Wlamyra R. de. *O jogo da dissimulação: abolição e cidadania negra no Brasil*. São Paulo: Companhia das Letras, 2009.

_____; FRAGA FILHO, Walter. *Uma história do negro no Brasil*. Salvador: Centro de Estudos Afro-Orientais, 2006.

ALMEIDA, Angélica Ferrarez de. *A tradição das tias pretas na Zona Portuária: por uma questão de memória, espaço e patrimônio*. Rio de Janeiro: PUC-RJ, 2013. Dissertação (Mestrado em História). Disponível em: <https://www.maxwell.vrac.puc-rio.br/23475/23475.PDF>. Acesso em: 25 out. 2020.

ALVES, Lourence Cristine. *Onje: saberes e práticas da cozinha de santo*. Rio de Janeiro: UERJ, 2019. Tese (Doutorado em Nutrição).

ALVES, Raissa Roussenq. *Entre o silêncio e a negação: uma análise da CPI do trabalho escravo sob a ótica do trabalho "livre" da população negra*. Brasília, UNB, 2017. Dissertação (Mestrado em Direito). Disponível em: <http://repositorio.unb.br/bitstream/10482/24473/1/2017_RaissaRoussenqAlves.pdf>. Acesso em: 17 ago. 2018.

AMADO, Jorge. *Jubiabá*. São Paulo: Companhia das Letras, 2008.

AMORIM, Daniela. "Número de empregados domésticos no País bate recorde". *O Estado de São Paulo*, 30 jan. 2020. Disponível em: <https://economia.estadao.com.br/noticias/geral,numero-de-empregados-domesticos-no-pais-bate-recorde,70003178662>. Acesso em: 3 set. 2020.

ANR. Pequisa ANR/ galunion/ IFB — 71% dos bares e restaurantes estão endividados. Disponível em: <http://anrbrasil.org.br/nova-pesquisa-anr-galunion-ifb/>. Acesso em: 16 maio 2021.

ARAUJO, Wilma Maria Coelho. *Da alimentação à gastronomia*. Brasília: UNB, 2005.

ARIZA, Marilia Bueno de Araujo. *Mães infames, rebentos venturosos: mulheres e crianças, trabalho e emancipação em São Paulo (século XIX)*. São Paulo: USP, 2017. Tese (Doutorado em História). Disponível em: <http://www.teses.usp.br/teses/disponiveis/8/8138/tde-24102017-194312/>. Acesso em: 23 jun. 2021.

ATALA, Alex. *D.O.M.: redescobrindo ingredientes brasileiros*. São Paulo: Melhoramentos, 2013.

AVÉ-LALLEMANT, Robert. *Viagens pelas províncias da Bahia, Pernambuco, Alagoas e Sergipe: 1859*. Belo Horizonte: Itatiaia, 1980.

AZEVEDO, Celia Maria Marinho de. *Onda negra, medo branco: o negro no imaginário das elites — século XIX*. São Paulo: Annablume, 1987.

BAIRROS, Luiza. "Nossos feminismos revisitados". *Revista Estudos Feministas*, v. 3, n. 2, 1995, pp. 458-63.

BENJAMIN, Ruha. "Black After Lives Matter". *Boston Review*. Disponível em: <http://bostonreview.net/race/ruha-benjamin-black-afterlives-matter>. Acesso em: 5 maio 2021.

_____. Retomando nosso fôlego: estudos de ciência e tecnologia, teoria racial crítica e a imaginação carcerária. In: SILVA, Tarcízio (Org.). *Comunidades, algoritmos e ativismos digitais: olhares afrodiaspóricos*. São Paulo: LiteraRUA, 2020, pp. 13-26.

BERNARDINO-COSTA, Joaze. *Saberes subalternos e decolonialidade: os sindicatos das trabalhadoras domésticas do Brasil*. Brasília: UNB, 2015.

BERNARDO, Teresinha. *Memória em branco e negro*. São Paulo: Unesp, 2007.

BERRY, Daina Ramey; GROSS, Kali Nicole. *A Black Women's History of the United States*. Boston: Beacon Press, 2020.

BICUDO, Virgínia Leone. *Atitudes raciais de pretos e mulatos em São Paulo*. São Paulo: Sociologia e Política, 2010.

BITTENCOURT, Raramiz Eurípedes. *A visão de alunos de gastronomia frente à realidade da profissão e a visão de chefs profissionais*. São Paulo: PUC-SP, 2007. Dissertação (Mestrado em Linguística Aplicada). Disponível em: <http://tede2.pucsp.br/tede/handle/handle/13860>. Acesso em: 26 abr. 2021.

BORBA, Clarissa Galvão Cavalcanti. *Dos ofícios da alimentação à moderna cozinha profissional: reflexões sobre a ocupação de chef de cozinha*. Recife: UFPE, 2015. Tese (Doutorado em Sociologia). Disponível em: <https://repositorio.ufpe.br/handle/123456789/28120>. Acesso em: 3 jan. 2019.

BOSI, Ecléa. D. Risoleta. In: _____. *Memória e sociedade*. São Paulo: Companhia das Letras, 1994. pp. 365-401.

BOURDIEU, Pierre. *As regras da arte*. Trad. de Maria Lucia Machado. São Paulo: Companhia das Letras, 1996.

_____. *Os usos sociais da ciência: por uma sociologia clínica do campo científico*. São Paulo: Unesp, 2004.

BRANDÃO, Darwin. "Maria de São Pedro". *Manchete*, n. 71, 1953, p. 23.

_____. "O que a Bahia tem". *Manchete*, n. 118, 1954, p. 23.

BRASIL. Decreto nº 10282. Disponível em: <http://www.planalto.gov.br/ccivil_03/_Ato2019-2022/2020/Decreto/D10282.htm#art3%C2%A71viii>. Acesso em: 3 set. 2020.

BRIGUGLIO, Bianca. *Cozinha é lugar de mulher?: a divisão sexual do trabalho em cozinhas profissionais*. Campinas: Unicamp, 2020. Tese (Doutorado em Ciências Sociais). Disponível em: <http://repositorio.unicamp.br/Acervo/Detalhe/1129325>. Acesso em: 26 set. 2022.

BUENO, Maria Lúcia. "Da gastronomia francesa à gastronomia global: hibridismos e identidades inventadas". *Caderno CRH*, v. 29, n. 78, 2016, pp. 443-62.

BUTLER, Kim D. *Freedoms Given, Freedoms Won: Afro-Brazilians in Post-Abolition São Paulo and Salvador*. New Brunswick: Rutgers University Press, 1998.

CALDWELL, Kia Lilly. *Negras in Brazil: Re-eNvisioning Black Women, Citizenship, and the Politics of Identity*. New Brunswick: Rutgers University Press, 2007.

CAMPOS, Jose Ruy Veloso. *A evolução da educação profissional em hotelaria no Brasil: o caso Senac de São Paulo como referência na área*. São Paulo: USP, 2001. Dissertação (Mestrado). Disponível em: <https://repositorio.usp.br/item/001178323>. Acesso em: 28 mar. 2021.

CAMPT, Tina M. *Listening to Images*. Durham and London: Duke University Press Books, 2017.

CARNEIRO, Aparecida Sueli. *A construção do outro como não ser como fundamento do ser*. São Paulo: USP, 2005. Tese (Doutorado em Educação).

CARVALHO, Lenira Maria de. *A luta que me fez crescer*. Recife: DED; Bagaço, 2000.

CARVALHO, Deborah Agulham. *Das casas de pasto aos restaurantes: os sabores da velha Curitiba (1890-1940)*. Curitiba: UFPR, 2005. Dissertação (Mestrado em História). Disponível em: <https://acervodigital.ufpr.br/handle/1884/6230>. Acesso em: 12 abr. 2021.

CASCUDO, Luís da Câmara. *História da alimentação no Brasil*. São Paulo: Global, 2004.

CHALHOUB, Sidney. "Precariedade estrutural: o problema da liberdade no Brasil escravista (século XIX)". *História Social*, n. 19, 2010, pp. 33-62.

_____. "Prefácio à edição brasileira". In: COWLING, Camillia (Ed.). *Concebendo a liberdade: mulheres de cor, gênero e a abolição da escravidão nas cidades de Havana e Rio de Janeiro*. Campinas: Unicamp, 2018. pp. 15-8.

"CHEF: salário, piso salarial, o que faz e mercado de trabalho". *Salário*, 2022. Disponível em: <https://www.salario.com.br/profissao/chef-cbo-271105/>. Acesso em: 28 mar. 2021.

CINTRA, Luiz. *Dona Benta: comer bem*. 77. ed. São Paulo: Companhia Editora Nacional, 2013.

COLLAÇO, Janine H. L. *Turismo e gastronomia: uma viagem pelos sabores do mundo*. Disponível em: <http://www.slowfoodbrasil.com/content/view/140/95/>. Acesso em: 6 mar. 2011.

COLLINS, John. "'But What if I Should Need to Defecate in your Neighborhood, Madame?': Empire, Redemption, and the 'Tradition of the Oppressed' in a Brazilian World Heritage Site". *Cultural Anthropology*, v. 23, n. 2, 2008, pp. 279-328.

COLLINS, Patricia Hill. "Aprendendo com a *outsider within*: a significação sociológica do pensamento feminista negro". *Sociedade e Estado*, v. 31, n. 1, 2016, pp. 99-127.

_____. *Pensamento feminista negro: conhecimento, consciência e a política do empoderamento*. São Paulo: Boitempo, 2019.

COOPER, Ann. *"A Woman's Place Is in the Kitchen": The Evolution of Women Chefs*. Nova York: Wiley, 1997.

COSTA, Stephane Ramos da. *Patrícios negros: experiências de educação popular no Rio de Janeiro (1887-1956)*. Rio de Janeiro: UFRJ, 2020. Dissertação (Mestrado em História).

COWLING, Camillia. *Concebendo a liberdade: mulheres de cor, gênero e a abolição da escravidão nas cidades de Havana e Rio de Janeiro*. Campinas: Unicamp, 2018.

"COZINHEIRO de restaurante: o que faz, salário, piso salarial". *Salário*, 2022. Disponível em: <https://www.salario.com.br/profissao/cozinheiro-de-restaurante-cbo-513205/>. Acesso em: 17 maio 2021.

CRUZ, Alline Torres Dias da. *De Madureira à Dona Clara: suburbanização e racismo no Rio de Janeiro no contexto pós-emancipação (1901-1920): 7*. São Paulo: Hucitec, 2020.

CUNHA, Olivia Maria Gomes da. "Criadas para servir: domesticidade, intimidade e retribuição". In: CUNHA, Olívia Maria Gomes da; GOMES, Flavio dos Santos (Orgs.). *Quase-cidadão: histórias e antropologias da pós-emancipação no Brasil*. Rio de Janeiro: FGV, 2007. pp. 377-417.

CUNHA, Luiz Antonio. *O ensino de ofícios artesanais e manufatureiros no Brasil escravocrata*. São Paulo: Unesp, 2005.

DAHER, Edriane Madureira. *Cenas da escravidão: imagens de Debret e o ensino de história no Distrito Federal 2008 ao tempo presente*. Brasília: UNB, 2011. Dissertação (Mestrado em História). Disponível em: <https://repositorio.unb.br/handle/10482/10723>. Acesso em: 20 dez. 2020.

DAMASCENO, Caetana. *Segredos da boa aparência: da "cor" à "boa aparência" no mundo do trabalho carioca (1930-1950)*. Seropédica: UFRRJ, 2010.

_____. "'Cor' e 'boa aparência' no mundo do trabalho doméstico: problemas de pesquisa da curta à longa duração". In: XXVII Simpósio Nacional de História, 2013, Natal. *Anais...* Natal: ANPUH, 2013. Disponível em: <http://www.snh2013.anpuh.org/resources/anais/27/1364682879_ARQUIVO_2013_TEXTOanpuh_Caetana Damasceno.pdf>. Acesso em: 8 dez. 2018.

DANTAS, Audálio. "O drama da favela escrito por uma favelada: Carolina Maria de Jesus faz um retrato sem retoque do mundo sórdido em que vive". *Folha da Noite*, São Paulo, n. 10 885, 9 maio 1958, p. 5.

DÁVILA, Jerry. *Diploma de brancura: política social e racial no Brasil, 1917-1945*. São Paulo: Unesp, 2006.

_____. "O valor social da brancura no pensamento educacional da era Vargas". *Educar em Revista*, n. 25, 2005, pp. 111-26.

DEBRET, Jean-Baptiste. *Voyage Pittoresque et Historique au Brésil*. Paris: Imprimeurs de L'Institut de France, 1831. 3 v.

DEETZ, Kelley Fanto. *Bound to the Fire: How Virginia's Enslaved Cooks Helped Invent American Cuisine*. Lexington, Kentucky: University Press of Kentucky, 2017.

D'EGMONT, Andrea. "Chefs, educadoras, pesquisadoras: 15 mulheres negras que escrevem a história da gastronomia brasileira". *O Globo*, 2021. Disponível em: <https://oglobo.globo.com/celina/chefs-educadoras-pesquisadoras-15-mulheres-negras-que-escrevem-historia-da-gastronomia-brasileira-24920399?utm_source= aplicativoOGlobo&utm_medium=aplicativo&utm_campaign=compartilhar>. Acesso em: 15 mar. 2021.

DEIAB, Rafaela de Andrade. *A mãe preta na literatura brasileira: a ambiguidade como construção social (1880-1950)*. São Paulo: USP, 2006. Dissertação (Mestrado).

DEJEAN, Joan. *The Essence of Style: How the French Invented High Fashion, Fine Food, Chic Cafes, Style, Sophistication, and Glamour*. Ed. IL. Nova York: Free Press, 2007.

DEUS, Zélia Amador de. *Caminhos trilhados na luta antirracista*. Belo Horizonte: Autêntica, 2020.

DIAS, Maria Odila da Silva. "Nas fímbrias da escravidão urbana: negras de tabuleiro e de ganho". *Estudos Econômicos*, São Paulo, v. 15, n. esp., 1985, pp. 89-109.

_____. "Prefácio". In: Telles, Lorena Féres da Silva. *Libertas entre sobrados: mulheres negras e trabalho doméstico em São Paulo*. São Paulo: Alameda Editorial, 2013. pp. 9-17.

_____. *Quotidiano e poder em São Paulo no século XX*. 2. ed. São Paulo: Brasiliense, 1995.

DÓRIA, Carlos Alberto. *A formação da culinária brasileira*. São Paulo: Publifolha, 2009.

_____. *Estrelas no céu da boca: escritos sobre culinária e gastronomia*. São Paulo: Senac-SP, 2006.

_____. "Flexionando o gênero: a subsunção do feminino no discurso moderno sobre o trabalho culinário". *Cadernos Pagu*, v. 39, 2012, pp. 251-71.

DUTRA, Rogéria Campos de Almeida. "Nação, região, cidadania: a construção das cozinhas regionais no Projeto Nacional Brasileiro". *Campos*, v. 5, n. 1, 2004, pp. 93-110.

EMORY University. "Estimativas". *Slave Voyages*. Disponível em: <http://www.slavevoyages.org/assessment/estimates>. Acesso em: 18 dez. 2018.

ESCOffier, Georges Auguste. *Why Men Make the Best Cooks: Annual Report of the Universal Food and Cookery Association*. Estados Unidos: [s.n.], 1895.

EVARISTO, Conceição. "Olhos d'água". In: _____. *Olhos d'água*. Rio de Janeiro: Pallas, 2014. pp. 15-9.

_____. *Poemas da recordação*. Rio de Janeiro: Malê, 2017.

FANTÁSTICO. "'Uma pessoa muito batalhadora', diz sobrinho de empregada doméstica que morreu de coronavírus". Disponível em: <https://g1.globo.com/fantastico/noticia/2020/03/22/uma-pessoa-muito-batalhadora-diz-sobrinho-de-empregada-domestica-que-morreu-de-coronavirus.ghtml>. Acesso em: 3 set. 2020.

FARIAS, Edson Silva de. *Ócio e negócios: festas populares e entretenimento-turismo no Brasil*. Curitiba: Appris, 2011.

FARIAS, Juliana Barreto. "De escrava a Dona: a trajetória da africana mina Emília Soares do Patrocínio no Rio de Janeiro do século XIX". *Locus: Revista de História*, v. 18, n. 2, 2012. Disponível em: <https://periodicos.ufjf.br/index.php/locus/article/view/20607>. Acesso em: 10 jul. 2020.

FERGUSON, Priscilla Parkhurst. "A Cultural Field in the Making: Gastronomy in 19th Century France". *American Journal of Sociology*, v. 104, n. 3, 1998, pp. 597-641.

FERNANDES, Caloca. *Viagem gastronômica através do Brasil*. 10. ed. São Paulo: Senac-SP, 2001.

FERREIRA FILHO, Alberto Heráclito. *Salvador das mulheres: condição feminina e cotidiano popular na Bélle Époque imperfeita*. Salvador: UFBA, 1994. Dissertação (Mestrado em História). Disponível em: <https://ppgh.ufba.br/sites/ppgh.ufba.br/files/4_salvador_das_mulheres._condicao_feminina_e_cotidiano_popular_na_belle_epoque_imperfeita.pdf>. Acesso em: 20 out. 2020.

_____. "Desafricanizar as ruas: elites letradas, mulheres pobres e cultura popular em Salvador 1890-1937". *Afro-Ásia*, v. 0, n. 21-2, 1998. Disponível em: <https://portalseer.ufba.br/index.php/afroasia/article/view/20968>. Acesso em: 6 out. 2020.

FERREIRA, Talitha Alessandra. *O amor pelo gosto: sobre a gastronomia e os food trucks na cidade de São Paulo*. Campinas: Unicamp, 2018. Dissertação (Mestrado em Sociologia). Disponível em: <http://repositorio.unicamp.br/jspui/handle/REPOSIP/332431>. Acesso em: 20 jan. 2021.

FISCHER, Brodwyn; GRINBERG, Keila; MATTOS, Hebe. "Direito, silêncio e racialização das desigualdades na história afro-brasileira". In: ANDREWS, George Reid; FUENTE, Alejandro de la (Orgs.). *Estudos afro-latino-americanos: uma introdução*. Buenos Aires: Clacso, 2018. pp. 119-61. Disponível em: <https://www.clacso.org.ar/libreria-latinoamericana/buscar_libro_detalle.php?campo=autor&texto=&id_libro=1497>.

FRANCISCO, Audrey Fantini; CREPALDI, Ana Paula; WOLMER, Adriana Gonçalves et al. "Angelina Teresa da Silva não é um número". *Inumeráveis*. Disponível em: <https://inumeraveis.com.br/angelina-teresa-da-silva/>. Acesso em: 4 jan. 2021.

_____. "Elisa Inês da Silva não é um número". *Inumeráveis*. Disponível em: <https://inumeraveis.com.br/elisa-ines-da-silva/>. Acesso em: 13 ago. 2020.

FREGONEZEM, Josmara B.; COSTA, Marlene Jesus da; SOUZA, Nancy de. *Cozinhando história: receitas, histórias e mitos de pratos afro-brasileiros*. Salvador: Fundação Pierre Verger, 2015.

FREITAS, Caroline. *Maria de São Pedro: história e tradição da culinária baiana*. Disponível em: <http://www.saravacidade.com.br/chao/maria-de-sao-pedro-historia-e-tradicao-da-culinaria-baiana/>. Acesso em: 29 jan. 2021.

FREITAS, Fernando. *Das kitandas de Luanda aos tabuleiros das Terras de São Sebastião: conflito em torno do comércio das quitandeiras negras no Rio de Janeiro do século XIX*. Rio de Janeiro: UFRJ, 2015. Dissertação (Mestrado em Planejamento Urbano e Regional). Disponível em: <http://objdig.ufrj.br/42/teses/858668.pdf>. Acesso em: 4 nov. 2020.

FREIXA, Dolores; CHAVES, Guta. *Gastronomia no Brasil e no mundo*. São Paulo: Senac-SP, 2017.

FREYRE, Gilberto. *Açúcar: uma sociologia do doce, com receitas de bolos e doces do Nordeste do Brasil*. 5. ed. São Paulo: Global, 2007.

_____. *Casa-grande & senzala*. 39. ed. Rio de Janeiro: Record, 2000.

_____. *Manifesto regionalista*. 7. ed. Recife: Fundação Joaquim Nabuco, 1996.

GAMA, Luiz. *Carta a Lúcio de Mendonça*. Disponível em: <http://www.tropis.org/afro/luizgama.html>. Acesso em: 20 dez. 2020.

GARCIA, Afrânio. "Gilberto Freyre: um vitoriano dos trópicos". *Estudos Avançados*, v. 20, n. 58, 2006, pp. 316-22.

GIACOMINI, Sonia Maria. *Mulher e escrava: uma introdução histórica ao estudo da mulher negra no Brasil*. Curitiba: Appris, 2012.

GIL, Gilberto. "A mão da limpeza". Comp. de Gilberto Gil. In: _____. *Raça humana*. [s.l.]: WEA, 2003. Faixa 6 (3 min 29 s).

GIRO noturno. *Correio Paulistano*, 1956, p. 5.

GOMES, Flávio dos Santos; CUNHA, Olívia Maria Gomes da. "Introdução: que cidadão? Retóricas da igualdade, cotidiano da diferença". In: _____. *Quase-cidadão: histórias e antropologias da pós-emancipação no Brasil*. Rio de Janeiro: Ed. FGV, 2007. pp. 7-19.

GONÇALVES, Ana Maria. *Um defeito de cor*. 26. ed. Rio de Janeiro: Record, 2006.

GONÇALVES, Luiz Alberto Oliveira; SILVA, Petronilha Beatriz Gonçalves e. "Movimento negro e educação". *Revista Brasileira de Educação*, n. 15, 2000, pp. 134-58.

GONZALEZ, Lélia. "A mulher negra na sociedade brasileira: uma abordagem político-econômica". In: _____. *Lélia Gonzalez: primavera para as rosas negras*. Org. UCPA. São Paulo: UCPA, 2018, pp. 34-53.

_____. *Lélia Gonzalez: primavera para as rosas negras*. Org. UCPA. São Paulo: UCPA, 2018.

_____. "Racismo e sexismo na cultura brasileira". *Revista Ciências Sociais Hoje*, 1984, pp. 223-44. (Anpocs).

GRAHAM, Richard. *Alimentar a cidade*. São Paulo: Companhia das Letras, 2013.

GRAHAM, Sandra Lauderdale. *Proteção e obediência: criadas e seus patrões no Rio de Janeiro, 1860-1910*. São Paulo: Copanhia das Letras, 1992.

Green Book: o guia. Direção: Peter Farrelly. Glandale, Ia: DreamWorks, 2018. 1 DVD (130 min).

GRÊMIO brinco de princesa. Festival no Grêmio "Brinco de Princeza". *Diário Nacional: a democracia em marcha*, 1236. ed. 1931, p. 2.

HALEY, Sarah. "Sabotage and Black Radical Feminist Refusal". In: _____. *No Mercy Here: Gender, Punishment, and the Making of Jim Crow Modernity*. Chapel Hill: University of North Carolina Press, 2016. pp. 195-248.

HARDING, Rachel E. *A Refuge in Thunder: Candomblé and Alternative Spaces of Blackness*. Bloomington: Indiana University Press, 2003.

HARRIS, Deborah Ann; GIUFFRE, Patti. *Taking the Heat: Women Chefs and Gender Inequality in the Professional Kitchen*. New Brunswick: Rutgers University Press, 2015.

HARTMAN, Saidiya. "The Belly of the World: A Note on Black Women's Labors". *Souls*, v. 18, n. 1, 2016, pp. 166-73.

_____. "Vênus em dois atos". Trad. de Fernanda Silva e Sousa e Marcelo R. S. Ribeiro. *Revista ECO-Pós*, v. 23, n. 3, 2020, pp. 12-33.

_____. "Venus in Two Acts". *Small Axe*, v. 12, n. 2, 2008, pp. 1-14.

_____. *Scenes of Subjection: Terror, Slavery, and Self-Making in Nineteenth-Century America*. [s.l.]: Oxford University Press, 1997.

HINE, Darlene Clark. "Rape and the Inner Lives of Black Women in the Middle West". *Signs*, v. 14, n. 4, 1989, pp. 912-20.

HOLLOWAY, Karla F. C. *Codes of Conduct: Race, Ethics, and the Color of Our Character*. New Brunswick: Rutgers University Press, 1996.

HOMEM, Maria Cecília Naclério. *Cozinha e indústria em São Paulo: do rural ao urbano*. São Paulo: Edusp, 2015.

HOOKS, bell. *Black Looks: Race and Representation*. Boston: South End Press, 1992.

HURSTON, Zora Neale. *Mules and Men*. Ed. IL. Nova York: Harper Perennial, 2008.

_____. *Their Eyes Were Watching God*. Reed. Nova York: Harper Collins, 2006.

HYMAN, Gwen. "The Taste of Fame: Chefs, Diners, Celebrity, Class". *Gastronomica*, v. 8, n. 3, 2008, pp. 43-52.

IBGE. *Censo demográfico 2010: características da população e dos domicílios. Resultados do universo*. Rio de Janeiro: IBGE, 2011. Disponível em: <https://loja.ibge.gov.br/censo-demografico-2010-caracteristicas-da-populac-o-e-dos-domicilios-resultados-do-universo.html>.

_____. "Em média, mulheres dedicam 10,4 horas por semana a mais que os homens aos afazeres domésticos ou ao cuidado de pessoas". *Agência IBGE Notícias*. Disponível em: <https://agenciadenoticias.ibge.gov.br/agencia-sala-de-imprensa/2013-agencia-de-noticias/releases/27877-em-media-mulheres-dedicam-10-4-horas-por-semana-a-mais-que-os-homens-aos-afazeres-domesticos-ou-ao-cuidado-de-pessoas>. Acesso em: 27 maio 2021.

_____. *Estatísticas do século XX*. Rio de Janeiro: IBGE, 2006. Disponível em: <https://seculoxx.ibge.gov.br/images/seculoxx/seculoxx.pdf>. Acesso em: 13 abr. 2021.

_____. *Síntese de indicadores sociais: uma análise das condições de vida da população brasileira (2020)*. Rio de Janeiro: IBGE, 2020. Disponível em: <https://biblioteca.ibge.gov.br/index.php/biblioteca-catalogo?view=detalhes&id=2101760>. Acesso em: 3 set. 2020.

INEP. *Sinopse estatística do Censo da Educação Superior 2019*. Disponível em: <https://www.gov.br/inep/pt-br/areas-de-atuacao/pesquisas-estatisticas-e-indicadores/censo-da-educacao-superior/resultados>. Acesso em: 29 jun. 2021.

IPEA. *Retratos da desigualdade de gênero e raça*. Disponível em: <http://www.ipea.gov.br/retrato/indicadores.html>. Acesso em: 17 maio 2019.

JAYARAMAN, Saru. *Behind the Kitchen Door*. Ithaca: Cornell University Press, 2014.

JESUS, Carolina Maria de. *Antologia pessoal*. Rio de Janeiro: UFRJ, 1996.

_____. *Casa de alvenaria: diário de uma ex-favelada*. São Paulo: Livraria Francisco Alves, 1961.

_____. *Diário de Bitita*. São Paulo: Sesi-SP, 2014.

_____. *Quarto de despejo: diário de uma favelada*. São Paulo: Ática, 1993.

KELLEY, Robin D. G. "'We Are Not What We Seem': Rethinking Black Working-Class Opposition in the Jim Crow South". *The Journal of American History*, v. 80, n. 1, 1993, pp. 75-112.

LARA, Silvia Hunold. "Escravidão, cidadania e história do trabalho no Brasil". *Projeto História: Revista do Programa de Estudos Pós-Graduados de História*, v. 16, n. 0, 1998. Disponível em: <https://revistas.pucsp.br/index.php/revph/article/view/11185>. Acesso em: 17 ago. 2018.

LAVINAS, Eleonora Leite Costa. *A gastronomia exibida no cotidiano da televisão brasileira: um panorama da representação da comida na tela*. Rio de Janeiro: UFF, 2017. Dissertação (Mestrado em Mídia e Cotidiano).

LEITE, Geraldo. *Maria de São Pedro*. Disponível em: <http://ilustresdabahia.blogspot.com/2012/11/maria-de-sao-pedro.html>. Acesso em: 29 jan. 2021.

LEITE, José Correia. *...E disse o velho militante José Correia Leite*. São Paulo: Secretaria Municipal de Cultura, 1992.

LEITE, Miriam Moreira. *A condição feminina no Rio de Janeiro, século XIX: antologia de textos*. São Paulo: Edusp, 1993.

LIMA JUNIOR, Antonio Teixeira; MARINS, Elizabeth; PINHEIRO, Luana Simões et al. "Igualdade de gênero". In: *Políticas sociais: acompanhamento e análise*. Brasília: Ipea, 2014, pp. 553-612. Disponível em: <http://www.ipea.gov.br/portal/images/stories/PDFs/politicas_sociais/140930_bps22.pdf>. Acesso em: 17 ago. 2018.

LIMA, Vítor Henrique Guimarães. "A herança do comércio da África pré-colonial nas práticas comerciais em Salvador e no Rio de Janeiro: continuidades e rupturas".

Revista da Associação Brasileira de Pesquisadores/as Negros/as (ABPN), v. 12, n. ed. esp., 2020, pp. 175-9.

LIPSCHÜTZ, Alexander. *El indoamericanismo y el problema racial en las Américas*. Santiago: Nascimento, 1944.

LOBATO, Monteiro. *Histórias de Tia Nastácia*. 32. ed. São Paulo: Brasiliense, 2002. (Sítio do Picapau Amarelo).

_____. *Memórias da Emília*. 20. ed. São Paulo: Brasiliense, 1966.

_____. *Prefácios e entrevistas*. São Paulo: Brasiliense, 1957.

_____. *Reinações de Narizinho*. São Paulo: Círculo do Livro, 1936.

_____. *Serões de Dona Benta e história das invenções*. 15. ed. São Paulo: Brasiliense, 1968.

LODY, Raul. *Brasil bom de boca: temas da antropologia da alimentação*. São Paulo: Senac-SP, 2008.

LOPES, Juliana Araújo. *Constitucionalismo brasileiro em pretuguês: trabalhadoras domésticas e lutas por direitos*. Brasília: UNB, 2020. Dissertação (Mestrado em Direito). Disponível em: <https://repositorio.unb.br/handle/10482/38719>. Acesso em: 22 out. 2020.

LORDE, Audre. *Sister Outsider*. Trumansberg: Crossing Press, 1984.

_____. *The Cancer Journals*. Argyle: Spinsters, Ink, 1980.

LUDERER, Cynthia Arantes Ferreira. *O papel dos chefs-celebridades na construção do espetáculo da alimentação: análise discursiva das revistas de gastronomia de luxo*. São Paulo: PUC-SP, 2013. Tese (Doutorado em Comunicação e Semiótica). Disponível em: <http://tede2.pucsp.br/tede/handle/handle/4549>. Acesso em: 4 maio 2021.

MACHADO, Ana Luzia de Sant'Anna; DANTAS, Ana Lúcia Sant'Anna. Entrevista concedida por Ana Luzia de Sant'Anna Machado e Ana Lúcia Sant'Anna Dantas. [set. 2020] Entrevistadora: Taís de Sant'Anna Machado. Salvador, 2020.

MACHADO, Taís de Sant'Anna. "Trabalho essencial na pandemia: a descartabilidade das vidas de trabalhadoras negras". *Boletim Cientistas Sociais: A Questão Étnico-Racial em Tempos de Crise*, n. 7, 2020. Disponível em: <http://www.anpocs.com/index.php/publicacoes-sp-2056165036/boletim-cientistas-sociais/2436-boletim-a-questao-etnico-racial-em-tempos-de-crise-n-7>. Acesso em: 13 nov. 2020.

MARABLE, Manning. "Grounding with my Sisters: Patriarchy and the Exploitation of Black Women". In: _____. *How Capitalism Underdeveloped Black America: Problems in Race, Political Economy, and Society*. Cambridge: South End Press, 1983. pp. 69-103. (South End Classic Series).

MARTINI, Gerlaine Torres. *A fotografia como instrumento de pesquisa na obra de Pierre Fatumbi Verger*. Brasília: UNB, 1999. Dissertação (Mestrado em Comunicação). Disponível em: <https://repositorio.unb.br/bitstream/10482/5104/1/1999_GerlaineTorresMartini.pdf>. Acesso em: 4 mar. 2020.

_____. *Baianas do acarajé: a uniformização do típico em uma tradição culinária afro-brasileira*. Brasília: UNB, 2007. Tese (Doutorado em Antropologia).

MATOS, Maria Izilda Santos; TRUZZI, Oswaldo; CONCEIÇÃO, Carla Fernandes. "Mulheres imigrantes: presença e ocultamento (interiores de São Paulo, 1880-1930)". *Revista Brasileira de Estudos de População*, v. 35, n. 3, 2018. Disponível em: <http://www.scielo.br/scielo.php?script=sci_abstract&pid=S0102-30982018000300251&lng=en&nrm=iso&tlng=pt>. Acesso em: 24 mar. 2021.

MATTOSO, Kátia M. de Queirós. *Bahia, século XIX: uma província no império*. Rio de Janeiro: Nova Fronteira, 1992.

MAUR, Quentin Geenen de Saint. *Muito prazer, Brasil: variações contemporâneas da cozinha regional brasileira*. São Paulo: A&A Comunicação, 2002.

MAWE, John. *Travels in the Interior of Brazil: Particulary in the Gold and Diamond Districts of that Country, by Authority of the Prince Regent of Portugal: Including a Voyage to the Rio de Le Plata and an Historical Sketch of the Revolution of Buenos Ayres*. Londres: Longman, Hurst, Rees, Orme, and Brown, 1812.

MCKITTRICK, Katherine. *Demonic Grounds: Black Women and the Cartographies of Struggle*. Mineápolis: Univ. of Minnesota Press, 2006.

MENEZES NETO, Hélio Santos. *Entre o visível e o oculto: a construção do conceito de arte afro-brasileira*. São Paulo: USP, 2018. Dissertação (Mestrado em Antropologia). Disponível em: <https://teses.usp.br/teses/disponiveis/8/8134/tde-07082018-164253/pt-br.php>. Acesso em: 16 jul. 2020.

MINASSE, Maria Henriqueta Sperandio Garcia Gimenes. "A formação superior em gastronomia: análise descritiva das dissertações de mestrado produzidas no Brasil". *Revista Brasileira de Pesquisa em Turismo*, v. 9, n. 1, 2015, pp. 156-73.

MIYAZAKI, Márcia Harumi. *Ensinando e aprendendo gastronomia: percursos de formação de professores*. Piracicaba: Unimep, 2006. Dissertação (Mestrado em Educação). Disponível em: <http://iepapp.unimep.br/biblioteca_digital/pdfs/2006/IUAOWFOVEOIC.pdf>. Acesso em: 28 mar. 2021.

MOREIRA, Núbia Regina. *A presença das compositoras no samba carioca: um estudo da trajetória de Teresa Cristina*. Brasília: UNB, 2013. Tese (Doutorado). Disponível em: <http://repositorio.unb.br/handle/10482/16746>. Acesso em: 9 dez. 2018.

MORRISON, Toni. *Amada*. Trad. de José Rubens Siqueira. São Paulo: Companhia das Letras, 2011.

MOTT, Luiz Roberto de Barros. *Piauí colonial: população, economia e sociedade*. [s.l.]: Projeto Petrônio Portella, 1985.

MOURA, Clovis. *Sociologia do negro brasileiro*. São Paulo: Perspectiva, 2020.

MOURA, Roberto. *Tia Ciata e a pequena África no Rio de Janeiro*. 2. ed. Rio de Janeiro: Secretaria Municipal de Cultura, Dep. Geral de Doc. e Inf. Cultural, Divisão de Editoração, 1995.

NASCIMENTO, Abdias. *O genocídio do negro brasileiro*. São Paulo: Perspectiva, 2016.

NASCIMENTO, Maria Beatriz. *Beatriz Nascimento, quilombola e intelectual: possibilidade nos dias da destruição*. Org. UCPA. Diáspora Africana: Filhos da África, 2018.

NEGRO, Antonio Luigi; GOMES, Flávio. "Além de senzalas e fábricas: uma história social do trabalho". *Tempo Social*, v. 18, n. 1, 2006, pp. 217-40.

NEPOMUCENO, Eric Brasil. *Carnavais atlânticos: cidadania e cultura negra no pós--abolição. Rio de Janeiro e Port-of-Spain, Trinidad (1838-1920)*. Rio de Janeiro: UFF, 2016. Tese (Doutorado em História). Disponível em: <https://www.historia.uff.br/stricto/td/1806.pdf>. Acesso em: 20 mar. 2021.

NERI, Emanuel. "FHC se diz mulato com 'um pé na cozinha'". *Folha de S.Paulo*, 31 maio 1994. Disponível em: <https://www1.folha.uol.com.br/fsp/1994/5/31/brasil/18.html>. Acesso em: 10 dez. 2018.

NETTLES-BARCELÓN, Kimberly D.; CLARK, Gillian; THORSSON, Courtney et al. "Black Women's Food Work as Critical Space". *Gastronomica*, v. 15, n. 4, 2015, pp. 34-49.

NOGUEIRA, Oracy. "Atitude desfavorável de alguns anunciantes de São Paulo em relação aos empregados de cor". In: _____. *Tanto preto quanto branco: estudos de relações raciais*. São Paulo: Estudos Brasileiros, 1942, pp. 95-124. Disponível em: <http://search.ebscohost.com/login.aspx?direct=true&db=cat07149a&AN=buin.5 0898&site=eds-live>. Acesso em: 8 dez. 2018.

NOVAES, Bruna Portella de. *Embranquecer a cidade negra: gestão do trabalho de rua em Salvador no início do século XX*. Brasília: UNB, 2017. Dissertação (Mestrado em Direito). Disponível em: <http://repositorio.unb.br/handle/10482/24175>. Acesso em: 21 ago. 2018.

O MESTRE de Apipucos. Direção: Joaquim Pedro de Andrade. Recife: Saga Filmes, 1959. (8 min).

OLIVEIRA, Ariadne Moreira Basílio de. "Um panorama das violações e discriminações às religiões afro-brasileiras como expressão do racismo religioso". *Calundu*, v. 2, n. 1, 2018, pp. 70-98.

OWENS, Emily Alissa. *Race and Slavery in America*. Providence: Brown University, 2020. Disponível em: <https://www.brown.edu/academics/race-ethnicity/events/race-slavery-america>. Acesso em: 2 dez. 2020.

PAES, Caio de Freitas. *Alex Atala registra marcas da baunilha do Cerrado, alimento tradicional dos quilombolas*. Disponível em: <https://deolhonosruralistas.com.br/2019/07/17/instituto-de-alex-atala-registra-marcas-da-baunilha-do-cerrado-alimento-tradicional-dos-quilombolas/>. Acesso em: 29 jun. 2021.

PALLARES-BURKE, Maria Lúcia G. *Gilberto Freyre: um vitoriano dos trópicos*. São Paulo: Unesp, 2005.

PAPO de filmes. Sinopse de *Fartura*. Disponível em: <https://www.papodecinema.com.br/filmes/fartura/>.

PEREIRA, Ana Claudia Jaquetto. *Intelectuais negras brasileiras: horizontes políticos*. Belo Horizonte: Letramento, 2019.

PEREIRA, Bruna Cristina Jaquetto. *Dengos e zangas das mulheres-moringa*. [s.l.]: Latin America Research Commons, 2020. Disponível em: <https://www.larcommons.net/site/books/m/10.25154/book6/>. Acesso em: 24 abr. 2021.

PERRY, Imani. "Do We Ask Too Much of Black Heroes?". *The New York Times*, 2021. Disponível em: <https://www.nytimes.com/2021/01/29/us/black-history-heroes.html>. Acesso em: 13 jun. 2021.

PERRY, Keisha-Khan Y. *Black Women against the Land Grab: The Fight for Racial Justice in Brazil*. Mineápolis: University of Minnesota Press, 2013.

PILAR, Tula. "Frango verde: alimentando-me do lixão". In: SANTANA, Bianca (Org.). *Inovação ancestral de mulheres negras: táticas e políticas do cotidiano*. São Paulo: Imantra Comunicação, 2019. p. 186. Disponível em: <http://oralituras.com.br/wp-content/uploads/2019/05/inovacao-de-mulheres-negras_2019_web_site.pdf>. Acesso em: 20 jun. 2021.

PIMENTEL, Giuliane da Silva. *Psicodinâmica do trabalho em um restaurante certificado de alta gastronomia em São Paulo*. Brasília: UNB, 2018. Dissertação (Mestrado em Psicologia Social).

PINHEIRO, Luana; LIRA, Fernanda; REZENDE, Marcela et al. *Os desafios do passado no trabalho doméstico do século XXI: reflexões para o caso brasileiro a partir dos dados da PNAD contínua*. Textos para discussão. Instituto de Pesquisa Econômica Aplicada (ipea), 2019, pp. 1-52.

PINTO, Elisabete Aparecida. *Etnicidade, gênero e educação: a trajetória de vida de Laudelina de Campos Mello (1904-1991)*. São Paulo: Anita Garibaldi, 2015. (Coleção Vozes Oprimidas).

PORCIDONIO, Gilberto. "Black Chefs Matter". *Revista Gula*, 22 jun. 2020. Disponível em: <http://www.revistagula.com.br/comer/black-chefs-matter>. Acesso em: 25 jun. 2020.

_____. "Com os dois pés na cozinha: chefs negros lutam para superar o preconceito e impor suas marcas no Rio". *Projeto Colabora*, 30 set. 2018. Disponível em: <https://projetocolabora.com.br/inclusao-social/com-os-dois-pes-na-cozinha/>. Acesso em: 9 out. 2018.

PORTO FILHO, Ubaldo Marques. *Maria de São Pedro*. Disponível em: <http://www.ubaldomarquesportofilho.com.br/paginas.aspx?id=375&tipo=2#:~:text=Nascida%20em%20Santo%20Amaro%2C%20no,montou%20uma%20barraca%20de%20comidas>.

POULAIN, Jean-Pierre. *Sociologias da alimentação: os comedores e o espaço social alimentar*. Florianópolis: UFSC, 2006.

PRIOLLI, Gabriel. *O negro da senzala ao soul*. São Paulo: Departamento de Jornalismo da TV Cultura, 1977.

QUERINO, Manuel. *Costumes africanos no Brasil*. Rio de Janeiro: Civilização Brasileira, 1938.

RAMOS, Gabriela Batista Pires. *"Como se fosse da família": o trabalho doméstico na Assembleia Nacional Constituinte de 1987/1988*. Salvador: UFBA, 2019. Dissertação (Mestrado em Direito). Disponível em: <http://repositorio.ufba.br/ri/handle/ri/28405>. Acesso em: 22 out. 2020.

RAMOS, Gabriella. "Covid-19: cozinheira de 73 anos morre seis dias depois da filha em Campinas: 'Era um ser de luz'". *G1*, 21 jul. 2020. Disponível em: <https://g1.globo.com/sp/campinas-regiao/noticia/2020/07/21/covid-19-cozinheira-de-73-anos-morre-seis-dias-depois-da-filha-em-campinas-era-um-ser-de-luz.ghtml>. Acesso em: 4 jan. 2021.

RAO, Hayagreeva; MONIN, Philippe; DURAND, Rodolphe. "Institutional Change in Toque Ville: Nouvelle Cuisine as an Identity Movement in French Gastronomy". *American Journal of Sociology*, v. 108, 2003, pp. 795-843.

REDE PENSSAN. *II Inquérito nacional sobre insegurança alimentar no contexto da pandemia da COVID-19 no Brasil*. São Paulo: Fundação Friedrich Ebert, 2022. Disponível em: <https://olheparaafome.com.br/wp-content/uploads/2022/06/Relatorio-II-VIGISAN-2022.pdf>. Acesso em: 17 jun. 2022.

REESE, Ashanté M. *Black Food Geographies: Race, Self-reliance, and Food Access in Washington, D.C.* Chapel Hill: University of North Carolina Press, 2019.

REIS, João José. *A morte é uma festa*. São Paulo: Companhia das Letras, 1991.

_____. *Ganhadores: a greve negra de 1857 na Bahia*. São Paulo: Companhia das Letras, 2019.

_____. *Rebelião escrava no Brasil*. São Paulo: Companhia das Letras, 2003.

RIBEIRO, Ana Paula Alves. "Atravessamentos pós-coloniais, imagens e memórias: sobre os filmes *Negros*, de Mônica Simões, e *Travessia*, de Safira Moreira". In: GUSMÃO, Milene de Cássia Silveira; NERY, Salete (Orgs.). *Memória e imagens: entre filmes, séries, fotografias e significações.* Jundiaí: Paco e Littera, 2020. pp. 66-88.

RICARDO, Benê. *Culinária da Benê: dicas e segredinhos para um dia a dia mais prático, econômico e saboroso.* 2. ed. São Paulo: DBA, 2013.

_____. Entrevista concedida por Benê Ricardo. [nov. 2017]. Entrevistadora: Bianca Briguglio. São Paulo, 2017.

RICOSTI, Neide. "Carolina Maria de Jesus: catei lixo, catei tudo, menos a felicidade". *Manchete*, n. 1096, 1973, pp. 36-7.

ROMITO, Dee. *Pies from Nowhere: How Georgia Gilmore Sustained the Montgomery Bus Boycott.* Nova York: Little Bee Books, 2018.

RONCADOR, Sônia. *A doméstica imaginária: literatura, testemunhos e invenção da empregada doméstica no Brasil: 1889-1999.* Brasília: UNB, 2008.

"SAIBA TUDO sobre a Faculdade de Gastronomia e onde estudar". *Guia da Carreira.* Disponível em: <https://www.guiadacarreira.com.br/cursos/faculdade-de-gastronomia/>. Acesso em: 4 maio 2021.

"SALÁRIO MÍNIMO em 2018: veja o valor". *G1 Economia*, 4 jan. 2018. Disponível em: <https://g1.globo.com/economia/noticia/salario-minimo-em-2018-veja-o-valor.ghtml>. Acesso em: 17 maio 2021.

SANCHES, Maria Aparecida Prazeres. *Fogões, pratos e panelas: poderes, práticas e relações de trabalho doméstico. Salvador 1900/1950.* Salvador: UFBA, 1998. Dissertação (Mestrado em História). Disponível em: <https://ppgh.ufba.br/sites/ppgh.ufba.br/files/3_fogoes_pratos_e_panelas_poderes_praticas_e_relacoes_de_trabalho_domestico._salvador_1900-1950.pdf>. Acesso em: 20 out. 2020.

SANTANA, Andreia. "Restaurante Maria de São Pedro: 81 anos de histórias apuradas no dendê". *A Tarde*, 2006. Disponível em: <http://atarde.uol.com.br/brasil/noticia.jsf?id=664440>. Acesso em: 10 maio 2012.

SANT'ANNA, Cenira Luiza da Silva de. Entrevista concedida por Cenira Luiza da Silva de Sant'Anna. [mar. 2011]. Entrevistadora: Taís de Sant'Anna Machado. Salvador, 2011.

SANTOS, Martha S. "'Mães escravas', *partus sequitur ventrem*, e a naturalização da reprodução escrava no Brasil oitocentista". *Tempo*, v. 22, n. 41, 2016, pp. 467-87.

SANTOS, Shirlene de Almeida dos; BRITO, Jober Pascoal Souza. "Se uma boneca de pano é gente, Tia Nastácia é o quê?". In: V SIALA — Seminário Internacional Acolhendo as Línguas Africanas, 2014, Salvador. *Anais...* Salvador: Uneb, 2014. v. 5.

SARAIVA, Adriana. "Trabalho, renda e moradia: desigualdades entre brancos e pretos ou pardos persistem no país". *Agência IBGE Notícias*. Disponível em: <https://agenciadenoticias.ibge.gov.br/agencia-noticias/2012-agencia-de-noticias/noticias/29433-trabalho-renda-e-moradia-desigualdades-entre-brancos-e-pretos-ou-pardos-persistem-no-pais>. Acesso em: 28 maio 2021.

SARTI, Raffaella. "Melhor o cozinheiro? Um percurso sobre a dimensão de gênero da preparação da comida (Europa ocidental, séculos XVI-XIX)". *Cadernos Pagu*, n. 39, 2012, pp. 87-158.

SCHWARCZ, Lilia Moritz. *O espetáculo das raças: cientistas, instituições e questão racial no Brasil do século XIX.* São Paulo: Companhia das Letras, 1993.

SHARPE, Christina. *Monstrous Intimacies: Making Post-Slavery Subjects*. Durham, NC: Duke University Press, 2010.

SILVA, Gabriela Brito de Lima. *Cozinha, trabalho e gênero: as significações que as merendeiras atribuem ao seu trabalho nas cozinhas escolares*. Salvador: UFBA, 2019. Dissertação (Mestrado em Alimentos, Nutrição e Saúde).

_____; REZENDE, Patrícia; MACHADO, Virgínia. *Discutindo gênero e cozinha: a divisão sexual do trabalho em uma cozinha profissional na cidade de Salvador/BA*. [s.l.]: [s.n.], 2018.

SILVA, Maciel Henrique Carneiro da. *Pretas de honra: trabalho, cotidiano e representações de vendeiras e criadas no Recife do século XIX (1840-1870)*. Recife: UFPE, 2004. Dissertação (Mestrado em História). Disponível em: <https://repositorio.ufpe.br/handle/123456789/7825>. Acesso em: 16 jul. 2020.

SILVA, Maria Beatriz Nizza da. *Donas mineiras do período colonial*. São Paulo: Unesp, 2017.

_____. "Mulheres brancas no fim do período colonial". *Cadernos Pagu*, n. 4, 1995, pp. 75-96.

SILVA, Nil Castro da. "Culinária e alimentação em Gilberto Freyre: raça, identidade e modernidade". *Latin American Research Review*, v. 49, n. 3, 2014, pp. 3-22.

SILVA FILHO, Paulo Alexandre da. *Desvalorização do trabalho e consumo honorífico em Recife*. Recife: UFPE, 2007. Dissertação (Mestrado em História).

SILVA, Maciel Henrique Carneiro da. *Domésticas criadas entre textos e práticas sociais: Recife e Salvador (1870-1910)*. Salvador: UFBA, 2001. Tese (Doutorado em História). Disponível em: <http://repositorio.ufba.br/ri/handle/ri/13360>. Acesso em: 20 out. 2020.

SILVA, Vanessa Patrícia Machado. *Lei de cotas no Ensino Superior e racismo institucional: conhecendo o trâmite legislativo da lei 12.711/2012*. Jundiaí: Paco Editorial, 2020.

SIMMONS, LaKisha Michelle. "Defending Her Honor: Interracial Sexual Violence, Silences, and Respectability". In: _____. *Crescent City Girls: The Lives of Young Black Women in Segregated New Orleans*. Chapel Hill: The University of North Carolina Press, 2015. pp. 82-107.

SIMÕES, Renata da Silva. *Dona Benta: comer bem: uma fonte para a história da alimentação (1940-2003)*. São Paulo: USP, 2009. Dissertação (Mestrado em História).

SIQUEIRA, Lucília. "Os hotéis nas proximidades das estações ferroviárias da cidade de São Paulo (1900-1917)". *Revista de História*, São Paulo, n. 168, 2013, pp. 414-42.

SKIDMORE, Thomas E. *Preto no branco: raça e nacionalidade no pensamento brasileiro (1870-1930)*. São Paulo: Companhia das Letras, 2012.

SLATTERY, Gram; GAIER, Rodrigo Viga. "A Brazilian Woman Caught Coronavirus on Vacation. Her Maid is Now Dead". *Reuters*, 2020. Disponível em: <https://www.reuters.com/article/us-health-coronavirus-rio-idUSKBN21B1HT>. Acesso em: 3 set. 2020.

SMITH, Christen A. *Afro-Paradise: Blackness, Violence, and Performance in Brazil*. Chicago: University of Illinois Press, 2016.

SOARES, Cecília Moreira. "As ganhadeiras: mulher e resistência negra em Salvador no século XIX". *Afro-Ásia*, v. 0, n. 17, 1996. Disponível em: <https://periodicos.ufba.br/index.php/afroasia/article/view/20856>. Acesso em: 19 dez. 2020.

_____. *Mulher negra na Bahia no século XIX*. Salvador: UFBA, 1994. Dissertação (Mestrado em História). Disponível em: <https://ppgh.ufba.br/sites/ppgh.ufba.br/files/1994._soares_cecilia_moreira._mulher_negra_na_bahia_no_seculo_xix.pdf>. Acesso em: 13 nov. 2020.

SOUSA, Maria Sueli Rodrigues de. *Dossiê Esperança Garcia: símbolo de resistência na luta pelo direito*. Teresina: EDUFPI, 2017.

SOUZA, José Wellington de. *Raça e eugenia na obra geral de Monteiro Lobato*. Juiz de Fora: UFJF, 2017. Tese (Doutorado em Ciências Sociais). Disponível em: <http://repositorio.ufjf.br:8080/jspui/bitstream/ufjf/5888/1/josewellingtondesouza.pdf>. Acesso em: 3 mar. 2021.

SOUZA, Neusa Santos. *Tornar-se negro: as vicissitudes da identidade do negro brasileiro em ascensão social*. Rio de Janeiro: Graal, 1990.

SPANG, Rebeca L. *A invenção do restaurante*. Rio de Janeiro: Record, 2003.

SPILLERS, Hortense. "Mama's Baby, Papa's Maybe: An American Grammar Book". *Diacritics*, v. 17, n. 2, 1987, pp. 64-81. (Culture and Countermemory: The "American" Connection).

TAVARES, Odorico. "O ciclo do Bonfim". *O Cruzeiro*, n. 22, 1947, pp. 56-61.

TELLES, Edward. *Pigmentocracies: Ethnicity, Race, and Color in Latin America*. Chapel Hill: University of North Carolina Press, 2014.

_____; PASCHEL, Tianna. "Who Is Black, White, or Mixed Race? How Skin Color, Status, and Nation Shape Racial Classification in Latin America". *American Journal of Sociology*, v. 120, n. 3, 2014, pp. 864-907.

TELLES, Lorena Féres da Silva. *Libertas entre sobrados: mulheres negras e trabalho doméstico em São Paulo*. São Paulo: Alameda Editorial, 2013.

_____. *Teresa Benguela e Felipa Crioula estavam grávidas: maternidade e escravidão no Rio de Janeiro (século XIX)*. São Paulo: USP, 2019. Tese (Doutorado em História). Disponível em: <http://www.teses.usp.br/teses/disponiveis/8/8138/tde-24072019-152856/>. Acesso em: 23 jun. 2021.

THOMPSON, Katrina Dyonne. "Taking Care a White Babies, That's What I Do". In: GARCIA, Claire Oberon; YOUNG, Vershawn Ashanti; PIMENTEL, Charise (Orgs.). *From Uncle Tom's Cabin to The Help: Critical Perspectives on White-Authored Narratives of Black Life*. Nova York: Palgrave Macmillan, 2014. pp. 57-72. Disponível em: <https://doi.org/10.1057/9781137446268_5>. Acesso em: 25 mar. 2021.

TIPTON-MARTIN, Toni. *The Jemima Code: Two Centuries of African American Cookbooks*. Austin: University of Texas Press, 2015.

TOLLENARE, Louis-François. *Notas dominicais tomadas durante uma viagem em Portugal e no Brasil em 1816, 1817 e 1818*. Recife: Empreza do Jornal de Recife, 1905. Disponível em: <http://objdigital.bn.br/acervo_digital/div_obrasgerais/drg114650/drg114650.pdf>. Acesso em: 9 out. 2018.

TRUBEK, Amy. *Haute Cuisine: How the French Invented the Culinary Profession*. Philadelphia: University of Pennsylvania Press, 2000. Disponível em: <https://www.amazon.com/Haute-Cuisine-Invented-Culinary-Profession/dp/0812217764>. Acesso em: 6 jan. 2019.

VIANNA, Hildegardes. *A Bahia já foi assim: crônicas de costumes*. Salvador: Itapuã, 1973.

VIEIRA, Dom Benedicto de Ulhoa. *O santo cozinheiro*. Disponível em: <https://www.cnbb.org.br/o-santo-cozinheiro/>. Acesso em: 29 jun. 2021.

VILHENA, Luis dos Santos. *A Bahia no século XVIII*. Salvador: Itapuã, 1969.

WALLACE-SANDERS, Kimberly. *Mammy: A Century of Race, Gender and Southern Memory*. Ann Arbor: University of Michigan Press, 2008.

WERNECK, Jurema. *O samba segundo as ialodês: mulheres negras e cultura midiática*. São Paulo: Hucitec, 2020.

WETHERELL, James. *Brazil. Stray Notes from Bahia*. [s.l.]: Liverpool, Webb and Hunt, 1860. Disponível em: <https://archive.org/details/cu31924020629535/page/no>. Acesso em: 3 out. 2022.

WILLIAMS, Erica Lorraine. *Sex Tourism in Bahia: Ambiguous Entanglements*. Urbana; Chicago: University of Illinois Press, 2013.

WISSENBACH, Maria Cristina Cortez. "Teodora Dias da Cunha: construindo um lugar para si no mundo da escrita e da escravidão". In: XAVIER, Giovana; FARIAS, Juliana Barreto; GOMES, Flávio (Orgs.). *Mulheres negras no Brasil pós-escravista e do pós--emancipação*. São Paulo: Selo Negro, 2012. pp. 228-43.

XAVIER, Giovana; FARIAS, Juliana Barreto; GOMES, Flávio (Orgs.). *Mulheres negras no Brasil pós-escravista e do pós-emancipação*. São Paulo: Selo Negro, 2012.

ZAFAR, Rafia. *Recipes for Respect: African American Meals and Meaning*. Athens: University of Georgia Press, 2019.

ZANLORENZI, Elisete. *O mito da preguiça baiana*. São Paulo: USP, 1998. Tese (Doutorado em Antropologia Social). Disponível em: <https://repositorio.usp.br/item/000988495>. Acesso em: 17 nov. 2020.

"Anúncio de preto mestre cozinheiro". *Diário do Rio de Janeiro*, Rio de Janeiro, 244. ed., 1839, p. 4.

"Anúncio de venda de preto mestre cozinheiro". *O Despertador: Diario Commercial, Político, Scientífico e Litterario*, 601. 1840, ed., p. 4.

"Anúncio Luiz Rubin". *Gazeta do Rio de Janeiro*, 20. ed., 1820, p. 4.

"Anúncio Mestre cozinheiro italiano". *O Cruzeiro: Jornal Político, Literário e Mercantil*, 106. ed., 1829, p. 4.

"Anúncio Trianon". *Diário do Rio de Janeiro*, n. 500 001. ed., 1827, p. 3.

"Brinco de Princeza". *A Liberdade: orgam crítico, orgam crítico, literário, e noticioso, dedicado à classe de cor*, 12. ed., 1920, p. 3.

"C. R. Brinco de Princeza". *O Clarim da Alvorada*, 30. ed., 1930. Disponível em: <http://memoria.bn.br/DocReader/844918/240>. Acesso em: 23 jun. 2021.

"Centro Recreativo Brinco de Princeza". *A Liberdade: orgam crítico, orgam crítico, literário, e noticioso, dedicado à classe de cor*, 10. ed., 1919, p. 2.

"Diversões". *A Liberdade: Orgam crítico, orgam crítico, literário, e noticioso, dedicado à classe de cor*, 1919. Disponível em: <http://memoria.bn.br/docreader/844870/4>. Acesso em: 21 mar. 2021.

Entrevista com Tainá Marajoara. *São Paulo São*. Disponível em: <https://saopaulosao.com.br/conteudos/colunistas/1735-uma-garota-do-barulho-quer-roubar-cena-da-gastronomia.html>. Acesso em: 5 maio 2021.

Entrevista com Luiz (filho caçula de Maria de São Pedro). [mar. 2011]. Entrevistadora: Taís de Sant'Anna Machado. Salvador, 2011.

Fartura. [s.l.: s.n.], 2019.

"Festivais S. R. Brinco da Princeza". *A Voz da Raça*, 25. ed., 1933, p. 2.

"No brasil, mulheres negras morrem mais de covid que qualquer grupo na base do mercado de trabalho". *Jornal da USP*, 28 set. 2021. Disponível em: <https://jornal.usp.br/ciencias/mulheres-negras-tem-maior-mortalidade-por-covid-19-do-que-restante-da-populacao/>. Acesso em: 17 jun. 2022.

"Obituary: the 'queen of Creole' who fed the civil rights movement". *BBC News*, 2019. Disponível em: <https://www.bbc.com/news/world-us-canada-48491482>. Acesso em: 23 jun. 2021.

"Visita do presidente de Portugal". *Jornal do Brasil*, Rio de Janeiro, 126. ed., 1957, p. 23.

Créditos das imagens

1. *Mulheres negras vendendo acarajé em Salvador*, c. 1950. IMS. Marcel Gauttherot/ Instituto Moreira Salles.
2. *Meninas e adolescentes negras brincam em Salvador*, em 1956. IMS. Marcel Gauttherot/ Instituto Moreira Salles.
3. "Negras vendedoras de angu", Jean-Baptiste Debret. In: *Voyage Pittoresque et Historique au Brésil*. Paris: Imprimeurs de L'Institut de France, 1831a. v. Tomo II. E-book, p. 111. Disponível em: https://digital.bbm.usp.br/handle/bbm/3802.
4. "Negras vendedoras, de sonhos, manoé, aluá", Jean-Baptiste Debret. In: *Voyage Pittoresque et Historique au Brésil*. Paris: Imprimeurs de L'Institut de France, 1831a. v. Tomo II. E-book, p. 100. Disponível em: https://digital.bbm.usp.br/handle/bbm/3802.
5. *Maria de São Pedro em sua barraca*. Foto Pierre Verger © Fundação Pierre Verger.
6. *Retrato de Anástacia e Guilherme. Anástacia, ama de leite, aparece em pé, segurando Guilherme no colo, na Fazenda São José, 1913*. Fotografia do Acervo Iconographia de Monteiro Lobato. Disponível em: https://jornal.usp.br/cultura/ha-cem-anos-nascia-narizinho-uma-menina-de-nariz-arrebitado/.
7. Capa da 32ª edição de *Histórias de Tia Nastácia*, com Tia Nastácia, Pedrinho, Narizinho e Emília. São Paulo: Editora Brasiliense, 1995.
8. DBA editora/ Edgar Kendi Hayashida. In: *Culinária da Benê: dicas e segredinhos para um dia-a-dia mais prático, econômico e saboroso*. 2ª ed. São Paulo: DBA Artes Gráficas, 2013.
9. Acervo pessoal da autora.
10. *Jovem negra vendendo cocadas na Festa do Senhor do Bonfim do ano de 1947, em Salvador*. Foto Pierre Verger © Fundação Pierre Verger.
11. "Noca, Lucinha e Conceição, mulheres entre os militares da Legião Negra", José Correia Leite. In: *E disse o velho militante José Correia Leite*. São Paulo: Secretaria Municipal de Cultura, 1992, p. 105.
12 e 13. *Vendedoras de acarajé na procissão de Nosso Senhor dos Navegantes*, c. 1950. Salvador — BA. IMS. Marcel Gauttherot/ Instituto Moreira Salles.

14. "O enterro de uma mulher negra", Thierry Frères. In: *Voyage Pittoresque et Historique au Brésil*. Paris: Imprimeurs de L'Institut de France, 1831b. v. Tomo III. E-book, p. 152. Disponível em: https://digitalcollections.nypl.org/collections/voyage-pittoresque-et-historique-au-brsil-ou-sjour-dun-artiste-franais-au-brsil#/?tab=about.
15. *Mulher servindo caruru para sete meninos, Festa de Cosme e Damião*. Foto Pierre Verger © Fundação Pierre Verger.
16. "A comissão de baile do Clube Negro de Cultura Social e suas integrantes, em São Paulo, na década de 1930", José Correia Leite. In: *E disse o velho militante José Correia Leite*. São Paulo: Secretaria Municipal de Cultura, 1992, p. 108.
17. *Barraca de comida da Festa do Senhor do Bonfim, Salvador*, em 1947. Foto Pierre Verger © Fundação Pierre Verger.
18. Ateliê de Chichico Alkmim, beco João Pinto, 86 — s/d. Diamantina — MG. Chichico Alkmim/ Instituto Moreira Salles.
19. *Vendedora de acarajé na procissão de Nosso Senhor dos Navegantes*, c. 1950. Salvador — BA. Marcel Gauttherot/ Instituto Moreira Salles.
20. Acervo pessoal da autora.

Índice remissivo

Páginas em itálico referem-se a imagens.

agenda republicana, 102
Águas de São Pedro (SP), cursos profissionalizantes, 166, 190
"ajuntamentos de negros", 89, 288
Alagoas, 122, 176
Albuquerque, Wlamyra, 109, 213
Alemanha, 166
alforria, 69-71, 250, 255; arranjos de, 93; trabalho na rua como possibilidade de acumular pecúlio para a compra da, 76
Alkmin, Chichico, 300
alta gastronomia, 189, 204, 223, 225, 230-1
Alves Ribeiro, Ana Paula Pereira da Gama, 192
Alves, Lourence, 19
Amado, Jorge, 92
Amador de Deus, Francisca, 257-8
Amador de Deus, Zélia, 257
Amaralina (BA), 291
Amazônia, produtos da, 177
Ângela (pseudônimo — professora de gastronomia), 208, 211, 214-5, 227, 316; formação no curso de gastronomia da UFBA, 198-200; prazer de cozinhar, 212
Angola, Ignácio, 39
Anna (pseudônimo — cozinheira e assistente de TV), 192-4, 197, 229, 240, 282, 285-6; disputa de autoridade com jovens profissionais advindos de cursos de gastronomia, 196; sobre o trabalho roubado de Benê Ricardo, 192-4; sobre os novos chefs, 196
arquitetura colonial, 63
assédio sexual, 95
Associação das Empregadas Domésticas, 266
Atala, Alex, 183-7; "Baunilha do Cerrado", 186; influência da *Nouvelle Cuisine*, 185

Baiana fazendo a massa de acarajé na Procissão de Nosso Senhor dos Navegantes (Gautherot), *268*
baiana de acarajé, 188
Baile das cozinheiras, 123, 292, 295
Bairros, Luiza, 161
"banqueteira", 100, 125
Barraca de comida da Festa do Senhor do Bonfim (Verger), *297*
Baunilha do Cerrado, 186
Bebiana, tia, 291
belle époque, 157
Benê Ricardo (chef), 17, *165*, 165-6, 168, 171, 175, 179, 190-1, 193, 200, 209, 217, 237, 282, 315; avó quituteira, 194; baixa remuneração, 195; boicote sofrido por, 222; conformação à etiqueta racial, 236; disputa de autoridade com jovens profissionais advindos de cursos de gastronomia, 196; etiqueta entre chefs

negras, 234; primeira cozinheira do país formada pelo Senac, 166; relatos sobre o roubo de seu trabalho e receitas, 194-5; trabalho não pago, roubado ou não reconhecido, 235
Benjamin, Ruha, 23, 110, 179
Bernardino-Costa, Joaze, 259
Biblioteca Nacional, 17, 116-7, 145, 149, 159
Bicudo, Virgínia, 298
"biotipo", 280
Bise, François, 174
"boa aparência", 111-2, 231, 269, 308
Bocuse, Paul, 174
Borges de Melo, Marselina (cozinheira doméstica escravizada), 219, 316
Bourdieu, Pierre, 181
brancura/branqueamento, 13, 17, 102-3, 105, 110, 113, 135, 141-2, 150, 158, 169, 190, 232, 240, 267, 281, 284, 308; como atributo de qualidade de mão de obra, 111, 138, 267; construção do valor no Brasil, 158; da mão de obra da cozinha profissional, 211; da nação, políticas de, 102, 110; ideal de, 159; ideologias de, 136; lugar no pós-abolição, 135; marcando as políticas de reconhecimento na gastronomia, 171; políticas de, 138; populacional, 103, 110; processo de, 158, 232
Briguglio, Bianca, 149, 165, 191, 200, 207, 209, 235, 315
Bueno, Maria Lúcia, 180-2, 185

Câmara Cascudo, 74-5
Campinas (SP), 106-7
Campos Melo, Laudelina de (trabalhadora doméstica, dona de pensão e sindicalista), 57-8, 255-7, 266, 288, 292, 296, 301, 314-5; Semana do Folclore em Campinas, 266; sobre o fechamento da Associação das Empregadas Domésticas, 266; terror das patroas, 257; valorização da cultura negra por meio de atividades culturais, 266
Campos Melo, Maria Maurícia de, (trabalhadora doméstica e doceira), 256
candomblé, 192, 262-3: terreiros de, 76, 96
Canindé (CE), 205

cantos de trabalho, como estratégia de sobrevivência, 96
Cardoso, Fernando Henrique: expressão racista em entrevista, 44-5
Cardoso, Joaquim Pereira, 219
Cardoso dos Santos, Anna (cozinheira doméstica e de bufês), 192, 317
Carême, Antonin, 174
Carême, Marie-Antoine, 153-4
"carijós", 134
Carlton, Londres (hotel), 157
Carvalho, Lenira Maria de, 122, 124, 270, 315
"casas de zungu", 288-90
Celina (pseudônimo — chef e autônoma), 204, 316
Cenira (cozinheira e copeira), 5, 204, 218, 226, 243, 242-5, 273, 278-81, 301-2, 312, 315; Vó Cenira, 258
censos demográficos, 46, 77
Chacrinha [Abelardo Barbosa], 305
Chapel, Alain, 174
chefs/chefes: chegada ao Brasil, 105; consolidação como autoridade, 138; *de cuisine*, 103, 150; dificuldade das profissionais negras para serem identificadas como, 218; "fora do lugar", 231; franceses, 170, 173-4, 193, 282; negras, 168, 192, 195, 221, 224, 234; o Outro oculto, 231
Ciata, tia, 291-2
Clarim da Alvorada, O, jornal, 293
Clark Hine, Darlene, 233
Clark, Gillian, 224
classismo, 25, 108, 160-1, 190, 200, 213, 226, 229, 233, 309; trabalhadoras negras e, 27
Cláudia, revista, 166
Clube Negro de Cultura, 296, *296*
Código de Posturas do Rio de Janeiro, 288
códigos de conduta, 96, 114, 213, 231, 239, 308
Coelho de Freitas, Rachel, 206
Collaço, Janine, 172
colonialidade, 14-5, 18
"comida de azeite", 99
Comunidade Quilombola de Lagoa dos Borges, 219

Conceição (militante da Legião Negra), 251
Conde de Assumar, 80
conhecimento e sabedoria, distinção entre, 271
coronavírus, 42, 43, 106-7, 205, 214, 246; primeira vítima no Brasil, 19, 43
corpos negros, hipersexualização na prática turística, 188
Correia Leite, José, 292-5
Covid-19, *ver* coronavírus
cozinha doméstica: brasileira, narrativas clássicas da, 13, 186; como lugar de partilha e articulação, 277; como metáfora, 44; utilizada por ataques racistas, 44
cozinhas africana e/ou afro-brasileira, 204
cozinha amazônica, 187
Cozinha é lugar de mulher?: a divisão sexual do trabalho em cozinhas profissionais, tese de doutorado (Briguglio), 200
cozinha profissional, 24-5, 101, 138, 149, 156, 167-8, 171, 174-7, 190, 192, 197, 201-3, 209, 211-2, 226, 234, 236, 255, 282, 308, 311, 321; como ascensão social para mulheres negras, 199; condições de trabalho na, 204, 300; expropriação de mulheres negras da, 195; história das mulheres na, 209; masculinização e elitização da, 155; mudanças, 170
"cozinheira de forno e fogão", 68, 116-8, 146, 265, 267, 292, 295; categoria de trabalho doméstico, 159; comparação de salários, 144-5; habilidades da, 116; reivindicação do termo, 13
cozinheiras especializadas, *ver* "cozinheiras de forno e fogão", 68
cozinheiras negras: aparente silêncio e passividade, 96; autodefinição de, 254; cenas do cotidiano, 30; cuidado familiar de, 299; efeitos do valor de brancura e processo de branqueamento no trabalho das, 158; esforços para assegurar a educação dos filhos, 301; estereótipos das, 105-8, 126; expostas à violência, 124; habilidade culinária das, 266; imagem das, 186; importância na construção e sustentação de comunidades negras, 287
cozinheiro imperial ou nova arte do cozinheiro e do copeiro em todos os seus ramos, O (R.C.M, chefe de cozinha), 149
cozinheiro "gringo", 100, 138
Cozinheiro Chefe Internacional (CCI), curso, 175
Cruzeiro, O, revista, 248
cuidado, 286-7, 290-1, 301, 304; antídoto para a violência, 299; como resistência, 284, 301; como trabalho político, 287; da mãe preta, 125; espaços negros de, 28; familiar, 299
"cultura da dissimulação", 234
Cunha, Luís da, marido de Theodora, 69

D.O.M.: redescobrindo ingredientes brasileiros (Atala), 184
Damasceno, Caetana, 111, 232-3, 240; "pacto de silêncio", 235
Debret, Jean-Baptiste, 83-4, 289-90; registro de trabalhadoras negras, 78
"defeito de cor", 162
defeito de cor, Um (Gonçalves), 162
Deiab, Rafaela, 130
democracia racial, 29, 135, 189, 235, 248, 309; ideologia da, 188; na formação da cultura alimentar brasileira, 187
desafricanização da cidade, política de, 82, 89
"desdouro", 50, 259
Diário de Bitita (Jesus), 33, 119
Diário de Notícias, jornal, 91
Diário do Rio de Janeiro, jornal, 72
Dias da Cunha, Theodora (cozinheira africana), 69, 71, 81, 255, 299, 314; carta de, 96
Dona Benta, personagem de Monteiro Lobato, 13, 128-30; livro de receitas inspirado em, 133; sobre o povo, 129; versus tia Anástácia, 26
Dona Inez (cozinheira doméstica), 123-4, 292, 301, 315
Dona Petronília (Clube Negro de Cultura), 296-7
Dória, Carlos Alberto, 150, 173, 184

Dourado Borges, Cristiano Celestino, 219
dupla jornada escravista, 74

E falou o Velho Militante (Correia Leite), 292
Edileide (pseudônimo — chef e dona de restaurante), 205, 238, 240-1; prazer de cozinhar, 212, 316
Edna (pseudônimo — cozinheira e dona de bufê), 208, 216, 228, 236, 316; requisitos para o reconhecimento no campo da gastronomia, 228
educação: formal, acesso à, 234; profissionalizante, formação básica de cozinheiro através da, 175; proibição do acesso à, 39
elites, valorização de seus hábitos alimentares, 190
enterro de uma mulher negra, O (Frères), 289
Escoffier, Georges Auguste, 154-8, 172, 174, 189; discurso de, 155
Escola Marechal Mallet, Campinas (SP), 106
estrutura trabalhista brasileira, desigualdade da, 43
estupro, 58-9, 234; *ver também* violência: sexual
etiqueta racial, 15, 232-40, 261, 276-7, 281-3, 309, 311; importância do "silêncio", 283
Evaristo Vitorino, Joana Josefina (lavadeira e trabalhadora doméstica), 302, 317
Evaristo, Conceição, 302, 304
exclusão social, 21, 102-3, 108, 201, 224, 233; políticas de, 170, 228
expropriação econômica, 29, 39, 64, 96, 102-3, 108, 120, 126, 201, 215, 224, 233, 241, 248, 252

fabulação crítica, 15, 47
Faria Peixoto, Danielle, 214
Fartura, curta-metragem de Yasmin Thainá, 273
Fazenda Algodões (PI), 39
fé cristã, 263-4
Febem (Fundação Estadual do Bem-Estar do Menor de São Paulo), 175, 190
Felipe Bandeira, Giovanna Cabral, 204

feminilidade, ideal de, 13
Ferrarez de Almeida, Angélica, 289, 291
Ferreira, Talitha Alessandra, 153, 158, 179, 210
Ferreira da Silva, Juventina, 198
Ferreira Filho, Alberto Heráclito, 63-4, 142, 160, 298
Festa do Senhor do Bonfim: 247, 297, 298
Fidélis, cônego, 69
filhos, "doações" no pós-abolição, 301
Filomena (pseudônimo — chef e autônoma), 198, 205, 208, 215, 218, 222, 226, 236-7, 316
foie gras, 184
Fonseca, Joaquim D'Aquino, avaliação das casas recifenses, 52
fragilidade, como característica da feminilidade, 13
França, 144, 147, 150-2, 156-8, 173, 189, 203, 226
Freitas, Fernando Vieira de, 74-5, 86
Frères, Thierry, 289
Freyre, Gilberto, 127, 132-3, 136, 160; e o lugar da brancura, 135; enaltecimento da mestiçagem e da harmonia inter-racial, 131-2; obra de, 131
Fundação Pierre Verger, 246

Gama, Luiz, 82
ganhadeiras, 60, 78, 82, 91, 93
Garcia, Esperança, cozinheira escravizada, 38-40, 47-8, 51, 69, 71, 255, 275, 299, 314; petição de, 96
gastronomia, 9, 15, 17, 19, 25, 31, 104-5, 150, 152-7, 161, 166, 172-4, 181-2, 197-8, 201-3, 213-4, 216-7, 226, 230-1, 239, 308, 311, 316; alto custo dos cursos de, 210; baseada no valor da brancura e da masculinidade, 190; brasileira/nacional, 12, 138, 171, 177, 179-80, 183-90, 192-3, 195, 225, 309; como símbolo de modernização, 159; conexão com o turismo, 188; contemporânea, 177; coordenadores do curso de, 210; cozinheiras negras na, 170; cursos no Brasil, 178; história social da, 171; ideal de brancura como um de seus valores, 158; invisibilidade das mulheres negras na, 26; mercado de trabalho marcado

pelo valor da brancura, 169; políticas de reconhecimento na, 26, 31, 183, 226, 241; primeiros cursos superiores, 176; racismo no campo da, 24; requisitos para o reconhecimento no campo da, 227
Gautherot, Marcel, 268, 277, *303*
Geisel, Ernesto, 166
genocídio social e econômico, 112, 135; conceito, 15; de mulheres negras, 114
Giani, Antonio, 148
Gil, Gilberto, 64
Giuffre, Patti, 179, 209
Goiás, 186
Gomes da Cunha, Olívia Maria, 109
Gomes, Flávio, 109
Gonçalves, Cleonice (cozinheira doméstica), 5, 41, 43-4, 47-8, 162, 317; morte por coronavírus, 43
Gonzalez, Lélia, 13, 15, 112, 137
Graham, Richard, 53-4, 79, 85, 87-9, 92
Graham, Sandra, 51
Grande Hotel de Monte-Carlo, 157
Grande Hotel Senac Águas de São Pedro, 167, 175
"graxeiras", 64
Grêmio Recreativo Brinco de Princeza, 292-3, 295-6
Greve da Praça das Marinhas, 82
Gross, Kali Nicole, 305
guildas, 150

Hambourg Amerika Line, companhia de navegação alemã, 157
Harding, Rachel E., 262-3
harmonia racial, narrativa nacional no início do século 20, 108
Harris, Deborah Ann, 179, 209
Hartman, Saidiya, 15, 47-8, 250, 304
hierarquia social, 231, 269, 274; definida pelo tom da pele e etnia, 280; racializada, 95
Hill Collins, Patricia, 48, 136, 224-5, 233, 254, 259, 270-1
Histórias de Tia Nastácia (Monteiro Lobato), *128*, 129-30
historiografia tradicional, 46-7
hotéis e restaurantes, 148-9; espaço de sociabilidade, 143; surgimento dos, 142-3

Hotel Copacabana Palace, 158
Hyman, Gwen, 178

"imagens de controle", 136-7, 161, 259
Instituto Atá, 186; *ver também* Atalla, Alex
Instituto Moreira Salles, 268, 277, 300, 303
Instituto Nacional de Propriedade Industrial (INPI), 186
intimidade monstruosa, 9, 17, 30, 37, 40, 96, 108, 114, 123-4, 255, 278; conceito de, 16; naturalizada, 135
invisibilização, 44-6, 134, 187-8, 193, 201, 308
irmandades, 76; como estratégia de sobrevivência, 96; de São Benedito, 264
Itália, 42, 151

Jaquetto Pereira, Ana Cláudia, 287
Jesus, Carolina Maria de (cozinheira e escritora), 33, 119-24, 232, 269-71, 277, 296; cozinheira em uma Santa Casa, 121; *Diário de Bitita*, 33, 119
Jesus, Maria de Lourdes de, 259-60
Jezus, Rosa Maria de (cozinheira doméstica), 68, 256, 314
Joceval, guia turístico, 189
Jubiabá (Amado), 92

Kalunga, comunidade quilombola, 186
Kitanda, origem do termo, 75

Lá em casa, restaurante, 187
Laudelina, *ver* Campos Melo, Laudelina de
"legião das trabalhadoras domésticas", 278; Maria, Djanira e Lurdona, 278, 280
Legião Negra, 251
lei Afonso Arinos, 112
levantes, revoluções armadas e, 250
Liberdade, A, jornal, 293
Liga de Homens de Cor, 296
Lipschutz, Alejandro, 280
Lorde, Audre, 16
Lucinha (militante da Legião Negra), 251

Madison, May, 259
Mãe Maria (quitandeira mina), 72, 94-6, 255, 275, 314; carta de, 274-5

mãe preta, 15, 17, 29, 105, 108, 125-6, 138, 232-3, 238, 240-1, 256, 259-60, 308; como imagem de controle, 161; conceito de, 13; construção da figura, 30; cozinheira, 20, 136, 171, 237, 250, 259-60, 308; detalhes da imagem evidenciando elite aristocrata branca, 135; estereótipo da, 29, 108, 125-6, 131, 133, 135-6, 161, 183, 224, 252, 265; imagem usada como "distração", 135
Mahin, Luiza (quitandeira, quituteira), 82, 314
"mammy", estereótipo da, 137, 161, 224, 233
Manifesto Regionalista (Freyre), 132
"mão da limpeza, A" (Gil), 50, 64
Marajoara, Tainá, 186
Margareth, (pseudônimo — chef e dona de restaurante), 170, 214, 220-2, 225, 241, 315
Marques Dourado, Teotônio, 219
Marselina (pseudônimo — chef e dona de restaurante), 219-21, 223, 316
Martini, Gerlaine, 74-5
Martins, Paulo, 187
Marx, Karl, 288
masculinidade, 169, 190, 232, 284; marcando as políticas de reconhecimento na gastronomia, 171
Matarazzo, família, 99
Matarazzo, Yolanda, 100
Mawe, John, 52, 62, 64-5
McClintock, Anne, 61
McKittrick, Katherine, 253
Mendes de Almeida, Thomazia, cozinheira, 145
Menezes de Oliva, 60
meninas e adolescentes negras brincando, 29
mercado de trabalho, 24, 31, 44, 110, 150, 156, 169, 210-1, 234, 321; anúncios de jornais, 146; exigência de "boa aparência", 112; ideal branco valorizado, 111; livre, formação do, 46; marcos da entrada das mulheres no, 46; política racializada no, 44; valor da brancura no, 103
Mercado Modelo, 99, 101
"mestiçagem culinária", 183

mestre cozinheiro, 146-8, 156, 158-9
Minas Gerais, 62, 75, 119, 165, 235, 256, 269, 300, 302, 305, 310
Missão Artística Francesa, 84
Miyazaki, Márcia Harumi, 175
modernismo, 131; *ver também* movimento modernista
"módice", 215
Monteiro Lobato, Guilherme, 127
Monteiro Lobato, José Bento, 13, 127, 129, 131-3, 136, 160; e o lugar da brancura, 135; sua editora publica *Dona Benta*, livro de receitas, 130, 133
moradia: própria, 85; condições de, 88, 89; prioridade para recém-alforriadas, 88
Moreira, Angélica, 5
Moreira Soares, Cecília, 78
Moreira Souza, Rosa Abel (cozinheira escolar e professora), 206, 316
Moreira, Nubia Regina, 291
Moura, Roberto, 292
movimento brasileiro de trabalhadoras domésticas, 57, 122, 255, 259-60, 286
movimento modernista, 126, 129, 185, 187; gastronomia nacional/brasileira, 185
movimento negro, 45, 285-6, 296, 298
Muito prazer, Brasil: variações contemporâneas da cozinha regional brasileira (Saint Maur), 184
Mulher servindo caruru para sete meninos, Festa de Cosme e Damião (Verger), 293
mulheres brancas, conservação da reputação e da feminilidade das, 62
mulheres indígenas "carijós", 134
mulheres negras: agência das, 18-9, 21, 26, 28-9, 31, 40, 45, 47-8, 68, 71, 83, 96, 200, 234, 249-52, 254, 265, 270, 272, 277, 287, 291, 295, 299, 301, 304, 309-10, 312; arranjos geográficos tradicionais, 253; autoria culinária das, segundo Gilberto Freyre, 133; condições de moradia, 88; ditas como lascivas ou imorais, 59; do trabalho doméstico para a cozinha profissional, 197; em cargos de chefia, 217; exclusão nos postos mais prestigiados da cozinha, 190; expropriação econômica na cozinha profissional, 195; hierarquização entre,

279; historiografia do trabalho de, 45; imagens de controle, 161; imagens estereotipadas, 224; importância das religiões afro-brasileiras na autodefinição de, 262; patologização da comida feita por, 148, 160; pequenos negócios removidos dos centros, 144; quitandas de, 113; representadas como feiticeiras, 192; romantização do trabalho das, 47; sabedoria culinária, 130, 265-73, 287, 299, 310; trabalho culinário executado "porta afora", 73; usurpação da propriedade intelectual de, 194; vendendo acarajés, 29; vistas como um corpo, 138

Nascimento Ananias, Débora, 205
Nascimento, Abdias, 15, 103
Nascimento, Beatriz, 11, 47
Nascimento, Edileide Maria do (merendeira), 205, 317
Negras vendedoras de angu (Debret), 84
Negras vendedoras, de sonhos, manoé, aluá (Debret), 84
Neri, Marcelo, 210
Nhá Maria Café, 144
Nizza da Silva, Maria Beatriz, 63
Noca (militante da Legião Negra), 251
Nogueira, Oracy, 111
Nouvelle Cuisine, 172-3, 176, 185, 189

ofensa racial, 218
Olhos d'água (Evaristo), 302
Oliveira Borges, Celestino de, 219
Oliveira, Creuza, 260
Ouro Fino (MG), 165
Outhier, Louis, 174
outsider within, 270
Owens, Emily, 64

pacto de silêncio: com as entrevistadas, 241; como código de conduta entre trabalhadoras negras, 235
pandemia, 19, 21, 27, 43, 246, 311; *ver também* coronavírus
passado, narrativa idílica do, 188
pensões, 117, 143, 146, 148, 267
Pereira Borges, Nestor, 219
Perry, Imani, 252

Perry, Keisha-Khan, 188
Piauí, 38-9, 321
pigmentocracia, 280-1, 310
Pilar, Tula, 271-2, 317
Pinto, Elisabete Aparecida, 257
Pires Ramos, Gabriela Batista, 260
poder, relação de, 63; entre patroas e cozinheiras, 120
Point, Fernand, 174
Ponciano, Eugênia, 165, 234
Ponto para Preto Velho, 321
população negra: condições de trabalho aviltantes, 57; e os códigos de conduta, 114; genocídio social e econômico da, 114; invisibilização, 187-8; laços de solidariedade rompidos pela repressão estatal, 278; "permitida", 249; repressão policial da, 291; tratamento dado pela historiografia tradicional à, 47
Portella de Novaes, Bruna, 81, 111, 113, 144, 288
porvir de Anastácia, O (Sant'Anna), 7
pós-abolição, 13, 17, 31, 33, 46, 58-60, 92, 98, 108-9, 112, 114, 118-20, 128, 136, 138, 141, 213, 235, 255, 267, 269, 291-2, 294, 297, 300-1, 308; condições de trabalho encontradas no, 112-3; lugar da brancura no, 135; muitas cozinheiras para poucos postos de trabalho, 120; rearranjo das relações sociais no, 102
pré-modernismo, 131
Primeira Guerra Mundial, 110
Primeiro Cozinheiro do Brasil, curso, 166, 168
Procissão de Nosso Senhor dos Navegantes, *268*, 277

quilombola, 11, 186, 309
quitandas/quitandeiras, 72-3, 78, 80-1, 86-7, 91, 93-5, 113, 116, 263, 267, 274-5, 288, 290, 295; cotidiano das, 86; de Maria de São Pedro, 98; de mulheres negras, 113; de Nhá Maria Café, 144; favoreciam "ajuntamento de negros" no século 19, 288; filhos na rotina de trabalho, 91; grupo mais expressivo no Rio de Janeiro no fim do século 18, 77; habilidades necessárias para, 87; no

Rio de Janeiro, 74; paralisação das, 83; pontos de encontro de escravizados, livres e libertos, 80; que ascenderam socialmente, 95; vida cotidiana das, 95
"quitute", 223

racialização, 105, 109-10, 112, 213, 311
racismo antinegritude, 25, 47, 95, 108-9, 129, 160-1, 179, 188, 200, 213, 226, 230, 233, 235, 279-1, 295, 298, 309, 311; continuidade promovida pela produção de conhecimento acrítico, 134; discurso higienista e, 148; sofisticação e perversidade no Brasil, 24, 44; tecnologias do, 112; trabalhadoras negras e, 27
Recife, 51, 75, 79, 321
receitas, livros de, 13, 130, 154, 157; autores negros, 161, 268
redes e solidariedade, 273-4, 310
Redoschi, Gisela, 210
Reese, Ashanté M., 25
Reis, João José, 73, 77
Relação Anual de Informações Sociais (Rais), 207
religião, 262; direito de exercer a, 39; racismo religioso, 263
repressão estatal, rompendo e criminalizando laços de solidariedade, 278
resistência, 21, 26, 28, 31, 68, 77, 96, 200, 242, 249-52, 254, 259, 265, 270, 272, 276-7, 284, 287, 295, 299, 301, 304, 309-12, 321; de mulheres negras, 48; estratégias de, 40
restaurantes, popularização nos centros urbanos, 172
Retrato de família, 300
Revolta dos Malês, 82
Revolução Francesa, 152
Ricardo de Oliveira, Benedita, *ver* Benê Ricardo
Ricardo de Oliveira, Luiza, 165
Rio de Janeiro, 41, 51, 73-5, 77-80, 82, 95, 99, 110, 142-3, 147, 158, 162, 174, 192, 195, 214, 243-4, 258, 274-5, 278-9, 288, 291, 294, 310, 321
Risoleta (cozinheira de forno e fogão e dona de pensão), 114-6, 118-9, 121-2, 124, 139-41, 161-2, 264-5, 267, 299-301, 314; afirmação como cozinheira de forno e fogão, 117; relação com São Benedito, padroeiro das cozinheiras, 265; relato de racismo por membros da Igreja Católica, 263-4; transformação em "dona", 140
Ritz, Paris (hotel), 157
Ritz, Roma (hotel), 157
Ritz, Cesar, 157
Roberto Carlos, 305
Roncador, Sônia, 126
Rosa (pseudônimo — chef e dona de restaurante), 206, 216, 219, 221-2, 261-3; mecanismo de proteção para situações de racismo, 228-9
Roussenq Alves, Raissa, 110

Saint Maur, Quentin Geenen de, 183-4
Salvador, 29, 51, 53, 55-7, 60, 61, 64, 66, 72, 74, 77-80, 82-3, 85-9, 91-2, 98-9, 101, 113, 125, 142-3, 160, 198, 227, 246, 247, 248-9, 262-3, 293, 297, 303, 310, 312, 315, 321; cozinhas no início do século 20, 55; destino afro, 188; trabalho doméstico em, 63
Sanches, Maria Aparecida, 55, 57
Sant'Anna Dantas, Ana Lúcia, 302
Sant'Anna Machado, Ana Luzia de, 302
Sant'Anna, Cenira Luiza da Silva de, *ver* Cenira
Santos Araújo, Maria Aparecida dos, 305
Santos Maciel, Edna (copeira e cozinheira), 208, 316
Santos Maciel, Ruth-Anne, 208
Santos Rabelo de Araújo, Maricy, 305
Santos, Claro Antônio dos, escravizado de ganho, 69
Santos, Maria Aurora dos (cozinheira e trabalhadora doméstica), 305-7, 316
São Benedito, o santo negro padroeiro das cozinheiras, 265
São Paulo, 51, 59, 68-9, 73, 75, 77, 80-1, 99, 106, 110-4, 123, 125, 139, 141-4, 158, 165, 167, 174-6, 179, 191, 205, 292, 295-6, 298, 305, 310, 321; banquete de fundação de, 99; precariedade da cozinha de casas de campo, 52

São Pedro, Maria de (quitandeira, quituteira e dona de restaurante), 98, 98-101, 315: banqueteira, 125
Sarti, Raffaela, 151
Savoy, Londres (hotel), 157
Savoy, Londres (restaurante), 154
segredos públicos, 273, 276, 282
Senac (Serviço Nacional de Aprendizagem Comercial), 166-8, 175, 180, 193
sexismo, 25, 47, 108, 160-1, 190, 200, 213, 226, 229-30, 233, 262, 281, 283, 309, 311; trabalhadoras negras e, 27
Sharpe, Christina, 16, 28, 40, 321
silêncio, 91, 96, 109, 162, 257, 273, 275-6, 282-3; essencial para a sobrevivência, 24
Silva Cabral Felipe, Celina da (cozinheira doméstica), 204, 316
Silva de Farias, Edson, 142
Silva Dias, Maria Odila Leite da, 61, 80
Silva Martins, Vitália da (cozinheira doméstica), 201, 316
Silva Pereira, Filomena da (cozinheira doméstica e de bar), 205, 316
Silva Telles, Lorena Féres da, 59, 68, 73, 77, 144, 148
Silva, Angela Maria da (cozinheira doméstica e governanta), 198, 317
Silva, Elisa Inês da (cozinheira-chefe escolar), 136, 317; morte por coronavírus, 106
Simmons, Lakisha, 276, 283
sindicatos de trabalhadoras domésticas, 261
"sinhá-moça", 114-5
Siqueira, Lucília, 143
Sítio do Picapau Amarelo, 13, 127-8
Smith, Christen, 188
Soares de Araújo, Bruna Stéfanni, 205
sobrevida da escravidão, conceito, 15, 104-5, 124, 256
Suadeau, Laurent, 174

Tavares, Odorico, 100
Teixeira da Conceição, Carmen (Xibuca), 291
Teixeira, Manoel, 291
Terra Pinheiro, José da, cônego, 69
territorialidade negra, 77, 81, 144, 288, 298

The Culinary Institute of America (CIA), 175
Tia Anastácia, babá do filho de Monteiro Lobato, 127
Tia Nastácia (personagem de Monteiro Lobato), 13, 26, 127-8, 130; apagamento do livro de receitas organizado por Monteiro Lobato, 133; falas de Emília sobre, 129
tias, 130, 271, 273, 279, 291, 294-5; Bebiana, 291; Ciata, 291; como modo de liderança e cuidado, 291; importância do trabalho culinário das, 292; lideranças religiosas e culturais, 291; papel das, 291
Tipton-Martin, Toni, análise do papel da "mammy", 161
Tollenare, Louis-François, viajante francês, 79
Torres da Silva, Otávio: relato sobre as cozinhas de Salvador, 53
Toussaint-Samson, Adèle, viajante francesa, 73
trabalho culinário: adoecimento e acidentes, 56; condições de trabalho, 53-4; em fazendas ou cidades pequenas, 124; exigências nos anúncios para o, 55, 231; intimidade monstruosa do, 123; masculino, 146; narrativa de culpabilização das cozinheiras, 58; narrativa racista, 57; permanência de mulheres negras no, por necessidade de sobrevivência, 136; profissionalização do, 150, 155, 158; rotina no pós-abolição, 118; venda de produtos no trânsito entre a casa e a rua, 72; visto como castigo, 60; visto pela filha da cozinheira, 122
trabalho doméstico: arranjos de, 49, 67, 74, 76, 85, 93, 150; como continuidade do trabalho escravizado, 68; considerado essencial durante a pandemia, 43; cuidado como trabalho político, 287; estereótipos das trabalhadoras negras, 108; etiqueta racial profissional, 233; intimidade monstruosa do, 124; junto à produção de alimentos e ao trabalho comercial, 73; no pós-abolição, 120; palavra das trabalhadoras

desconsiderada, 59; preferência por trabalhadores domésticos brancos, 111; solidariedade entre trabalhadoras, 281; trabalhadores fiscalizados pela polícia, 114; violência sexual, 58
trabalho feminino e negro no Brasil, negação de direitos, 44
trabalho manual, estigma do, 60-3
tradições culinárias mineiras e nordestinas, 177
Trianon (mestre cozinheiro), 147, 156, 158
Troigrois, Jean, 174
Troigrois, Pierre, 174
Trubek, Amy, 156
Truth, Sojourner, 260
turismo gastronômico, 186, 188

"um pé na cozinha", expressão popular, 20, 40, 44-5, 213
Universidade de Brown, 246
Universidade Federal da Bahia (UFBA), 198

Vargas, Getúlio, 99
Vendedora de acarajé com seu filho na Festa de Nosso Senhor dos Navegantes (Gautherot), *303*
Verger, Pierre, *98*, 246, *247*, 248, *293*, 297
Ver-o-Peso da Cozinha Paraense, evento anual, 187
Vianna, Hildegardes, 50, 56, 59-60, 89, 92
Vieira de Freitas, Fernando, 72, 94
Vieira do Couto, Antônio, capitão, 38
Vilhena, Luiz dos Santos, professor português, 72
violência, 20-1, 24-6, 28-9, 33, 38-40, 44-5, 57-9, 61, 64, 88, 94, 96, 108, 126, 135, 201, 217-8, 230, 232-4, 236, 239, 241, 248, 252, 256, 263, 299, 307-8; da casa senhorial, 67, 76; racial, 20-1, 24, 28, 160, 217-8, 224, 232-4, 236, 239, 241, 250, 306; sexual, 45, 58-9, 94, 135, 234; silêncio em torno da, 59; urbana, 76
Virtuoso, Margareth, tia Leth (boleira, confeiteira e quituteira), 214, 317
Vitália (pseudônimo — cozinheira e dona de restaurante), 201-2, 229, 315
voz da raça, A, jornal, 293

Werneck, Jurema, 291
Wetherell, James, cônsul inglês, 78
Williams, Erica, 188-9

Xavier, Lúcia, 134, 287
Xibuca, *ver* Teixeira da Conceição, Carmen

Yasmin Thainá, 273

Zafar, Rafia, 28, 268
zungus, 288

A marca FSC® é a garantia de que a madeira utilizada na fabricação do papel deste livro provém de florestas gerenciadas de maneira ambientalmente correta, socialmente justa e economicamente viável e de outras fontes de origem controlada.

Copyright © 2022 Taís de Sant'Anna Machado

Todos os direitos reservados. Nenhuma parte desta obra pode ser reproduzida, arquivada ou transmitida de nenhuma forma ou por nenhum meio sem a permissão expressa e por escrito da Editora Fósforo.

EDITORA Juliana de A. Rodrigues
EDIÇÃO Mariana Correia Santos
PREPARAÇÃO Maria Fernanda Alvares
REVISÃO Denise Camargo, Sorel Silva, Andrea Souzado e Sandra Russo
ÍNDICE REMISSIVO Maria Claudia Carvalho Mattos
DIRETORA DE ARTE Julia Monteiro
CAPA Cristina Gu
IMAGEM DE CAPA Daiely Gonçalves
TRATAMENTO DE IMAGENS Julia Thompson
PROJETO GRÁFICO Alles Blau
EDITORAÇÃO ELETRÔNICA Página Viva

Dados Internacionais de Catalogação na Publicação (CIP)
(Câmara Brasileira do Livro, SP, Brasil)

Machado, Taís de Sant'Anna
  Um pé na cozinha : um olhar sócio-histórico para o trabalho de cozinheiras negras no Brasil / Taís de Sant'Anna Machado. — São Paulo : Fósforo, 2022.

  Bibliografia.
  ISBN: 978-65-84568-43-3

  1. Cozinheiras negras — Condições sociais 2. Culinária brasileira 3. Discriminação racial — Brasil 4. Mulheres negras — Brasil — História 5. Mulheres negras — Identidade racial I. Título.

22-127799   CDD — 305.48896081

Índice para catálogo sistemático:
1. Brasil : Cozinheiras negras : Aspectos sociais : Sociologia
   305.48896081

Cibele Maria Dias — Bibliotecária — CRB-8/9427

Editora Fósforo
Rua 24 de Maio, 270/276
10º andar, salas 1 e 2 — República
01041-001 — São Paulo, SP, Brasil
Tel: (11) 3224.2055
contato@fosforoeditora.com.br
www.fosforoeditora.com.br

Este livro foi composto em GT Alpina
e GT Flexa e impresso pela Ipsis em papel
Pólen Natural 80 g/m² da Suzano para a
Editora Fósforo em outubro de 2022.